农业产业化学习培训丛书

模式制胜

中国农业产业化
龙头企业群像解析
1

胡晓云
黄连贵
等——编著

ZHEJIANG UNIVERSITY PRESS
浙江大学出版社

图书在版编目（CIP）数据

模式制胜：中国农业产业化龙头企业群像解析 / 胡晓云等编著.
—杭州：浙江大学出版社，2013.6
ISBN 978-7-308-11597-1

Ⅰ．①模…　Ⅱ．①胡…　Ⅲ．①农业企业－龙头企业－
研究－中国　Ⅳ．①F324

中国版本图书馆 CIP 数据核字（2013）第 115098 号

模式制胜——中国农业产业化龙头企业群像解析

胡晓云　黄连贵等　编著

责任编辑	李海燕
封面设计	续设计
出版发行	浙江大学出版社
	（杭州市天目山路 148 号　邮政编码 310007）
	（网址：http://www.zjupress.com）
排　　版	杭州中大图文设计有限公司
印　　刷	杭州杭新印务有限公司
开　　本	787mm×1092mm　1/16
印　　张	22.75
字　　数	532 千
版 印 次	2013 年 6 月第 1 版　2013 年 6 月第 1 次印刷
书　　号	ISBN 978-7-308-11597-1
定　　价	78.00 元

按照城乡发展一体化要求，促进工业化、信息化、城镇化、农业现代化同步发展，农业产业化和龙头企业应发挥重要作用。系统总结农业产业化发展经验，深入剖析龙头企业典型案例很有意义。这项工作有助于推进农业产业化实践创新、理论创新和制度创新，全面提升农业产业化和龙头企业发展质量和水平。

農业部副部长　陈晓华

2013 年 3 月 14 日

序

　　逐一审读学习完 30 篇案例后，思绪万千。尽管这仅仅是全国农业产业化龙头企业的十一万分之三十，但却是龙头企业群像的一个集中影像。一个案例、一个故事，一个龙头企业、一面旗帜，构成农业产业化龙头企业发展的轨迹和瑰丽诗篇。农业产业化经营创新了农业生产经营体制机制，龙头企业成为中国现代农业发展的一个有效模式。虽然有缺陷不足，仍须完善和提高，但其独具特色的模式创新，在农村改革发展中璀璨耀眼，并不断释放着巨大能量，模式制胜。

　　龙头企业社会责任意识明显提高。形成了以农为本、服务农户、繁荣农村、互助共赢、造福社会的核心价值观和基本理念。龙头企业与农户共处于产业化经营体系中，共享发展成果。

　　科技支撑可持续发展。自建研发机构，产学研推相结合，创新产品、技术、工艺，创新管理方式，成为技术进步的主体，成为企业发展的动力和支撑。全国 36.8% 的农业科研和推广人员参与龙头企业技术研发和推广。

　　独具特色企业文化升华企业质量。承载资源、要素、技术、市场、历史、文化内涵的农业产业化龙头企业文化，既反映农业多功能性和企业、农户、合作社一体化经营特点，又顺应现代农业发展规律要求，成为凝聚生产者、消费者的纽带，联结合作社、农户的载体。

　　体制机制创新增活力。通过组织链，建立龙头企业与农户联结的有效组织形式，使分散的小规模农户得以组织起来闯市场；通过产业链，拓展农业生产的上中下游领域，使农业成为增值增效的产业；通过利益链，密切龙头企业与农户的利益联结关系，共享增值收益和市场成果，促进农民就业增收；通过服务链，为农户开展产前、产中、产后服务，缓解农民获得市场信息、技术指导、资金、产品销售等难题，使农民安心在"第一车间"生产就业、增收。

　　新机遇，新征程，龙头企业一直在探索发展现代农业，服务农户和服务消费者的组织模式、经营模式、利益分配模式、品牌创造模式等。按照《国家中长期人才发展规划纲要（2010—2020 年）》和《农业部现代农业人才支撑计划实施方案》的要求，我们委托北京师范大学、浙江大学等牵头开展农业产业化学习培训教材编写工作。本书是学习培训教材丛书的一个板块——龙头企业发展成功案例板块，对于龙头企业是有益的借鉴，对于相关教学研究是有价值的参考。感谢浙江大学胡晓云教授课题组的辛勤劳动，感谢各省（区、市）产业化办和相关企业的积极奉献，感谢惠农资本大力支持。

农业部产业化办公室常务副主任　黄连贵

2013 年 3 月 14 日

课题组顾问

孙中华　农业部农村经济体制与经营管理司司长、农业产业化办公室主任
潘显政　农业部农村合作经济管理总站站长
黄祖辉　浙江大学中国农村发展研究院院长
尉士武　惠农基金投委会主席
顾益康　浙江省农村工作办公室原副主任
蒋文龙　农民日报浙江站站长

课题组负责人

胡晓云　浙江大学 CARD 中国农业品牌研究中心主任
　　　　浙江大学传播研究所品牌研究中心主任
黄连贵　农业部农业产业化办公室常务副主任

课题组成员

李　闯　杨小竹　楼晓东　徐卫华　程定军　魏春丽
刘　进　郭红东　徐钰梨　朱宜量　许雪斌　余耀锋

课题参与成员

王洛忠　北京师范大学管理学院副教授
刘景枢　农业部农业产业化办公室处长
张　涛　农业部农业产业化办公室副处长
刘　云　农业部农业产业化办公室副处长
郭爱莲　农业部农业产业化办公室调研员
寇广增　农业部农业产业化办公室
杨　俊　农业部农业产业化办公室
康志华　农业部农业产业化办公室
王斯烈　农业部农业产业化办公室
徐德徽　北京惠农资本管理有限公司董事
王德祥　北京惠农资本管理有限公司董事

课题参与龙头企业

张明贵　新希望集团有限公司　办公室主任
黄　聪　广东温氏食品集团股份有限公司　副总经理
方　冰　福娃集团有限公司　副总经理
宁高宁　中粮集团有限公司　董事长
黄桂林　江西正邦集团　总裁助理
张洪波　中澳控股集团有限公司　董事长
储呈平　鑫缘茧丝绸集团股份有限公司　董事长
祝义材　雨润食品产业集团有限公司　董事局主席
万　隆　河南漯河双汇实业集团有限责任公司　董事长
石聚彬　好想你枣业股份有限公司　董事长
张　国　民丰薯业有限公司　董事长
盛一伟　雪龙黑牛股份有限公司　副总裁
王世全　西藏高原之宝牦牛乳业股份有限公司　董事长
周斌全　涪陵榨菜集团股份有限公司　董事长
李敬峰　金乡华光食品进出口有限公司　董事长
李　辉　老干妈风味食品有限责任公司　总经理
褚建庚　江西煌上煌集团有限公司　总裁
胡建文　湖南临武舜华鸭业发展有限公司　董事长兼总经理
阎继红　太原六味斋实业有限公司　董事长
徐孝方　浙江丰岛实业集团有限公司　董事长
阳国秀　湖南熙可食品有限公司　董事长
郭　杰　福州超大现代农业发展有限公司　董事局主席、总裁
尹寿宏　福建森宝食品集团股份有限公司　常务副总裁
陈华健　湛江国联水产开发股份有限公司　科研中心经理
王世强　德翔牧业有限公司　董事长
张家旺　大北农科技集团股份有限公司　副总经理
肖文华　华祥苑茶业股份有限公司　董事长
张制晨　九三粮油工业集团有限公司　总经理助理
王衍生　北京旗舰食品集团有限公司　董事长
魏存成　陕西石羊(集团)股份有限公司　董事长

前　言

中国农业,长期以来以千家万户的小农生产对接千变万化的大市场。但这种小农生产的经营模式,已无法与工业化、城镇化、品牌化、生态化的 21 世纪实现和谐匹配的关系。小农生产虽然可以让中国农民保持着原生态的作息方式,但缺乏规模生产、产业联动等形成规模化、标准化所带来的价值效应及其产品品质保证,缺乏对一个区域整体产生农业产业经济的辐射力,缺乏实现资源经济同时创造可持续的价值经济、品牌经济的经营机制保障。在农产品价格过低或强烈波动、农产品质量问题多发、农民不能凭借农业脱贫致富得到好生活、农业始终不能成为强势产业等现象背后,一直无法打破的,是中国农业的小农生产模式。

所幸的是,伴随农村改革发展进程,中国农业战线上的各级领导,特别是企业家与农户一边学习法国、日本、美国等国家与地区的现代农业经营经验,一边利用中国智慧创新与实践了农业产业化。山东省潍坊市成为这一创新举措的发源地。在中国经济从计划经济向市场经济转型的 1992—1993 年间,山东潍坊市首次提出了"农业产业化"概念,并逐步形成农业产业化战略。其战略的基本内涵为:确定主导产业,实行区域布局,依靠龙头带动,发展规模经营。

由此开始,农业产业化成为我国农村改革与发展的重要内容,《农民日报》、《人民日报》、《经济日报》等媒体的相关社评与报道得到了连续播发。经过 1992—1997 年间的实践和理论论证,农业产业化作为中国农业发展中的一种新的经营组织和运行机制,在中国现代农业的发展过程中被创造、被论证、被实践,农业产业化的内涵及其理论问题逐步形成共识,积极稳妥发展农业产业化[①]等指导思想与理念相继形成。论证者认为,农业产业化是以国内外市场为导向,以提高经济效益为中心,对当地农业的支柱产业和主导产品实行区域化布局、专业化生产、一体化经营、社会化服务、企业化管理,把产供销、贸工农、经科教紧密结合起来,形成"一条龙"的经营体制。农业产业化的关键是发展龙头企业。改造传统的自给半自给的农业和农村经济,使之和市场接轨,在家庭经营的基础上,逐步实现农业生产的专业化、商品化和社会化。[②] 根据全国科学技术名词审定委员会定义,农业产业化

---

① 参见张德修等于 1993—1995 年间在《农民日报》上发表的系列报道与评论员文章《轻舟正过万重山——山东各级领导抓住产业化带领农民闯市场思路考》(上篇与下篇,1993 年 10 月 11 日至 12 日);《产业化是农村改革与发展的方向》(1995 年 3 月 22 日);《积极稳妥发展农业产业化》(1995 年 5 月 2 日)。

② 艾丰等,《论农业产业化》、《必由之路》、《造就一种新关系新格局》、《更广更深更实的思考》等系列报道与评论,《人民日报》,1995 年 12 月 11 日、13 日、14 日。

(agricultural industrialization)是指以市场为导向,提高比较效益为中心,依靠农业龙头企业带动,将生产、加工、销售有机结合,实现一体化经营的农业。与中国传统农业相比,农业产业化具有市场化、一体化、区域化、专业化、规模化、集约化、社会化、企业化等特征,即因循市场需求,利用农产品生产的区域化特征,采用规模化、专业化、一体化、集约化、企业化的经营特征与经营机制实践中国农业的现代化。

1992—2011 年,20 年时间证明,继中国农业包干到户、乡镇企业这两个农村改革的发明之后,农业产业化成为整合这两大发明及其区域资源,更进一步提升中国农村改革的有效机制。不断深入的农业产业化进程使中国农业和农村改革发生了第二次飞跃,引导和帮助了众多中国农民顺利实现了市场化转型,农业产业化成为促进农村产业结构升级与资源优化配置,提高农业比较效益,提升农业自我发展能力等目的在组织架构与运行机制方面的重要保障。农业现代化的论证与实践,使中国农业在现代化进程中获得了强大的正能量。这正如 2012 年国务院发布的 10 号文件中所肯定的:"农业产业化是我国农业经营体制机制的创新,是现代农业发展的方向。"①

在实现农业产业化的进程中,产业化的模式选择成为关键。这里的模式(pattern)是指我国农业产业化的倡导样式,也是解决我国农业产业化问题的基本方法论。一种方法或一种理论成为模式后,即可为后来人指出方向、提供解决方案,成为一种参照性的指导方略。正如现代管理学之父彼得·德鲁克所说,"当今企业之间的竞争,不是产品之间的竞争,而是商业模式之间的竞争",也如同时代华纳前首席执行官迈克尔·邓恩所说,"经营企业过程当中,商业模式比高技术更重要,因为前者是企业能够立足的先决条件"。一个好的模式,应当达到价值的最大化,具有整合独特资源、实现持久赢利的能力。一个可参照、可持续的模式,是一个整合系统而非由单一要素构成,能通过整合与价值互动,发现与具备核心竞争力,形成整体有效的解决方案。

经过实践,山东潍坊市提出的农业产业化基本思路为:确定主导产业,实行区域布局,依靠龙头带动,发展规模经营,实行市场牵龙头,龙头带动基地,基地连接农户的产业组织形式。这一基本思路实际上提出了我国农业产业化的基本模式,即由龙头企业联结专业合作社等中介服务组织,带动组织起来的农户,实行产加销、贸与农一体化经营,以农业龙头企业的创建与发展作为农业产业化发展的关键,将农业龙头企业作为构建现代农业产业体系的重要力量。具体范式为:以市场为导向,借助农业产业化龙头企业,形成与农户的合理利益链条,集成利用资本、技术、人才等生产要素,带动农户发展专业化、标准化、规模化、集约化生产,从而将千家万户农户与千变万化的市场进行有效对接,实现经济效益优化、区域资源利用、主导产业的快速发展。

20 年来,中央和各地对这一基本模式给予了充分肯定,出台了一系列扶持政策与措施,支持农业龙头企业做大做强,以农业龙头企业为主体,形成龙头企业与基地、农户等要素间的互动关系,以此推动我国农业产业化的快速、健康发展。2001 年 2 月,农业部、国家发改委、财政部、商务部、中国人民银行、国家税务总局、中国证监会、全国供销合作总社等组成

---

① 中华人民共和国国务院,《国务院关于支持农业产业化龙头企业发展的意见》,国发〔2012〕10 号文。

的全国农业产业化联席会议制定了《农业产业化国家重点龙头企业认定和运行监测管理办法》，经过企业申报、各地推进、专家评审、部门审核、媒体公示等环节，最后由联席会议 8 个部门共同认定批准了第一批国家农业龙头企业，并将国家重点龙头企业认定作为推进农业现代化、促进三化发展的重要途径。截至 2012 年 3 月，八部门联席会议已批准了五批农业产业化国家重点龙头企业，企业总数已达 1253 家，占全国各类龙头企业总数的 1％ 左右①。到"十二五"期末，我国力争"实现以下目标：一是龙头企业有大发展，龙头企业总数达到 15 万家，销售收入上百亿元的企业数量达到 100 家，经济效益明显提升；二是农业产业化示范基地建设有大突破，在全国形成一批年产值过百亿元的龙头企业集群，提升产业发展质量；三是产业链建设有大提升，农产品生产、加工、销售一体化程度显著提升，产品附加值明显提高，农产品加工产值与农业产值之比超过 2：1；四是辐射带动功能有大拓展，农业产业化组织带动农户 1.3 亿户左右，参与产业化经营的农民人均纯收入明显高于当地农民人均收入，带农惠农能力进一步提升。"②

随着中国农业产业化的具体实施和飞速发展，中国农业"龙头企业充分发挥创新机制灵活、研发针对性较强、成果转化率较高的优势，将产学研、农科教集于一体，已成为农业科技创新最具活力的主体，农业科技推广应用最有效率的平台，农民教育培训最前沿的阵地，在推动我国农业科技进步中发挥了不可或缺的重要作用。"③目前，全国龙头企业近 11 万家，年销售收入 5.7 万亿元，出口创汇额占全国农产品出口额的 80％ 以上；提供的农产品及加工制品占农产品市场供应量的 1/3，占主要城市菜篮子产品供给的 2/3 以上；全国各类农业产业化组织 28 万多个，直接吸纳农民就业 5000 多万人，多种形式带动农户约 1.1 亿户；参与农业产业化经营的农户年户均增收额从 2000 年的 900 多元，快速增长到 2011 年的 2400 多元；农业产业化经营涵盖了种植、畜牧、水产多领域，辐射带动全国 50％ 以上的农作物播种面积、70％ 以上的畜禽饲养量和水产养殖面积；全国有 3000 多家龙头企业建立了省级以上研发中心，近 90％ 的国家重点龙头企业建立了研发机构，科研成果获得省级以上科技奖励的企业占 60％ 以上。省级以上龙头企业拥有农业科技研发和推广人员 38.5 万人，占全国的 36.8％；通过合同、合作、股份合作等形式，龙头企业带动农户发展生产，在产前、产中、产后全过程实行统一培训、统一供种、统一农资、统一技术、统一销售，有的还为农户提供资金、担保、保险等配套服务，已成为新型农业社会化服务体系的骨干。2002 年以来，龙头企业培训农民资金累计达 510 亿元，年均培训 520 万人次。④

与此同时，多年来，龙头企业在以农业产业化的基本模式（龙头企业＋专业合作社＋农户等）的基础上，更进一步对企业的商业模式、经营模式、管理模式、营销模式、利益分配模式等进行了探索与实践，并获得了价值的最大化、资源的有效整合，探索了与农户之间的利益分配机制，成为中国农业产业化、现代化、品牌化的领头羊，农户利益分配联动机制、农业企业经营管理实践的探索者，行业典型模式的创新者。

为了进一步引导全国农业企业利用正确的发展模式、产业模式、品牌化策略、利益机

---

① 孙中华，农业部举办第五批农业产业化国家重点龙头企业认定情况新闻发布会，文字直播，http://www.moa.gov.cn

②③④ 同上。

制、经营模式等形成中国农业企业整体的、集聚的行业力量，为了推动金融等社会资本更有效、更系统对农业产业化发展，特别是对龙头企业的支持与服务，农业部农业产业化办公室委托浙江大学 CARD 中国农业品牌研究中心与北京惠农资本管理有限公司，在 2012 年间，就中国农业产业化龙头企业的典型案例进行调查研究，同时，发现、选择并研究中国农业产业化龙头企业的标杆群体，形成相关研究成果，并利用研究成果推进全国的农业企业的产业化、现代化、品牌化发展进程。引导社会资本投资和服务于农业产业化，探索建立适应我国农村产业化发展以及龙头企业成长的全能服务模式与机制。

本书入选的 30 家企业，在经营、管理、品牌、营销等方面各有特色，各有参照价值：中粮集团，探索并实现了全产业链模式，实现了产业链无缝对接和一站式提供产品及其服务，给消费者带来了安全产品，获得价值最大化；江西正邦，以饲料为轴心，完成了从生产企业到集成流通服务业的转型；广东温氏集团，探索实践了有效的委托养殖模式，创新了与农户之间的利益共享机制；山东中澳集团，创新订单养殖模式，成为生态产业的探索者；江苏雨润集团，采用合纵连横的多元战略获得了企业的极速飞跃；河南双汇集团，从地方到全国，庞大的肉类加工帝国后面，是专业化、一体化战略；河南"好想你"集团，农产品品牌化战略最早试水者之一，将连锁店演绎成与消费者沟通的平台，利用"搭售"(Tied Products) 模式获得更大的市场；内蒙古民丰薯业与陕西石羊集团，用专业化提升核心竞争力，以一体化成就产业规模；大连雪龙黑牛，在品牌文化建立与传播中占领高端消费市场；西藏高原之宝，探索出一条如何利用珍稀资源创造独特竞争力的新路；"乌江"榨菜，利用产业营销模式实现子品牌突围；山东金乡华光，单一产品形成"农工商科贸"一体化产业链，小蒜头构成了大产业；贵州"老干妈"采用定位策略，成为品类代言词；江西煌上煌，借助连锁经营模式打造鸭肉熟制品产业链；临武舜华鸭业，利用产品、品牌、经营、社会的四力整合，实现了一体化纵向全产业链；山西六味斋，以市场为导向，准确判断消费趋势，令老字号强势复兴；浙江丰岛集团，跨界经营，实现多元化战略，让近 30 万农民脱贫致富；湖南熙可，国际代工与自主品牌创造双管齐下，创造产品新市场，获得企业新价值；福州超大模式利用资本经营，短期内飞速扩张，跻身亚洲品牌 500 强；福建森宝集团，探索实践社会化协作生产经营的"公司＋基地＋协会＋农户"模式，找到了各方利益共赢的有效路径；湛江国联采用"捆绑经营"的发展模式，适时"回归"国内市场，实现内外并重的战略转型，使企业更上一层楼；四川新希望集团，选准饲料行业纵横捭阖，形成完整的一体化产业链，构成企业的核心价值链；吉林德翔牧业，贸工农一体化、产加销一条龙，链式发展，创造了牧业奇迹；江苏鑫缘集团和北京旗舰集团，洞察消费市场，形成循环经济发展范式，成就社会需求型企业；北京大北农集团，以企业愿景为灵魂，以高科技人才为核心，实现人本管理，以利益共同体为凝聚力，创造多方共赢的新型利益机制；福建华祥苑，利用丰富的文脉进行品牌价值塑造；九三粮油集团，以战略制胜，重塑产业价值链。

上述企业不同程度、不同侧面、不同模式的探索和实践，不仅为中国农业经济的增长和发展贡献了巨大经济价值，保障了中国农产品的有效供给，更为中国的农村发展、农民致富提供了富有中国特色的、具有一定的国内外市场竞争力的、能够与农民达到利益共享共荣的合作模式、商业模式、经营模式、营销模式和管理新模式，为中国农业产业化进程中正在摸索、正在成长的中小型农业企业起到引导作用，他们所展现的商业价值和成长经验，将为正在兴起的农业投资行业和正在完善的农村全能体系提供较为深刻的执行视角和创新动力。

由于时间紧,任务重,书中难免有疏漏,敬请各位领导、专家、学者、企业家等有识之士指正。

目　　录

这是一场子品牌的突围战。涪陵榨菜集团旗下的"乌江"牌榨菜借助"涪陵榨菜"区域公用品牌的力量,以"产业营销"为指导,以市场为导向,以现有品牌、渠道、技术优势为依托,打造完整产业链,实现了生产与销售并重、资本与产业并举、母子品牌同辉煌的战略目标。

在林林总总的农产品里,大蒜不是主食,但它是许多美食中不可或缺的调味品。不仅如此,大蒜的深加工产品还广泛地应用于医药、甜点、饮料、保健品等多个产业。从这个意义上,大蒜虽是小宗农产品,但却是世界性的消费品和生产原料,也可以做成大生意。金乡华光集团也真的靠着这个小小的大蒜,成就了大生意。

一个没有读过一天书的普通妇女,以一段又一段感人的创业故事,塑造了一个慈祥亲切、个性鲜明的"老干妈"品牌。她以"豆豉＋油炸辣椒"这个贵州传统配方为基础,调制出了不一样的、令人难忘的香辣酱,使企业成为行业内当之无愧的"老干妈",成为一个品类的代名词。

一只具有理想的鸭子,努力从下往上游,历经20年的奋斗,借助连锁经营模式占据渠道高地,打通了一只鸭子的全产业链,实现"养殖——屠宰——熟食加工——连锁配送"的一体化发展,构筑起一个鸭肉熟制品王国。这个王国就是江西"煌上煌"。

依靠产品力、品牌力、经营力、社会力的四力整合,舜华鸭业实现了鸭产业的跨越式发展,建成了集种养、加工、商贸一体化的纵向全产业链。如何达到四力具备、四力整合? 又如何成为鸭产业的领先企业? 舜华鸭业将解开他们的锦囊。

1738年,两个落榜秀才因生计在京城开了一家熟肉店,竟意外地开创了名满京师的熟肉店品牌。两百多年后,继续他们事业的是一个女人,她的名字叫阎继红。她在百年老店濒临破产时上任,力挽狂澜,用一个女人的坚毅、执著和对市场的准确判断,将其起死回生,做大做强。

一位普通的山区农民从两千元、两片树叶起步,将企业发展成具有五个生产基地、12家子公司的国家级农业产业化龙头企业。丰岛控股集团通过将食品与花卉等产业进行有机结合,走出了一条多元化发展的新路子,带动了浙江、江西、湖北、云南、安徽等地10万农户近30万农民走上脱贫致富奔小康的道路。

中国有许多企业通过为国际大牌进行代加工而繁荣发展起来,数载之后,又由于市场波动或订单萎缩等因素而轰然倒下。湖南熙可则通过创建自主品牌,与代工大牌共舞,成功实现了一个中国农企从资源经济向价值经济的转型。

四川新希望:为耕者谋利　为食者造福

1982年初,刘氏兄弟辞去公职到川西农村创业,从养鹌鹑中收获了第一桶金。后以饲料为龙头,横向进行全国性扩张,并走出国门;纵向向上下游产业延伸,建成从种源、饲料、养殖、屠宰加工到市场销售的完整产业链。而今,新希望再次调整战略,定位农产业协同服务商,瞄准世界级目标,开始其在农业产业化领域新的探索和尝试。

一、新希望农牧产业发展历程

自1982年创业,新希望一直以顺潮流而动,略有超前,快半步的思想和方略践行发展,在坚守农牧主业毫不动摇的前提下,顺应企业和行业阶段的变化,不断调整、完善商业模式和定位,实现了从专业户到专业工厂,到专业集团,到多元化投资商,到规模饲料提供商,到产业链运营商,再到农产业协同服务商的一系列转变,并向着农牧世界级目标步步迈进,挑战与希望并存。

第一阶段:从专业户到专业工厂(1982—1987年)

1982年,刘永言、刘永行、陈育新(刘永美)、刘永好四兄弟在川西的成都新津县成立了"育新良种场",开始了早期艰苦的创业历程。1986年,时任科技部长的宋健同志为刘氏兄弟题词"中国经济的振兴寄希望于社会主义企业家",从此,"希望"成为刘氏兄弟事业的品牌。1987年,"希望公司"成立,公司资产1000万元。

第二阶段:从专业工厂到专业集团(1988—1992年)

1990年,"希望"公司初具规模,刘氏兄弟大胆调整产业,专注于多种饲料产品的研发和生产。1992年,希望集团注册成立,成为全国首家私营企业集团,刘永好任集团总裁。其后,通过新建、兼并和收购等方式,希望集团在全国各地布点建厂,壮大事业规模。

第三阶段:从专业集团到多元化投资商(1993—1997年)

1993年,刘永好参与发起和组建民生银行,并于民生银行成立后担任副董事长。集团通过对民生银行的持股,开始了非农业领域的投资试水。在此期间,集团主业发展势头强劲,被评为中国饲料企业百强第一位,居中国500家最大私营企业之首。

1997年,刘氏兄弟对管理制度进行调整并明晰产权,希望系由此划分为大陆希望、东方希望、华西希望、新希望四个分支,刘永好挂帅新希望集团。

第四阶段:从多元化投资商到规模饲料提供商(1998—2002年)

1998年,新希望集团完成股份制改造,创立了"四川新希望农业股份公司",并于1998年3月11日在深圳证券交易所正式上市交易(股票简称"新希望",代码:000876),成为第一家 A 股上市的民营企业。1999 年,新希望集团在越南开设第一家海外工厂,并在其后利用差异化的市场机会加速海外发展步伐,迅速在东南亚布局 7～8 家工厂。与此同时,得益于国家"西部大开发"战略的实施,新希望在国内的发展也进入快车道,先后兴建起近 20 家饲料公司,成为当之无愧的规模饲料提供商。

在这个阶段,新希望也适度开展了对房地产、金融、化工等多领域的投资。

第五阶段:从规模饲料提供商到产业链运营商(2003—2007 年)

2003 年,新希望集团被国家八部委评为农业产业化国家重点龙头企业,并成为西部首家进入中国 500 强的民营企业。2005 年起,新希望先后与山东六和集团、陕西石羊集团、山西大象集团、北京千喜鹤集团强强联合,组成中国最大的民营农牧企业,并提出"打造世界级农牧企业"的目标,完成从种苗、饲料,到养殖、屠宰加工,再到终端的完整产业链布局。在此期间,新希望向公众发布了第一份来自民营企业的《社会责任报告》。

第六阶段:从产业链运营商到农产业协同服务商(2008 年至今)

通过规模的扩张和产业链的延伸,新希望集团在饲料、肉禽加工等方面的销量已位居全球前列。但面对传统农业向现代规模化农业转型的契机,新希望再次调整定位,向农产业协同服务商转变。

二、新希望集团的产业发展模式

自 1982 年创业以来,经过多年的发展,尤其是近几年来定位于农产业协同服务商,坚定不移地走"协同产业链模式"的农业产业化发展道路,实现了历史性跨越。

(一)新希望模式内涵

协同产业链模式是指新希望集团一方面与农户协同,向农户提供种苗、饲料,提供养殖环节的技术、金融担保服务,以及后期的收购与屠宰加工、销售服务;另一方面,与交易伙伴协同,形成稳定、协同的供应链。通过产业链协同服务体系的打造,于农民,将增大养殖规模、降低养殖风险、提高毛利空间,从而增产致富;于员工,将发挥其潜力,增强综合服务能力;于合作伙伴,将降低总体成本,增大行业利润;更重要的是,能为消费者提供安全的肉、蛋、奶等食品。实践表明,这是适应现代规模化农业发展的最佳生产经营模式。

(二)新希望模式解读

1.依托产业资源,发挥行业地位优势,科学长远的战略规划

2005 年,新希望适时提出了"打造规范、环保、领先的世界级农牧企业"的战略发展目标,要实现这一目标,既要有量的积累,也要有质的飞越,更重要的是,要有高远的格局观,以及运筹方寸的路径和战术。

(1)量的积累

近五年,新希望集团销售收入连年净增超过 100 亿元,2011 年达到 753 亿元。并通过重大资产重组,实现农牧板块整体上市,重组之后的"新希望六和股份有限公司"成为 A 股市场最大的农牧上市企业。2012 年,集团销售收入计划近千亿,达到世界级规模指标可望可及。

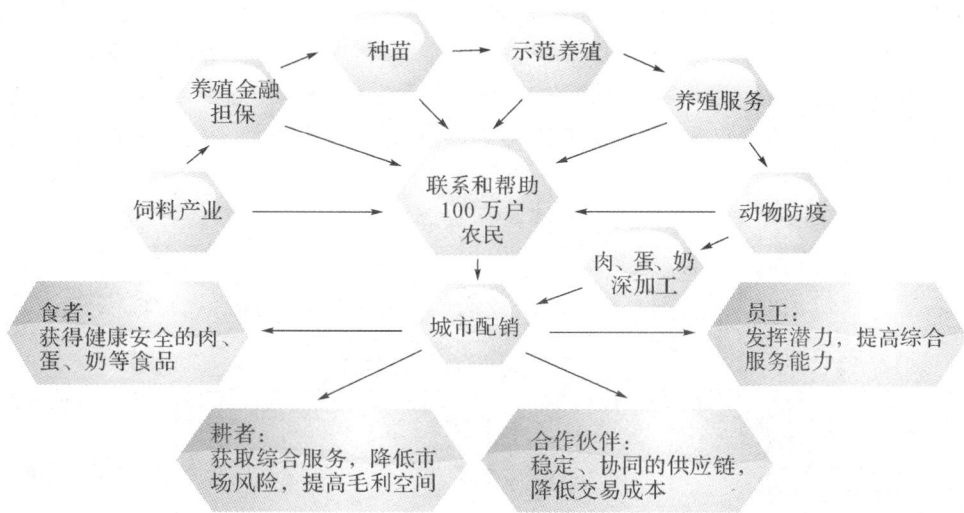

图1　新希望协同产业链模式图

（2）质的飞越

质的提高甚为关键。新希望集团通过完善治理结构、培养人才队伍、优化商业模式,进一步健全企业文化建设,以及推动科技创新等各种努力,增强内部核心竞争力和企业凝聚力。

（3）新希望六和格局

作为新希望旗下最大的农牧实体,新希望六和通过自身资源、渠道、资金、技术的优势,在产业链的多个环节进行布局、协同发展。饲料业致力于上游原料基地的探索,肉食业着力于下游渠道建设,养殖业持续推进生物科技研究,贸易与金融担保要向综合养殖服务方向进行调整。

从集团角度,在确保安全的前提下,结合中国农业粮食保障、食品安全、农业现代化的三大主题进行适度规模扩张,力争突破产业天花板,迈向世界级。通过加强对上游原料基地建设的探索,确保饲料生产和养殖所需的粮食保障。通过对科技、金融、品牌的投资,进行产业链建设,确保食品安全。通过对农村电子商务网等信息化手段的投入,提升农业现代化程度。

随着规模的不断扩张,新希望必然面临巨大的外部挑战,也可能遭遇行业天花板。基于此,新希望从国际化和综合商社化进行突破。

国际化:在国际化的过程中,新希望将拓展区域锁定为市场潜力大的国家。聚焦物质资源丰富、技术实力突出、管理模式先进的国际企业为并购对象,进行聚落式与散点式相结合的布局方式。配合海外发展战略,集团将从财务、人才上给予支持和保障,并积极开展海外融资与投资,实现资本运作力量的协调配合。

综合商社化:相对于垂直的传统产业组织简单的并表关系,商社型产业组织中的各个主体将形成更有机的结合,通过协同式的发展脉络实现整体利益最大化。因此,新希望也将综合商社化作为向世界级迈进的路径。为此,集团努力增强信息挖掘能力、运营协同和贸易能力、投资和产业布局能力,并配以低成本的资金供给,更重要的是养成开放的产业心态和合作精神。此外,新希望通过基金公司聚集社会资金资源、企业家资源,培养企业战略投资发展人才队伍;通过财务公司聚集金融资源,培养企业银行人才队伍;通过贸易公司,聚集市场贸易和商务资源,培养现代商务人才队伍。

正是这个科学的长远规划,带领着新希望向农牧世界级前进,并形成了适合发展的龙头企业产业模式。

2. 以稳健的内部体系作为产业模式发展的内在驱动

(1)财务安全体系建设

新希望从通过主业突出、适度多元的产业结构,通过安全、稳健的资产、负债结构,以及向外界保持高度透明等方式,构架了安全的财务体系。

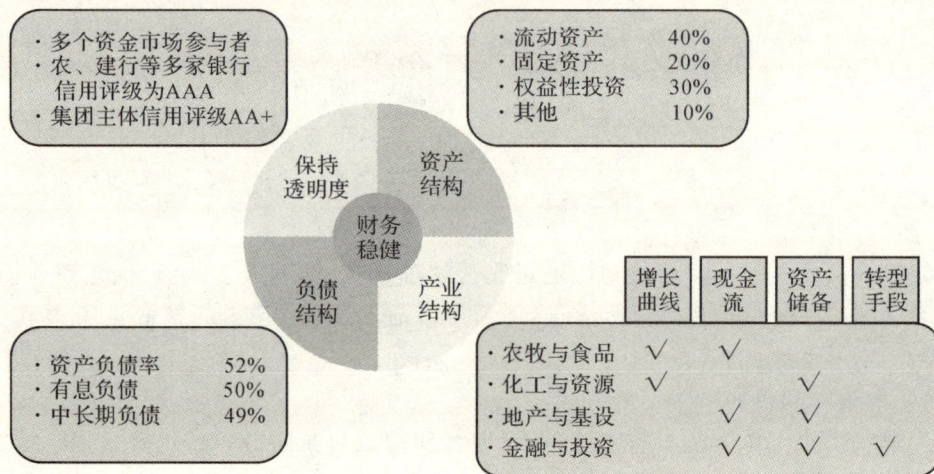

图2　新希望财务安全体系

①合理布局产业,保障财务安全

新希望坚持以农牧业为核心主业,同时适度多元化,涉足化工与资源、房产与基础设施、金融与投资等领域。

新希望的化工事业拥有中国最主要的高纯氢氧化钾生产企业和磷酸氢钙生产企业;新希望房地产开发的中高档城市住宅面积超过300万平方米,还在中国中西部地区建设独具特色的大商汇项目,引领西部物流新模式;新希望是中国民生银行最大股东,在金融业及多家上市或拟上市公司所持有的优质股权,形成了金额较大、可随时变现的权属清晰的资产储备库。

在主业突出、适度多元的产业布局下,当农牧业处于低谷时期,可用其他产业运营获取的利润和现金流来平衡农牧业的风险,为集团的后续发展和风险控制提供保障。

②保持稳健的资产负债结构

新希望集团维持了较为安全、稳健的资产、负债结构,在资产总额中,流动资产占比为40%、固定资产占比为20%、权益性资产占比为30%、其他资产占比10%。维持了较好的流动性,抗风险能力强、发展动力足。负债方面,集团整体的资产负债率为52%,其中有息负债占总负债的比重为50%,中长期负债占总负债的比重为49%。在财务风险可控的前提下,充分、谨慎地利用财务杠杆,有利于降低企业的综合资本成本。

③对外透明开放

新希望集团对内严格把控，对外透明开放，主体信用评级为 AA＋，并获得了农业银行、建设银行等多家银行 AAA 级信用评级。

正是以这种透明开放的姿态，集团及其下属企业成为多个资金市场的参与者。除在 A 股市场进行股权融资外，也成功发行了短期融资券、中期票据、企业债、公司债等，多渠道筹措资金，增强发展的动力和灵活性。

（2）文化安全体系建设

新希望对内推崇"新、和、实、谦"的企业文化，对外坚持包容与共赢，并通过制度与自我的道德约束，始终保持阳光、正向、规范的发展轨迹。

① 新希望集团坚持对所有利益相关人负责

从过往的实践和产业理想角度出发，新希望始终坚持以对所有的利益相关人负责的态度，追求共赢与分享。如通过高品质的产品提供，向客户传递价值；通过对产业链的服务，带动农民规模养殖、共同致富；通过科学管理与经营，为股东创造财富；通过联合求发展、优势互补，与合作伙伴共赢；通过培训与激励，与员工共同进步。

②企业在发展过程中建立"新、和、实、谦"的企业文化

新希望集团的发展是一个不断自我壮大的过程，也是一个联合求发展的过程，通过联合，寻求包容下的共赢。因此，从企业文化角度，也力求融合。在原新希望体系中，有着"阳光、正向、规范"、"像军队、像学校、像家庭"等文化理念，山东六和集团、陕西石羊集团、山西大象集团、北京千喜鹤集团等联合发展的各方也有着自己独特的文化。联合之后，新希望将各家文化融会贯通，提炼出"新、和、实、谦"四个关键词作为企业文化的核心。

③审计监察体系完备

为实现企业的阳光、正向，有效控制企业的经营与投资风险，新希望集团建立内部审计监察体系已近二十年。审计监察通过独立客观的监督和评价活动，审查和评价经营活动及内部控制的适当性、合法性和有效性，评价并改善风险管理、控制和治理过程的效果来促进企业目标的实现。

审计监察以风险为导向，推动企业内控体系的建立和逐步完善。通过及时揭示企业经营中出现的内控薄弱环节和风险点，提出完善企业风险管理的审计意见与决定，推动企业内控流程的整改与落实，保障企业长期可持续发展的核心竞争力。同时，审计监察广开言路，不断完善投诉与举报机制，对经营中出现的违规违纪、损害企业及相关利益方利益的行为进行彻底调查，并对责任人进行责任追究，形成内部审计监察的强大威慑力，在强化企业内部控制，确保企业规范管理的过程中，塑造并培育了有新希望特色的企业审计文化。

（3）平稳传承

企业的长远发展必然会经历传承。既包括股东层面的传承，也包括经理人的传承。新希望的股东从过去管理提供者，转变为策略提供者，再转变为现在的平台提供者，为员工提供施展才华、抱负的阳光、正向、规范的新希望平台。在职业经理人的传承上，老一代的经理人包容、帮助新人，而新的经理人，则充分尊重事业的前辈。每个人都以感恩之心，来看待企业的传承，以平和之心，来共同铸造新希望企业传承的过程。

3.以敏锐的机遇洞察作为农产业发展的外部驱动

把握机会对于企业发展至关重要。新希望经过 30 年的发展形成较大规模，奠定了持续

发展的基础,很大程度上正是源于在某些关键时点对于机会的准确判断和把握。

如当年走出四川,迅速在全国范围内布局,抢占发展先机,成为第一家全国性的集团化企业;1998年登陆资本市场,不仅从融资角度对企业发展形成巨大支持,更是通过此举,规范公司治理结构、扩大企业知名度、增强市场信誉,为集团的后续发展创造了有形及无形的价值;持股民生银行无疑是新希望最为耀眼的一笔对外投资,目前,该银行已成长为一家资产规模超过2.4万亿的优秀股份制商业银行;制定海外发展战略、走出国门,才能寻求到差异化市场中巨大的投资价值;并购山东六和集团,通过整合双方的专业优势、区位优势,以及品牌实力,完善了新希望在农牧产业链上以及各区域间的布局;2011年,农牧板块实现整体上市,重组后的新希望六和股份有限公司成为中国最大的A股农牧上市公司。这一举措也符合监管部门对上市公司规范营运的要求,以及广大投资人的利益,为打造世界级农牧企业的目标的实现奠定了坚实的基础。

能如此准确地把握机会,源于集团在发展中积极倾听各方信息,广泛地与优秀企业交流,或进行深度的合作。同时,新希望也在内部组织建设上做文章,在发展的较早阶段,即组建了投资发展部、战略发展委员会等专业部门,对投资环境、投资机会进行深度研究和分析;伴随"走出去"的战略,又大力推进海外事业部的建设;为实现新规模、新格局下的战略规划和风险管控,新希望又适时成立了厚生投资、新希望财务公司、新井贸易等新的资本与贸易平台,为企业发展、产业兴盛注入新的活力。

厚生投资主要管理新希望产业基金,该基金一期主要投资人为新希望集团及其他大型民营企业集团。二期为美元基金,主要投资人包括新加坡淡马锡、美国ADM公司、日本三井特产和新希望集团,重点关注国内外食品安全、农业进步和粮食保障领域的成长型企业。

图3　厚生投资管理中心成立庆典

新希望财务公司是经中国银监会批准设立的全国第五家民营企业集团财务公司。是为集团及成员单位提供优质金融产品和金融服务的重要机构;是提升管理水平、提高资金效率、拓宽融资渠道和防范金融风险的重要手段,也是投资理财、创造价值的重要平台。

新井物产贸易有限公司则是新希望与日本三井特产共同设立的合资公司,兼备贸易与发展职能,通过该公司,新希望将充分利用自身的规模采购和市场网络,结合日方在全球的资源和渠道,建立原料基地,优化物流网络,拓展销售市场。

通过这些新的平台的搭建,新希望将有更多的视角、更强的能力去发现和把握机会,增强持续发展的动力。

三、新希望模式的启示

在 30 年的发展进程中,新希望的每一次战略调整都与行业的进步息息相关,正是这种顺潮流而动的思想,成就了新希望高速的成长。当然,顺应行业趋势的企业,尤其是龙头企业的发展也必将对行业的进步产生推动力。

在当前农业转型的大背景下,以规模化为首要特点的现代农业,对于参与的主体无论从理论上、技术上,还是资金实力等各方面都提出了较高的要求,而分散的农户,包括以合作社集结起来的农户,都难以独立完成规模化的农业生产,农业企业的辐射与带动在现代农业的转型中尤为重要。新希望作为农业产业化龙头企业,积极探索现代农业发展之道。通过将金融带到农村、用科技服务农民、调整农业生产关系、以协同产生效益、为行业发展鼓与呼等手段,既为自身赢得发展,也为行业带来价值。

1. 持续注入创新要素,焕发企业新生命

(1)持续创新,以科技助推现代农业

新希望通过数年的沉淀,建立了相对完善的研发机构,每年组织开展的研发和创新项目超过 200 项。2008 年以来,新希望承担国家高新技术计划、农业科技计划、科技支撑计划、省重点技术创新、省科技计划等研发、示范及产业化项目 80 余项,已通过省级鉴定成果 12 项,获得国家科技进步二等奖 2 项(均为第二完成人),申请和授权的专利技术超过 200 项。这些项目的开展和成果专利的取得,更重要的是在农业实践当中的推广和应用,提升了畜牧业科技水平,推动了传统养殖业的升级换代。

图 4　新希望员工正在进行农业技术研发

以种源为例,新希望通过从国外引入优良的畜禽种苗,以及对国内优良的畜禽种苗进行保护,并建立优质的良种猪基地和良种禽基地,用科学的手段对种苗进行繁育,提升了畜禽的种源质量,助推现代畜牧业的发展。

作为农业产业化龙头企业,新希望在与农户合作养殖的过程中,更是通过较为全面的养殖技术及信息技术服务体系,真正帮助农民提高养殖水平、降低养殖风险,增大产业链整体价值。如新希望每月会指派业务技术娴熟的技术人员到基层为农户免费提供农业生产技术指导服务,对牲畜的疫病防治给予技术培训和发放宣传资料。并由新希望体系农牧公司、市县畜牧部门等共同组成专家队伍,为标准化规模猪场提供技术服务。同时,依托农业大学、科研院所组织技术攻关小组。做到人员直接到户、良种良法直接到圈、技术要领直接到人。此外,新希望2009年正式开展的新农村综合信息服务与电子商务试点项目,为农户和经销商提供了农业产业链全过程管理、市场供求、科技信息、农产品交易等综合信息服务。

(2)品牌塑造,持续强化产品质量

目前,新希望肉食产业拥有"美好"、"六和"、"千喜鹤"三个中国名牌,以及"美好"、"六和"两个中国驰名商标,其中"千喜鹤"为北京2008年奥运会冷鲜猪肉及猪肉制品独家供应商,"六和"为2010年上海世界博览会专供产品,并被评为2010年上海世界博览会优秀供应商。新希望乳业旗下的四川华西、阳坪乳业、昆明雪兰、云南蝶泉、青岛琴牌、杭州双峰、安徽白帝、河北新希望天香等品牌已发展为当地消费者的热选品牌。这些以质量和信誉为基础打造的品牌,能提升产品附加值,同时有利于规范和提高行业标准,对于尚处于早期发展阶段的产业更有积极的带动作用。

美好	千喜鹤 Kinghey	六和 LIUHE
中国名牌、中国驰名商标 首批"中国肉类工业影响力品牌"	中国名牌 2008年奥运会猪肉制品独家供应商	中国名牌、中国驰名商标 2010年上海世界博览会专供产品

图5　新希望旗下部分优秀品牌

以牦牛产业为例,整个牦牛产业起步晚、内部体系发育滞后、优势产品少、产品精深加工水平偏低。新希望在发展牦牛产业时,以"美好"品牌为牵引,构建了"良种繁育→健康养殖→精深加工→综合利用→现代物流→产品营销"的现代牦牛产业链,有利于提升产品附加值以及市场认可度,有效带动了牦牛产业的发展,也满足了高、中端市场的消费需求。

(3)金融创新,解决农村经济发展短板

在农业规模化发展的过程中,最大的桎梏就是配套金融资本的缺失。尽管当前农业投资日益升温,但也多投向流通环节或后期加工环节,对基础的农业生产环节支持甚微,农户的流动资金需求难以满足,整个产业链的健康发展受到挑战,而食品安全亦无从谈起。新希望将担保的方式作为一个资金解决方案,通过企业来发起组建农业担保公司,与农民形成更加紧密的利益纽带。现已发展了20余家由地方政府、金融机构与企业共同出资成立的养殖担保公司,形成了农村金融担保服务网络,为符合标准化养殖条件并纳入新希望体系内的规模养殖场或生猪养殖企业提供流动资金贷款担保。2011年,新希望六和完成养殖担保额30亿元,担保鸡鸭2.1亿只,受惠农民1.05万户。同时,新希望联合农行发行惠农卡,并积极引导保险这种金融服务方式进入农村和农业领域。

农村金融服务体系的建设将一定程度上解决农业产业化的资金瓶颈,有助于实现由传统养殖到现代养殖、由低产低效到规模高效、由经验性养殖到数据化生产、由粗放管理到安全规范养殖的重大转变。

(4)打造完整产业链,有效控制各类风险

新希望集团通过打造完整的生猪产业链、家禽产业链和奶牛产业链,以闭合运营的方式保证了生产链、资金链和产品链的安全,解决了制约农业经济发展的资金、技术及农户与市场信息不对称等问题,有效地控制了农户的养殖风险,减轻农户受市场行情波动的影响,实现农户稳定增收,并通过可追溯体系保障了食品安全。

2.引领农村生产关系调整,提高农业组织化程度

现代农业的转型和大发展除了运用资金、科技等手段提高生产力外,还必须对生产关系进行调整,提高农业组织化程度,在这一过程中,龙头企业的辐射与带动至关重要。

从近几年的农业发展实际可以看到,农业企业与农民已经成为利益共同体,农民富则农企兴、农企强则农社活。实践证明,"农民+农社+农企"是农业转型中最有效的组织形式之一,以该组织形式为基础,新希望六和公司推出了发展猪、鸡、鸭养殖产业链的"六方合作八统一"模式(即,农户、政府、龙头企业、银行、保险、担保公司等六方合作,种苗、技术、供给品、防疫、融资、收购、加工、市场服务等八统一)。农民通过合作经济组织的形式集结起来,以农社为单位与龙头企业对接、与市场对接。新希望集团作为农业领域的龙头企业之一,利用自身在技术、市场、资金、管理和人力资源等方面的优势,引导该模式的构建,促进了农村生产方式向组织化、专业化、技术含量高、抵御风险能力强的方向发展,较大幅度提高了农户收入,保障了食品安全,也有利于企业做强做大。

目前,新希望已在四川资阳市建立了50个生猪养殖专业合作社,每个合作社吸纳30~50个农户作为社员,在山东、河南等地参股组建了83个鸡鸭专业养殖合作社。

3.建立协同产业链关系

在农业产业化发展中,龙头企业不仅要与农户、农业合作社合作,更要与国内外优秀的大型国有企业和跨国公司进行合作。新希望通过与中粮、美国嘉吉、日本三井物产等商业巨头的贸易往来,或深层次的合资合作,形成协同产业链关系,有利于企业进一步扩大规模,也有利于行业资源的整合,提高效率。

4.注重维护产业环境,为行业发展鼓与呼

新希望不但依靠诚实、守信的经营,维护健康的产业环境,增强社会各界对于农业行业及行业内企业的信任,同时新希望也通过各种平台,向社会发出声音,为行业的发展鼓与呼。

这些年,新希望一直在呼吁,解决"三农"问题的根本途径是变"三农"(农业、农村、农民)为"五农"(农业、农村、农民、农社、农企),强调的正是龙头企业通过将农户组织起来协同发展,从而对农业产业化的提升起到引领和带动作用。

在2011年全国政协的联组会上,董事长刘永好又提出最近几年是大力支持农业龙头企业以及农业产业化发展的最佳时机,其发言最终促成了《国务院关于支持农业产业化龙头企业发展的意见》这一国家级文件的出台,将进一步推动农业产业化的进程和现代农业的发展。

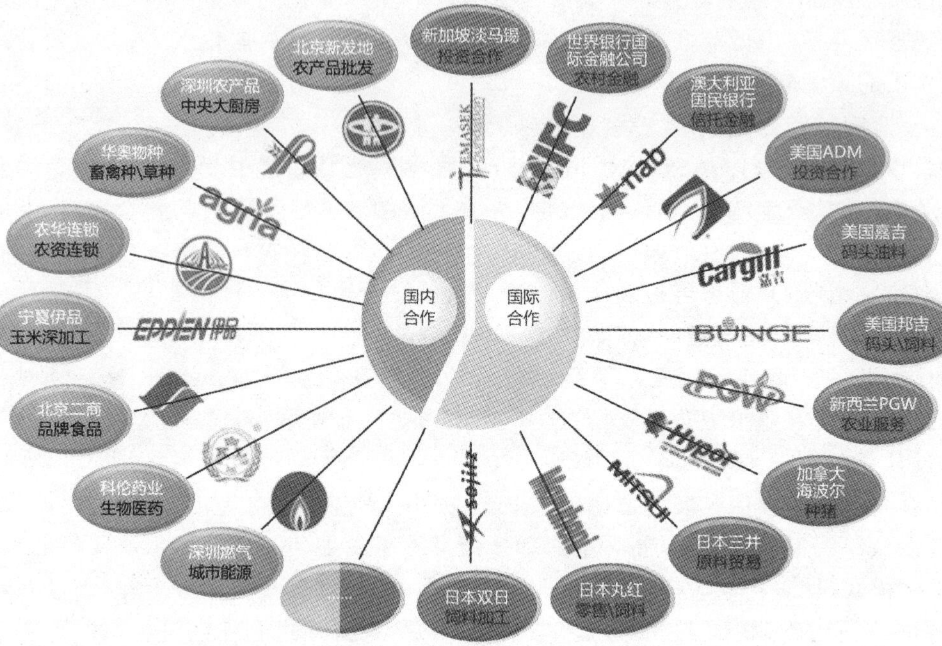

图 6   新希望与优秀企业的强强联合

专家评议

　　新希望在农产业协同服务商的准确定位、农牧世界级战略目标的牵引下,通过完善的财务、文化体系建设,以及股东与经理人的平稳传承,达到内部体系的安全与稳定,强化产业发展的内在驱动力;与此同时,通过多层次、全方位地对市场机遇的敏锐洞察与把握,增强产业发展的外部驱动力。在内外双重引擎的作用下,新希望发展动力强劲。

　　我们有理由相信,耕耘农业 30 年的新希望,将在未来执著于对农牧事业的坚守。凭借核心突出、战略清晰、目标明确、动力强劲的特点,必将达到农牧世界级的战略目标,成为优秀的农产业协同服务商,并持续领军现代农业。

(楼晓东)

广东温氏：创新委托养殖模式
造就共赢共生利益链

　　温氏集团以"精诚合作，齐创美满生活"为企业文化的核心理念，以"实现共同富裕、造福员工、造福社会"为宗旨，在深刻了解农户需求的基础上，创造了我国农业产业化经营"公司＋农户"委托养殖模式的典范——温氏模式。该模式以一个现代农业企业为龙头，以专业化农户为生产基础，由龙头企业组织现代农业产业生产经营，把农户生产纳入现代农业产业链经营范畴，并利用契约等形式缔结利益共生体，通过创建"一体化养殖公司"的产业形式，实现种苗、饲料、饲养、疫病防治、销售等环节的产业链一体化经营，最大限度地保障产品的品质安全。

一、温氏模式的探索历程

　　农村改革开放，实行家庭联产承包责任制，成为当时适应农村生产力发展水平的生产关系，极大地调动和提高了农民的生产积极性，促进了农村经济的发展。但农户规模小，经营分散，实现现代化、规模化生产受到制约，中国农业需要探索小生产向大生产的转变，发展农业的产业化经营。在上述背景下，温北英先生在 1983 年 6 月带领 7 户农民筹资 8000 元股本承包了一个农民股份合作性质的养鸡场——新兴县勒竹养鸡场。养鸡场开办伊始便将探索发展"公司＋农户"的经营模式放在重要的位置上。而今，温氏集团已成为一个销售收入过 300 亿元的大型现代农业企业。

（一）探索发展时期（1983—1993 年）

　　1983 年建立起来的农民股份合作制的勒竹养鸡场，实行以股带劳，是自繁自育自养自销的小规模养殖企业。随着生产发展，不断有新的农户入股，到 1986 年底，全场职工有 39 人，全部持有企业股份。同时由于企业发展受到场地、资金、劳力等因素限制，养鸡场开始探索与农户的合作养殖，当年底有 5 个专业养殖户挂靠企业，这是温氏集团"公司＋农户"模式的萌芽。1988 年起，养鸡场与养殖专业农户的合作越来越多，企业也办起了种鸡场、孵化厂、饲料加工厂。到 1993 年，企业职工达 280 人，合作农户达到 2500 户，肉鸡产量达 713 万只，总产值 8545 万元。养鸡场从开始简单帮助养殖农户代销肉鸡，逐渐发展为向合作农户全面提供优质养殖技术、饲料、防疫、销售等产中和产后服务的综合性养殖企业。

　　这一阶段里，温氏集团创建的"公司＋农户"的生产模式使企业经营规模有了较快的发展，企业全员持股使企业的凝聚力得到提升，和谐的企业文化逐渐形成，创建的一体化公司改善了企业的管理效率,为今后企业大发展奠定了基础。同时,与华南农业大学的技术合作创新了产学研的合作模式。

(二)扩张成熟时期(1994—2004 年)

1994 年 10 月,勒竹养鸡联营公司正式更名为广东温氏食品集团有限公司。这一举措迎来了温氏集团事业扩张和经营模式的成熟时期。温氏集团采用"公司＋农户"生产组织模式,通过一体化养殖公司跨区域科学布局和发展,对合作农户提供全方位系列化优质服务,以保护价收购成鸡,保证合作农户获得一定利润水平,在社会赢得广泛信誉,企业也得到了迅速扩张。在这一时期,温氏集团以 30% 以上的速度迅速发展。到 2004 年,温氏集团的肉鸡产量从 713 万只发展到 3.57 亿只,合作养殖专业农户由 2500 户迅速扩展到了 25000 户,企业产值以 8545 万元为起点呈几何级增长,迅速蹿升到了 55.3 亿元,企业职工和股东数达到 1 万人,合作农户利润收入达到 5.5 亿元。同期,在各级政府的关怀和支持下,温氏集团依靠和谐的企业文化理念形成了强大的企业凝聚力,上下同心,抗击了一次次重大疫情,温氏集团的"公司＋农户"模式和产业链一体化经营管理制度也日益完善,和谐的企业文化更加成熟,发展成为一个以养鸡为主业,兼营肉猪、水产养殖、饲料、肉品加工,集农工科贸一体化经营,带领农民致富的跨区域的大型现代农业企业集团。

(三)跨越发展时期(2005 年至今)

经过了 20 年的探索和快速发展,温氏集团的"公司＋农户"的生产经营模式已非常成熟,并在实践中取得了较大的成功。同时,温氏集团也形成了具有竞争力的企业经营模式和和谐的企业文化理念。从 2005 年开始,集团进入了一个良性的跨越式发展时期。温氏集团在不断拓展国内市场,做大、做强养殖业的同时,也不断拓展农业产业链一体化经营,精心打造产业链上每个经营环节,并且把目光投向海外农产品市场,充分利用国内外市场和资源,实施在现代农业产业内的多元化和一体化经营战略,实现企业跨越式发展。2011 年,温氏集团拥有二级公司 28 个,遍布全国的一体化养殖公司 130 多家,企业职工 3 万多人,肉鸡产量 7.77 亿只,肉猪产量 663.56 万头,肉鸭产量 1191 万只,连接专业化养殖农户 5.21 万户,平均每户获利 6.32 万元,实现销售收入 309.93 亿元,实现了"规模与效益同步增长"的既定目标,为集团"三五"规划(2010—2014)末达到 470 亿元的产值奠定了坚实的基础。

二、温氏模式的五个支点

"温氏模式"是企业与农户实现了科学的产业链连接与合理分工的生产经营模式。在该模式中,企业以面向市场和建立社会化服务系统各环节的产业化经营为主体,而农户则担当着鸡的饲养职责;企业为农户提供种苗、药物、技术、销售等一条龙服务,农户具有养好鸡、保障鸡的品质的责任。这一现代农业产业化链条,从 1983 年创建开始到 2011 年,连结的农户从 7 户发展到了 5.21 万户。近 30 年来,经过不断的探索与完善,"温氏模式"逐渐成熟,适应了现代农业的发展。分析"温氏模式"可以看到,该模式的成功,是因为有了以下五个关键因素的支撑:

(一)支点一:"公司+农户"的生产合作方式

"温氏模式"最独特的一点,就是将分散的农户组织连接成为温氏集团的终端生产者,成为温氏养殖链条上最基础的环节——饲养环节的主体,也就是说,把养殖户纳入了温氏产业化经营体系。

公司与农户之间关系的建立,基本体现为以下程序:

首先,由农户自愿申请入户,公司指派人员上门指导鸡舍建设标准,然后,双方签订契约。契约一旦生效,公司便为农户建立信息化档案并设立专用账户、农户预缴每只鸡3~5元的合作保证金,在指定时间领取一定的鸡苗、饲料及药物等。在契约规定时间里,公司服务部定期对各农户进行技术指导、接受农户咨询,通过信息化档案掌控,及时收购已达到饲养日龄的成鸡并当场结算,将鸡苗、饲料、药物等必要物料成本费扣除后,按照公司与农户5:5的分配比例兑付现金。

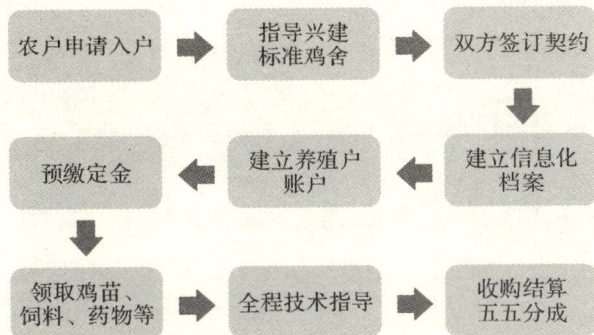

图1　温氏集团"公司+农户"关系形成基本流程

温氏集团"公司+农户"的生产合作方式,根据产业链流程各环节的技术特点与要求,通过产业内合理分工与合作,把龙头企业与农户的相关资源充分利用和整合,以形成产业整体竞争力。温氏集团"公司+农户"合作方式的独到之处在于,农户承担养殖所需的固定资产和部分流动资产投资,农户全程封闭式专属养殖,产品产权明确归属公司所有,公司负责搭建管理和市场等各种经营平台,双方共享产业链经营创造的价值。以5万农户计算,温氏集团"公司+农户"模式运用民间资金达到30亿元左右。

(二)支点二:风险防范与分担机制

养殖户经常面临的风险主要有自然风险和市场风险,分散的小农生产承担风险的能力非常薄弱。温氏集团将农户利益放在首位,与农户签署保价协议,最低限价收购农户所养的鸡,确保合作农户利益。温氏通过严格的产品生产流程质量管理来控制疫病风险,通过建立风险准备金稳定企业经营。如果农户在饲养管理中因遭遇洪涝、台风、疾病等灾害而受到重大损失时,公司将从风险准备金中提取补贴,基本承担意外风险而造成的亏损,确保不要因为意外风险而造成农户亏损。如在面对2003年的"非典"和2004年"禽流感"疫情时,温氏以高于市场3倍的价格回收成鸡,承担主要风险,降低农户损失。

同时,温氏集团还建立了二次分配机制。二次分配机制是在年终结算时实现的。如果农户的年平均收益低于社会同行的平均收益水平，或者销售时市场行情好、价格上涨明显高于预期，公司以补贴形式返回农户。如2010年下半年，活鸡价格行情好转，温氏集团拿出1.8亿元的利润以补贴形式返还给农户。

以风险准备金和二次分配机制为主的风险防范与分担机制，使温氏集团获得了较为完善的风险分担机制，形成了产业链的良性循环，稳固了温氏"公司＋农户"的生产合作基础，也提升了温氏集团和合作农户的抗风险能力。

(三)支点三：创新组织架构

温氏集团为巩固和发展温氏模式，在"公司＋农户"的基本组织构架之上，不断创新企业组织形式，实施一体化公司经营方式。随着企业的发展和市场的变化，集团将企业组织架构扁平化，企业管理和决策重心下移，调动各区域一体化公司的积极性，应对不断变化的市场挑战，通过企业组织创新获得企业发展的强大动力。

温氏集团的组织构架分为四级：

一级公司为集团公司总部，是决策中心、指挥中心、财务（投资）中心、技术中心和信息中心。集团总部不直接参与生产经营活动，主要任务是对集团公司进行宏观管理和监控、制定集团的发展战略、把握集团的发展方向、重大投资决策、核心技术的研发、财务管理和人员管理。

二级公司为集团在各区域的分公司，是温氏集团发展的主力，是管理各区域企业的分子机构。二级公司不直接参与生产，主要任务是在各自区域内搞好经营和企业发展，拥有对自身区域和管理权限内的人力、物力、财力和市场的配置权，独立核算。集团现有28个二级公司。

三级公司为温氏集团基本的生产经营主体单位，是一体化公司的核心组织。根据养殖最佳边界，一个区域内可以在二级公司下设多个三级公司（养殖公司），三级公司是与合作农户直接联接的企业组织，同时经营种鸡场、饲料厂等产业链的其他环节。二级公司职能的转变，使三级公司获得了相对的独立性，拥有了更多的经营决策权，从而有利于生产经营单位潜力的发挥。三级公司的主要任务是搞好生产经营，降低成本，确保质量，提高效益，完成生产计划和经营指标。集团现有三级公司130多个。

生产单位包括种鸡场、孵化厂、饲料厂、服务部、销售部等单位。主要任务是在二级半公司的领导下，组织管理好具体的生产和操作流程，确保产品质量，完成生产任务。

(四)支点四：专注农业一体化经营

自创立以来，温氏集团坚持以经营农业产业为发展目标，以养殖业为主导产业，以产业链一体化为经营战略，这是"公司＋农户"模式在温氏集团得以稳定发展的关键。

1.坚持以经营农业产业为发展目标，是因为农业产业是一个永恒的基础产业；对人口大国更是如此。

2.以养殖业为主导产业，是因为畜牧业在中国还有巨大的发展空间。并且，鸡肉和猪肉产品的市场容量大。鸡肉和猪肉是我国人民的主要肉食，传统散户养殖不能满足人民对安全肉食日益增长的需求。

3.温氏集团企业的核心竞争力在养殖业。温氏集团从事养殖业20多年，拥有丰富的经

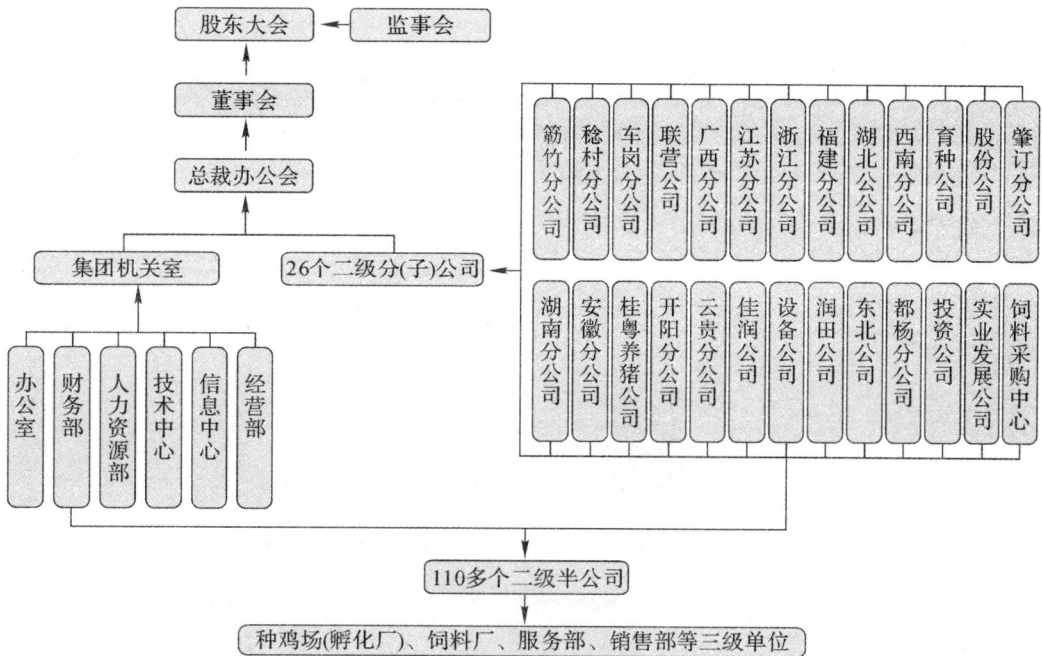

图 2　温氏集团组织架构

营经验和一大批技术和经营人员,与广大农户形成了利益共生体,可支配大量的低成本民间资本。

　　基于以上因素,温氏集团的战略定位非常明确,以工业的经营理念谋划农业,实施"产业链的一体化经营"战略。集团通过建立种苗场、孵化厂、饲料厂、生物药厂、服务部、销售部等有效地实施了纵向一体化经营,以创建"一体化养殖公司"形式实现对产业链各环节利润的分享。同时,通过"公司＋农户"形式把农户纳入产业链的饲养环节,从而实现农业标准化、规模化生产经营。温氏集团的"一体化养殖公司"是以企业为核心、以农业生产组织方式组织分散农户,实现农业生产的标准化、规模化、集约化、商品化的一体化。在"一体化养殖公司"的发展过程中,温氏集团非常注意企业边界的控制。以一家一体化养鸡公司为例,一般投资 6000 万元左右,年产 1500～2000 万只肉鸡,年销售收入 2～3 亿元,区域边界为在消费市场 300 千米左右建一个一体化养殖企业。

　　近 10 年来,温氏集团保持了 30％以上的发展速度,至 2011 年,公司养殖规模已达到了上市肉鸡 7.77 亿羽、肉猪 663 万头,成为全国规模最大的肉鸡(猪)饲养集团。集团在广东、广西、福建、湖南、湖北、江苏、浙江、安徽、江西、四川、重庆、河南、河北、云南等 20 多个省市自治区建立了 130 多家集种苗生产、饲料供应、技术服务、农户管理、产品销售等环节为一体的一体化养殖公司,集团的职工总数达到 3 万余人,合作农户 5.21 万户,年销售收入超过 300 亿元。

图 3　一体化养殖公司运营

(五)支点五:打造共赢共生利益共同体

　　温氏集团"精诚合作、和谐为魂"的经营思想以及"开放创新、共赢共生"的经营机制打造利益共同体,实现"温氏模式"共赢共生机制,促进集团的持续快速发展。

　　1.公司与合作养殖农户的利益共赢共生。温氏集团注重保护农民利益,强调共赢共生。公司通过承担养殖业主要系统风险,向合作农户提供优质种苗、饲料、疫病防治、种养技术、产品回收等多种服务,使合作农户获得稳定收益,通过把合作农户纳入产业链经营体系而获得大量的劳动力、土地和民间资本,使企业获得低成本扩张的基础资源而能够实现快速发展。

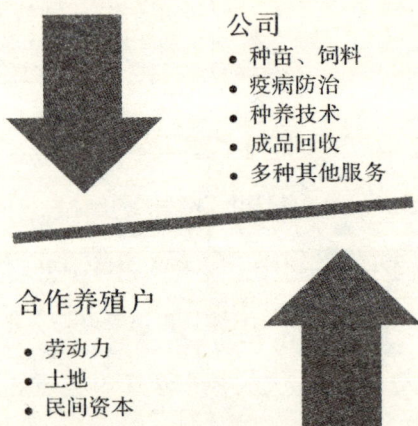

公司
- 种苗、饲料
- 疫病防治
- 种养技术
- 成品回收
- 多种其他服务

合作养殖户
- 劳动力
- 土地
- 民间资本

图4　公司与合作养殖户双向关系

　　2.公司与全体员工的利益共赢共生。温氏集团与员工共赢共荣。公司通过全员持股的制度设计,使员工真正成为企业的主人,员工不仅可获得正常的工资与福利收入,还可以通过拥有企业股份形式分享企业成长带来的资本性收益。另一方面,公司通过员工占有或内部购买股份的形式而实现自我资本积累,大大减轻了企业资金成本和融资压力。

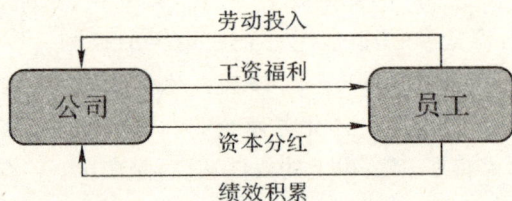

```
          劳动投入
        工资福利
   公司 ──────────→ 员工
        资本分红
          绩效积累
```

图5　温氏集团全员持股制

　　3.公司与客户的利益共赢共生。温氏集团在经营过程中与客户保持着良好的合作关系,维护客户正常的利润水平,集团产品自销一般不超过企业产量的10%份额。

　　4.公司与行业竞争者之间的利益共赢共生。温氏集团对于同业竞争者也奉行和谐共同发展的企业合作精神,把同类企业作为竞争合作者对待,共同把市场蛋糕做大。在区域同类市场上,温氏集团市场份额一般控制在25%以内,全国市场控制在10%以内,近三年,温氏养殖业务全国市场占有率基本保持在7%左右。

企业控制适当的市场份额突破了传统市场利益争夺的竞争模式而实现了利益相关者之间的和谐发展。

温氏集团这种共赢共生的利益机制，让产业链上所有的利益相关者共同分享产业链增值所带来的好处。同时，也为温氏集团一次次度过养殖业疫病危机创造了"人和"的条件。在疫病危机来临时，温氏集团在各级政府的支持下，合作养殖户、员工、供应商都给予了企业巨大的支持和理解，帮助企业渡过危机。与此同时，温氏企业在危机中进一步维护合作养殖农户和员工利益，做到了农户不受损失、员工工资要保证。

三、温氏模式的贡献

在国家改革开发系列政策的支持下，温氏集团不断转变思路，完善内部管理，建立有效的风险防范机制，深入推广"公司＋农户"的农业产业化发展模式，做精做深主业，依靠科技力量，开拓新的利润增长点，发展现代农业，获得了连续近30年的稳健发展。可以说，"温氏模式"让温氏集团获得了顺利发展，并为社会做出了有效贡献。

(一)集团区域布局步入全国性

20世纪90年代中期开始，温氏集团运用温氏模式进行扩张式发展。1999年，温氏集团制定了第一个五年发展规划，在结合考虑了我国历史上大行政区域的划分以及经济圈的基础上，确立了大力发展以"公司＋农户"为养殖模式的畜禽业，建立以广东为基地、以上海为中心的华东区，以武汉为中心的华中区，以成都为中心的西南区，以广州为中心的华南区的一个基地四个区域的整体布局。随着太仓公司、玉林公司、桂林公司、汉川公司、重庆公司等的陆续建立，温氏集团的区域布局战略也逐步呈现。2004年，温氏下属十家公司分布在全国13个省(市、自治区)，在完善华东、华中、西南等区域管理的同时，新增了江西、云南、安徽、贵州、河北、天津等6个省(市、区)发展养殖业，形成了华南、华东、华中、西南、华北、东北等区域布局，集团现有二级公司22家，二级半公司110多家，实现了温氏人多年来追求的"经营100个企业、培养100名企业家"的战略目标。温氏区域布局战略步入了全国一盘棋的局面，收到了良好效果。

随着集团第三个五年规划的推进，2011年，集团开展了区域业务合并和重组，加快各区域养殖业务布局，成立了京津分公司，推进集团在云贵、京津唐地区养殖业务的扩张，新增设计产能超千万头的东北地区养猪业务布局，促进西南、江苏、安徽、湖北、桂粤等公司积极规划和开拓养猪业务。

(二)产业结构更趋合理

1993年，温氏集团便开始了在延伸上下游产业链上的探索，承租箬竹罐头厂，在1994年将其改建为温氏食品厂，生产鸡肉和鸡汤罐头。集团努力做精做强养鸡业，适时地启动了养猪业，通过扩大对养猪业的投资，提高养猪业在集团总收入的结构比例，降低企业风险，适时地启动以食品加工、设备产业的发展，为集团增加了新的经济增长点。

特别是1999年制定"一五"发展规划以来，温氏对自身产业结构和发展战略有了一个明确的目标：积极发展养鸡业，大力发展养猪业，探索发展奶牛业，加快向上下游产品延伸。2000年，集团成立乳业公司，从澳大利亚引进数百头良种奶牛，积极探索乳业。

两个五年规划的实施后，温氏集团形成了以养鸡养猪业为主导产业，以养牛、养鸭为辅，以动保、食品加工、农牧设备、粮食贸易为产业配套，以有机肥为延伸的产业链管理新局面，成为一个多元化、跨行业、跨地区发展的现代大型畜牧企业集团，为抵御行业潜在的风险奠定了更为扎实的基础。

2011年，集团实行鸡猪业务分离措施，推进养猪及养鸡业务专业化发展，成立了百合公司和投资公司，启动了房地产及投资管理业务，拓宽了集团业务范围。

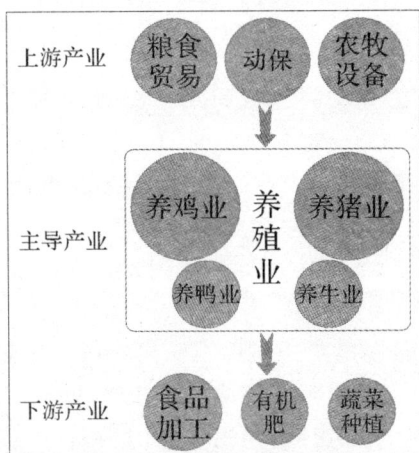

图6　温氏集团产业结构体系

（三）企业内部管理更加完善

提升管理水平。为适应新时期市场的需要，与时俱进地推进管理模式的升级，温氏集团在内部管理上，以四级组织建构为基础，以"集团公司具有很有效的宏观调控能力，二级公司具有很强的竞争能力，二级半公司具有很强的盈利能力"为目标，明确各级单位的职能定位，使上下沟通顺畅，增强执行力，提高管理效率。

完善经营模式。在完善的组织架构的基础上，温氏集团及时将原来松散型的"公司＋农户"模式，提升为规范化、集约化的"公司＋基地＋农户"的新型经营模式，使农产品的组织和生产更加符合现代社会健康、安全和卫生的要求，通过建立完善的质量管理体系，大力推行ISO、6S等管理规范，有效保证产品质量。

注重信息化建设。集团建立了集中式信息管理系统，该系统集生产、销售和财务管理于一体，通过信息化管理实现了对产业链全过程的有效管控。2010年10月，温氏集团启动养殖户效率和效益的"倍增计划"，加快养殖户机械化进程，积极开展物联网技术研发与推广，提升养户饲养效率和收益水平，逐步实现公司饲养模式从"公司＋基地＋农户"向"公司＋家庭农场"模式转变。

(四)龙头企业带动能力不断增强

两个五年计划实施以来,温氏始终保持着持续、健康的良好发展势头,获得了农业产业化国家重点龙头企业、中国驰名商标、国家火炬计划重点高新技术企业、广东省百强民营企业等诸多荣誉,成功举办了"温氏模式与农业产业化发展论坛",有效地提升了温氏在行业、政府以及社会各界的影响力,温氏的行业龙头地位日益巩固。

企业发展的同时,促进了社会各环节的蓬勃发展:集团现有员工 3 万多人,现有合作农户 5 万多户,农户每年可获利几十个亿,2011 年,养户获得 31.09 亿元收益,极大地促进了养户的养殖热情,为各地"三农"工作做出了积极贡献。此外,社会上为温氏畜牧产业链提供服务的产品零售、交通运输、餐饮、原料、设备生产与维护等从业人员不计其数,温氏的发展,也带动了相关产业的勃兴,显示了龙头企业强大的辐射能力。

四、温氏模式的完善与发展

在中国经济向工业化、城市化、国际化转型阶段,现代农业企业面临着更多的市场机遇,承载着更多的经济社会责任,同时也承受着更大的市场竞争压力。"温氏模式"要持续高效运行和发展壮大,就必须随着市场变化和企业的战略目标不断完善企业运行机制,打造世界级的现代农业企业。

(一)再造公司形象,打造温氏"和谐"品牌

温氏集团以和谐的企业文化为基础,通过"公司+农户"模式与农民对接,大力发展现代农业企业,带领农民走共同富裕之路得到社会各界的广泛赞誉,企业在业界已有较高知名度。随着温氏集团事业的扩展,进一步提高企业知名度和社会影响力,理顺企业内外关系,大力宣传温氏和谐的企业文化理念,构建温氏集团事业发展和谐的内外部环境迫在眉睫。

(二)引导农民成立专业合作组织,降低企业交易成本

温氏集团以一体化公司直接与合作农户对接,对于加强与农户的联系,强化公司与农户的经济合作关系,促进企业技术的直接转化发挥了重要作用。但从企业市场交易行为而言,直接与专业农户交易成本相对较高。企业可以领头,引导和帮助合作农户成立养殖专业合作组织,通过合作农民专业合作组织这一平台,把企业和谐文化理念、养殖技术传播给农民,农民之间可以进行养殖技术交流,以提高合作农民的自我服务能力。同时,企业可以直接与农民专业合作组织对接而降低企业交易成本。

(三)引入社会资本,推动集团内具有核心竞争力的企业上市

温氏集团通过全员持股和资本的自我积累,较好地解决了企业资金运用问题,但随着温氏集团事业的进一步发展,资本结构的封闭运行难以满足现代企业的大发展,也难以成为国内外一流水准的现代企业。温氏集团要通过规范现代企业管理,建立符合现代企业上

市要求的治理结构和股权结构,保障股东利益,积极创造条件推动核心企业上市。通过对下属企业的结构调整,2011 年,促成广东大华农动物保健品股份有限公司上市。核心企业的上市既可满足企业进一步做强做大的资金要求,增强企业抗风险能力,推动集团现代企业制度建设,又可进一步提高企业的社会影响力,对于打造温氏集团企业品牌意义重大。

五、从温氏模式看农业产业化发展

农业产业化是我国农业经营体制机制的创新,是现代农业发展的方向。农业产业化龙头企业集成利用资本、技术、人才等生产要素,带动农户发展专业化、标准化、规模化、集约化生产,是构建现代农业产业体系的重要主体,是推进农业产业化经营的关键。支持龙头企业发展,对于提高农业组织化程度、加快转变农业发展方式、促进现代农业建设和农民就业增收具有十分重要的作用。

"公司＋农户"的温氏模式,从 1983 年开始探索至今,对农业产业化发展起到了积极而显著的作用,在促进农民增收、农业增效上尤为突出。

温氏模式首先解决了小农户与大市场之间的矛盾。"公司＋农户"模式将农户与企业结成利益共同体,分担风险,以利益共同体应对风险,防止受到产业大起大落的影响,保障农户利益的稳定性,有效实现小农户大市场的对接。集团公司生产能力强,规模大,能有效依据市场需求来进行生产,保障产品销售。同时,集团公司拥有专业的销售队伍,已形成成熟的销售渠道网络,具备良好的市场开拓能力,有效解决农产品买难卖难问题。

其次,为农户提供了分工化的就业岗位,化解了农村剩余劳动力。到 2011 年,温氏集团拥有企业职工 3 万多人,带动农户 5.21 万户,以每户 2 位骨干劳动力计算,约提供 10 余万就业岗位。除此之外,温氏模式还分化出大量特殊员工,主要来自养殖户周围村庄农民、外来务工者,为养殖户提供打疫苗、投料、鸡只出栏等各种服务。

第三,综合降低了农户投资风险。公司与农户共担自然风险,解决了技术、销售等问题,实现双赢。

温氏模式的推广,普及了先进的养殖技术,促进了农民职业的分化,提高了农民的收入水平和生活质量,改善了村容村貌,有效促进了当地农村经济社会的长足发展。温氏集团的不断发展与温氏模式的成功实践,增强地方经济实力,促进县域经济发展,提升现代农业产业化水平,有效促进农民增收、农业增效以及农村的繁荣发展。

专家评议

温氏集团以"公司＋农户"的委托养殖模式和以现代农业一体化经营战略打造共赢共生的利益共同体的农业产业化经营模式,经过近 30 多年的奋斗,发展成为一个布局 20 多个省市自治区、140 多家一体化公司、产值超过百亿的广东省最大的农业龙头企业。温氏集团的神速发展显示了农业产业化经营的巨大的魅力和活力,同时也证明了温氏"公司＋农户"委托养殖的模式是非常适合畜禽业发展的经典的农业产业化案例。

温氏的成功至少给我们三点启示,一是农业产业化经营是适合中国特色农业现代化的经营方式,这种形式具有普适性和巨大的生命力;二是农业产业化经营的具体形式和模式具有多样性,必须寻找与各类农业产业行业相适应的具体形式,温氏集团"公司＋农户"的委托养殖模式就是适合规模化、现代化养鸡业发展的最佳模式;三是农业产业化经营模式取得成功的最重要的一条经验是要使公司与农户之间形成真正紧密的共荣共生的利益共同体关系,温氏集团凭着"精诚合作、和谐为魂"的经营思想以及"开放创新、共赢共生"的经营机制,打造公司与合作养殖农户、公司与客户、公司与行业竞争者、公司与员工的共赢共生的利益共同体,这才是温氏产业化模式最核心的经验启示。

（顾益康）

湖北福娃：龙头企业驱动　"三化协调"发展

　　2012年4月，湖北省委调研组在福娃集团调研时指出，省委省政府决心把以福娃集团命名的"福娃模式"，打造成为全省龙头企业带动工业化、城镇化和农业现代化即三化协调、共同发展的一面旗帜。

　　福娃集团，一个与2008年北京奥运会吉祥物同名的农产品加工企业，实践着十九年前提出的"创业育人，发展报国"的企业理念。

一、"福娃模式"

　　十多年来，福娃集团遵循"扬资源优势、抓政策机遇、用科技手段、做稻米文章、争行业龙头、创百亿园区"的企业发展战略，按照"公司＋专业合作社＋基地＋农户"的产业化模式，发展订单经营、规模化种植、标准化生产、产业化经营、市场化运作，实现绿色生态现代农业、新型工业和新型城镇化和谐社会的有机融合，大大推动了农业增产、农业增效和农民增收。

　　根据福娃集团的发展轨迹和成功经验，"福娃模式"可简单地概括为，以满足城镇发展建设需求、满足健康食品消费需求为核心驱动源，以城镇化、农业现代化、工业化三化同步为基本路径，实现农民增收、企业增效，由龙头企业驱动形成产业纵向整合、区域城乡一体的发展模式。其模式结构如图1所示。

二、"福娃模式"的核心驱动源

　　福娃集团深刻洞察了城镇发展建设和绿色健康食品消费两大需求的潮流，体现了顺应潮流而动的前瞻性的发展观。这种顺潮流而动的发展观，其本质是：一方面，顺应国家的政策潮流，积极发展政府倡导、政策扶持的产业；另一方面，做市场需要、广大消费者满意的产业。

（一）融入城镇发展大建设

　　城镇化是农村人口不断向城镇转移，第二、三产业不断向城镇集聚，从而使城镇数量增加，城镇规模扩大的一种历史过程。它主要表现为：随着一个国家或地区社会生产力的发展、科学技术的进步以及产业结构的调整，农村人口居住地向城镇的迁移和农村劳动力从事职业向城镇二、三产业的转移。城镇化的过程也是各个国家在实现工业化、现代化过程中经历社会变迁的一种反映。城镇化的本质特征主要体现在三个方面：一是农村人口在空

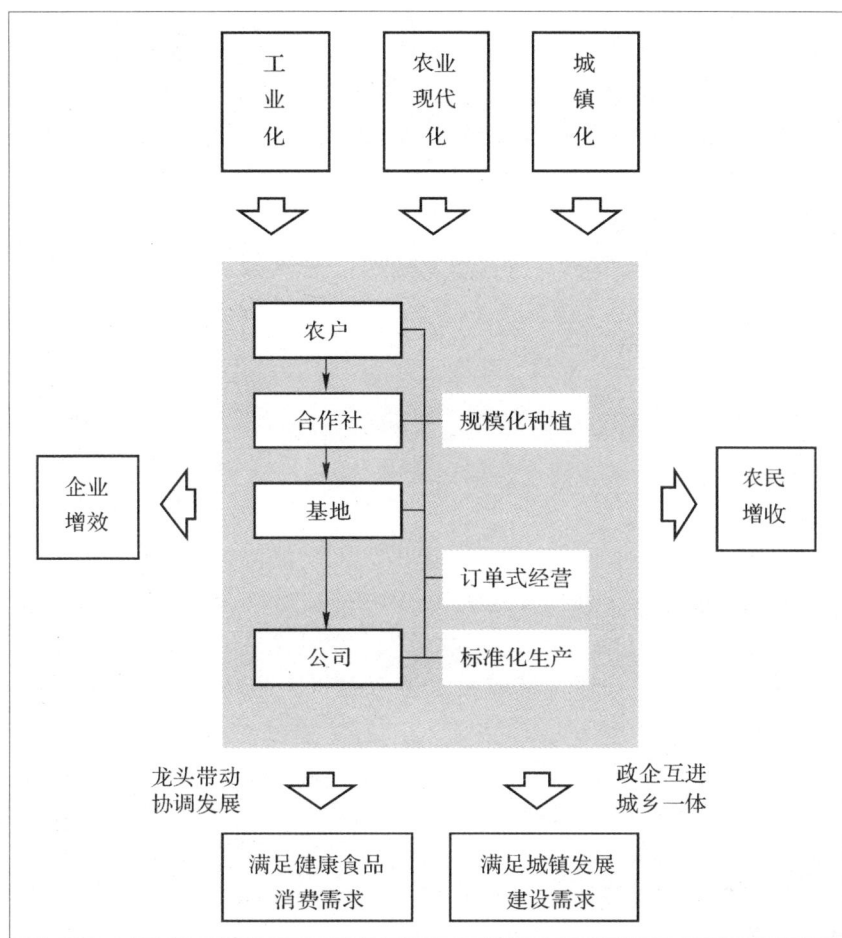

图 1 "福娃模式"图示

间上的转换;二是非农产业向城镇聚集;三是农业劳动力向非农业劳动力转移①。福娃集团在积极融入城镇化发展的洪流中,洞察到了以下基本背景、动力、要求和目的。

1.传统农区的基本背景

福娃集团所在的监利县是农业大县,也是闻名全国的农业生产先进县,常年水稻种植面积 210 万亩,水稻产量全国第一。2006 年以来,全县积极实施优质稻产业工程,将 68 个品种整合为 6 个主推优质稻种,品种优化率达 97% 以上,特别是 2009 年开始推进粮食高产创建,初步实现水稻生产向优质化、标准化、规模化、产业化、品牌化方面发展。自 2004 年至今,连续 8 年荣获"全国粮食生产先进县"称号。2012 年,监利突出"六抓",确保粮食总产再增 1 亿斤、农产品加工业产值增加 50 亿元的目标。

2.城镇化发展是基本动力

2008 年,福娃集团所在的新沟镇被农业部命名为"全国农副产品加工示范基地",全镇

---

① 来源:人大经济论坛:工业化与城镇化 http://bbs.pinggu.org/thread-644448-1-1.html

现已形成以福娃集团为龙头的农副产品加工产业集群。福娃集团的发展壮大和带动,为新沟镇小城镇建设积累资金、发展非农产业、吸纳农村剩余劳动力、集聚人口和产业等方面起到巨大的推动作用,成为小城镇发展的主要动力。为推动新沟镇小城镇发展,福娃集团积极参与建设,与镇政府联合开发建设福娃社区,总建筑面积 11 万平方米,总投资 1.8 亿元,2011 年 4 月开工建设,主体楼于 2012 年 5 月封顶。目前,福娃集团已有 1800 多名员工因工作关系,分别在武汉、荆州、监利县城区及新沟镇安居乐业,其中迁往新沟镇城区的员工已达 1270 多人,他们从地道的农村人变成城镇居民。预计到 2012 年年底福娃社区交付使用时,还将有 400 多名福娃员工举家迁居新沟镇城区。福娃集团现吸纳农村剩余劳动力达 2600 人,全镇企业吸纳农村劳动力超过 13500 人。随着福娃集团不断发展壮大,到"十二五"末,福娃集团员工将增至 6000 人,预计其中至少有 65% 以上的员工从农村迁出。这就意味着,到"十二五"末,累计至少有近 5000 名农民因福娃集团员工身份而华丽变身,成为城镇居民。算上他们的家人,新沟镇将增加居民近 2 万人,扩容 57%。

3."三化同步"是基本要求

"十二五"规划纲要提出:"在工业化、城镇化深入发展中同步推进农业现代化。"推进"三化同步"发展,是促进工业化、城镇化健康发展的必然要求,是解决"三农"问题的根本途径。今后几年,湖北省将在包括监利等地在内的仙洪试验区,以更大的决心、更有力的举措,推进"三化同步"发展。这是增强县域经济实力的根本出路,是促进农民增收的有效途径,是提升试验区发展档次的内在要求。

4.强镇富民是基本目的

福娃集团不断发展壮大,每年上马新项目,对新沟镇的建材、运输、餐饮、旅店、超市等第三产业发展,起到了明显的推动作用。目前新沟镇已形成建材一条街、小吃一条街、服饰一条街、卡拉 OK 一条街的良好格局,为强镇富民引来了"活水"。

(二)洞察绿色消费新潮流

福娃集团看到,随着现代工业发展,环境污染影响不断扩大,食品安全问题日益成为人们关注的焦点。随着经济的发展,环境保护意识的强化,人们消费观念和消费行为正发生深刻变化,在食品领域人们正在追求安全、营养、高品质的消费,绿色食品受到消费者青睐并成为食品消费领域新热点。

发达国家市场调查的资料表明,美国有 54% 的消费者愿意购买无污染的果蔬,哪怕付出较高的代价;英国有 66% 的消费者表示愿出高价购买无污染的果蔬。有高技术含量的食品、无污染食品及保健食品成为 21 世纪国际市场最有发展潜力,为广大消费者所喜爱的食品。目前世界范围内绿色食品销量仅占整个食品销量的 1%,预计这一比例将达到 10%[①]。

近年来,随着生产的发展,城乡人民收入大幅度提高,我国人民解决了"温饱"直奔"小康"。从食品消费方面看,我国城乡居民的营养摄入已经达到国际平均水平,人们对食物的要求由数量型转向质量型,并开始关注食品的安全保障问题。由于绿色食品是无污染的安

---

① 来源:中国市调查研究中心:《2009—2010 年中国绿色食品市场发展研究报告》http://www.cmrc.cn/home/report/201106/09-19721.html

全优质营养食品,这一特征决定了绿色食品的生产开发有巨大的市场潜力。从目前我国绿色食品消费状况看,我国发达地区特别是大中城市居民食品消费中,绿色食品消费呈现上升势头。据有关部门对北京、上海两大城市调查,79%~84%的消费者希望购买到绿色食品。①

同时,福娃集团深入研究现代人在营养摄入层面的健康需求后,进一步发现,随着经济发展,生活改善,中国居民的动物类食物的消费量已超过了谷类的消费量,食物提供的能量和脂肪过高,其他营养素偏低。针对现代人饮食结构的缺陷,诸多营养专家提倡"食物多样、谷类为主",要注意粗细搭配,经常吃一些粗细、杂粮等,以补充精米细面所流失的维生素、矿物质等营养素和膳食纤维。

以大米加工著称的福娃集团自然而然相中了糙米。相比较于精米,糙米完整保留了稻谷内的 8 种氨基酸、16 种矿物质、21 种维生素,它的营养是完整的、全面的、天然的(摘自《稻谷精深加工技术》)。精米主要保留了胚乳部分,主要营养成分是蛋白质,精米失去胚芽和米糠层,则流失了稻谷中 60% 到 70% 的矿物质和维生素。就收益而言,福娃集团的统计信息表明,一般食品加工业,毛利率为 8%~10%;生产精米,1 千克稻谷可获 0.28 元毛利,毛利率为 9.79%;而生产糙米产品,毛利率高达 55%,后者是前者的 5 倍。

基于以上消费背景,福娃集团于 2008 年确立了进军健康休闲食品的战略决策。

一方面,找准品类选择,是福娃集团推出糙米卷的首要决策。首先,福娃集团公司经过多年的发展,企业自身具备强大的产地原料优势,湖北盛产大米,开发以稻米为原料的产品,在原料供应上是不存在任何问题;其次,糙米健康营养属性在一定程度上顺应了消费者以健康、营养为主的消费趋势;第三,早在 2008 年糖酒会上,来自台湾的糙米类型产品在展会上比较受消费者欢迎,尽管当时价格较高,但丝毫没影响消费者高涨的购买热情。据此分析,福娃新产品初步定为糙米类产品。

另一方面,在确定了产品研发方向之后,要精心做好糙米卷产品的品质和行销。福娃集团特别注意遵循这几个原则:一是糙米卷口感要好,消费者购买这款产品要觉得美味。因此,在口味上,结合了台湾和大陆先进的生产工艺,通过在上市前进行产品的终端试吃等活动,最终确定了满足多数消费者口味需求,大众人群喜欢的产品口味;其二,产品品类概念的创新。福娃集团注意引导消费者对产品的认知,倡导糙米的健康属性,着重打造糙米概念以尽快满足消费市场需求,实现快速对接;其三,精准市场定位。福娃集团将糙米卷目标消费群体锁定为高收入群体,因此做好充分准备,告诉目标消费群体糙米具有什么样的产品价值,引导他们尝试购买;其四,采取高举高打战略,施行强势推广策略是福娃糙米卷打开市场的重要推力。

三、"福娃模式"的具体做法

(一)解决科学种田问题

发展创新订单农业,解决分散种植中的科学种田问题。福娃集团创新订单农业模式,

---

① 来源:《广东农业科学》2012 年第 6 期,作者:韦颖乔、全凌锋。

由"公司＋基地＋农户＋科技"向"公司＋专业合作社＋基地＋农户"转变,充分使用各种先进种植技术及生态环保的有机生物农药、生物有机菌肥;同时,充分利用三丰水稻专业合作社这个平台,全面推广机耕、机插、机防、机收,从而解决科学种田的问题。

2011年9月,政府引导、福娃集团有限公司发起,由8名股东投资300万元成立三丰水稻专业合作社,实行自主投资、自主经营、自负盈亏。该社有专业机手50多名,拥有耕整、栽插、收割等机械设备80多台套,入社成员216人。合作社可为当地农民提供包供种、包机耕、包育苗、包机插、包田间管理等服务,常年聘请高级农艺师作技术培训指导。在此基础上,立足发展现代农业,依靠科技创新,探索水稻生产新模式,通过"专业合作社＋基地＋农户"的模式,做好产前、产中和产后服务。合作社的应运而生,有效促进了水稻生产方式的转变、产量的增加和效益的提高。

(二)解决人才培养问题

以培养为突破,解决公司持续发展中的人才难题。福娃集团现有员工2600人,大专以上学历人数占25%以上。集团践行"招、培、用、考、督、情"六字准则,不招"空降兵",专招优秀应届大学毕业生,着力培养热爱福娃企业、认同福娃文化、担当福娃重任的充满朝气、充满活力的福娃新一代。福娃集团按"招聘一代,培养一代,储备一代,运用一代"的思路建立人才使用和储备体系。针对"招工难"问题,集团主动调整用人标准,扩宽招聘范围,利用大学生就业平台,每年接收500名大学生到集团见习实习,作为人才储备。员工培训做到"四有"和"四结合":即有经费、有计划、有针对性、有效果;送出去与请进来相结合,学历培训与技能培训相结合,岗前培训与在职培训相结合,集中培训与自我学习相结合。新进员工开展"三观"教育:即军训观、思想观、专业观,培养学员的团队精神和对企业的忠诚度。集团高层管理人员全部在北京大学、清华大学、华中科技大学等名校进修EMBA。

福娃集团在创新用人机制和创新人才培训体系的同时,还创新人才关爱方式。依据"关心、关爱、关注"员工的宗旨,在福娃集团,经常会开座谈会、恳谈会,召开生日Party;成立了"扶贫帮困基金会";集团人力部则派代表参加员工家里的红白之事。截至目前,福娃集团已资助员工达100多人,金额130多万元;职工子女考取大学,均有500～3000元的奖励;投资近千万元,实施"安居工程";突出贡献人才享受集团出资旅游。2010年,对有突出贡献的员工给予购房补贴137万元,33位"福娃人"入住新建的吉祥小区。2012年,安排年度优秀员工去武当山、天柱山等地旅游,连续4年当选的优秀员工,则安排去泰国7日游。

随着集团不断发展壮大,员工收入随之稳步增加,员工社会地位也随之逐年提高。2012年2月,员工又一次集体进行调薪,幅度达27%,普通生产工人月薪基本在2300元以上。另外,为规范员工行为,保障员工利益,防止干部员工关系腐败,制定了"四戒管理规定":即戒烟、戒酒、戒赌、戒非亲属员工互送人情礼金。

(三)解决高效分工问题

以政企互进为路径,解决政府、企业各自干什么的问题。福娃集团注意创新政企关系新模式,互为对方排忧解难,做好沟通工作,使企业发展与带动地方小城镇建设和谐统一。

以补齐短板为重点,做好工农结合的问题。2011年,以福娃集团为引领的六大农产品加工产业集群初步形成，实现了监利从农业大县到工业立县的精彩转身，在农业产业化大升级的同时，补齐了发展短板，找准了工农结合的结合点。

(四)解决规划建设问题

政企共建新城镇。统筹规划、共建共享，是新沟镇推进城镇建设的最大特点。福娃集团在自身发展壮大的同时，积极参与新沟城镇建设，两年来，在园区、社区等项目上的投资达 3.2 亿元。按照县域"一主三副两特百新村"的总体规划，在城市总体规划扩、修编工作全面启动后，根据小城市的建设要求，福娃集团强力支持新沟镇的副中心城市规划，尤其是工业园区的修编，按"五个一"(规划建设一条新街、改造提升一条主街、建成一个规模居住小区、建成一个特色商贸市场、启动一个市政设施建设项目)的要求，不断完善小城镇功能；同时加强社区建设，配套基础设施建设，不断完善社区服务功能。

政企共建新社区。打造新社区、建设新家园，是新沟镇改善人居环境、提升城镇品位的重要举措。福娃集团等企业与新沟镇合作，合资联合建设城镇新社区，既改善了城镇居民人居环境，又解决了企业员工的住房困难。由福娃集团、新沟镇政府联合开发的福娃社区，除水、电、气、通讯等设施一应俱全外，还建有文化休闲广场、购物广场、幼儿园，2012 年底将有 400 多名福娃员工举家迁入。

政企共建新环境。一是美化镇容镇貌。福娃集团等企业大力支持新沟镇政府，以"治乱、畅通、亮化"为重点，大力实施"拆违"工程、"亮化"工程、"黑化"工程、"洁净"工程，使镇容镇貌有了极大改观。二是绿化厂区园区。福娃集团积极响应新沟镇政府绿化行动，大力实施厂区园区绿化。在福娃的带领下，2011 年全镇企业在厂区绿化上的投入达到 700 万元。三是强化社会管理。福娃集团与新沟镇政府联合，坚持在全镇弘扬"诚信、勤奋、创新、感恩"的文化，作为创新社会管理的重要内容，以先进的文化教育群众、引导群众、感染群众，在全镇范围形成了勤劳致富、创业创新、感恩社会的良好风尚。

(五)解决精深加工问题

以科技创新为核心，解决稻米产品精深加工难问题，让监利稻米走向全国。福娃集团认为，没有科技含量的深加工，企业就难以确立绝对领先优势。一粒稻谷在福娃的历程如下：收购——加工成糙米(或直接加工成精米出售)——以糙米为原料加工成糙米卷等休闲食品。经过这"三步曲"，来自监利县的稻谷，经过福娃集团"打磨"，走向全国。

福娃糙米卷独特的口味来源于科技。福娃糙米卷是利用福娃糙米资源优势而开发出的新产品。福娃公司与武汉工业学院、华中农业大学等食品加工领域的权威院校机构合作，成立工程技术中心，开展联合科研攻关，解决口感配方、挤压成型技术、工艺设备流程技术、产品保存等技术难题。研发过程，耗时半年。半年科研攻关时间，对很多食品加工企业，成本难以接受。半年科研攻关，换来巨额市场回报。全国做糙米卷的厂家达数十家，有些厂家甚至推出和福娃外包装几乎雷同的产品，却只得其形、未得其神，外包装可模仿，但福娃糙米卷的口味却无法复制。

近十年来，公司先后开展了"五谷杂粮饼干"、"高钙营养饼干"、"膨化马铃薯饼"、"籼米米果"、"新型健康大米方便食品"、"功能性发芽糙米"、"稻米深加工、增值转化关键技术研究及产业化"、"糙米食品深加工"等 30 多个项目的研究,开发出一系列的新产品。逐步形成了具有自主知识产权和核心竞争力的拳头产品。其中,"稻米深加工及资源开发的技术研究与产业化"获得 2010 年度中国粮油学会科学技术奖二等奖,"稻米深加工、增值转化关键技术研究及产业化"获得 2010 年度湖北省科技进步一等奖,"高档优质中籼新品种鄂中 5 号推广应用及产业化开发"获省科技推广一等奖。到目前为止,公司通过省科技厅组织的科技成果鉴定有 10 多项,发明专利 4 件,外观专利 25 件。

(六)解决市场竞争问题

一方面,福娃集团利用研发、生产等优势,进而建立休闲食品品牌,获得消费者认可,取得市场竞争优势。

打造一款全新产品,前期运作相当困难,在设备投入、原料成本、生产成本上都必须做全面的综合考量,当时福娃生产设备以及厂房面积相对较小,但为了使单品承担先锋者任务,在产品的定位上,福娃集团调研讨论认为应该走高端路线。而在接下来具体的操作中,根据企业自身的原料优势,将产品品类聚焦在糙米上,创造性推出糙米卷产品。

经过前期市场调研,福娃集团得出了明确结论:糙米保质期很短,一直是旺旺这类一线品牌企业的技术壁垒,但对于福娃来说,自身的原料优势和研发优势就立刻凸显;福娃长期从事大米加工和销售,有丰富的糙米原料资源,以糙米为产品原料的产品开发,同时也利于在市场上与其他产品实现有效区分。因此,推出全新糙米产品,对福娃来说无疑是空前的市场机遇。

完成产品战略定位后,接下来就是产品品牌体系的构建。对于一款新产品,首先给消费者一个清晰的价值定位,糙米卷是什么,糙米卷是对人身体有健康、有营养的高端产品。而这个品牌带给消费者应该是一种优越的生活品质。

在产品命名上,福娃集团选择以"福娃糙米卷"作为名称,并对糙米作进一步阐释,"糙米符合健康新概念",针对目前消费者对健康食品的偏好与选择,而"非油炸"又进一步强化了健康概念,初步确立了"糙米是非常营养健康的产品"的消费者认知。

有了这一明确的健康诉求,福娃集团在市场采取高举高打策略。首先,将产品聚焦在高端市场,以高价策略切入市场,同时摒弃之前的低价跑量产品,转向以品牌为基础的高毛利产品;其次,公司以大手笔投入引进或更新原有生产设备,建设高等级厂房,保障产品品质和产品产量。

福娃发力高端休闲食品后,进一步运用包装体系作为品牌与消费者互动的核心桥梁作用,充分发挥视觉感受作为影响产品销售力第一要素的关键作用,为品牌的成功塑造赢得先声。首先,从心理学角度出发,福娃在产品设计中考虑消费者、渠道商的消费与售卖的心理,考虑当前的大众审美需求和未来走势,考虑当前社会潮流和历史文化的影响;其次,从行为学角度出发,福娃考虑如何创新设计才能同时对经销商和消费者形成更有效的影响;第三,从营销学角度出发,福娃考虑运用怎样的营销策略去疏导销售渠道,确立合适的目标人群定位、渠道定位、价格定位、品类定位,确立适应当前社会人文状态的产品设计风格。因此,在品牌塑造方面,福娃集团投入大量财力物力,集合视觉冲击力、产品功能诉求、功能暗示、食欲感等关键因素;广告语的创意,最大限度暗示了产品的功能性;实物创意拍摄手法的运用,则进一步强化产品的质感和食欲感……结合诸多方面的综合考量,最终成就了堪称视觉盛宴的福娃休闲食品品牌形象构建。

另一方面,福娃集团通过积极拓展市场、扩大销售,通过明星代言,将产品覆盖到全国。

在扩大销售中,福娃主攻国内一线城市的大型卖场,在卖场营造强势氛围。首先,在有销售福娃糙米卷的卖场外,设立清晰的广告牌,保证消费者在 100 米内就可以清晰看到产品品牌和产品的形态,从外围引起消费者兴趣。其次,当消费者走进卖场后,通过极具吸引力的形象系统,如卖场的储物柜、卖场地贴等,强化消费者对产品的信心。最后,在最为重要的一步上,福娃集团设计出极具创意的堆头和端头,强化糙米卷是有益健康的产品,并以创新性的终端陈列,全面吸引消费者的关注。

在推广上,福娃集团同步打出另一张王牌,就是聘用明星代言,通过明星效应实现销售拉动。孙俪在众多明星中具有非常健康的明星形象,其给大众的感觉是健康、阳光的代表,这恰恰与福娃品牌定位非常符合;而福娃休闲食品,从产品原料到先进的生产工艺,以及后期倡导的健康诉求都与孙俪自身特性符合。从目前的销量来看,福娃糙米卷单品在 2011 年成功实现 6 亿元销量,糙米系列食品销售超过 10 亿元,占集团总销售额的 16%。如果以销量和品牌认知来确定产品是否成功,那么福娃糙米卷已经成功实现了销售目标,糙米系列食品也为广大消费者所认可。

四、"福娃模式"的成效

(一)企业增效

十多年的发展,福娃集团从当初的一个小作坊发展到今天产值达 68 亿、销售达 64 亿、利润过亿、员工 2600 人、累计上缴税收超亿元、总资产达 12 亿元的企业集团。福娃不仅自身得到了发展,而且也有力带动了新沟及周边地区粮食加工业的蓬勃发展。

(二)农民增收

多年来,福娃集团积极发展订单农业,打造企业与基地农户、生产与市场联结的纽带。按照"公司+专业合作社+基地+农户"的产业化模式,发展订单经营,狠抓基地建设,建立企业与农户之间利益共享新机制,大大推动了农业增产、农民增收和新农村建设。

2011 年,福娃集团成立"福天下有机稻专业合作社",在新沟镇、周老嘴镇、荒湖农场等地建立 4 万亩有机稻生产基地,并与全县 23 个乡镇签订 120 万亩优质水稻订单合同。在有机稻种植上,集团从"六个方面"直接让利给农民:免费为农民提供从湖北省农科院和江西省农科院引进的良种,每亩投入 70 元;免费为农民提供有机生物农药、生物肥料等生产资料,每亩投入 130 元;免费为基地插围网、装电线、电杆、频振灯,对养鸭户提供鸭苗、鸭舍补贴,每亩投入 60 元;聘请县农业局农技、植保、畜牧等方面专家免费对农民进行培训,提供技术服务;按每斤 1.6 元的价格,收购农户符合标准的优质稻谷;每亩再补贴 400 元作为种植有机稻的奖励。六项合计,基地农户比种普通优质稻的农户每亩增收 900 元。

如今,福娃集团稻谷收购价比周边县市每公斤始终高 0.1~0.2 元,在此影响下,近几年,监利县粮食已成湖北省粮食价格高地。并且进一步传导影响到终端的销售价格,监利县大米销售价格在广东沿海城市主销区,每公斤比周边县、市价格普遍高 0.2～0.4 元。农民因此每亩增收 200 元,全县种植水稻的农户年增收至少 4 亿元左右。

(三)社会得惠

福娃集团的不断发展壮大,对监利当地的建材、运输、餐饮、旅店、超市等第三产业的发展,起到了明显的推动作用。

未来五年,福娃集团将立足荆州,辐射全省,放眼全国,遵循"扬资源优势、抓政策机遇、用科技手段、做稻米文章、争行业龙头、创百亿园区"的企业发展战略,加快大米加工产业整合兼并的步伐,把深加工、循环利用的稻米产业文章做好,努力实现做全国稻米产业化的领军企业,做糙米食品的专业制造厂家,做糙米卷品类第一品牌,销售额达百亿的发展目标。

五、"福娃模式"的启示

"福娃模式"的成功探索与经验做法,值得关注与学习,带给我们许多有益的启示:一是推进县域经济的同步发展,必须进一步更新思路。"福娃模式"的成功实践证明,不能就农业抓农业,要依托农业优势资源发展具有区域特色的农产品加工业;要跳出农业抓农业,坚持用工业化理念谋划农业,推进农业现代化;不能就城镇抓城镇,要在农业现代化、城镇化进程中处理好工农关系、城乡关系,稳步提高城镇化水平。二是推进县域经济的同步发展,必须立足"三农"实际。新形势下的"三农"工作面临许多新挑战。福娃集团和监利县的政企探索实践较好地解决了谁来种田、农民持续增收难等突出问题。以龙头企业驱动的"三化协调"引领"三农"发展,是当前和今后一个时期推进现代化建设的一项重要途径。三是推进县域经济发展,必须发展农业产业化,培育壮大龙头企业。没有福娃集团,就没有新沟镇今天的城镇化,同样没有监利县农业现代化水平的稳步提升。[1]

专家评议

从产业融合、"三农"推进、镇域发展三个方面综合来看,"福娃模式"的核心内涵是工业助农、加工强镇、带村富民;福娃集团的成功实践表明,龙头企业是推进"三化"协调发展的重要力量,是推进城镇化的主要产业支撑,是政企互进,是推进"三化"协调发展的有效途径,强农富民是推进"三化"协调发展的根本目的。福娃集团作为在一个农业大县诞生的"三化"协调发展的典型,也是市场经济条件下,政府与企业共进的优秀参照样本,值得学习借鉴、深入研究。

(程定军)

---

[1] 《"福娃模式"——"三化"同步发展的典型案例》,《荆州日报》2012 年 6 月 19 日,http://news.cnchu.com/jzrb/html/2012－06/19/content_71221.htm? div＝－1

中粮集团:稳中思变求进 创新构建"全产业链"

一、中粮集团的发展历程

中粮集团成立于1949年,在计划经济时期,中粮是执行国家粮油食品进出口政策的政策性公司。1987年,我国推行外贸体制改革,国家粮油进出口统购统销政策取消,中粮将以前主要承担管理职能的业务处改组为子公司,开展自营进出口业务,开始从政策性贸易企业向市场化贸易企业转型。

上世纪90年代初,中粮开始向实业化转型,逐步形成了粮油加工、酒饮生产、酒店经营管理、农产品种植/养殖、仓储运输、包装制品、工业食品、物业开发等八大业务系列。到2004年,中粮已将贸易业务成功延伸至加工业务领域,在延伸产业链条、促进农业产业现代化发展的同时不断提升企业实力。从2005年开始,中粮进一步明确了"集团有限相关多元化,业务单元专业化"①的战略,专注于粮油食品业务领域,并逐步形成了全产业链的业务格局。

2009年以来,中粮集团提出了"全产业链粮油食品企业"新战略,开始构建"全产业链"战略系统。"全产业链"战略通过产业链上下游的贯通,打破了传统农业产业的界限,由产业链的贸易和加工环节向前、向后不断延伸,增强农业组织化程度,改变传统农业的发展方式,实现了传统农业向现代农业的不断演进。中粮的"全产业链"构建了各类产品的全过程控制体系,有效控制从"田间到餐桌"各个环节可能出现的食品安全风险,提升了食品安全水平。

二、"全产业链"战略的背景与必要性

(一)"全产业链"战略的背景

从开始酝酿到正式实施,中粮"全产业链"战略的决策是在综合多方面背景情况后提出的。

---

① "有限"是指中粮不搞过度多元化,新进任何行业都要慎之又慎,集团的第一要务是发展好主营业务。"相关多元"是指中粮的业务虽然有分类和多元,但行业之间要具备相关、协同性,互相支持,形成合力。"业务单元专业化"是指每一个业务单元要形成自身发展目标和行业竞争战略,寻求符合自身发展的商业模式,在所在行业中形成行业领导地位。

1.粮油食品企业规模小以致食品安全事故多发。

我国食品行业的特点之一是小企业众多,规模小,技术落后,监管难度大,以致食品安全事故频发。2010年,全国共有食品生产加工企业44.8万家,然而规模以上的企业却只占总数的5.8%。由于规模小,加工、检验检测、包装、储藏、运输等设施和技术落后,产业链各环节割裂严重,难以保障终端食品的安全。

2.农业产业链松散、脆弱、联系不紧密,供需难以对接。

从培育种子到搬上餐桌,粮油食品行业产业链较长,生产、加工、销售等部门之间的条块分割严重。产业链各主体之间的信息往往交流不畅,致使市场不能为消费者提供有效的产品,而生产者抱怨产品卖不出去,消费者则抱怨买不到想要的产品。再加上加工企业和销售企业与农户之间的联结机制常常不稳定,双方都有违约,使得农业产业链比较脆弱,风险较大。

3.产业链整体竞争能力不强。

目前,我国种植/养殖业总体上还处于以家庭为单位的小规模散种、散养为主的初级发展阶段,生产效率比较低。粮油食品行业产业链生态环境恶劣,产业链各环节竞争能力不强。以玉米种植为例,2010年,我国玉米单产为5.5吨/公顷,美国为9.6吨/公顷,从生产成本角度而言,我国为1358元/吨,美国为956元/吨。在收储/物流/贸易环节,我国流通主体过多,缺乏有效监管,损耗严重,例如,我国每年销往南方玉米约3000万吨,但在收储物流环节的损耗率约2%,损耗量高达60万吨。此外,在加工环节,众多小企业设备落后、规模小、效益低,经营粗放。以面粉加工行业为例,年加工能力在30万吨以上的企业的产能仅占总产能的17%,而美国前4名加工企业产量占行业总产量的63%,日本占66%。

(二)打造"全产业链"的必要性

面对目前我国粮油食品行业产业链各环节小而散的状况,中粮集团明白,改变这些需要在提高农业生产的组织化程度上下工夫。因此,打造一条涵盖农业服务、收储物流、贸易、加工、食品制造和营销等的完整产业链显得十分必要。它有利于:

1.提升农业生产组织化、科学化水平。

在家庭承包经营的基本经营制度之下,"全产业链"企业可根据市场需求,组织农民种植适销对路的品种,发展订单农业。在不改变土地承包关系的前提下,提升种植业的组织化和科学化水平,进而提高单产、降低成本,提升农业竞争力。

2.有效保障我国食品安全。

"全产业链"企业从种子和种植开始全过程控制品质,通过仓储物流、加工,制造出品质可以保证的食品,并通过自己的品牌和分销物流,送到消费者手中,减少了流通环节可能造成的污染,实现全程可控制、可追溯,从根本上保证食品安全。

3.带动农民增收,落实国家宏观调控政策,保障产业安全。

"全产业链"企业通过完善的仓储物流和加工设施,可以帮助国家执行最低收购价政策,保护农民利益,也可以通过自身经营周转保证充足稳定的成品粮库存或将原粮迅速转化为成品粮,并通过完善的营销网络,将成品粮迅速有效地投放市场,帮助国家平抑价格、稳定市场。目前,粮油食品产业的竞争已经是"全产业链"的竞争,面对全球布局、产业链一体化运作的国际粮商的竞争,大型"全产业链"企业的出现可以有效抵御国际粮商在国内的竞争,从而保障我国产业安全。

三、"全产业链"战略的内涵

"全产业链粮油食品企业"战略是指以客户需求为导向,涵盖从田间到餐桌,即从农产品原料到终端消费品,包括种植、收储物流、贸易、加工、养殖屠宰、食品制造与营销等多个环节,通过对"全产业链"的系统管理和关键环节的有效掌控,以及各产业链之间的有机协同,形成整体核心竞争力,奉献安全、营养、健康的食品,实现企业全面协调可持续发展的一种新商业模式。

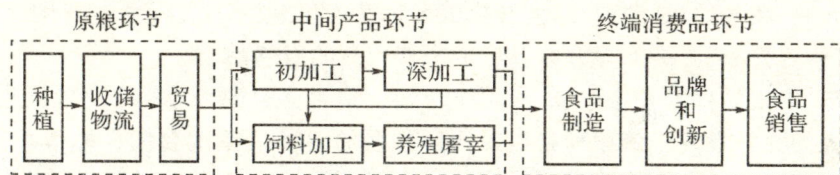

图1 "全产业链粮油食品企业"战略示意图

中粮的全产业链是整体产业链,是企业作为一个整体来构建价值链不同环节的链条关系,通过控制或可影响的资产实现链条的整体可控。在"全产业链"战略系统下,集团内业务通过积极、主动、有效的内部协同,形成因规模、布局及内部协同而带来的系统低成本,通过产业链组合形成整体的核心竞争力。

"全产业链"模式是一种创新的战略系统和商业模式。一方面,产业链下游能够快速反映市场和消费者信息,促进上游环节的创新与改善。产业链各环节可控度高、可追溯性强,能有效保障食品安全。另一方面,上游供应链优势可保障下游原料供应,开发并生产大量面向消费者、更有市场竞争力的产品。

四、"全产业链"战略的四大举措

(一)向上游农业领域延伸,实现产业链源头可控

农业业务领域是粮油食品产业链的源头,很多食品安全问题往往是由于对上游原料环节的掌控能力不足而引起的。为了从源头上控制风险,保证食品安全,中粮全产业链战略首先瞄准向上游农业领域延伸,进入种子、种植/养殖(自种/自养、订单农业/合同养殖)等业务领域,通过订单农业、合同养殖、融资支持、技术帮扶等措施与农民建立起更加紧密的合作关系。

1.种子研发。粮油食品质量的好坏有赖于原料的质量,而种子是农业科技在生产中应用的最主要的载体,种子也是引领整个产业链发展的关键环节,因而,中粮对部分产业链的掌控开始于对种子质量的保障。以番茄加工为例,针对目前我国番茄产业过度依赖低成本竞争的情况,中粮旗下的屯河公司同新疆农科院、中国农科院、美国亨氏公司、联合利华、日

本地扣公司等保持着密切的合作关系,依靠科技支撑,通过挖掘原料生产内涵(增加原料单产,提高原料品质),而不是单纯依靠扩大外延(增加种植面积)提升竞争能力,在新疆、海南已建立了三个育种基地。此外,在甜菜种子培育方面,中粮每年在所属的各甜菜种植片区进行甜菜对比试验,试验点通常为 9～11 个,试验品种通常在 60 个左右,对于表现好的品种在审定后推广使用。

2. 自种。为了保证产业链的健康、持续、平衡发展,中粮在葡萄、番茄、茶叶等几个重点品类上采取自种的方式进行原料掌控。截至 2011 年底,中粮酒业在各产区拥有自控葡萄基地 16 万亩。在番茄自种方面,中粮在新疆、内蒙古、宁夏、甘肃等省区拥有 60 多万亩番茄种植基地,其中拥有 4 家农业种植公司,目前已实现 20 多万亩的自种面积,并进口大量配套农业机械化采收和拉运设备,提升了原料的新鲜度和产品品质。此外,中粮拥有可控茶园 7 万亩,在西湖龙井、太平猴魁、铁观音、大红袍等名优茶产区建立了茶园基地与生产加工基地,控制优质茶叶资源,从源头上有力地保障了中茶产品的卓越品质。

3. 自养。中粮的自养业务从选种良种开始。猪种是从加拿大、丹麦等国引进的杜洛克、长白和大约克等世界一流原种猪以及国际知名的 PIC 五系配套优良种猪。利用这些优良基因,中粮建立起了自己的种猪繁育体系。并利用数量遗传和最新的分子生物技术对这些种猪进行了持续的改良,以满足消费者对高标准肉质的需求。而肉种鸡品种,则选自国际知名肉鸡良种——罗斯 308 和科宝 500,这两者具有生长性能好、饲料转化率高、肉质鲜嫩的特点。

为了避免饲料原因带来的食品安全问题,中粮兴建了与肉食业务紧密衔接的现代化饲料加工厂,对玉米等大宗原料采用实地认证和集团内部采购相结合的办法控制质量和安全。饲料原料入库前均需进行农药残留、重金属含量检测,严格把控采购和入厂检验关。动物营养专家根据所饲动物的不同品种、生理阶段制订不同的饲料配方,以保证动物获得足够的营养。

生猪养殖基地主要选择在依山环水的丘陵地带或紧邻黄海的粮棉种植垦区,周边人烟稀少,无工业和其他畜禽养殖的污染源,远离居民生活区,生物安全条件极佳。并按照国际标准建设,采用全封闭猪舍结构、全自动喂料、全自动环境控制、全漏缝地面清粪和全进全出的现代化养殖工艺,从而确保猪只的健康成长。

肉鸡养殖基地则分布于山东、江苏两个中国优选鸡肉产区,实行"公司＋标准化小区"的饲养模式,采用国际先进的规模化、全封闭养殖模式,对饲养厂实行统一防疫,并执行严格的兽医监督和品控程序,保证出品的鸡肉无激素、无药残,安全可靠。

目前,中粮在湖北、天津、江苏等地已建设 21 个生猪绿色自养基地,形成了 120 万头的生猪养殖能力;在山东、江苏已建设 38 个肉鸡自养基地,形成 6300 万只鸡苗产能,2400 万只肉鸡自养能力。

4. 订单农业。为了满足不断变化的市场及客户需求,中粮不断增加订单农业布点,拓宽订单农业的运作区域,以现有订单区域为核心,逐步稳定向周边扩大订单农业的操作规模,并在快速复制成功模式的同时,努力探索因地制宜的订单模式,推进"无公害"、"绿色"、"有机"的订单种植。

在小麦种植方面,中粮在江苏、山东、河南、河北、内蒙地区建立了订单农业基地,订单总面积达 60 万亩。本着"种子可控"、"种植土地可控"、"粮食回收可控"、"储运可控"的原则,以"因地制宜"为操作核心要点,平衡匹配资源,组合最佳模式,使订单农业的操作更具灵活性与特色优势。

目前,中粮已在黑龙江、吉林、辽宁和江西等优质稻米主产区建立了近 20 万亩标杆水稻种植基地,在江西、江苏、黑龙江、辽宁、吉林等稻谷主产区广泛开展合同种植,与农户签订订单种植协议,约定种植品种、数量、质量标准、农残标准及收购价格,从而确保大米产品质量。每年 3 月份,中粮将水稻各品种的生产操作规程给农户,并发放"水稻栽培履历报告表",要求各农户按时报告水稻的管理情况,做到可追溯。

5.融资服务。在全产业链打造过程中,中粮通过为农户/农业组织提供融资服务,与上游农业业务领域建立了更加紧密的合作关系。中粮旗下的龙江银行通过三农金融,如粮贸贷、农信贷、农资贷、种植贷、养殖贷、农机贷等融资服务,为农户发展提供资金支持。在信托业务领域,设计农业土地承包经营权信托、鱼塘承包权信托等,创新农业金融产品,服务农业产业链各环节的融资需求。

(二)打造完整产业链,实现内部不同环节与品种的协同

中粮集团"全产业链"战略系统通过原料采购和收储物流协同、上下游购销协同、供应链布局协同、大客户销售和服务协同、B2C① 销售渠道协同、品牌统一管理等方面,打造完整产业链,在产业链不同环节、不同品种间建立起协同关系,从而扩大品牌食品的终端出口,推动价值链前移。

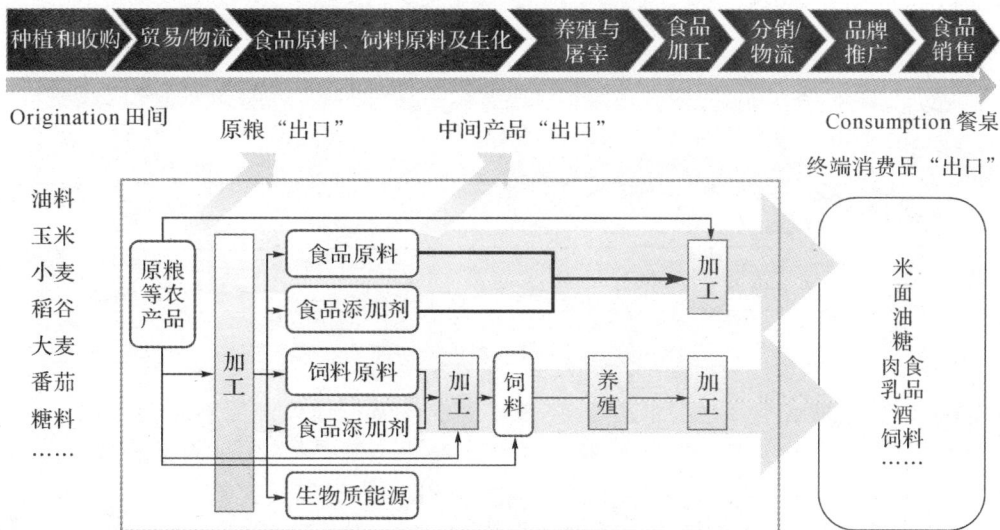

图 2　"全产业链粮油食品企业"整体协同示意图

1.原料采购和收储物流协同。中粮"全产业链"战略系统的原料控制协同主要体现为

---

① Business to Customer 的缩写,是一种电子商务模式,即商家借助互联网直接面向消费者的在线销售方式。

在粮食主产区建立协同采购和收储物流平台。2010年,中粮集团在我国最大的商品粮产地黑龙江成立了统一的采购和收储物流平台——中粮粮油黑龙江有限公司,专门负责在黑龙江实施玉米、小麦、稻谷、大豆等主要粮油品种的协同采购,通过内部不同部门之间的有效协同,实现对产区粮源的有效掌控。

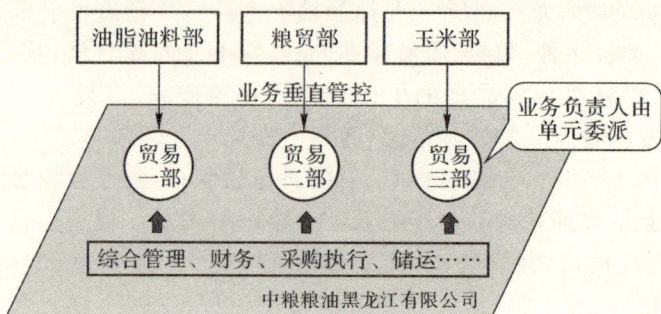

图3　中粮集团原料控制协同模式图

2.上下游购销协同。"全产业链"战略系统通过产业链上下游相关环节的供给与需求关系,形成上下游之间的内部购销协同,从而有效地将下游消费者的终端需求传递上游,并转化为对原料品种、品质、数量的需求。

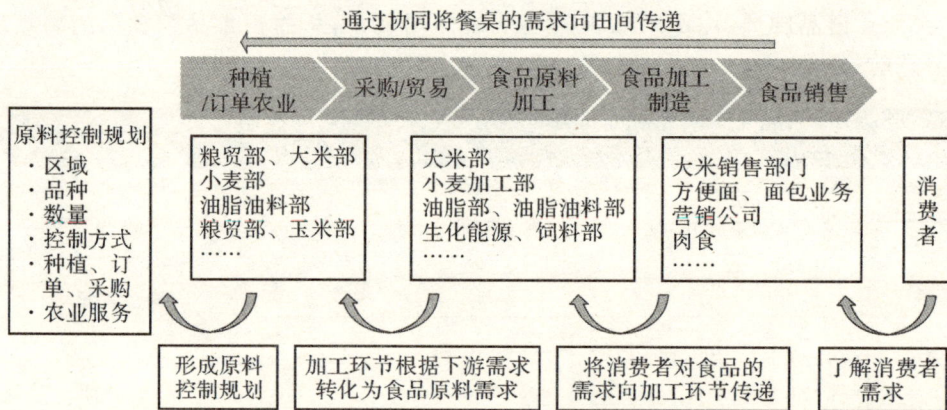

图4　全产业链战略系统原料购销协同模式示意图

为降低外部交易成本,中粮"全产业链"战略系统大力推动内部原料购销协同。对于在集团内部具有上下游供求关系的业务部门,按照市场化原则,尽量实现内部购销协同,从而降低交易成本,保障食品安全。例如:厨房食品事业部从油脂部采购包装油,生化能源事业部从粮贸部采购玉米,五谷道场从面粉部采购面粉,肉食部从饲料部采购饲料,饮料部、蒙牛乳业从中粮屯河采购食糖等。

3.大客户销售和服务协同。中粮的大客户是指那些对自身业务发展具有战略意义的重要客户以及从中粮采购多种产品的重要客户。中粮的"全产业链"战略系统推动旗下不同产品对大客户实现协同销售和服务,从而更好地为这些客户提供"一站式服务"和系统的个性化解决方案。为此,中粮集团在全产业链促进委员会大客户销售促进小组之下成立了专门的大客户部,推进系统、完整、成熟的大客户营销管理体系建设,推动各个不同产品品类对大客户的一体化整合营销。目前,中粮集团已经甄选出集团层面的大客户50家,包括联合利华、雀巢、卡夫、通用磨坊、亨氏、统一、顶新、百事等很多国际知名食品企业,并开始向这些大客户提供个性化、差异化、多样化的解决方案,从而把客户的满意度转化为忠诚度,获取市场竞争优势。

4.B2C销售渠道协同。在"全产业链"战略系统的构建过程中,中粮集团在B2C产品销售方面不断探索渠道协同模式,包括:协同对KA①、大经销商、团购大客户谈判及关系维护;协同物流配送;建立网上营销平台"我买网";联合开展销售系统建设、销售管理培训等。目前,中粮集团正在以旗下的主要食品企业——中国食品为平台,以区域渠道整合为切入点,推进B2C销售渠道的全面协同与整合。

5.品牌统一管理。中粮集团的"全产业链"战略系统的目标之一是打造世界级的国有企业品牌,为此,中粮集团加大了集团对旗下各产品品牌的统一管理。一是集团层面以"产业链,好产品"为核心品牌诉求,加强品牌的统一传播;二是以中粮集团赢得"上海世博会"高级赞助商资格为契机,加强品牌的统一推广;三是制订统一的《中粮集团品牌管理办法》,明确集团对旗下各产品品牌的管理范围和管理深度,明确集团的品牌架构、品牌策略、媒介与广告工作规范等;四是通过全产业链促进委员会品牌统一管理小组和集团品牌管理部的工作机制,推进品牌的管理。通过上述举措,中粮集团逐步实现了集团对企业品牌和各产品品牌的统一管理。

6.大力发展品牌消费品业务。中粮通过向下游延伸产业链,进入了多个新的品牌消费品业务领域,大力发展品牌消费品业务。目前中粮在米、面、油、糖、肉、酒、饮料、乳业等领域都在扩大品牌产品的销售规模,实现上游产品向品牌食品的转化,上述产品总计拥有超过4万个经销商客户,销售网络已覆盖所有县级以上城市、十几万个乡镇村市场、终端销售网点达220多万家。

在"油"的领域,中粮是国内服务消费者时间最长,历史供应量最大的企业,"福临门"品牌系列食用油市场占有率接近15%。近年来,随着研发能力的提升,连续推出营养油系列油种、VA②系列油种和天然谷物调和油,一步步将健康的概念引入食用油领域。"面"有"香雪"品牌,"糖"有中粮"福临门"食用糖,"肉"有中粮家佳康鲜肉品牌,"酒"有中粮"长城"葡萄酒,是中国葡萄酒行业的第一品牌。

(三)建立全产业链品质提升管理体系,确保食品安全

保障食品安全是全产业链战略的核心,中粮通过构建全产业链品质提升管理体系,以消费者需求为目标,以技术研发为依托,将从"田间到餐桌"的活动过程分解为七个关键管理过程;沿着该七个关键过程,回顾历史运行、总结现有行业基础情况,分析、识别影响优良品质特性指标的关键环节;针对关键环节分析、识别和确定安全、美味、健康关键因素;通过系统化管理的方法,针对关键因素确定关键操作规程;采取过程控制和监视测量的方法和

---

① Key Account 的缩写,意指关键客户或重要客户,对于供应商来说,KA 也常常用来指大型直接销售终端或卖场。

② 富含用于强化营养的脂溶性维生素 A 的系列食用油。

手段,最大限度保持产品的安全、健康、美味特性。

1.全产业链品质提升管理体系的内涵。全产业链品质提升管理体系是从全产业链的角度识别分析影响产品品质的因素,以及全产业链关键控制过程和关键控制点,通过技术创新和管理创新,制定7C(选种、种植/育林、采收、加工、储运、包装和服务的历程称为七个关键控制过程,简称7C)标准,形成各关键控制过程和控制点操作规程、操作标准、检测方法,从而最终实现产品品质的全面提升。

2.全产业链品质提升管理体系的管理目标。一是品质优良。明确全产业链的管理目标来自于消费者需求,将消费者期望转换为量化的产品指标,并在全产业链的全过程分解落实相关指标,采取全产业链管控模式,实现安全、健康、美味等方面的优良品质提升。二是食品安全在全产业链上可追溯。通过对全产业链各个环节、过程实施管理,针对产品安全品质,实现从选种、种植、采收、储运、加工、包装,最终到服务的可追溯。三是履行企业社会责任。研究并应用最新科技手段,高效运营资源,关注环保,承担社会责任,建立诚信体系,实现可持续发展。

3.全产业链品质提升管理体系的关键控制过程。一是选种,从繁殖体来源、良种繁育、品质、供应商、采购以及存储的所有过程。二是种植,指从育苗、种苗移栽、种植的所有过程。三是采收,指从收获期、采收、处理的所有过程。四是储运,指采收后运输、接收、储存、到交付工厂前的所有过程。五是加工,指加工启动到结束的所有过程,包括加工工厂、加工操作过程、监视测量以及相关人员的控制管理过程。六是包装,指从包装材料、包装设计、签样、采购、实施包装过程到成品储藏的过程。七是服务,指从产品研发、产品概念推广、产品售前服务、产品售中服务到产品售后服务的过程,包括了召回、投诉处理、意见收集的管理过程。通过对上述七个环节的严格管理,实现食品安全的可追溯,确保产品品质。

(四)构建六方面保障系统,为全产业链战略保驾护航

为了确保全产业链战略的顺利开展与不断强化,中粮集团还构建了一个非常完善的保障系统,具体分为六个方面:

1.优化资源配置,完善战略布局,为全产业链战略提供物质保障。

2009—2010年,中粮集团开始推进"全产业链"战略系统的构建,继续丰富和强化已有的产业链。首先,在粮油食品产业领域投资124亿元,其中,约58亿元用于收购兼并,通过入股蒙牛,进入了乳业领域,通过并购五谷道场,进入方便食品领域;通过并购万威客,进入了品牌肉制品业务领域;通过向下游延伸产业链,新进入了小包装米、番茄制品、小包装糖等新的品牌消费品业务领域。到2010年末,中粮集团已经形成了比较完善的"全产业链"业务格局,奠定了构建"全产业链"战略系统的物质基础。

其次,为提升自身粮食流通能力,中粮集团不断强化收储物流设施布局。目前,已经拥有粮食流通大型专用仓库33个,仓容达300万吨(另有加工企业自有仓容305万吨),遍布国内16个省市自治区。同时,在粮食物流中转设施方面,中粮集团自建了江苏张家港、江阴、广西钦州、天津佳悦、湖北黄冈、荆州共计六个港口/码头,年吞吐能力超过2000万吨。

再次,为承担好使命,"保障粮油供给、稳定市场和价格",中粮加快了"全产业链"战略系统"走出去"的步伐,明确了海外战略布局的重点品种和区域。

中粮通过并购等方式加快"走出去"战略。2009年，中粮完成了对智利Bisquertt（比斯科特）酒庄和葡萄园的收购；2010年，并购了法国Chateau de Viaud（维奥酒庄）；2011年7月2日完成对澳洲Tully糖业公司的收购。

除了对原料资源的优化配置之外，中粮在加工环节上更下足了工夫，不断完善着战略布局。2009年以来，中粮在全国粮食主产区、主销区和关键物流节点布局（含在建）了45个大型加工项目，项目总量达到了153个，农产品综合加工能力达到了近5000万吨/年。

中粮的综合产业园是集粮油加工、食品制造、饲料加工等综合加工及仓储、贸易、物流、销售等功能于一体的大型综合企业。产业园是中粮不同业务品种和环节在战略布局及营运上实现协同的重要载体，是中粮加快发展方式转变、实现集约式发展的重要途径，是中粮"全产业链"战略系统中最创新、最有竞争力的方面之一。"全产业链"战略系统是要建立"从田间到餐桌"的"粮油食品大通道"，在这个全产业链的"大通道"之中，产业园是联结上游种植/原料环节及下游食品营销环节的"关键节点"，居于枢纽地位，产业园的建立，一是可以促成集约式加工，二是可以推动物流的统一，三是其多品类的产品可以统一销售，有助于销售渠道的整合，辐射区域市场，并推动"全产业链"战略系统在区域上落地。

2009年以来，中粮集团加快了以产业园模式来推动国内资产布局的步伐，先后启动了成都、郑州、海宁、巢湖、九江、黄冈、荆州、重庆、天津共计9个产业园项目的建设，目前，天津、九江、黄冈、荆州、巢湖、成都等6个产业园项目一期工程已经竣工投产，东莞、建三江、昌吉、厦门等4个产业园项目正在进行规划和论证。未来五年，中粮将在全国布局14个左右的产业园。

2.引入经营管理系统思考方法，构建6S管理体系，为全产业链战略提供管理支持。

为更好地推进"全产业链"战略系统的构建，中粮加快引入新的企业经营管理理念——企业经营管理的系统思考方法体系，使企业所有经理人和员工都能够从企业整体的角度出发，以"经营业绩"为导向，进行系统思考，从而在企业一体化整合的过程中，能够更加主动、更加自觉地按照"全产业链"战略系统的整体安排有序推进各项工作。

中粮以6S管理体系实现对各项业务的有效管控。6S是指6个一体化有机运行的管理系统，6S作为一个整体，通过各"S"在不同层次上的交互作用，较好地解决了战略与执行、过程与结果、管人与管事、目标制定与风险控制等多重问题，从而实现资源的有效配置和对集团所属各项业务的有效管控，有力地保障了战略执行，成为推进"全产业链"战略系统构建和业务一体化整合的有效工具。

3.建立全产业链促进委员会工作机制，为全产业链战略提供机制保障。

为了有效推进中粮全产业链战略，中粮成立了全产业链促进委员会及下属工作机构，形成促进粮油食品业务内部协同的专门平台以及柔性化工作机制，负责推进上下游采购协同、物流协同、风险控制、品牌统一管理、渠道协同、大客户销售、产业园整体规划及实施等重要协同事项，取得了初步成果。例如，通过推进品牌统一管理、整合投入，节约品牌费用4500万元，并有效提升了中粮整体品牌形象；通过推进渠道协同，提高渠道利用效率，降低销售费用率，品牌食品业务的销售费用率从2010年的18.7%下降至2011年的16.5%。

4.全面推进研发创新，保障全产业链战略的顺利落地。

近年来，中粮集团通过健全机构、制定战略、打造核心研发平台、建设科技人才队伍，全

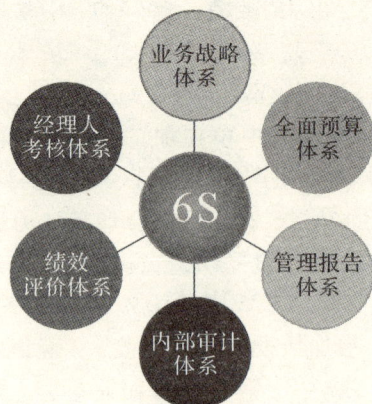

图 5 "6S管理体系"示意图

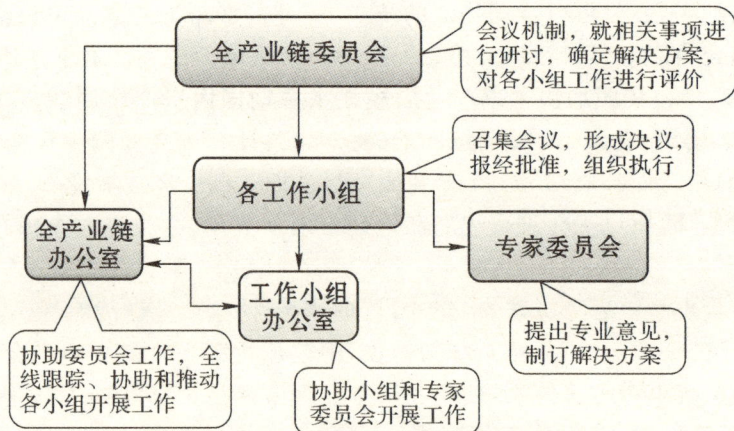

图 6 中粮全产业链促进委员会工作机制图

面推进研发创新,保障全产业链战略的落地。

中粮于2006年成立研发部,2007年成立中粮科学研究院,2011年,又在合并上述两机构的基础上成立中粮营养健康研究院,投资32亿元,打造国内首家以企业为主体的、针对中国人的营养需求和代谢机制进行系统性研究的研发创新机构。研究院下设六大核心研发平台,分别负责相应领域的营养和生命科学研究及产业应用研发工作。另一方面,中粮还制定了研发创新战略,明确了加工应用技术、品牌食品开发、农业生物技术、工业生物技术、动物营养、代谢与营养等六大研发创新方向,为未来的研发创新工作明确了目标、清晰了路径。

研发创新的关键是人才,中粮通过不断完善人才管理机制、加大人才引进和培养力度,逐步充实研发创新团队。截至2011年底,中粮已经引进2名"千人计划"长期项目专家和2名"千人计划"短期项目专家,集团研发创新和技术人员总数达到6683名,成为粮油食品行业一支重要的科技力量。

5.创新人力资源管理机制,为全产业链战略提供人才保障。

"全产业链"战略系统的构建,关键在人。为了满足"全产业链"战略的需要,中粮集团在经理人管理、人才队伍建设、激励评价等方面进行了积极探索和创新。

在人力资源管理理念上实现了从 HRM(人力资源管理)向 HRD(人力资源开发)的转变,人力资源工作重心全面转向人才发展和人才培养,为"全产业链"战略系统的构建提供充足、合格的人才保障。

其次,通过对标国际优秀企业,中粮开发了由"高境界、强合力、重市场"三个维度组成的中粮领导力模型。高境界要求经理人目标高远,自我驱动;强合力要求经理人强化协同意识,塑造组织优势;重市场要求经理人客户至上,注重价值创造。通过新领导力模型的指引,中粮各级经理人将成为全力推进"全产业链"战略系统构建工作的专业化合格人才。

再次,在"全产业链"战略系统内,中粮的业务横跨粮油食品产业链上、中、下游,虽然业务之间存在高度关联性,但也存在明显差别。为此,中粮依据不同环节业务的特点不断调整和优化考核办法,在"整体性"原则的导向下,实现绩效考核的战略性、个性化和导向性,使评价更加公正、科学,助推"全产业链"战略系统的构建。

6.建设和推广"忠良文化",以企业文化作为全产业链战略的根本保障。

为配合"全产业链"战略系统的构建,中粮大力加强"忠良文化"的建设和推广。"忠良文化"的核心内容是"高境界做人,专业化做事",其主要内容分为两大方面:"忠"指的是职业道德和精神修养,"良"则指专业能力。

五、"全产业链"战略的成效

(一)经济效益明显提升

通过"全产业链粮油食品企业"战略系统的构建,中粮集团进入到了一个全新的快速发展时期,企业经营业绩快速增长,规模和实力大幅扩张。2011 年,中粮实现营业收入 1822亿元,比 2004 年增长了 268%,利润总额 102 亿元,比 2004 年增长了 502%。截至 2011 年末,企业总资产 2597 亿元,比 2004 年增长了 296%,净资产 829 亿元,比 2004 年增长了 254%。

(二)集团整体经营管理水平提升

中粮在构建"全产业链"战略系统之前,是一家控股型的集团公司,集团整体战略不够清晰、不够聚焦,对于旗下的各个业务板块更多地行使财务管理,对于各个业务的战略和运营管理较少,总体而言,集团对于旗下业务的管控力度比较弱,集团各业务之间是一种松散的联合,协同较少,各自为战,没有形成整体合力。

"全产业链"战略系统的构建,首先是集团有了一个统一的战略,形成了一个能够把旗下各个业务统合在一起的战略系统和商业模式;其次,在这个战略系统下,中粮建立了一整套促进业务一体化整合,提升企业整体性的内部机制、管理系统和业务运营系统,包括前文中提到的系统思考方法体系、6S 管理体系、各业务环节的协同促进工作机制、综合产业园模式等,都有力地推动了中粮整体经营管理水平的提升,实现了集团对旗下业务的有效管理,促进了业务的规范运营和运营效率的提升。

(三)引领社会整体食品安全水平提升

"全产业链"战略系统通过推行 7C 管理体系,有效控制了从"田间到餐桌"各个环节可能出现的食品安全风险,实现原料端、生产端、运输端、流动端、监管端等环节的无缝衔接,达到全程可追溯,确保了食品安全。在此过程中,中粮通过对"全产业链"模式及"产业链,好产品"理念的宣传推广,组织和带动了一批国内农产品加工和食品制造企业开始关注产业链建设,提升了社会整体食品安全水平。

(四)服务"三农"

中粮涉及的大宗农产品贸易、初加工、深加工、食品消费品等业务,与农业、农村、农民密不可分。作为首批农业产业化国家重点龙头企业之一,中粮在"全产业链"战略系统打造的过程中大力发展订单农业,推广农业技术服务,推动农业集约化、产业化经营,2011 年,中粮集团发展的订单农业总面积达 378 万亩,在国内的农产品采购总量超过 4000 万吨,总采购金额超过 720 亿元,涉及农户超过 1200 万户,平均从每个农户手中采购的金额超过 6000 元人民币。

(五)引领国内粮油食品产业转型升级

"全产业链"战略系统派生出的综合产业园模式,起到了促进区域产业集群的形成、促进区域内粮油食品产业实现集约式发展和转型升级的作用。例如,中粮集团在天津临港工业区投资的佳悦粮油综合加工园区项目,带动了众多其他粮油加工企业的入驻,包括京粮集团、山东香驰等多家企业。"十二五"期间临港经济区将形成以中粮、京粮、金光为龙头,年工业总产值 1000 亿元的粮油加工产业集群,这将大大促进当地粮油食品产业转变发展方式,实现结构升级。

(六)服务国家宏观调控,保障国内粮油供给和粮食安全

中粮利用自身"全产业链"战略系统的资源和市场优势,服务于国家宏观调控,保障粮油供给,稳定市场和价格。2009 年以来,面对国内小麦、玉米、食糖供求趋紧局面,中粮向国家申请配额,进口小麦 126 万吨、玉米 93 万吨,执行国家 58 万吨进口糖任务,缓解了国内主要农产品价格上涨趋势。2010 年以来,面对 CPI 持续上涨趋势,中粮配合国家有关部门,以较低的价格向市场投放大米、面粉、食用油、食糖、肉类合计超过 280 万吨,为保障市场供应、维护价格稳定作出了贡献。

专家评议

虽然关于产业链的研究在理论界并不陌生,但中粮集团却是勇敢、典型并且值得敬佩的实践者。从 2009 年正式提出"全产业链"战略以来,短短几年间,它取得的成就令人瞩目。这也为其他同样站在全产业链路口但还在犹豫不决的企业带来了莫大的鼓励。从这一意义上说,中粮集团无疑发挥了龙头企业应有的模范表率作用。

如今的中粮,已建立起一个较为完善的全产业链系统,从上游源头抓起,注重内部不同

环节间的协同效应,建立品质提升管理体系,构建多方面保障系统,它的目标很明确也很坚定,就是要实现从田间到餐桌的无缝对接,带动我国粮油食品行业的转型升级与快速发展。在这样一个大方向之下,还有几个问题值得注意。

首先是要审慎看待并购问题。整合中土畜、蒙牛乳业等大手笔运作虽然能快速拓展全产业链,但是内部文化的融合、业务环节的协同、渠道的整合都需要下苦功夫,并且无法在一朝一夕内达成。其次是每个企业都会遇到的资金问题,一系列攻城略地的行动都需要巨资支持,这对中粮而言也是一项不小的挑战。再次从全产业链的战线来看,还需警惕因战线过长可能带来的某些环节掉链子的情况。最后,面对 ABCD 国际四大粮商的市场渗透,中粮也要做好充足的国内国际竞争准备。

(徐钰梨)

江西正邦:狠抓"两翼"策略　强调"以正兴邦"

一、正邦集团发展历程

正邦集团将企业发展分成一次创业期、二次创业期两个时期。但从正邦集团的发展历史来看,我们可以将它划分为三个时期。

(一)企业初创期:以饲料业为主(1996—2000年)

1996年,林印孙先生和李快荣先生等人投资成立了江西正邦实业有限公司,就在这一年,林印孙先生被中国饲料工业协会评为"为饲料工业发展做出杰出贡献的先进个人",这为江西正邦集团走好企业发展的第一步提供了非常有利的条件。林印孙先生是 EMBA 高级工程师,在1995年被国内贸易部、人事部授予"劳动模范"称号,正是因为集团的领导者具有高学历、高素质、扎实的专业知识,同时还有深厚的"三农"情结,正邦集团一开始便有了高起点。1997年,正邦集团成立,并开始涉足农化行业,除了提供饲料,也提供农药制剂和原药生产,并将售卖点从乡镇向村级延伸。

1999年3月,正邦开始走出江西,在云南成立了云南广联畜禽有限公司。这是正邦跨省发展的第一家企业,随后,广西广联、南昌广联也陆续成立。

(二)成熟发展期:以饲料业和畜牧业为主(2001—2007年)

2001年,正邦公司名称从"江西正邦投资有限公司"变更为"江西正邦集团有限公司",到2004年4月,经国家工商行政管理总局核准,公司名称由"江西正邦集团有限公司"变更为"正邦集团有限公司"。这一公司名称的变更,标志着正邦集团的发展已不仅仅局限于一个省或一个地区,而是着眼于全国乃至全球。而今,正邦集团的子公司遍布全国,与国际大型公司的跨国合作也正在展开。

2001年,正邦集团进入兽药和乳品行业。与加拿大外商共同投资成立了江西省首家集奶牛饲养、乳品加工、科研与销售为一体的高科技大型专业乳品企业——江西维雀乳业有限公司。2004年,成立正邦控股的中外合资企业——江西新世纪民星动物保健品有限公司,主营兽药。

2003年9月,正邦集团进入养殖业。起初,主要采用公司加农户的合作形式,后直接投资成立专业化养殖场,先后在江西、安徽、山东、辽宁盘锦、黑龙江肇东、河南、内蒙古、湖北、广东等地设立了养殖厂。江西正邦还建立了多个国家级核心原种猪场,实现从配种到养殖的一体化。

2007年8月，主营饲料和养殖业的正邦科技在深交所成功上市，标志着正邦集团已经全面完成了股份制改造，成为一家上市公司。

(三)二次创业期：全产业链的全面推进期(2008年至今)

经过多年的发展，正邦集团已经有了坚实的基础，遂开始向农业全产业链发展。

2008年，正邦集团提出"二次创业"概念，这正是以全产业链的概念为基础的。

正邦集团提出的"二次创业"，是指以建设农牧业、种植业为基础，以打造技术服务、网络营销、创品牌为第一核心竞争力，实现由农业制造业向农业集成流通服务业转型的创业体系。

在"二次创业"的旗帜下，正邦集团向饲料和畜牧业的前端——种植业发展。建立了玉米种植基地、百万油茶种植基地、百万大米种植基地，创建了"江南乡"大米品牌。集团产业链同时向后端发展，收购了上海著名的老字号熟食生产零售企业——上海山林食品。这家食品公司通过了ISO9001、ISO14001、HACCP等质量体系认证，生产车间更是达到了GMP十万级净化标准。集团接着成立了农产品加工的科研团队，建立完善的销售团队和专业的销售公司，建立品牌宣传推广团队等，形成了以企业为核心的从基地、研发、加工、销售到品牌管理的系统产业链。

目前，正邦集团拥有3家生猪贸易、食品贸易、肉制品深加工的专业分公司和6家生猪屠宰销售分公司。正邦的种植产业涉及粮食作物和经济作物的种植和加工等。

从提出"二次创业"起始，正邦集团开始了飞速发展，2009年，集团总收入超过100亿元；2010年，集团总收入超过150亿元；2011年，集团总收入超过207亿元，呈现了强劲的发展势头。

目前，正邦集团已形成了五大产业格局，如图1。

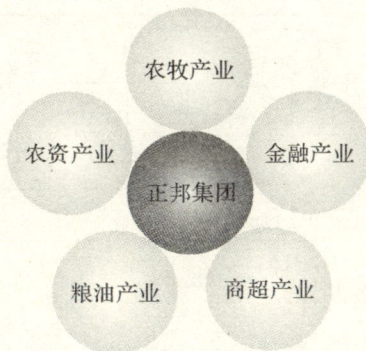

图1　正邦集团产业格局

环绕着集团的五大产业体系依次为农牧产业、农资产业、粮油产业、商超产业、金融产业。囊括了种养殖业、农资、产品销售业、金融产业，围绕农业这一主线，形成了全产业链中各环节、各要素的互动成长。

未来五年，正邦集团试图达到以下目标：建成江西省最大的饲料厂、建成江西省最大的肉食品加工工厂、建成国内投资规模最大的生猪养殖产业一体化基地——黑龙江600万头生态养猪产业化基地,饲料总产量达 1000 万吨。2015 年底,正邦总产值达 500 亿,2016 年底,年出栏商品猪达到 1000 万头。

二、正邦集团的发展模式

正邦集团提出了"投两端抓两翼"的模式,投两端是指正邦在农业全产业链中重点发展前端和后端,抓两翼是指人才和资本。因此,正邦集团的发展模式是全产业链战略下的强基地、拓市场、重人才和优化资本投入的有效模式。

(一)全产业链战略中的"投两端"

全产业链是近年来农业企业努力建设的企业发展模式,因为全产业链能够有效控制各个环节中的风险,满足居民的食品消费安全需求,规避食品安全风险。全产业链是指从田间到餐桌全程所包括的从生产资料、生产过程、加工过程、销售过程甚至消费过程的全过程产业链。对于农业企业而言,则集种养殖、农资采购、食品原料、饲料原料及生化、产品加工、分销物流、品牌推广、产品销售等多个环节构成的完整的产业链模式。

在正邦的眼里,全产业链中最重要的是两端。而正邦的全产业链是以种植业和养殖业为重点和核心的。因此,正邦强调做强种植产业链和养殖产业链两端,以两端带动中间制造环节。这里的前端,指的是原料基地建设、产品研发、大宗粮油商品期货贸易,后端指的是销售和物流网络、品牌营销等。通过做强两端,为中间的企业制造、种养植业服务提供整合的解决增值方案,依靠产业中的两端取得话语权,并串联价值链的各个环节,实现做产业链的组织者和领导者的强势地位,实现企业做简单的优势商业模式。如图 2。

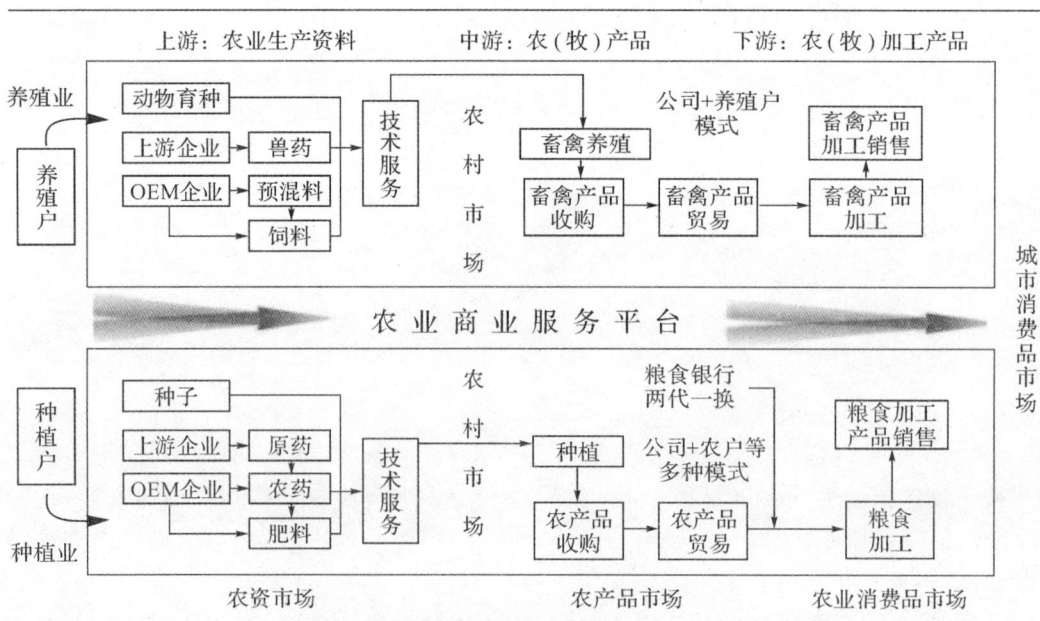

图 2 正邦全产业链格局

1.种植产业链

在东北、江南挑选良好土地,并精选良种严控肥料、农药的品质与安全使用,建设一流的规模化大米生产线,生产出品质良好的"江南乡"品牌大米。正邦集团的种植业通过推行"公司+农户"、"公司+种植专业户"、"农场"的订单农业等方式,实现粮食生产的标准化、专业化、集约化、规模化。同时,以铁路或港口为依托,建立集储存、加工、销售为一体的粮食大型批发市场。

正邦林业在江西省全省范围大面积租赁荒山荒坡建设油茶基地,2009 年,初步建立拥有育苗 1000 万株的正邦牌的高产优质油茶种苗基地,目前,正在努力投资开发大型的百万亩油茶种植基地,生产全天然的高品质食用茶油。种植产业链的前端是种子产业。集团下的正邦种业,旗下拥有丰富多样的农作物种,其中,辣椒种子的质量排在全国前列。正邦集团的种植产业链的中间制造过程连着农药业、后端连着生鲜农产品超市业。在产品品牌的生产与营销中除大米、油茶品牌之外,正邦集团还拥有干湿面若干品牌,如妙味坊浓汤牛肉面、妙味坊特色海鲜面等,形成了全产业链的品牌多样化销售体系。

2.养殖产业链

正邦养殖业以养猪业为重点,带动饲料、兽药、屠宰业发展。其前端连着饲料业,中间养殖过程连着兽药和动物保健业,后端连着肉食品加工业和肉食品连锁业。目前,集团已具备 1000 万吨饲料生产能力、100 万头商业猪生产能力、5 万头种猪培育能力,正邦繁育的"双肌臀"大白猪通过了农业部的技术鉴定,被评为国际先进水平。正邦在全国众多区域建有养殖基地和原种猪配种基地,还与加拿大外商共同开发了"加美"猪品牌。正邦以养猪业为主,兼顾种鸭、养鸭、养鸡业,年生产种鸭量 6000 万羽,位列全国前三强。

表 1　正邦集团养猪场和原种猪基地分布

广东	江西	河南	湖北	安徽	山东	东三省	内蒙古
广东德宝生态养殖公司	江西 30 多个生猪养殖场	河南正邦原种猪公司;黄泛区鑫欣牧业公司	沙洋正邦养殖有限公司、红安正版养殖有限公司	安徽正邦原种猪公司	山东正邦养殖公司	盘锦正邦养殖;肇东正邦养殖公司;肇州正邦养殖公司	乌兰察布正邦养殖公司

3.基于种植业和养殖业基地的流通产业链

2009 年 6 月,正邦正式进军流通业,半年内便收购了江西 2 家零售商店,7 月成立江西正邦百美达百货投资有限公司,11 月收购江西景德镇万客隆超市。正邦同时自建流通超市品牌——永惠超市。目前,集团下的正邦商超已拥有 3 家子公司,60 多家门店,还拥有主打生鲜产品的正邦超市、正邦鲜肉和主打农业生产资料的惠万家农资网络,形成了系统的农资宽带销售、肉食品销售、农产品销售网络体系。

(二)人才投资模式:以人为本,以正兴邦

在全产业链战略前提下,正邦实现了"抓两翼"策略,一翼是指人才投资,另一翼是指资本投资。正邦集团重视人才引进和人才培训,认为组织、团队和人才是企业改革创新的关

种子　苗木　农药　化肥　农业机械

农业生产资料网（实体+电子商务）

水稻种植
小麦种植
玉米种植

油茶种植
油料种植

水果种植
蔬菜种植

原粮贸易

大米加工　食品加工
面粉加工
淀粉加工　油料加工

饲料原料贸易

饲料厂
种猪场　种猪贸易　商品猪场　商品猪贸易　屠宰厂
肉制品厂

粮油食品销售网（实体+电子商务）

生鲜销售网（实体+电子商务）

城市商超网络（实体+电子商务）

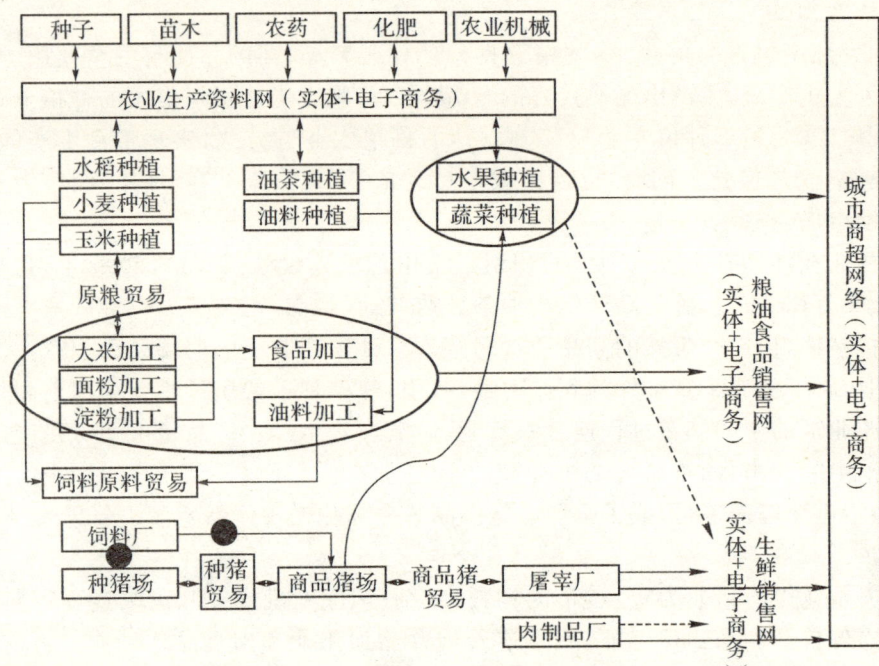

图 3　正邦全产业链网络结构图

键。因此，正邦采用了一系列的人才投资策略。

1. 打造四个层级的人才结构策略

（1）核心团队：正邦集团认为，核心团队是正邦的基石，是稳定和传承的着力点，其特点是高度忠诚、稳定，并有较高的品德和志向、高尚的情操和人格魅力、较高的人生境界和宽阔的胸怀。在组建核心团队时，认为正邦应具备的特点是：忠诚、境界、品德和人格魅力。该核心团队的人员仅在企业最高层管理团队中选择，并用长期分享激励政策和稳定的福利待遇来维系。

（2）精英团队：正邦拥有一支优秀的管理团队。这支团队的带头人组成了精英团队。其特点要求是：具有行业一流的专业知识或前瞻性的领导能力，或是娴熟的综合管理能力，或是拥有关键的技能，关键的资源和关系等。能带领一支团队，把业务以业内较快的速度做到行业一流的管理或技术高级人才。正邦的精英团队一般通过内部提拔，用赛马机制和特殊政策的引进形成。激励政策是高薪、高待遇、中期的业绩高额分享政策，并保持相对稳定和适当流动。

（3）能人、骨干团队：这一团队在正邦处于管理的中低阶层。团队中的人员要么是管理能手，要么是业务、技术尖子，肩负着公司经管管理组织实施、业务和技术专业方面的突破和创新，是企业承上启下的关键团队，也是业绩达标的关键要素。其素质要求是有较高的理论知识，有较强的实践经验。能人骨干团队是正邦人才队伍中的第二梯队，其考核以绩效为主，兼顾综合素质和潜质，激励政策以短期为主，中期为补充。

（4）实干团队：实干团队是指一线的业务骨干和优秀员工，他们要具备务实和虚心好学的精神，积极上进的心态，快速进步，能出色地完成工作任务，能在所处的组织中起榜样示范作用。这个团队的打造对正邦的快速发展，尤其是未来竞争优势的形成起着决定性作用。在培训中把赛马机制和耐心培养结合起来,激励机制以绩效挂钩的短期为主,辅以精神激励和培训、提升等非物质激励。

2.让人才当家

正邦集团不仅聘用人才,也培训杰出的管理者,不仅给员工工作,而且与优秀的员工合作,让员工一起来当家。在正邦集团工作的优秀主管,只要条件合适,都可以入股成为老板。在对正邦实地考察时发现,正邦集团里,能入股合资成为股东的主要有两类。

一类是公司+农户合作形式中成为当家人的人才。种植户或养殖户入股,如果入股资金不足,可以向正邦低息贷款,由正邦提供种子或猪苗、饲料、药物、技术、防疫等全程服务,出产的农作物或商品猪可由正邦收购。

图4　正邦合作养殖小区效果图

第二类是优秀主管入股成为当家人的人才。正邦聘请的主管,在工作了一段时间后,可以自己拿出资金入股,或者以管理能力、技术能力入股。如果入股前期资金不足,可以向正邦集团申请低息贷款。

3.规范的人才培训机制

早在2000年8月,正邦就成立了正邦培训中心。集团每年都投入大量的人力、财力和物力进行人才培训。培训类别多样、培训内容丰富、培训对象覆盖企业的基层和高层。

(1)新员工培训。针对每一位进入正邦的新员工的新入职员工培训。培训一般由正邦中高层管理者负责,培训内容包括巅峰团队培训、企业文化培训、专业知识培训等。

(2)专业培训。正邦每年都会聘请专家,对处在生产一线的员工进行专业培训,例如养猪知识培训、种植培训、药物知识培训等等。

(3)成立正邦学院,进行EMBA培训。这是针对正邦集团中高层管理者的培训,主要训练他们的理论基础知识、全面的战略知识、商业智慧、产业投资水平和企业运营管理水平等。通过对中高层管理者的培训,完成集团中层管理人员综合管理水平的打造和素质的提升,为正邦集团正在进行的"二次创业"战略实施提供充实的中坚、骨干力量。

(三)资本投资模式:轻资产撬动产业链

2011年,《农经》杂志采访了正邦集团并发表了题为《正邦模式:轻资产撬动产业链》的文章。文章介绍了正邦集团通过轻资产运用建设农业产业链、推进农业产业化发展的新路子、新模式。

轻资产是指运用最少的成本去撬动最大的资源以获得最大的利润。要实现这一目标，价值观念、人力资源、客户资源、品牌、管理制度必然要取代生产线等重资产，成为商业运作的新主角。正邦尝试以少量硬资产投资，通过输出管理、技术和品牌获得利润，自己则专注于产品研发、销售、服务与品牌推广。[①]

1. 正邦资本投资的乘法"五招"

为了轻资产运作，正邦运用了各种资本投资工具，总结出了五种轻资产投资方式。第一招，是在一些具有成长性且又较长线的产业，如油茶、芳樟等产业通过吸引战略投资者加快产业发展；第二招，是在养殖、农资连锁方面通过担保公司撬动银行和社会资源，通过"公司＋农户"、"中心店＋加盟店"等方式实现快速发展；第三招，是在粮食收购上积极争取农业发展银行的政策性贷款；第四招，是利用证券市场融资功能，增发融资资金；第五招，是积极争取农化产业上市，使正邦拥有第二家上市公司。

2. 用现代化手段优化资源配置

正邦整合利用包括资产、技术、人才、网络渠道等资源，在集团内实现了信贷资源共享，组合各种资产、业绩和现金流，统一调度资金，使闲散资金得到充分利用。同时，充分利用现代化信息手段，2008年起便在企业中实现了办公系统自动化（OA系统）；2009年，实现财务管理现代化（ERP项目运行）；2010年，远程视频会议系统启动。

3. 产融结合的有效探索

2008年，正邦成立龙融担保公司，向农民和农业企业提借担保和贷款，2012年3月，龙融担保进军山东，成立了山东龙融担保有限公司；正邦也设立了一些小额贷款公司，比如2009年9月，在吉安县成立了兴农小额贷款有限责任公司，为"三农"和中小企业发展提供小额贷款服务；2012年6月，正邦集团与北大荒集团合作成立中国第一支生猪养殖产业发展基金——"黑龙江生猪产业发展基金"，该基金致力于符合国计民生的农业产业的长远发展，对产业和金融资本的有效结合做出有益探索。

三、正邦发展模式的支撑条件

一个再好的模式，要保证其发挥作用，必须要有一系列的前提和后续保障。正邦集团从四个方面为"正邦模式"提供了支撑。

(一)高效的管理模式

1. 正邦集团的组织架构

正邦集团目前有3万多名员工，在全国范围内拥有300多家分公司。要保证每一个员工都在自己的岗位上发挥作用，要保证每一个子公司正常运转，一个高效的组织架构是非

---

① 程鸿飞，买天：《把大公司做成大家的公司：访正邦集团总裁林印孙》，《农民日报》，2012年6月12日第8版。

常重要的。正邦的组织架构和组织关系横向剖面结构如图5和图6所示。

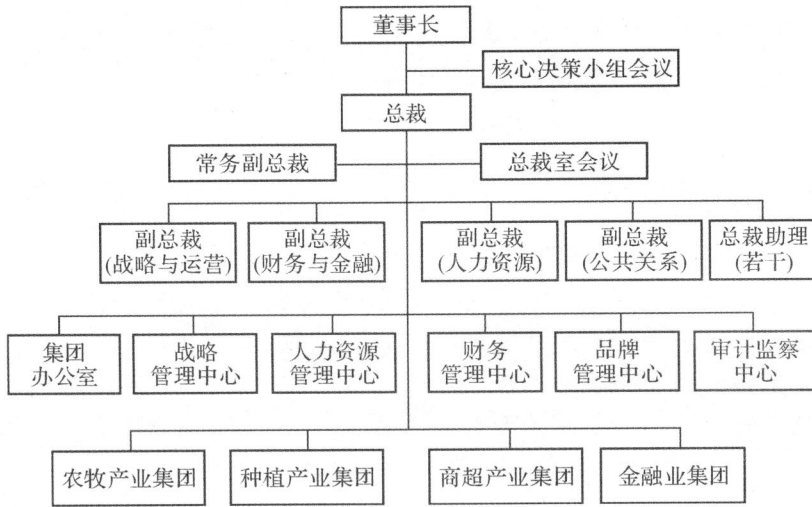

图5　正邦集团的组织架构

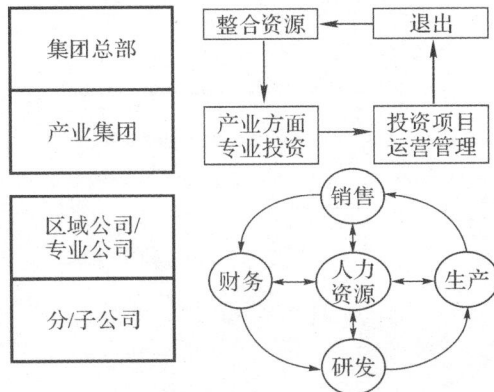

图6　正邦集团组织横向剖面结构图

2.正邦集团的组织体系

正邦集团各组织、各部门各自的职责和关系为:

集团总部:农业产业化投资管理集团。核心任务:确立整个集团的发展战略、基本价值准则;推动产融互动,使产业链整合过程倍速增长。

产业集团:产业链组织者(通过产业投资管理)。核心任务:围绕产业链整合,确定产业发展战略;以轻资产模式作为主要手段,推动产业链的发展,掌握产业链上的重要产业资源。作为主要投资者,参考所投资区域公司、专业公司班子组建和战略决策,并敦促所投资区域公司、专业公司正常运营,实现业绩指标,打造关键竞争力。

专业公司/区域公司:在经营管理上拥有充分自主权的专业公司。核心任务:根据产业发展战略,确定区域内或专业领域内的发展战略和竞争战略;在所在区域或专业领域内技术先进打造关键竞争力,并实现经营业绩目标。

子/分公司:基本业务单元。完成经营业务、提升运营水平和竞争力,打造基层团队。

吸收行业精英的创业平台,股份制(或者分红权)主要在这个层面推行。

(二)严格的产品控制与环保体系

1.产品可溯源体系

产品可溯源是指一个产品从其原材料选择到交货的过程都能进行追踪的能力,一般通过某种记录标识进行。这一技术最早应用于汽车等一些工业品的产品召回制度。近几年来,农林产品食品的质量问题连续出现,引起了人们的严重担忧,在农产品中开始应用产品可溯源体系。

正邦集团实行了电脑芯片控制的产品可溯源。具体包括三个方面:一是在动物及农作物上做电脑芯片标识;二是筛选并记录主要信息;三是通过信息记录跟踪了解动物及农产品的活动轨迹,包括从田头到餐桌的整个过程。

2.绿色生态养殖,零污染排放系统

正邦坚持绿色种植、生态养殖的理念,一是以工厂化养殖,在养殖基地建立完善的排污系统,实现雨污分离、干湿分离和固液分离,投入大量的资金建立厌氧发酵塔,收集的污水通过 SBR 工艺处理,产生的沼气用于发电自用,沼液进行有氧耗解和分级沉淀,达到排放要求;二是实现种养结合,通过租买养殖场外围的土地,种植蜜柚等农作物,充分利用干湿分离后的干粪,并利用沼液浇灌,解决了畜禽生产过程中排污难的问题,净化了周围环境,实现了养殖——沼——果实的生态农业发展模式,如图 7 所示。

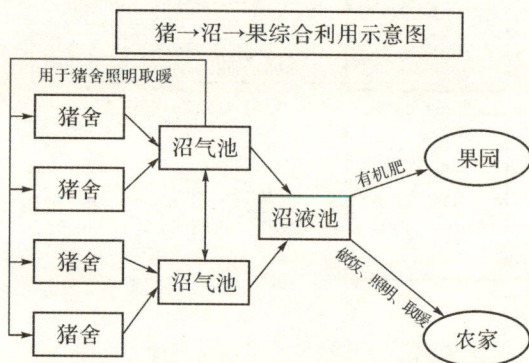

图 7 正邦集团的绿色养殖示意图

(三)强大的科研创新支撑

企业要拥有创新能力和可持续发展能力,科研是关键。正邦集团建立了一个博士后工作站,拥有一批国内优秀的猪营养、育种、防疫、饲养管理专家,并与江西农业大学国家重点实验室、国际知名育种公司 PIC 等建立了长期合作关系。

集团下的正邦兽药药物研究中心由中国、西班牙等国多名专家组成,与中国农大、华南农大、浙江大学等 7 所高校建立了合作关系,在 IGY(卵黄抗体)生物技术、微囊技术、混悬技术、脂质技术、靶向技术、络合技术、葡聚糖铁技术、ELISA 诊断试剂等研究领域处于领先地位。

(四)塑造具有感染力的企业文化

正邦认为,能让员工忠于企业的,不是金钱也不是职位升迁,而是对企业文化的认同。正邦集团因此重视企业文化建设,重视企业价值观与员工价值观的相融,塑造一种具有感染力的企业文化,以能够留住员工、乐于工作、忠诚于正邦。正邦认为,企业应当以使命、精神、理想来获得员工的认同,便提出了"情系三农,造福社会,以正兴邦"的企业使命、"求实、和合、卓越"的企业精神、"把小公司做成大公司,把大公司做成大家的公司"的企业理想。正邦也将"以人为本,以正兴邦"、"员工进步、企业发展,广泛联合、永远惠民"设定为企业的经营哲学与经营宗旨。

正邦的企业文化注重人与自然的结合,关注"三农",以惠民和共同富裕为己任,追求公司与员工的共同发展为目标,是很务实、切实,具有很强感染力的企业文化。正是在这样的企业文化下,正邦集团才从一家小公司成长为今天这样的大集团,并且,许多骨干员工都是与企业共成长,从初创到今天,忠心耿耿。

四、正邦模式的启示

1. 做一个有责任感的企业

正邦的党委书记、董事长、总裁林印孙先生说:"正邦集团从1996年诞生以来,从来就只做阳光下的产业,只做有利于社会、有利于百姓的事。"正邦在企业的核心价值观里就说要"把小公司做成大公司,把大公司做成大家的公司。""大家的公司"就是带着农民一起创富,把解决"三农"问题当做企业责任。做一个有责任感的企业,才能真正地从社会、从农民的角度来考虑问题,不为了追求短期的利益而破坏环境、造成污染,不为了追求利润的最大化而损害区域的利益和整体利益。

正邦追求"和合",包括人和、势和、利和和天人合一。人和即指所有利益相关的人保持一种双赢关系;势和是环境和环境的融合;利和是指方方面面各种资源之利,即要使集团所有能支配的资源优化组合达到裂变,做到人尽其用、物尽其利;天人合一是指人和自然界整个生态环境的和谐。

正邦不仅自己发展,还联结带动农户、合作伙伴、企业所在区域共同发展。林印孙总裁说,中国经济快速发展,农业产业需要大批优秀企业和精英人才去开拓,需要大笔资金投入支持。从多样到专业,从传统到规模,从分散到集中,正邦正担负起做行业组织者的角色,着力将企业的发展战略提升至国家产业发展的战略高度,团结联合更多的投资者、创业者、合作伙伴和农户,共同推进中国农业产业化发展。到目前为止,正邦已帮助30多家小微企业做强、做大。

2. 将现代企业经营理念运用到农业企业经营当中

本着做强、做大的企业宗旨,正邦将现代的企业经营管理理念运用到集团的经营和管理当中。

在生产领域,传统的中国农业企业,走的是农户＋公司或向不同农户和基地收购的路子,其经营模式能让企业经营成本大大降低,但很难从源头控制农产品的质量。企业发展到一定阶段之后,正邦便开始自己建立种植基地和养殖基地,用工厂化的方式种植或养殖。种植业,从种子到种植,养殖业,从种猪到商品猪,都能全程电脑控制。全程电脑控制的现代化、标准化生产摆脱了过去农业企业看天吃饭、农产品质量不能从源头控制的局面,开创了全新的正邦全产业链生产模式。

销售领域,是正邦近几年来投资的重点,作为全产业链的后端,销售的好与坏,直接关系到企业的总产值和利润。正邦发展了三条网,即农资网、农产品和肉食品网、城市商超网。在农资网中,将农村零散的商业资源重新组合,在大的乡镇仓储连锁超市经营粮食、饲料原料、添加剂、畜牧饲料、兽药、疫苗、动物保健品、养殖器材、农资、化肥、农机等商品。在农产品和肉食品网、商超网中,在城市中建立粮油、肉食品、生鲜的连锁超市,用连锁的形式经营正邦产品。

3. 与时俱进,保持创新精神

1996 年成立至今,正邦一直站在农业企业发展的前列,是首批国家农业产业化重点龙头企业之一,是江西省最大的民营农业企业,也是江西省最早设立博士后工作站的民营企业之一。集团从三个方面来保证企业的创新能力:

建立企业的学习观。正邦认为,现代社会是一个学习型社会,现代化的组织是一个学习型组织,企业要创新,高级管理人员就要时刻具有创新意识,正邦人就必须"勤于学习、善于学习、终身学习"。这"三学习"要求,正是正邦的学习观,也是正邦创新精神的前提保障。

开设正邦学院,定期培训。人人都有创造能力,只是看有没有被开发。正邦定期对员工培训,让员工的思想理念时常更新,让每一位员工都能体会自己在企业中的价值,从细微处见创新,做到人尽其用,物尽其利。

建立激励机制,形成良好的创新氛围。正邦建立了创新的激励机制,鼓励具有创新能力的人,奖励做出创新的人。在正邦,每一项新技术的产生,每一个新点子的产生,都有机会得到高层的鼓励,都有机会应用到实际当中去。

专家评议

"正邦模式"代表了中国农业企业在产业化进程中的全产业链战略与地方特色相结合的趋势,将农业产业化因地而变、因时而变、因人而变,将全产业链的布局放眼全国,将技术合作的眼光放在国际,最终形成了立足本土、放眼世界的独特的"正邦模式"。

但是,正邦集团在快速发展中也出现了一些问题。一是缺少强势的产品品牌和流通品牌。在正邦的组织结构中,没有非常成熟的品牌组织体系,缺少全方位的品牌营销人才和全面的品牌营销策略,所以,在正邦的诸多产品和流通领域中,并没有能在全国终端消费市场拥有高知名度和高美誉度的强势的产品品牌和流通品牌。二是企业快速发展与产品控制力、企业经营管理能力之间的矛盾问题。正邦的分公司和子公司遍布全国,进入 2012 年,又在黑龙江投资成立了全国投资规模最大的生猪养殖基地,一个正在快速成长的正邦集团,必须要有更强有力的管理团队保证产品品质安全和各种要素的整合。

（杨小竹）

山东中澳：创新订单养殖模式
发展绿色生态产业

中澳集团的发展历程是一个寒门学子追求致富梦想、从家庭作坊不断发展壮大成现代化农业龙头企业的过程。在这期间，其董事长张洪波不断在实践中摸索，经受挫折的洗礼，不断实现自我和超越自我。今天，他和他开创的肉鸭养殖加工事业一起站在了世界之巅。

一、中澳集团发展历程

大体上，中澳集团的发展历程分为三个阶段。

(一)第一阶段：养鸡专业户阶段(20 世纪 80 年代中期至 1997 年)

"德州扒鸡"是德州的传统名吃，虽然中澳集团现在的主营业务是肉鸭养殖加工，但它却是从养鸡开始的。张洪波出生于德州市庆云县庆云镇张桃符村一个贫苦的农家，是 20 世纪 80 年代中期村子里所出的第一个大学生，但接到大学录取通知书的他却因家贫而无法去读大学，最终选择了外出打工，在天津一家养鸡场当工人。"当时就是想不给家里增加更大的负担，替家里分忧"，多年以后的张洪波在接受电视台的采访时如是说，"出去打工并不是想挣工资，而是想学点本事，找个项目"。

"那时候的梦想就是富起来，成为万元户"，张洪波带着这个梦想，一边打工，一边用心地学习养鸡技术。三个月后，在结算工资时，张洪波请求老板用 300 只鸡苗代替他的工资。就这样，张洪波带着这些鸡苗回到家乡开始了自己的养殖事业。然而，由于防疫技术不过关，他养的鸡遭遇了全军覆没的灾难。

张洪波是个有心人，也是个有韧性的执著追求事业的人。他开始用专业知识充实自己，买来养鸡技术的书，多次参加技术培训，很快就掌握了一整套养殖技术，还取得了畜牧师的资格证书。在知识的武装下，张洪波的养鸡事业开始步入正轨，从一个个体养殖户慢慢发展成一个初具规模的养殖场。到 1997 年的时候，他的养殖场雇佣了 130 多个员工。张洪波不仅成了当地知名的致富状元，还带动了周边村庄 1000 多户农民养殖户，被评为德州市农村科技大王。

(二)第二阶段：转型阶段(1998 年至 2006 年)

张洪波在回顾中澳集团发展历程时，曾将 1998 年视为公司发展的重大转折点之一。当时，县城的康源集团良种肉鸡加工厂由于经营不善，濒临破产，而张洪波的养鸡事业正在蒸蒸日上，迫切需要扩大养殖规模。出于风险的考虑，张洪波先小规模租赁了一段时间的工厂车间,后来才决定买断这家国有企业,并命名为德州中澳禽业有限公司。

90年代末期的肉鸡养殖市场经常陷入周期性波动:好的时候供不应求,大家一哄而上;差的时候又纷纷倒闭,损失惨重,风险很大。中澳禽业公司成立之初开始思考如何规避这种风险,适应企业从乡村到县城的角色转变,促进企业更好地发展。公司逐渐摸索出"公司+标准化基地+农户"的经营模式,与农户签订收购合同,实行订单养殖,消除农户分散养殖带来的信息不对称情况下的不合理决策风险,这便是日后"中澳模式"的雏形。

2000年前后,全国开始了一股消费鸭肉的热潮。张洪波在了解到南方养鸭成本比北方高出一千多块钱/吨之后,决定介入养鸭市场。2001年,中澳禽业公司引进了世界上最先进的英国樱桃谷父母代种鸭,兴建了3处种鸭场和16处养殖农场,投资了一条商品鸭肉生产线,配套建设了育种场和饲料厂,正式组建中澳集团。自此开始,肉鸭养殖加工业务成为公司的重心,并获得长足发展。

(三)第三阶段:快速繁荣期(2007年至今)

2007年至今,中澳集团的几个重要事件可以说明中澳集团的快速发展。2007年,中澳集团成立了庆云中澳养鸭专业合作社,它成为中澳模式的重要一环。这一年,中澳集团的"国家肉鸭生产标准化示范区"通过验收,成为国家级农业标准化示范区。2009年,"中澳"被评为中国驰名商标。2010年10月,中澳集团参加了在德国科隆举办的国际食品大会,张洪波董事长应邀在会上作了主题发言,引起了与会企业的强烈反响。这年底,中澳新工业园通过山东省工农业旅游示范点评定委员会评定,成为全省工农业旅游示范点。新工业园的建成使中澳集团无论在规模、档次还是技术方面都一跃成为同行业的翘楚。张洪波将新工业园的建成视为继养鸭转型后的又一次重大转折,中澳品牌之路由此起航。

2011年,中澳集团年产量2.4万吨的欧式去骨烤鸭项目举行了开工奠基仪式,它的建成将有助于缓解中澳牌烤鸭在欧盟地区的供不应求状况。2012年初,中澳集团获得了山东省第三届省长质量奖。近几年的发展表明,一个蒸蒸日上的肉鸭养殖加工宏伟蓝图正在中澳的脚下铺展开来。在中澳集团的愿景规划中,其目标是争取在"十二五"末,年销售收入突破100亿,肉鸭综合生产能力居世界首位。

二、中澳集团产业化模式

(一)"中澳模式"产生背景

根据土地、资本/技术、劳动力三大要素的投入情况,当今世界畜牧业经济发展模式可以分为四种,如表1所示①:

---

① 本表格来自中澳集团副总裁张长景2011年11月在山东师范大学的讲课课件。

表1 世界畜牧业经济发展的四种模式

模式名称	代表国家	形成背景	特点
澳新模式	澳大利亚、新西兰	土地资源丰富	以土地投入为主
北美模式	美国、加拿大	土地资源丰富、资金和技术实力雄厚、但劳动力资源紧缺	土地、资本和技术密集、以机械作业为主的集约化大农场
欧洲模式	德国、法国、荷兰	资本和技术实力雄厚、土地和劳动力资源相对稀缺	资本技术密集、以机械作业为主的集约化家庭农场
传统模式	中国等发展中国家	受土地、资本、技术等要素投入制约	劳动密集型

中澳集团副总裁张长景认为,当前中国畜牧业正处在由传统模式向现代模式的转型期,北美模式和欧洲模式能够给我国未来畜牧业的发展提供许多有益借鉴。

中澳模式产生的另一个背景是对上世纪90年代末形成的农业产业化主导模式——"公司(或农业龙头企业)+农户"模式的反思和创新。在当时的历史条件下,"公司+农户"的模式解决了农户与市场的对接问题,对于促进农业和农业企业发展都起到了积极的推动作用,但是随着农业产业化水平的提高,这种模式的局限性日益凸现出来。在这种模式下,农户和公司结成的是一种松散型的买卖关系,而不是利益共同体,合作时好时坏,违约行为屡见不鲜(如价格上涨时,农户可能就会另卖他人);另一方面,这种模式的监督、协调和履约成本昂贵,公司常常力有不逮。

具体到中国家禽养殖业产业,中澳集团认为中国传统上的绝大多数家庭式分散、粗放养殖有三个短板:一是缺少技术,二是缺少资金,三是缺少对市场信息的了解。这种模式下的养殖业难以形成规模化养殖,不能有效控制疫病发生,无法从根本上解决药物残留问题,未能对市场信息作出有效预判并积极应对,因此该模式风险非常大,在产品进入市场时常常遭遇进入壁垒。

(二)"中澳模式"内涵

经过20多年的实践、反思和创新,中澳集团的产业化模式逐渐完善,最终形成了以1235为核心的"公司+专业合作社+金融机构+标准化农场+农户"的订单养殖模式——中澳模式,通过打造育苗、养殖、加工、销售纵向产业链,实现农工贸一体化、产业化经营,以集团为龙头,将农户与市场对接起来,建构新型农业产业体系,实现中国畜牧养殖业的契约化、标准化、集约化、规模化运作。

具体来说,"1"指的是一个龙头,即以中澳集团为龙头;"2"就是"两高定价、农企双赢",即高价赊销鸭苗、饲料、药品,高价收购农户的商品鸭,达到农户和企业双赢;"3"就是"三赊销",即公司与农户签订订单合同,公司向农户赊销鸭苗、饲料、药品,公司回收农户的商品鸭,实行保护价收购,无论产品走俏还是滞销,保证收购价格不变,现款结算,化解农民的市场风险,双方形成互惠互利、共同发展的联合体;"5"就是"五统一",即公司对广大养鸭户实行统一供雏、统一供料、统一供药、统一防疫、统一回收宰杀的服务。

(三)"中澳模式"解读

长期以来,中国的农业产业化进程受到土地、资本和技术等要素投入的限制,采取的是分散性的家庭作坊式的养殖,各家各户的分散决策产生的是对市场信息的滞后反应。以企业集团作为龙头,可以有效整合、带动千家万户的分散资源,形成合力,做大做强,更好地与市场对接。

"两高定价"策略的核心在于通过保证产品质量实现"农企双赢"的目的。在当前中国面临的林林总总的食品安全问题中,有一个问题常常被忽略或漠视,那就是中国的食品企业并不是没有能力、技术或办法去生产质量优良的食品,而是因为大量消费者对低廉价格的倚重所造就的激烈价格战恶性循环。当商品只能越来越依靠低价格去赢取消费者的购买时,原料、人工等各方面的成本投入势必就会越压越低,假冒伪劣、有毒的产品就会在所难免。"两高定价"出发点是向农户提供生产高品质肉鸭产品所必需的保障和条件,转变其养殖理念;其落脚点在于成品鸭的高价格,以此来体现高成本消耗的物有所值和物超所值,实现农户和企业双赢。

"三赊销"使中澳集团在一定程度上承担了基层乡村金融服务机构的功能,解决的是农户的资金问题和市场风险问题;"五统一"实现了企业养殖加工的标准化和规范化,解决农户养殖的技术难题。

在中澳订单养殖模式的链条中,还有两个环节至关重要,即专业合作社和金融机构。2007年7月1日,我国《农民专业合作社法》颁布实施的第一天,中澳集团就成立养鸭专业合作社。该合作社作为联系农户和企业的中介,不仅承担着协调、组织、管理、监督和信息的传达等功能,还承担着一定的融资功能。

多数农户在养鸭过程中都会遇到资金短缺问题,但是由于标准化农场的养殖大棚是承租性质,加上养殖风险较大,个体鸭农很难以此在银行等金融机构进行抵押贷款。在早期,中澳集团主要通过由企业赊销生产资料给农户来解决,但随着养殖规模的扩大,企业的流动资金越来越难以支撑庞大的赊销开支。

专业合作社很好地解决了这个问题。首先,养殖农户自愿申请加入专业合作社,形成互助性的民间经济组织。其次,中澳集团与专业合作社签订收购合同,为它提供担保;合作社以此向银行贷款。最后,专业合作社用贷款购买饲料、药品等生产资料,并赊销给农户。等农户将肉鸭养成后,通过专业合作社卖给中澳集团。这样,专业合作社不仅解决了资金短缺的问题,而且盘活了整个生产流程,实现了良性循环。

(四)"中澳模式"产业链

近些年来,中国农业产业的集中趋势越来越明显,以全产业链和多元化经营为特点的产业化模式逐渐成为行业共识。以中澳模式为基础,中澳集团建构起纵向一体化产业链,其结构示意图如下。

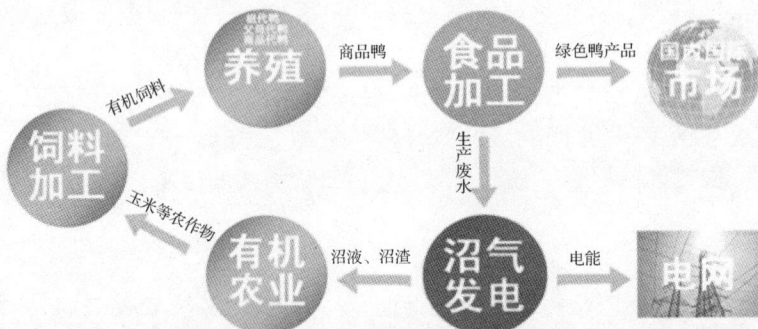

图1　中澳生态、绿色、环保产业链

从中澳集团产业链示意图可以看出,其产业链虽然是纵向一体化,但却不是单向的,而是循环的,践行了生态、绿色、环保理念。从产业化的角度看,本产业链具有以下几个特点:

1.外部交易成本内部化

2001年中澳集团组建之初,就建立了年产量30万吨的饲料厂,以后又兴建了一个新的饲料加工厂,年产量达到100万吨,能够饲养亿只商品鸭。饲料开支是畜牧养殖最大宗的支出,从外部购买饲料意味着饲料加工环节的合理利润将被产业链的上游公司获取。中澳集团通过自建饲料加工厂,将这部分外部交易所产生的成本内部化,降低了公司的外部支出,提高获利空间。

2.不断提高产品附加值

中澳产业链延伸的过程也是不断提高产品附加值的过程。农作物(初级农产品)加工成饲料、饲养肉鸭(价值转移)、屠宰分割(初加工)、烤鸭产品(深加工)、鸭血血红素、鸭骨髓等(精深加工)、羽绒加工、废水、鸭粪等废物回收利用等每一个环节都在提高或转移前一阶段的价值,所有这些价值最后积累、传递至其消费终端,为消费者带来高品质、高价值产品。

3.产品质量始终可控

产业链纵向一体化的另一个好处就是将产品生产的流程和环节都牢牢控制在企业手中,摆脱产业链上游或下游的外来不可控因素,使产品质量始终可控,从而使产品质量始终如一。人们一定不会忘记肯德基苏丹红事件就是其上游佐料供应商惹的祸。

就中澳集团而言,自建饲料加工厂还有另一层含义,那就是从肉鸭养殖的源头抓产品质量。众所周知,畜牧养殖业中,饲料配方科学与否直接关系到动物的生长速度、免疫能力、肉品质量以及是否有药物残留等重大问题。中澳产业链中对产品质量控制第二重保障是养殖环节中的"五统一"。第三重保障则是肉鸭屠宰和食品加工环节中的标准化、规范化。

4.生态、绿色、环保

中澳产业链是循环式的,几乎没有一个环节会产生无法回收利用的副产品。鸭子浑身都是宝,鸭头、鸭脖、鸭掌、鸭肝、鸭肠等都是人间美味,鸭毛加工后做成羽绒被、羽绒靠垫或直接出售给其他羽绒产品加工公司,鸭粪和屠宰加工环节产生的废水可以用来沼气发电,供应养殖场和加工厂。沼气发电后剩下的沼渣是植物庄稼的有机肥,直接进入下一个循环,如此往复,生生不息。2004年,中澳集团利用自身鸭毛等原料优势与中国百强民营企业浙江三弘集团合作,投资兴建渤海羽绒制品有限公司[①]。现在,该公司已经成为当地的骨干企业之一,每年上缴税收超过500万元。图2是中澳完善的绿色产业发展链条图。

(五)中澳模式的影响

1.增加农民收入

20多年来,中澳集团始终坚持与当地农民共同发展,休戚与共。从2002年到2009年,中澳集团旗下鸭农人均增收从2100元增加至8125元,七年间增长3倍,高出全省农民人均

---

① 徐洪义等,《中澳集团——京城鸭子市场十有其三》,《德州日报》,2007年4月17日。

图 2　中澳绿色产业链示意图

纯收入 1300 元。① 传统上,山东省庆云县农民以种植粮棉为生,收入微薄。在中澳模式下,农户的收入主要来自三个部分。

第一部分是中澳集团租用土地所支付的土地租金,价格约在每年 1000 元/亩。第二部分是失地农民成为产业工人,月工资在 2000～3000 元。第三部分来自农民承租中澳集团养殖农场的标准化养殖大棚所获取的收入。通常情况下,一个标准大棚可以养鸭 2000 多只,一年可以养 6 批,每只获利 3～5 元。这样每承租一个养殖大棚的年收益在 5～6 万元。中澳模式下的农民收入如图 3 所示。

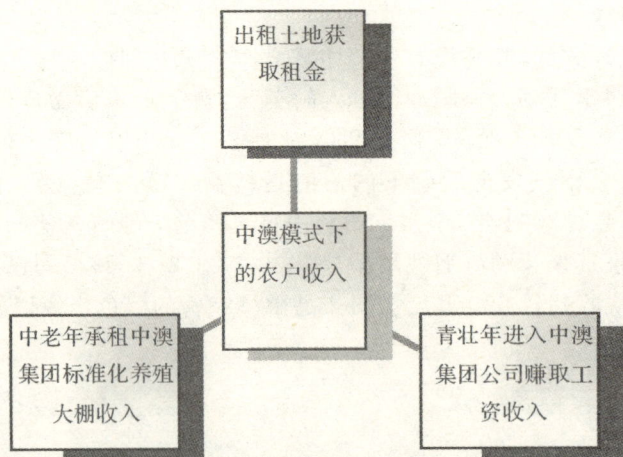

图 3　中澳模式下的农户收入

---

① 山东省金融学会课题组,《农业产业化企业主导新农村建设及金融问题研究:中澳模式》,《金融发展研究》,2010 年第 2 期,第 27 页。

尽管对一个劳动者个体来讲，他不可能同时获得工资收入和承租养殖大棚收入，但是以农户为单位，它可以同时获取这三部分收入，使家庭收入获得较大增长，不仅高于耕种收入，也高于外出打工收入。中澳模式让家庭中不同年龄段的劳动力都能人尽其才，特别是年龄较大、没有技术、难以找到打工机会的中老年劳动力。

2. 带动区域经济发展

1992 年，德州市庆云县还是国家级贫困县，是一个典型的农业小县、工业弱县、财政穷县，当时有 44.7 万亩耕地，17 万亩难以利用的盐碱和水洼地，农民以种植粮食作物为主，生活相当艰辛。随着中澳集团的发展，对周围区域经济的辐射和带动作用慢慢凸显出来。2009 年，中澳集团产值超 22 亿，占整个庆云县 GDP 的比例超过 20%。①

在中澳集团的带动下，许多原来肉鸡养殖户开始转型养鸭。当前，庆云县及周边县市有 380 多处养殖农场，带动了 30 万农民共同致富。以庆云镇一陈养殖农场为例，"全村 190 多户人家，800 多口人，100 户参与养鸭，仅此一项，带动全村人均年增收 2500 元。"②

肉鸭养殖不需要占用种植庄稼的良田，中澳集团充分利用和发掘了庆云县盐碱和水洼地的价值，不仅如此，它还带动了与其产业链相关的周边产业的发展，如运输、包装、饲料、鸭笼制作等等。五星包装厂是一家以生产纸箱为主的企业，80% 的产品用于包装中澳鸭产品。该厂作为依托中澳集团的配套项目，解决了 50 多人的就业问题。③

3. 促进新农村建设

中澳集团始终坚持与农民互惠互利、双赢共享的原则，通过产业带动、村企互动、投资推动、科技驱动、服务拉动、外向牵动等多种形式，实现兴村富民、村企共赢，促进农村经济社会和谐发展。依托产业促进合村并居、改善村容村貌、实现农民向产业工人的转变始终是中澳集团产业化进程中非常重要的一项课题。以中澳模式为代表的农业产业化企业主导新农村建设模式已经成为继政府主导型、工业企业主导型、农民自发组织主导型之后最具活力和希望的社会主义新农村建设方式。

中澳集团不仅积极为乡村铺路修桥、捐资助学，还和富裕起来的农民一起开展了大规模的乡村相貌整饬活动，包括为农户"改灶、改水、改厕、改善电网、实施绿化"等活动。当前，为响应山东省提出的探索"村企互动"建设社会主义新农村的号召，中澳集团积极推进"中澳社区"建设。该项目总投资 7 亿元，建成后将有 2000 户农民入住新社区，变成产业工人，户均年增收可达 8 万元以上。"中澳社区"居民不仅拥有配套设施齐全的标准化住房，还配有 1200 平米的养鸭大棚，彻底改变原有的耕种生活方式。

中澳模式下的农业产业企业主导型新农村建设不仅有产业基础，也有广泛的群众基础，使农民在离土不离乡的情况下成为产业工人，既不需要大规模迁徙，也不需要背井离乡的精神阵痛，实现城乡统筹一体化发展。中澳完整的产业链建设是"中澳社区"这一新型新农村建设的内在驱动力，使其能够持续健康发展。

---

① 山东省金融学会课题组，《农业产业化企业主导新农村建设及金融问题研究：中澳模式》，《金融发展研究》，2010 年第 2 期，第 27 页。

②③ 胡星海等，《中国禽业探路者——省人大代表张洪波和他的"中澳模式"》，《山东统一战线》，2010 年第 9 期第 44 页。注：胡海星为中澳集团副总裁——笔者。

近些年来,中国的农村人口逐渐减少,许多民宅荒废已久,合村并居减少了农村个数和农民数量,腾出更多的耕地,可以用于农业生产和养殖,这对于保护和扩大中国耕地面积具有重要意义。从这个层面上讲,中澳模式的推广借鉴意义远不止是新农村建设这一课题,它与整个中国"三农"问题和社会和谐发展等宏观命题密切相关。

4.培养新型农民

农业和农业企业发展都离不开高素质的农民。中澳集团采用技术讲座、举办培训班、组织参观、技术员跟踪指导、现场示范等多种形式着力培养有文化、懂技术、会管理的新型农民。许多鸭农因此成了养殖大户,形成了"培训一人、致富一户,培训百户、带动一村"的示范效应。2005年至今,中澳集团免费举办各类科普讲座2000多次,参与人数达10多万人次。

中澳集团在致力于让农村"4050"人群变成养鸭主力军的同时,也致力于让新生代农民成为工厂里的产业工人。新生代农民承载着中国农业的未来,是农业产业的后继和中坚力量,与从城市打工归来的人相比,他们更熟悉、也更愿意扎根中国农业。

三、中澳模式的启示

中澳集团的成功来自于一系列因素的共同作用,通过对其发展历程、经营模式和产业链的分析,我们可以从中获得若干启迪。

(一)重视产品的比较优势

如果一个国家在本国生产一种产品的机会成本(用其他产品来衡量)低于在其他国家生产该产品的机会成本,那么这个国家在生产该产品上就具有比较优势。这一思想也同样可以运用在一个国家的不同地区之间。中澳集团的转型和发展与其肉鸭养殖加工方面的比较优势关系密切。

(1)养殖。在北方养鸭要比在南方养鸭的成本低,每吨大约低1000多元,这是中澳集团从养鸡到养鸭的一个重要动因,也给了其产品最初的成本优势。现在北京市场销售的肉鸭,十之有三来自中澳集团。

(2)文化。中国有悠久的烤鸭美食文化,西方则没有。尽管西方烤鸭消费市场非常庞大,但正宗的烤鸭文化之根却在中国。中国烤鸭已经在消费者心理提前占有了一个有利位置。

(3)消费习惯。西方人喜欢吃鸭腿、鸭胸等大块鸭肉,而中国消费者刚好相反,喜欢鸭头、鸭掌、鸭脖、鸭舌等连骨肉,各自市场形成互补。中澳产品能够在两个市场获取较好的价格。

(4)劳动力成本。肉鸭产业是一个劳动密集型产业,而欧洲劳动力比较昂贵,其生产成本远高于中国。2010年,中澳集团参加国际食品大会后,其劳动力方面的优势已经使欧洲本土的竞争对手削减了生产规模。图4是"中澳"牌欧式去骨烤鸭系列产品。

在发掘产品比较优势的同时,中澳集团积极将比较优势转化为品牌优势。公司成立不久,中澳集团就在德国注册了品牌商标,通过了ISO9001、HACCP、IFS、BRC等国际质量认

图 4　中澳牌欧式去骨烤鸭的部分产品

证、国家绿色食品认证。"中澳"牌欧式去骨烤鸭成功打入欧盟市场为品牌树立了口碑,其市场售价比同类产品高出近 1000 元/吨。

(二)创新利益联结机制

20 世纪 90 年代形成的"公司＋农户"产业化模式,经常出现公司与农户利益冲突的问题:供不应求时,有农户惜售、择售;供大于求时,有公司又压价收购,价格随市场波动很大。中澳集团创新了企业与农户的利益联结机制,通过跟由农户组成的合作社订单合同与农户结成利益共同体,两者相互依赖、相互制约。

公司高价赊销生产资料,势必会推高肉鸭养殖的成本,但鸭农却并不担心,因为中澳集团有高价回收肉鸭的契约保证。鸭农如果将这些肉鸭拿到普通市场去销售,可能连它的养殖成本都收不回来,而公司却能保证鸭农"旱涝保收"。通过将鸭农和企业的利益捆绑在一起,鸭棚成了企业的生产车间,企业成了鸭农的市场。

正是由于两者利益的一致性,企业在每个养殖农场里都配备专业技术人员,指导鸭农养鸭,既是服务鸭农,也是最终服务公司,保证公司肉鸭的稳定来源和上乘品质。鸭农在技术人员的指导下,严格按照合同上规定的标准和规范操作,就相当于工人按照工厂流水线上的操作说明书来执行。鸭农有了防疫、饲料、养殖等方面的标准和技术,肉鸭产品的质量才能过关,所以鸭农不会为了降低养殖成本而使用其他饲料。

回收肉鸭的两个细节很能说明中澳集团与鸭农利益的一致性。过去养殖户卖鸭子之前会将鸭子喂得饱饱的,以求增加鸭子的重量,但这部分重量在屠宰过程中因为鸭嗉子里的食物被拿掉而无法转换成鸭肉,既浪费了饲料,又让屠宰者蒙受了损失。中澳集团在回收鸭子时,不计算毛重,只以屠宰后的鸭肉来称重,然后扣除掉鸭农赊的生产资料的费用,直接返还其净利润。这样,鸭农根本不需要在售前突击喂鸭了。

另一个细节是中澳集团成立专业抓鸭队,免费为鸭农抓鸭。过去鸭农卖鸭时都是邀请亲朋好友来帮忙抓鸭,抓得又慢,损伤又多。损伤的鸭子卖价很低,鸭农还要请客吃饭,这不仅使鸭农蒙受损失,也使公司因鸭子损伤而蒙受损失。公司成立专业抓鸭队,不仅免费,而且多快好省,使肉鸭回收的合格率从 88％提高到 98％,公司和鸭农都获益。抓鸭队不仅为部分青壮年增加收入,每年还能为公司增收 500 多万。

(三)建构现代化管理体系

中澳集团现代化管理体系的特点可以概括为高度授权、广泛参与、深入学习、快速反应、科学计划。公司员工数量庞大，实行纵向的科层制管理体系，管理层次较多。为规避科层管理体制带来的信息不畅、官僚主义等弊端，中澳集团将职责细分，明确各个部门和职位的详细职责，广泛授权，各司其职，并由公司高层领导创造授权环境、监督授权情况或调整组织结构来保证公司各部门职能的顺利执行。

中澳集团借鉴管理学最新的研究成果，鼓励员工积极参与公司各项事务，充分尊重员工的知情权、参与权、建议权和监督权，组织员工成立跨职能小组、改进小组等，激励他们进行组织创新。公司还致力于创建学习型组织，持续对员工进行培训，提高其专业素养和工作能力。自 2002 年至今，公司先后派出近百人前往高校学习现代管理知识，将卓越绩效模式、六西格玛管理法、全面质量管理、顾客满意度管理等理论用于公司实践。

面对市场和顾客的快速多变，中澳集团从以下三个方面提升自己的快速反应能力：一是流程再造，通过改进工作流程，借现代信息技术系统，实现生产过程无缝紧密结合；二是对库存、质量异议、交付等实行预案管理；三是提高决策的效率，特别是对重大事故信息的反馈和处理。

在应对市场需求、生产管理方面，中澳集团成立了决策委员会来研究市场供需变化，充分论证，确定下个月的生产计划，避免盲目生产，积压库存。每月 20 日，公司市场部、销售部、企管部和财务部等各部门以及设在德国等国家和地区的销售公司主管都会将市场情况和需求量等计划报于集团决策委员会，以供研究和决策。这种决策体系下的生产计划安排能够解决资源盲目配置，更有效地应对市场波动。

(四)适时反哺社会

企业使命感是企业发展源源不断的动力。中澳集团以中国现代农业崛起为己任，立志做世界健康烤鸭第一品牌，强大的社会责任感和使命感促使它数十年如一日地持续回馈社会。截至目前，中澳集团已经累计向社会公益事业捐款 1500 万元，资助贫困学生 2000 多名；累计向农民赊销 10 多亿元的鸭苗、饲料和药品，无偿支持农民建设养殖基地资金 3600 万元。中澳集团的反哺行动为公司树立了良好的企业形象，凝聚了人心，增强了鸭农和员工的认同感和归宿感，提高了他们的工作积极性。

中澳集团反哺社会的更大贡献在于其对于中国新农村建设模式的启迪——农业产业企业主导型的新农村建设。中澳集团发挥自身优势，整合农村各种资源，以企业为"龙头"，引领"村企互动"，依托产业链，推进合村并居，将农民变成产业工人，实现城乡一体化发展。这一模式有效回避了政府主导型、工业企业主导型和农民自发组织型的许多弊端。

专家评议

"中澳模式"代表了中国农业产业化绿色环保、生态循环的发展趋势，其最大特色在于：解决了公司与农民争利的问题，能够将广大农民团结在集团旗下，这一模式在近些年农民仍看重物质刺激的情况下将继续有效。在将鸭棚变成集团生产车间的同时，中澳集团需要考虑该车间的永续问题，必须研究年轻一代新型鸭农的心理和生活方式。

在品牌塑造方面，中澳集团颇有些墙内开花墙外香的意味。"中澳"牌烤鸭要成为世界第一品牌，还需要加强品牌的塑造、传播和营销，特别是在扩大产能之后。品牌是什么非常重要，但品牌在消费者心目中是什么更加重要，从这个角度上讲，"中澳"牌烤鸭打入欧盟市场仅是品牌建设的一个初级阶段。

在过去的几年中，中澳集团实现了跳跃式发展，为继续延伸产业链和建设相关配套项目，集团相继兴建了大型育苗中心、熟食加工中心和饲料加工厂等项目。兴建工业园和扩大产能的资金支出加上公司赊销鸭苗、药品和饲料的费用使中澳集团每年都面临着20亿左右的资金需求。

融资问题是当前中澳集团发展的最大课题。中澳集团一方面应继续积极寻求与国外公司的合作或合资，另一方面也应该拓展国内融资的渠道，尝试着行使乡村信贷或金融机构的部分功能，因为其内部的现金结算和赊销系统已经比较成熟地承担了类似的金融功能。而要做到这一点，中澳集团单靠自身力量还不够，必须在政府给予的政策扶持和优惠下，与当地的金融机构展开合作。为争取国家和省市级相关部门的支持，中澳集团可以将新农村建设的议题整合进来以获取更大的扶持力度和政策优惠。

（李　闯）

江苏鑫缘:创新循环经济　创造生态环境

鑫缘集团的发展历程是一个从"茧贩子"不断发展壮大成现代化农业龙头企业的过程。从一名公务员转型至企业老总的储呈平,通过不断的中摸索,经受挫折的洗礼,不断实现自我和超越自我。今天,他和他开创的鑫缘茧丝绸集团成就了海安茧丝绸产业,引导着中国的纺织行业。

一、鑫缘集团发展历程

大体上,鑫缘集团的发展历程可以分为三个阶段。

(一)第一阶段:蚕茧的收烘和转卖阶段(1989—2002 年)

鑫缘集团前身是成立于 1989 年的海安县丝绸公司,当时公司的主营业务是蚕茧的收烘和转卖,说其是个"茧贩子"一点不为过。虽然早在 90 年代,海安县桑蚕茧丝绸业在江苏省内外就小有名气,但也仅仅是以收烘蚕茧、缫丝,卖白厂丝为主。离产业经营还有相当一段距离。

"过去只到收茧、干茧这一步,市场经济体制确立后,发现这样做,无论蚕农,还是企业,每到收购蚕茧时都处于焦虑之中。"鑫缘集团老总储呈平说,卖原料时受国内外供求影响大,行情好时供不应求,一旦市场有变,就会出现高价收低价卖的现象,企业反哺蚕农的能力就会受到严重制约,企业发展也会步入困境,而蚕农也因此处于提心吊胆之中,总在想明年还要不要栽桑养蚕。

1999 年,因茧价大跌,全县曾发生了较大面积挖桑毁桑现象,蚕农弃管弃养,叫苦不迭,企业也因遭受来自四面八方的责难百般委屈,当时作为乡镇党委书记的储呈平深有感触,"蚕农栽桑养蚕没保障,企业靠卖原料没底气",而这样靠运气似的养蚕方式,对茧丝绸产业来说,必然会造成产业发展极不稳定。

(二)第二阶段:企业改制阶段(2003—2007 年)

为寻求自我救赎和突围,2004 年,在当地政府的重视和支持下,鑫缘公司大刀阔斧进行股份制改造,建立全新的现代企业管理制度和构架,公司从此由国有变身民营性质。鑫缘茧丝绸集团股份有限公司正式挂牌运行,完成了企业商号与产品商标的统一。

通过改制,鑫缘集团逐渐摸索出了一条"公司＋基地(农户)＋工厂＋研发中心"的产业化经营模式。通过从深加工来谋求应变市场的竞争和变化,并用后道的盈利反哺产业基地的建设,目前每年用于产业基地的投入均在 1200 万元左右。实践证明,鑫缘这条路走对了,走出了一条越走越宽广的丝绸之路。

企业改制后，一方面，收购上来的蚕茧实现了100％就地消化。过去是倒买倒卖，现在加工成生丝，形成30％对外销售，70％进入后道深加工，生产成面料、服饰等产品进行销售。崔世明算过一笔账，蚕茧收购的利润率目前只有2％左右，几乎无利可图，缫丝环节毛利率在10％～12％，通过深加工后变成产品毛利率可达30％～35％。实行产业化经营战略后，鑫缘的销售收入比改制前增长了6倍以上。2004年销售额5个亿，2005年一下子超过10亿元，2006年突破20亿元。另一方面，集团与农户签订了蚕茧产销合同，合同中承诺技术服务、实行保护价收购、每亩给予100元的新品种桑苗补助等条款，同时通过技术培训，宣传和贯彻桑园速成丰产、省力化"快乐养蚕"等配套蚕桑生产技术标准，首批农户第二年亩桑收入就达到2850元，是种植常规农作物收入的1.6倍。看得见、摸得着的实实在在的利益，消除了村民们的疑虑，产生了强大的示范效应。随着鑫缘出台的一系列利好举措，越来越多的农户开始改栽桑养蚕，新丰村逐渐成为了鑫缘农企利益联接、发展产业基地的一个缩影，海安每年更新扩栽桑园面积1万亩左右，到2007年，桑园面积达到15.8万亩，达到历史最高水平。

（三）第三阶段：转型升级阶段（2008年至今）

在2008年那场全球性金融危机中，国内茧丝绸业经历了大喜大悲，行业重新洗牌，一大批出口依赖型的丝绸企业纷纷倒闭，而鑫缘立足内需成功转型，屹立如松，活力四射，成为严峻现实背景下一道耐人寻味的风景。经过多年的培育，鑫缘自身已由单一型企业成长为集桑蚕良种繁育、栽桑养蚕、蚕茧收烘、缫丝、绢纺、捻线、织绸、制衣、家纺等于一体的现代企业集团，形成了功能完备、具有较强竞争力的精品产业链。在鑫缘集团的支撑抱团发展下，带动全县涉及49家相关企业的共同配套发展，2011年海安桑蚕茧丝绸产业实现销售收入78.5亿元。根据海安"十二五"规划，海安茧丝绸产业要目标打造百亿以上经济板块，鑫缘要占据半壁江山。

作为鑫缘转型升级的重要部分——丝绸文化创意产业项目已开始显山露水。该项目采用高新技术开发生产高档丝绸字画（摄影作品）复制到丝绸、文化创意丝绸服饰、丝绸家居装饰丝绸品、墙壁画个性化丝绸壁纸（画）等新产品，在本地区开发应用高档丝绸艺术系列新产品的深加工技术，并形成规模化、产业化生产，着力建成全国最大的新型丝绸数码印花高档生态丝绸文化艺术新产品的研发生产和出口基地。这一融入数码技术的丝绸产品甫一问世，即风靡市场，备受消费者的追捧。储呈平说，鑫缘通过发展丝绸文化产业，要在转变经济发展方式、优化产业结构、提升传统产业软实力、增强国际竞争力等方面探索出一条发展新路，提升本地区茧丝绸产业核心竞争力，创造出国内领先的丝绸文化艺术产品，推动区域经济发展。鑫缘已经在产业转型升级上迈出铿锵有力的步伐，除了做精做深丝绸主业、国际国内贸易板块外，已大踏步进军丝绸文化创意、旅游和金融物流板块，四大经济板块的产业架构已经形成。

近年来，集团先后新上了国内最先进的缫丝、捻丝、绢纺设备，引进了世界上最先进的真丝绸织造设备、意大利剑杆织机，建成真丝服装、家纺、蚕丝被、床上用品的生产丝线，配套引进热风循环式烘茧机组，建成国内一流蚕茧收烘站，提高江苏省原料茧质量。在海安县经济开发区建成了鑫缘丝绸工业园和科技园，形成了年产桑蚕生丝3600吨、真丝绸2000

万米，真丝服装 700 万件、真丝家纺产品 100 万套的生产能力。建成了桑蚕生丝、真丝绸、服饰和真丝家纺产品生产基地。

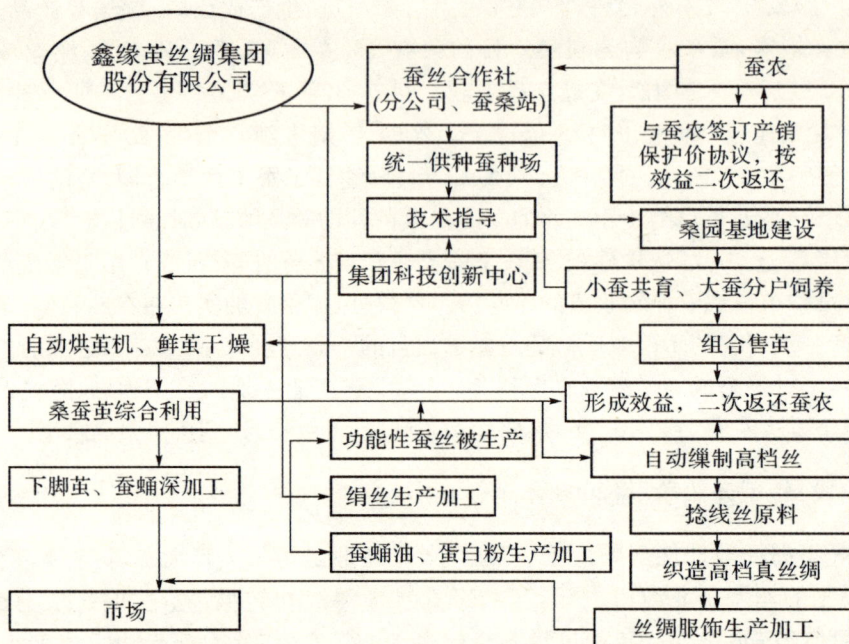

图 1 鑫缘集团的完整产业链示意图

二、鑫缘产业化经营模式

(一)"鑫缘模式"产生背景

"鑫缘模式"的产生主要有两个背景：

一方面，鑫缘没有稳固的原料基地。在没有龙头企业支撑的时候，蚕桑业恰似"过山车"：年景好时，培桑养蚕；市场低迷时，抛荒弃养或挖桑改种，如此周而复始，蚕农也感觉养蚕在玩心跳，企业的原材料供应受市场环境影响严重。早在 1999 年冬季，在海安县原隆政乡(今合并为海安镇)兴隆村好不容易落实几户村民搞栽桑现场，结果白天栽、夜里就拔掉了，弄得第二天现场会没开成，镇村干部尴尬无比。"本指望通过现场会造势，在全县形成栽桑养蚕的共识，没料到，一盆冷水浇头。"经过入户了解，原来习惯以种粮棉为主、小而全多种经营的海安农民普遍有一种担心，就是大面积栽桑养蚕，人吃什么？究其根源，人们还是对养蚕有担忧，怕担风险。没有稳固的原料基地，茧丝绸产业的可持续发展就会受到影响。

另一方面，长期以来，鑫缘主营蚕茧收烘，后道加工乏力，长期扮演"茧贩子"的角色。加上僵硬的体制和机制，导致企业机制不活、指挥不灵、效率不高、作风松垮，企业缺乏竞争力和活力等国企通病。而这样的单一经营，除了企业影响力小，利润微薄外，还影响了蚕桑产业的稳定发展。"从蚕茧收烘到缫丝阶段，企业只是原料型的，利润率低。""没有深加工，企业永远没有好的效益！"储呈平说，只有通过深加工，才能实现资源的更大价值，企业才能掌握各个环节的增收点在哪里，才能发现和掌握市场规律，向蚕农提供更准确的市场信息，指导其应变千变万化的市场。

(二)"鑫缘模式"内涵

为了更好地适应社会的发展，提高企业的核心竞争力，鑫缘以强化与基地蚕农的利益链共享为目标，以"完善中间，延伸两头"为战略导向，实施三大转变(即产品经营从传统粗放出口为主逐步向精深加工出口跨越，新品研发从借外智为主逐步向自主创新跨越，产品类别从委托加工为主逐步向自主品牌产品输出跨越)，完善推行"公司＋基地(农户)＋工厂＋研发中心"的产业经营模式。形成了以利益为纽带、以合同为依托、以技术服务规范管理为保障的产业化运行体制和稳固的利益连接机制。

(三)"鑫缘模式"剖析

1. 做强产业基地，实现茧丝绸产业化发展

(1) 补贴蚕业，夯实产业基础

基地说起来容易建起来难，早期因为农户对养蚕有担忧，怕担风险，养蚕农户很少，严重影响了原材料的供应。经过一番比选后，鑫缘选择了有栽桑养蚕传统习惯的海安镇新丰村作为蚕桑规模经营试验田，从这里寻找发展的突破点。集团与农户签订蚕茧产销合同，合同中承诺技术服务、实行保护价收购、每亩给予 100 元的新品种桑苗补助等条款，同时通过技术培训，宣传和贯彻桑园速成丰产、省力化"快乐养蚕"等配套蚕桑生产技术标准，首批农户第二年亩桑收入就达到 2850 元，是种植常规农作物收入的 1.6 倍。这种合同中承诺技术服务、实行保护价收购、定额补贴等方式，让农户感觉到实实在在的利益，消除了村民们的疑虑，产生了强大的示范效应，夯实了产业基础。

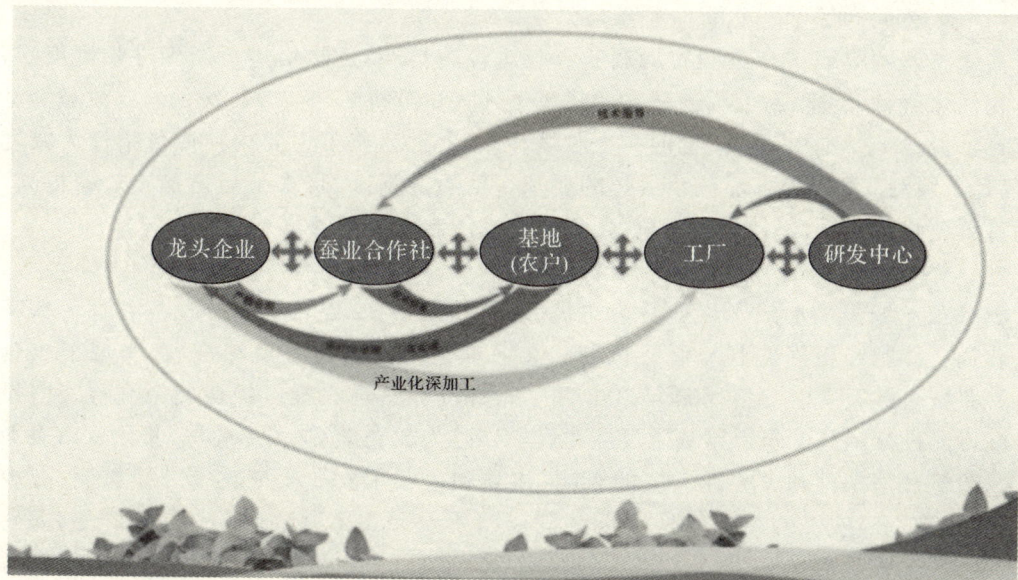

图 2　鑫缘集团的农企利益联结机制图

（2）健全服务体系，增强产业向心力

鑫缘创造了组合制的服务新机制，以 20 户左右蚕农为一个生产组合，在每个组合中推选一名群众威信高、生产技术好的蚕农担任组合组长，从小蚕共育、大蚕饲养，到鲜茧交售，为周围的蚕农提供技术指导和组织服务工作，建立了县、镇、村三级联动的一套完整的技术推广服务体系。同时，推出"组合售茧"模式，使蚕农在家门口就可以轻松出售蚕茧。

在推进产业发展过程中，鑫缘引导蚕农建立了蚕业合作社，提高蚕茧组织化生产和社会化服务程度。蚕业合作社由村干部、蚕农、组合组长、蚕桑指导站、蚕茧收购站等多方共同参与。合作社对入社的蚕农实行产前、产中、产后全程跟踪服务，发挥了很好的组织协调和技术指导作用。鑫缘每年直接用于扶持合作社发展的经费达到百万元，为茧丝绸产业的优质高效发展提供了有力的保障。

（3）推广栽桑养蚕科技，提高源头产品品质

科技创新成为茧丝绸产业发展的"助推器"。为把茧丝绸产业做大做强，海安在完善生产技术服务体系的同时，大力实施农业品种、技术、知识三项更新工程，加强科技创新和推广服务，有力地拓展了产业内涵，促进了产业升级。蚕农新扩桑园、老桑更新、推广使用桑蚕新品种都能获得补助，桑园基地内的道路建设、蚕桑保险、新技术推广等，均由鑫缘"买单"，蚕桑专业村和重点村基本实现了路渠沟配套硬质化、交通主干道黑色化。

（4）优化品种结构，壮大产业基础

广泛进行栽桑养蚕新技术的研究和适用技术的配套推广，研制建成了具有国内领先水平的智能化调控蚕种催青配套设施。通过产学研合作，大力试验、繁育推广优良桑品种育71－1、农桑系列桑品种和优质高产蚕品种。鑫缘与苏州大学合作，利用天然彩色基因种资源，研发选育出黄、绿、红三对天然彩色茧蚕品种，向蚕农收购时以高出普通种蚕茧 10% 左右价格收购，使蚕农得到更多的实惠，集团利用天然彩色茧进行产业化精深加工经营，提高了丝绸产品附加值。

（5）改造传统收烘设备，保全蚕茧质量

鑫缘茧丝绸集团结合桑园布局调整和收烘设施更新，逐步引进更新先进收烘设施，新扩建现代化茧站 12 座，新上国内领先的热风循环式烘茧机 25 组，改传统的静态烘茧为动态烘茧，努力提高原料茧的质量，同时扩大收烘和库存能力，蚕茧主要内在质量指标大幅度提高，满足了缫制 5A 以上高品位桑蚕丝的要求。茧质的提高，带来了后道加工效益提高，集团通过鲜茧收购环节，坚持优茧优价，增加了蚕农的栽桑养蚕收入。

（6）发挥龙头带动功能，加大反哺农业能力

鑫缘茧丝绸集团形成了以利益为纽带、以合同为依托、以技术服务规范管理为保障的产业化运行体制和稳固的利益联接机制。鑫缘茧丝绸集团通过反哺蚕农，实现了农企双赢。一是资金贴补蚕农。集团每年拿出百万元直接补贴蚕农推广优良桑、蚕新品种，投资近 200 万元进行示范桑园道路基础设施建设。二是为蚕农桑蚕"买保险"。集团针对蚕桑生产容易受到环境条件和灾害性天气的影响，建立和完善了农业生产灾害补偿机制，减少生产经营风险，保障农民的经济利益，促进农村经济发展和农民增收，从 2007 年开始，海安县在江苏省率先推行桑蚕保险，为海安县 11.4 万户蚕农桑蚕保险"买单"。三是实行利益返还。从 2000 年开始，鑫缘茧丝绸集团与海安县 11 万多户蚕农签订了蚕茧购销合同，以保护

价收购蚕茧,将蚕茧收烘、丝绸产品经营环节中的部分利润依据"公司＋农户"方式返给蚕农,实现农企双赢,产业稳步发展。

2.着力发展深加工,实施产业大跨越

(1)实施科技创新,增强产业竞争力

科技创新水平的高低直接影响着茧丝绸产业发展。鑫缘茧丝绸集团注重发挥科技裂变和催化作用,实行资源依存型向技术依存型的转变。科技创新是集团增强核心竞争力的关键,鑫缘茧丝绸集团把新品种、新技术的研发引进、推广和应用放在首位,提高集团及主导产业的核心竞争能力;推广天然彩色蚕种饲养,研究制定国内同行业领先水平的饲养技术体系;参与国家级桑蚕茧、丝织物等标准的讨论修订;加强烘茧设施技术的技术改造,研发茧处理自动调向技术,引进、应用自动化烘茧技术,最大限度地保全和补正茧质,促使蚕茧各项指标均位于全国同行业先进水平。

(2)研发先进工艺,引进先进设备

鑫缘茧丝绸集团注重科技攻关,制定了国际国内先进水平的蚕茧烘干、制丝、丝织、服饰、真丝家纺产品等企业标准和先进工艺路线,与科研院所合作开发或独立开发拥有自主知识产权的特殊规格的桑蚕丝和用新材料、新工艺生产的真丝绸产品。

同时,集团先后引进和新上飞宇系列自动缫丝机、意大利产剑杆织机、整经机、真丝倍捻机、真丝针织圆机等国内外一流的生产设备,这些先进设施为研究、开发生产高质量、高档次、高附加值且达到现行国际先进水平的高档面料真丝服装及真丝针织服装提供了硬件支撑;为研发丝绸后整理配套工艺技术,开发新产品,实现海安丝绸加工后道整理跨越发展提供了便利条件。

(3)实行研企对接,提升产业竞争力

鑫缘茧丝绸集团与科研院所挂钩,建立集团科技创新平台,组建了一支以专家为主体的集团科技创新中心,走"产、学、研"相结合的道路,推广应用新的科研成果。针对原先持续创新能力不够强的实际,鑫缘茧丝绸集团与苏州大学联手建立了"丝绸新技术(产品)研发中心",建立起紧密的深度产学研合作关系,制定了远景规划和近期及年度研究目标,发挥各自优势,优化科技创新要素,进行茧丝绸深加工关键技术研究与产业化开发,技术研究走在国际丝绸的前沿,通过实施国家科技支撑计划项目,系统集成彩色茧种质资源的发掘、保存和创新与新品种定向培育,开发生产天然彩色茧丝新品及人工皮肤等高技术产品,攻克了国际上天然彩色茧产业化难题,在全球率先建立了天然彩色蚕茧的烘干、缫丝、织造及精练生产加工体系,天然彩色丝深加工技术研发达到国际领先水平,产品达到国际先进水平,建成了国内最大的天然彩丝产品研发生产和出口基地,提升了我国茧丝绸产业核心竞争力。

(4)加强创新服务,科技引领产业

鑫缘茧丝绸集团重点立足于在缫丝工艺技术改进、高档丝绸面料生产技术、服饰新品种开发、鲜茧快速烘干、桑蚕新品种的培育推广、蚕茧饲养新技术的研究开发推广等领域寻求突破,将自主开发和创新与引进消化吸收有机结合起来,形成具有自主知识产权、具有创新活力的技术创新基地。加强蚕茧综合利用,延长茧丝绸产业链。鑫缘茧丝绸集团科技创新中心组织对桑叶、蚕蛾、蚕蛹、下脚丝、桑枝条等的开发利用进行研究,并进行推广应用:

一是综合利用下脚茧生产绢丝，双宫茧生产高弹性蚕丝被，蚕蛹生产蛋白粉、蚕蛹油；二是利用蚕砂生产保健蚕砂枕；三是以桑椹、桑枝副产物提取色素，对丝绸进行天然染整，改变以往用化学染料来染整天然丝绸为用天然染料来染整；四是通过对废弃桑叶进行利用，生产出桑茶、饲料添加剂等；五是对缫丝用水进行处理，提取丝胶进行循环利用。力争实现资源的综合利用、加工增值，提高资源利用效率、综合经济效益，改善生态环境。

3. 实施卓越管理，创优鑫缘品牌

确立中国丝绸第一品牌的理念，建立国际质量、环境、测量管理体系，引入精益生产、零缺陷管理、信息化管理等先进管理方法，建立健全品牌动态管理评估分析综合指数及品牌监控体系。鑫缘茧丝绸集团确立"忠诚守信、自强不息、快速应变、世界一流"的核心价值观，实施精品工程，力求集团整体质量争创同行领先，单项产品质量全国争第一。在产品质量上，积极导入 ISO 9001 和 ISO 14001 国际质量环境管理体系，建立卓越业绩管理模式和企业标准行为准则，严格执行国际先进标准和国家标准，组织实施"高档丝绸标志质量手册"。建立健全质量动态管理评估分析综合指数及质量监控体系，追求"鑫缘"牌桑蚕丝产品的高品质、零缺陷。通过建立质量追溯制度和绩效质量考评机制，把工作立足点由数量经济转向质量经济，从以物为本转向以人为本，从关注总量转向关注质量。对产品的质量检测采取班组自检、工序互检、车间巡检、厂级抽检的四级管理制度，发现问题及时纠正、及时改进；对产品的生产、检查、验收严格执行国际、国家、行业、用户以及企业五大标准；严把生产原料进货关，实行货比三家、优中选优，确保"鑫缘"牌桑蚕丝产品生产需要；制订了科学规范的质量管理考核细则，根据质量管理考核细则严格奖惩兑现。桑蚕茧、桑蚕丝、真丝绸、蚕丝被等产品质量指标达到国内先进水平。

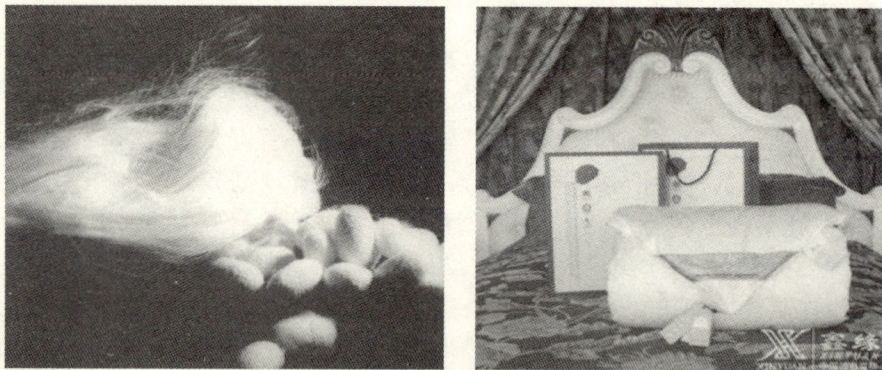

图 3　鑫缘集团的原料丝茧与蚕丝被产品

4. 营造企业文化，树立名牌企业形象

鑫缘茧丝绸集团通过营造企业文化来提高企业运行质量，通过编辑出版《鑫缘之声报》等形式，向国家、省、市主管部门和广大客户及时展示企业管理风格和精神风貌，反馈企业发展动态，发布科技信息，引导和塑造鑫缘员工爱岗敬业，通过企业文化把员工和集团公司的追求紧紧联系起来，最大限度地调动职工的积极性和创造性，使得集团公司形成规范的行动准则，员工和集团公司形成共同的价值观，做大做强做优了海安茧丝绸产业，营造了积极向上快速发展的良好氛围。鑫缘茧丝绸集团在发展集团经济的同时，还注重增强"企业公民"理念和慈善理念,以"取之于社会,回报于社会"的积极心态,与社会大众分享。

5.创新发展思路,保持产业持久竞争优势

面对新机遇、新挑战,鑫缘茧丝绸集团继续坚持科学发展观,坚持茧丝绸贸工农一体化经营,创新自主创新的机制,集聚科技创新要素,实施科技支撑品牌经营,强力推进茧丝绸产业带动区域经济快速发展,继续保持集团在国内同行业中的领先地位和持久竞争优势。一是做强产业基地,建成世界规模最大、质量最优的桑蚕茧丝生产基地;二是做深产业深度,建成全球真丝绸、真丝服饰、真丝家纺研发生产基地;三是实施资源利用,建成中国茧丝绸循环经济创新示范基地;四是集聚创新要素,建成全球规模最大、技术含量最高的天然彩色茧丝绸研发生产基地;五是放眼全球贸易,建成中国最具增长潜力的丝绸出口基地。开发出国内领先、国际先进的新产品、新技术,增强中国丝绸的国际市场竞争力,确立中国丝绸在国际上的领先地位。争当全球茧丝绸产业科技创新能力强、带动农户增收最多的示范企业。

(四)鑫缘模式的意义

1.服务三农,辐射带动能力强

作为农业产业化龙头企业,鑫缘始终把"带动农民增收,促进产业发展"作为自己的神圣使命和历史重任,把这一指导思想融入企业的发展战略和经营理念之中。在海安225个村建立了170个蚕业合作社,带动蚕农11.4万户,并通过蚕业合作社与11.4万户蚕农签订了桑蚕鲜茧产销合同,对蚕农按规范生产的桑蚕鲜茧保证全部收购,不打白条。以契约的形式向蚕农承诺:在行情正常时,以高于国家当期鲜茧收购指导价和国家规定的其他农副产品比价,不低于周边地区收购价格收购蚕茧。在行情低迷时以保护价收购蚕茧,增强了蚕农应对市场行情波动、抵御和化解市场风险的能力,解决了蚕农的后顾之忧,调动了蚕农栽桑养蚕的积极性,巩固了基地建设。

持续投入大量资金用于培育蚕桑生产基地,扶持蚕农栽桑养蚕。以每亩50元标准补助蚕农,对老桑更新推广良种桑园;对村企结对帮扶的经济薄弱村以每亩100元的标准补助蚕农;对每个高标准示范桑园基地给予50万元的补助;在推广优良桑蚕品种、办理蚕桑保险等方面,都给蚕农直接的资金补贴。"十一五"期间,鑫缘投入生产基地,扶持农户的资金近6000万元,平均每年超1000万元。集团带动农户数近20万户,有效巩固和发展了蚕桑生产基地,保护和提高了蚕农栽桑养蚕的积极性,切实保障了蚕农收入的稳定与提高,为社会主义新农村建设作出了积极的贡献。

海安桑蚕产业得到稳定、持续、有效发展,桑园面积和蚕茧产量多年来一直居全国之首。全县茧丝绸生产加工企业,有5万多人从事茧丝绸产业,拥有国内最为完善的栽桑养蚕、蚕茧收烘、缫丝、绢纺、捻线、织绸、印染、制衣、家纺、桑蚕生物制品和副产物综合利用产业链,拥有国内领先的茧丝绸产品生产加工、科研开发和综合利用能力,拥有广泛的丝绸出口贸易渠道,形成了在国内有较大影响力、颇具特色和规模的茧丝绸产业集群。

2.坚持科技创新,转型升级起点高,发展动力更持久

一是深化产学研合作。集团与苏州大学、中国农科院蚕研所、江苏科技大学、江苏省农科院等高校科研院所紧密合作,围绕茧丝绸产业的新材料、新工艺、新技术、新产品,目标国际前沿,共同商定科研课题,共同组织技术攻关。依靠产学研合作,集团现已打造了一系列技术先进、成果突出、领先国内丝绸行业的科技创新平台。

二是积极实施科技项目,积极组织新品研发,加速科技成果的转化。集团在"十一五"期间实施了多项国家科技支撑计划项目、国家循环经济项目、国家星火计划项目、国家富民强县项目、省重大科技成果转化项目、国家和省市科技攻关项目、国家和省农业综合开发项目。部分项目填补了国内空白,多项科研成果通过省级以上鉴定验收,并认定达到国内领先和国际先进水平,集团多次荣获江苏省和国家纺织行业的科技进步奖,其中天然彩色桑蚕茧丝关键技术研发及产业化荣获中国纺织工业协会科学技术一等奖。

三是在企业内部积极鼓励和实施科研攻关、技术革新和发明创造,不断提升企业自主创新能力。营造了全员创新的良好氛围,并在集团内部员工中培养了一批国内行业中知名的技术和管理专家。"十一五"期间,集团员工发表论文 46 篇,获得国家专利 168 项,其中发明专利 24 项,集团获省以上科技进步奖 9 项。四是积极提升桑蚕茧生产领域的科技创新能力,引导蚕农依靠科技提高收入水平。通过产学研合作,大力试验、繁育推广优良桑品种育71-1、农桑系列桑品种和优质高产蚕品种。鑫缘与苏州大学合作,利用天然彩色基因种资源,研发选育出黄、绿、红三对天然彩色茧蚕品种,向蚕农收购时以高出普通种蚕茧 10%左右价格收购,使蚕农得到更多的实惠,公司利用天然彩色茧进行产业化精深加工经营,提高了丝绸产品附加值。

3. 打造丝绸精品,推动产业持续发展

茧丝绸产业是外向度较高的产业,一些地区主要是以桑蚕丝原料出口,附加值较低,国内一些企业主要为国际品牌进行贴牌加工。鑫缘以国际丝绸先进水平为目标,实施精品工程,争创同行领先,实现中国丝绸中国制造。首先是争创自主品牌。在国内和美国、日本、韩国、印度、欧盟等国家和地区注册了防御性商标 20 多个,建立商标维护保障体系,"鑫缘"商标被国家工商总局认定为"中国驰名商标"。其次是实施卓越管理。确立中国丝绸第一品牌的理念,建立国际质量、环境、测量管理体系,引入精益生产、零缺陷管理、信息化管理等先进管理方法,建立健全品牌动态管理评估分析综合指数及品牌监控体系。作为起草单位对《蚕丝被》行业标准和《生丝》国家标准进行修订,通过标准来引领全国丝绸行业发展。三是建设营销体系。注重公关化,强化对品牌统筹设计、控制和传播;注重终端化,采取专卖店、加盟式和区域化代理制等营销策略,在全球建立起 60 家品牌经营连锁店,市场份额逐年呈倍增速度发展,2007 年自营出口 6018 万美元,2008 年 1—10 月份自营出口额达到 7360 万美元;注重精细化,将市场做深做透,产品畅销日、韩、欧美和东南亚等 20 多个国家和地区;注重公益化,品牌价值反哺 12 万户蚕农,品牌价值奉献社会公益事业,品牌价值富民强县,鑫缘叫响国际市场,使中国制造的终端丝绸产品走向国际市场,由此鑫缘也拥有世界上最完整的蚕种繁育、蚕茧生产收烘、缫丝、绢丝、织绸、服饰及真丝家纺产品等产加销、贸工农一体化的生产经营体系。

4. 循环经济呈现新亮点

茧丝绸产业是附于循环经济的产业,鑫缘积极建设区域层面茧丝绸产业生态循环经济体系,大力培育具有地方特色的"减量化、资源化、再利用"循环产业链,积极推进以茧丝绸产业循环经济为重点内容的生态产业富民强县工程,综合利用桑蚕茧生产过程中产生的副产品生产绢丝，双宫茧生产高弹性、远红外、香囊保健功能性蚕丝被，蚕蛹生产蛋白粉、蚕蛹油，蚕砂生产保健蚕砂枕，桑叶生产桑茶、饲料添加剂，桑椹、桑枝副产物提取天然色素，用于丝绸产品染整生产高档丝绸。通过对桑蚕茧资源的综合利用，提高了桑蚕资源利用效率，桑蚕副产物经济效益增加 40%。主要约束性指标在国内丝绸行业处于领先水平，打造国家级桑蚕茧丝副产物综合利用示范基地。2007 年，鑫缘茧丝绸集团在全国丝绸行业率先被国家发改委等五部委认定为第二批国家循环经济试点示范单位，成为我国丝绸业节能减排资源循环利用的国家级示范企业。2008 年以来，鑫缘茧丝绸集团通过实施国家循环经济项目来推动茧丝绸产业生态循环经济体系建设和产业的发展，实现了产业新的突破和发展。

三、鑫缘模式的启示

(一)实施品牌战略，突出竞争优势

　　始终坚持质量兴企的方针和品牌发展的战略，以质量创品牌，以品牌赢市场，走出了一条传统产业品牌化发展的成功之路。围绕"质量卓越"，"整体产品国内领先，主打产品同行第一"，努力打造精品产业链。

　　品牌王者之道，品质是基础。"质量就是效益，质量就是竞争力"的理念贯穿于生产经营全过程，把 ISO9001 质量管理体系和 ISO14001 环境管理体系的要求，全面贯彻落实到日常生产经营管理的各个环节，产品生产的全过程严格执行国际、国家、行业、用户以及企业五大标准，追求产品高品质、零缺陷，不断完善质量追溯制度和绩效质量考评机制，保障产品质量指标达到一流水平。

　　在蚕丝被生产车间，从面料进厂到生产、包装，整个流程都在严格的质检监控中：生产车间实行无尘操作，面料进厂须先经过甲醇和物化检验，合格后方可进入到下个工序，生产和包装过程均在紫外线消毒中进行。"像加工食品一样制作蚕丝被！"鑫缘集团近乎完美的生产流程令许多来访者不由自主地发出感慨。

　　鑫缘产品畅销日韩、欧美和东南亚等地区，出口量居国内同行业前列，蚕丝被的品质国际领先，生产规模和市场占有率全球第一，鑫缘以其突出的影响力赢得了全球茧丝绸市场越来越多的话语权和定价权。

(二)发展循环经济，追求可持续发展

　　追求经济的可持续发展，是产业发展的立足点。绿色、环保、生态、节能减排、资源综合开发利用的理念与实践，始终贯穿于鑫缘生产经营和产业链拓展的全过程。在集团，缫丝企业均利用秸秆替代煤炭作燃料，年减少煤炭消耗 3 万吨，相应减少二氧化硫排放 360 吨，减少烟尘排放 800 吨，同时也较好解决了农村秸秆焚烧影响环境这一难题，全县农民每年因此获得收益 750 万元，企业节约成本 570 万元。缫丝企业通过技术改造，已实现了废水零排放，并通过水资源的循环利用，起到了显著的节水作用。在鑫缘的率先示范带动下，减排治污的一系列措施，已在海安全县的十多家缫丝企业中得到全面推广。草木染、天然彩色茧

等技术的研发与产业化,是纺织丝绸行业的重大突破,有效减少了丝绸印染环节的化工原料污染排放,对改善长江、淮河、太湖流域水环境产生了积极的影响。

在桑蚕茧丝副产物综合开发利用方面,更是有许多可圈可点的成果。桑叶制茶、加工食品,桑枝条培育桑璜,蚕蛹提取蚕蛹油、蛋白粉,蚕砂制作保健枕,缫丝废水提炼丝素护肤品,缫丝下脚料加工绢丝,双宫茧生产功能性蚕丝被等等,通过对桑蚕茧丝副产物和深加工废弃物的高密度、高强度、高起点的综合利用,鑫缘自主开发了一系列产品,变废为宝,产业链的延伸,附加值的提升,无不与生态、环保、健康紧密相联。鑫缘模式下的循环经济既保护和改善了环境,也提高了资源综合利用率,延伸了茧丝绸产业链,丰富了茧丝绸产品结构,满足了市场消费需求,企业的转型升级有了更多的载体,带来了良好的经济效益和社会效益。

(三)创新和谐发展机制,取之于民,用之于民

茧丝绸产业是我国为数不多的在国际上占有垄断地位的产业,为我国经济发展和国际名声做出了较大贡献,海安是全国茧丝绸生产第一县,鑫缘茧丝绸集团作为国家首批农业产业化国家重点龙头企业,担当产业发展重任,做到了产业协调发展、区域协调发展、统筹和谐发展,从而推动江苏茧丝绸产业生产力水平的提升和我国茧丝绸在国际市场上的核心竞争力。通过实施"公司＋科研院所＋基地＋农户"的茧丝绸产业经营机制,把集团与农民、丝绸企业实行紧密型利益连接,巩固壮大和提升了产业发展,促使农业增效、农民增收、农村稳定。

鑫缘茧丝绸集团的理念是海安的蚕农收益了,集团才是真正发展了,茧丝绸产业才能发展。以富民强县为己任,建立以集团为龙头,科研院所为技术支撑,16家分公司、15家丝厂为主体,数千名科技示范户为辐射点,12万户蚕农为基础的蚕业技术服务网络,健全的先进技术服务体系为蚕农栽桑、养蚕、售茧各个环节提供良好的服务,为农民科技致富增强本领,为茧丝绸产业健康发展提供有力的技术支撑。至今此,鑫缘茧丝绸集团蚕茧生产经营总量连续28年居江苏县级第一,连续7年居全国县级第一,已成为海安茧丝绸产业长期稳步发展壮大和12万户蚕农增收致富的强大支撑。

实施科技富民项目,扩大辐射力。鑫缘集团投资实施了首批国家科技富民强县计划项目、国家科技支撑计划项目、国家星火计划项目,加快茧丝绸产业科技创新步伐,通过做强做大产业,不仅提供更多的就业机会,而且向政府缴纳税收。集团辐射带动当地50家丝绸企业发展,带动12万户蚕农增收,带动3万名农村城镇劳动力就业。2007年全国蚕业工作会议专题在海安召开,推广了鑫缘的经验和做法。国家发改委、科技部、农业部、商务部等部委领导及中国科学院和工程院的院士专程视察集团。

紧密利益联接,加大反哺力。集团通过以利益为纽带,以合同为依托,以技术服务规范管理为保障的运行机制,通过茧丝绸深加工形成的利润来反哺到前道蚕业生产,实现了农民和企业双赢。

专家评议

　　"鑫缘茧丝绸集团模式"是中国农业产业企业积极参与国际市场竞争的代表。它以"服务三农为己任"，在全国同行业中率先推行"公司＋工厂＋基地＋农户＋科研院所"的茧丝绸产业化经营模式，得到国家商务部茧丝办和中国丝绸协会的推崇，在全国多次作为经验介绍推广，集团在江苏、广西、山东等地建有近40万亩的高产优质桑园基地，产业化经营带动农户近30万户，被国家农业部等八部委认定为首批农业产业化国家重点龙头企业。

　　鑫缘茧丝绸集团以"科技为先导"，建有全国丝绸行业唯一的国家级桑蚕茧丝产业工程技术研究中心、科技部国家星火龙头企业科技创新中心、农业部国家农产品加工企业技术创新中心、省级企业技术中心、博士后科研工作站等企业技术创新平台。集团被国家科技部确定为"十一五"国家科技支撑计划项目实施单位。集团先后与苏州大学、中国蚕研所、江苏省农科院等多所高等院校、科研院所开展产学研合作，实施了国家、省、市科技项目30多项，形成一大批具有自主知识产权的科技成果和发明专利。如天然彩色家蚕彩丝系列产品、功能性真丝家纺系列产品、功能性桑蚕绿色保健系列产品等处于国内首创、国际领先。

　　鑫缘茧丝绸集团以"品牌质量为核心"，倡导"忠诚守信、自强不息、快速应变、世界一流"的价值理念和"精品人品同在，诚信创新永恒"的品质追求，以"创造需求，引领潮流"为目标，建成了国内规模较大、装备先进、体系完整的蚕种繁育、栽桑养蚕、蚕茧收烘、缫丝、绢纺、织绸、服饰、真丝家纺、蚕桑保健品等研发、生产和加工出口重要基地，成为桑蚕丝、蚕丝被、天然彩色茧丝品种国家标准制定单位之一。"鑫缘"桑蚕生丝、真丝绸面料、蚕丝被被授予为"中国名牌"产品，"鑫缘"牌蚕丝被、蚕丝毯、真丝家纺产品、真丝服装、丝绸面料被授予"中国免检"产品。集团以"一个中国驰名商标、三块中国名牌、五类国家免检产品"的佳绩名列中国丝绸行业品牌榜前茅。

（楼晓东）

江苏雨润:部署合纵连横　演绎多元战略

　　今天的雨润,横跨食品、物流、旅游、商业、房地产、建筑和金融等七大产业,且作为集团公司主业的食品产业,在纵向上也发展出了由上游养殖生产、中游加工生产以及下游铺设渠道销售所组成的完备产业链,形成市场影响大、美誉度高的品牌系列群。

　　市场就是战场,没有硝烟却无比残酷,年轻的雨润极具战略思维,做到了"攻"、"守"兼备:进攻时,能够高瞻远瞩,着眼长远,每一类产品的研发、每一次企业兼并以及每一次的跨产业操作等,都在时间和空间的选择上契合了其时的政治经济环境,实现了资源的优势互补,体现出了卓越的商业智慧;防守时,绝不被动地等候对手的进攻,而是积极地打造与地方政府的良性双赢关系,关注并保障农民百姓的利益,秉持企业良心,勇担社会责任。

图 1　雨润集团品牌群

一、四步攻势抢夺市场份额

(一)避敌主力:市场定位与渠道拓展

　　同样作为肉制品加工企业,雨润生长的环境很复杂,当时诸如双汇、春都等知名企业已经颇具实力,在以火腿肠等产品为主的高温肉制品市场中的争夺十分激烈,初生的雨润要掺杂其中角力,无异于以卵击石。

祝义材带领的雨润人当时做了一个堪称经典的选择，放弃竞争激烈的高温肉食品市场，转向在国内尚未起步的低温肉制品市场进军。这个选择不仅在当时为雨润觅得了生存机会，更造就了之后雨润的华丽逆袭，成为后来居上的典范。这个选择，后来被冠以极具国际眼光的评价。这是因为，与高温肉制品相比，低温肉制品具有营养、新鲜、精致、方便等优点，而当时的国际市场上已经呈现出更加青睐低温肉制品的趋势。雨润敏锐而前瞻地认识到这个趋势，及时抓住了市场空白点，终而抢占了先机。

从国际市场上的新动态寻找灵感，在国内市场上创造机会的商业案例比比皆是。如人们熟悉的多为互联网行业的产品电子商务、社区网、微博等等。很显然，作为传统行业的代表，雨润在这方面属于先行者。

雨润对市场先机的敏锐把握，还体现在销售渠道的建立上。

低温肉制品属于新兴产品，且对运输销售过程中的冷藏设备要求很高，如果遵循传统肉制品直接面对消费者的销售方式，去跟当时已经被消费者所熟知的高温肉制品抢夺商铺货架，实属自寻死路。

雨润深谙避敌主力、攻其薄弱之道，创业之初，就选择酒店作为销售路线的网点。这一渠道选择既回避了抢夺成熟市场份额的难题，又最大限度满足了自身产品对冷藏设备的需求。当1994年雨润一家一家地"啃"下了南京庞大的酒店市场，拼下2000多万的销售额时，雨润就已经在南京站稳脚跟了。

1995年，我国的超市业迎来了井喷期。雨润在第一时间抢占了这一新兴渠道，争取到了直接面对消费者的机会。具备足够冷藏能力的超市，是肉制品产品天然的销售前线。等到同行们意识到这一销售网络空白点的时候，雨润则已经在享受作为"第一名"的福利了。1996年，雨润食品的销售收入首次突破1亿元大关，产品覆盖整个长江三角洲区域，拿下了酒店低温肉制品市场的半壁江山。

酒店＋超市的渠道铺设模式让雨润尝到了甜头，也积攒了一定的实力。同时，在1996年，雨润乘胜出击，将目光瞄准了全国市场。雨润成立了华东、华南、华中、西南、西北、东北等八大销售片区，相继在全国建立300多家销售办事处，健全营销体系，开始站在全国市场的高度来规划企业的未来。当然，已经有实力铺设专卖店的雨润从未放弃酒店和超市这两大块重要的渠道据点。在具备了足够的实力之后，雨润甚至因为需要保障自己与消费者的接触机会而涉足商超产业，最终发展成了雨润集团旗下的商贸子集团。从这里可见，雨润一直对商超渠道充满信任与偏爱。

雨润在产品和渠道两方面两次"避敌主力"的选择，恰好抓住了市场上存在的空白点，进而精确定位自身，获得迅速提升市场地位的机会。时代发展到今天，雨润当年遇见的市场机遇已然无法复制。但是，雨润面对恶劣的市场环境，不盲目猛攻，冷静地寻找生存缝隙、把握机遇的能动性，是值得今天的一些农业企业学习的。

(二)以点带面：收购＋扩张，以企业辐射区域

今天的雨润集团横跨多个产业，规模足够庞大。但是，其食品产业所涉及的业务仍然占到了集团总业务的1/3强，集团中也只有食品集团的业务在全国分布最广。如此大的分布规模，雨润是如何做到的？收购加扩张，以企业的资本与影响力辐射。

在雨润食品集团的版图扩张史上,它的一个举动曾被同行讥讽为"小蛇吞象"。

1996年,雨润做出了一个重要决策:重组已经停产五年的南京罐头厂。这在当时曾引起了社会轰动。因为在这之前,"民企重组国企"根本就是一件闻所未闻的事。然而,雨润却无暇顾及外界的杂音,它首先要面临的是罐头厂的员工们是否接受雨润的问题。要让端"金饭碗"的国企员工接受成为民企普通工人的事实,在当时,何其难。不出所料,罐头厂的员工堵住工厂大门,拒绝被"收编"的决心无比坚定。

面对这样的情况,雨润向原厂职工承诺了三大准则:决不拿走厂里的一草一木,投产后的利润用于企业自身发展;原厂职工全部接受,并保证工资高于南京国企职工平均水平;原厂拖欠的职工(包括600多名离退休人员)工资和医药费核实后分期报销。这些承诺,让原厂职工感受到了雨润的真诚,同时也将抵触情绪渐渐转化成了与雨润一道再创业的激情。雨润很快实现了罐头厂的扭亏增盈,1996年一年,重组的罐头厂创下了相当于罐头厂过去三年产值总和的骄人成绩。

重组罐头厂这样的决策里,收购机遇与风险并存,一旦无法扭转颓势,只会增大公司负担,背负沉重的舆论压力。然而雨润成功了,迎来了双赢局面:原来的罐头厂迎来新的生机,职工得到了妥善安置;雨润则获得了宝贵的生产用地、厂房以及大批熟练工人,节约了大笔扩产所需的流动资金。

首战告捷,雨润开始踏上并购国企的征途。

1998年,雨润收购原连云港东海肉联厂,重组后更名为连云港福润食品有限公司。该公司现已成为集团旗下年产值20亿元的巨头分公司。如果说,对上述两家国企的并购,是雨润对并购的经验摸索,那么,2003年,其与百年品牌哈尔滨大众肉联的强强联合,则是基于充足的并购经验,站在全国市场的宏观视角所做的战略布局。大众肉联在东北区域影响力极强,这起收购实际上帮助雨润在东北区域打开了局面。

雨润收购的国企多达十几家,从其分布也能看出雨润进军全国市场的路径。在大众肉联之后,东北地区又收购了绥化的大众肉联有限公司,华东地区收购了安徽福润肉类加工有限公司和滕州东启肉类加工有限公司,华北地区收购了滦南利民肉类加工有限公司和商丘天晖肉类加工有限公司,西南地区收购了安宁康宁肉类加工有限公司,等等。

"民企改组国企"的做法给一些经营惨淡的国企赋予了新的生命,为地方经济发展和老百姓就业致富做出了贡献。这一举动也受到了地方政府的大力支持,纷纷制定有力的优惠与补贴政策吸引类似于雨润这样的大型企业进驻。

因此,雨润并购国企实现了一举多得:直接获得地方政策和财政支持,节省企业运作成本;增强企业实力,扩大企业辐射力,以这些被收购的企业作为跳板,顺利实现进军全国的目标;赋予被收购企业新的生机与活力,带动地方经济发展,改善地方人民生活水平。最重要的是,通过这样的契机加强了与地方政府和老百姓的关系,为之后的发展铺平道路。而成功做到"小蛇吞象",打破人们的顾虑和质疑,并趁势并购十几家国企,也彰显了雨润强劲的发展势头,赚得了良好的企业声誉。

成功收购国营企业只是一个开始。借助企业的影响力覆盖整个区域市场,这才是雨润真正的意图。通过在江苏的收购,雨润首先将华东区打造成了自己的大本营,坐镇华东,华北、东北也很快成了集团业务贡献的重点区域。在中国,许多传统行业,尤其是酒类产业的大型企业，其扩张征途都呈现出一条起初偏爱北方，成一方诸侯之后再图天下的线路，大家都看准了人口众多、性情直爽的北方消费者市场，比较容易打开局面，雨润的扩张路线再次印证了对传统行业企业界这一点的共识。有所不同的是，雨润的大本营在华东，它在进军北方市场之前就已啃下了长三角一带的市场，这是中国传统行业市场竞争的制高点。有这样的基础，雨润突破南方市场将更为顺利，也更有可能从诸侯蜕变向更高的层次。

先收购成功企业，撬开当地市场之后再稳步推进，这种"以点带面"的模式也成了雨润扩张模式中的重要战术，在之后更大范围的扩张中被应用得更加成熟。

(三)农村包围城市：产业链的纵向延伸

集团于1998年创立"雪润"品牌，开始涉足禽畜养殖、屠宰加工的上游产业。几年来，集团的屠宰加工业务发展迅猛，到2011年，生猪屠宰能力已达4500万头，稳居世界前列。现在生鲜屠宰加工已经超越深加工，成为食品集团的第一大产业。

为便于管理，集团将庞大的生猪屠宰产业按地域分布为六大片区，分别是东北、华北、中原、西北、西南和中南。除此以外，牛业屠宰又独立于六大片区，单独设立管理机构。屠宰生鲜加工产业已是相对独立的系统，因此，其片区划分不同于前文所提的销售片区。到2011年，六大片区加上牛业屠宰，集团已经拥有76家屠宰加工厂。它们分布在25个省市自治区。

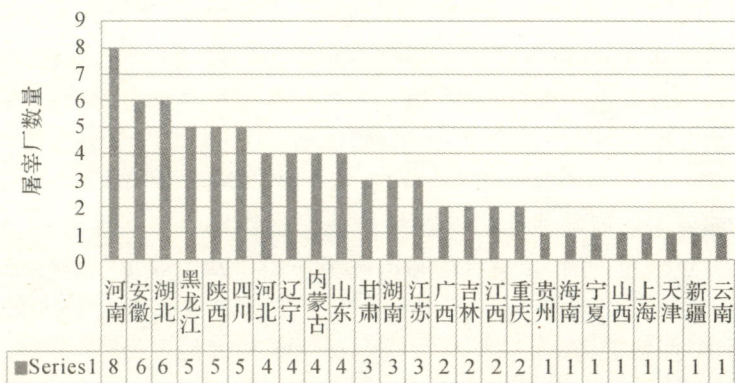

	河南	安徽	湖北	黑龙江	陕西	四川	河北	辽宁	内蒙古	山东	甘肃	湖南	江苏	广西	吉林	江西	重庆	贵州	海南	宁夏	山西	上海	天津	新疆	云南
■Series1	8	6	6	5	5	5	4	4	4	4	3	3	3	2	2	2	2	1	1	1	1	1	1	1	1

图2　雨润生鲜屠宰厂分布情况(2011年数据)

从图2可以看出，集团屠宰加工产业避开了沿海发达地区，主要集中在经济发展水平相对滞后的内陆省份。雨润在挑选目标区域和城市时所考察的要素主要有五个方面：一、在国家政策倾斜范围内，当地政府的政策支持力度较大；二、有良好的肉制品市场环境，销售半径范围避免自我重叠；三、目标城市的生猪原料供应充足，或者本来就有养殖基地，原料供应成本较低；四、交通便利，有着良好的物流运输条件，能够保证原料和产品的及时运达与运出；五、剩余劳动力充足，能够满足分公司的人力需求。在选定目标区域以后，首先进入的往往是目标城市的郊区，甚至是农村地区，站稳脚跟之后再向相应的城市市区逆向推进。这一举措被称为"农村包围城市"，而雨润所取得的成效则再一次证明了这一经典战术的意义所在。

历史上"农村包围城市"概念，是毛泽东继"工农武装割据"思想之后对中国革命道路和方向的规划,它是"在农村地区先建立和发展红色政权,待条件成熟时再夺取全国政权的关于中国革命道路的思想"(刘庭华,2007)。其诞生的历史原因在于,当时的红色革命力量相对于敌人的统治力量还太过弱小,出发点是要避开敌人核心力量所在。然而,在当时的中国肉制品市场上,雨润已经拥有属于自己的一份话语权了,回避恶劣竞争显然不再是其首先所需要考虑的因素。那么,为什么雨润会做出这样的选择,并将这一策略沿用至今?

其中的原因并不复杂,雨润食品的一切经营活动都围绕着一个"肉"字来展开。雨润归根到底属于农口企业,那么,它亲近农村的举动就再正常不过了。农村大多饲养牲畜,保证了较低的原料供应成本,同时,人力成本也要比经济发达地区的城市低廉得多,符合企业发展所需。而最重要的原因,还是两个字——双赢。雨润选择农村,甚至把许多的加工厂设在贫穷的"老、少、边、穷"地区,且能在经济大环境不佳的情况下,逆势扩张,丝毫不放松新项目的建设,就在于雨润与地方政府之间有着彼此需要的关系。对地方政府来说,雨润投资建厂,有利于推动地方经济发展,解决当地就业,带动农民增收。对雨润自身而言,选择农村作为屠宰产业的发展基地,首先,建设成本更低;其次,国家政策和地方政府的大力支持也能让企业的运作程序更加顺畅。

(四)乘胜追击:立足优势,多元并进

肉类农产品对运输中的保鲜冷藏要求极高,畅通而具备冷藏能力的运输线就是企业的生命线,掌握运输能力,才能保证企业的发展安全。随着雨润食品的逐步壮大,它所掌握的资金、资源也越来越充足,充分发掘资金和资源充裕的优势,进一步发展壮大成为雨润的必然选择。于是,雨润在合纵的前提下,开始了多元扩张战略实施。雨润的多元扩张战略,依然采用先收购成功企业,然后再适度扩张的模式。

根据发展需要,雨润集团最先进入的是物流行业。2002年,雨润收购了南京市下关果品批发市场,开始着手发展现代化的农产品物流流通体系。在此基础上,逐步构筑起覆盖整个中国大陆的"点—线—面"相结合的物流网络体系。其中,"点"是指4家较为成熟的物流交易平台:南京最大的果品交易平台——南京农贸中心、南京最大的副食品交易平台——南京华商副食品市场、哈尔滨最大的副食调味品交易平台——南极食品批发市场、华中最大的肉食品交易平台——长沙福润肉制品市场;"线"是指肉制品、副食品、农产品3条物流主线;"面"则是指由遍布大陆的3000多家种养、加工、销售网点构成的市场面。

同年,雨润通过收购南京中央商场进军商业百货业。并在逐步的发展和摸索过程中,通过实施以连锁百货为主、仓储超市为辅的战略,实现由传统百货向现代百货、单体经营向连锁经营、由同区域向跨省份扩张的转型发展。目前,集团已经在南京、淮安、连云港、徐州、济宁、洛阳等城市拥有7家大型百货连锁商场和3家大型超市。商场和超市是雨润食品集团产品的重要销售渠道,相对于铺设专卖店的方式,直接进军商贸产业,在某种程度上规避了开发新渠道的风险,同时也可以保证自身产品与消费者之间的接触能力。

此后,雨润进军旅游产业,以收购黄山高尔夫酒店作为切入点,开始发展高端旅游酒店产业。目前,集团旗下的黄山·雨润国际商务旅游度假区包括黄山高尔夫五星级酒店、黄山阅松庄度假酒店等项目。2008年,黄山高尔夫酒店的营业收入、利润和税收均列安徽全省同行业第一。在此基础上,雨润集团制定了"两山一湖一海"的旅游产业发展战略,在黄

山、九华山、千岛湖和海南岛等国内外名胜风景区开发高星级酒店和现代旅游产业，以形成国际高端商务旅游产业链，目标是将"雨润旅游"打造成国际化的旅游度假品牌。

雨润进军地产业则是在2002年通过收购当时的河西地产，进军南京高端住宅市场。雨润地产定位于高端路线，只推精品住宅，同时也涉足商业地产，建造了多个高端商业楼盘。

到2011年，雨润成立利安人寿进军金融业。同年，因为商贸产业和地产业发展需要进军建筑业。

由此，纵向产业链延伸与横向跨产业辐射构成了雨润集团合纵连横的完整的扩张模式。

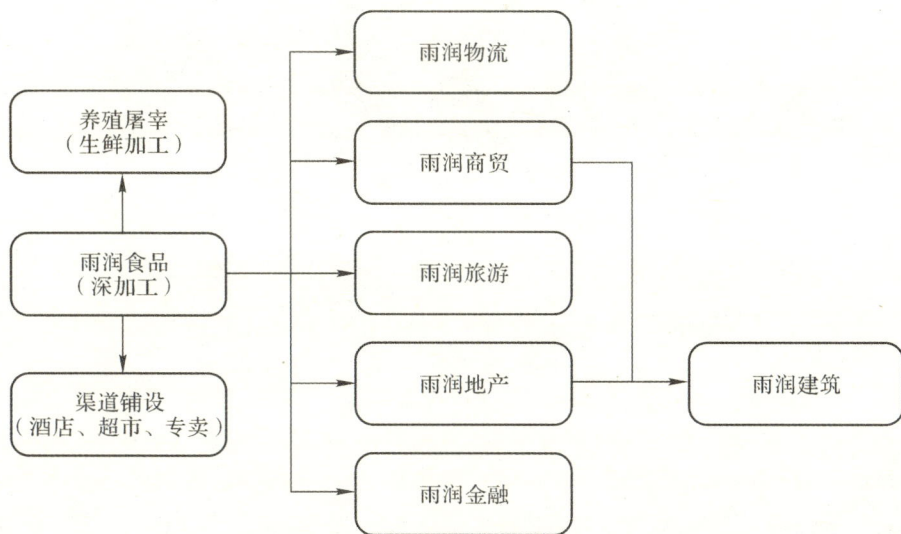

图3　雨润集团"合纵连横"的扩张模式图

二、三道防线稳固市场地位

古话说"创业易守成难"，说的是江山社稷得来纵然不易，然而江山若是已经打下，"创业"的艰辛已成往事，而"守成"因为要经受疏忽懈怠的考验，成为比"创业"更难的事。这个道理，对今天的企业发展来讲同样不啻为金玉良言。吴晓波在《大败局》中也说到，今天的企业应该思考的是，"在一鸣惊人之后，如何竭力地遏制其内在的非理性冲动，迅速地脱胎换骨，以一种平常的姿态和形象成为经济生态圈的一分子"（吴晓波，2007）。

建国后的几十年来，中国企业界从来都不乏昙花一现的负面案例，雨润用不长的时间取得了如此骄人的成绩，我们在投之以赞叹和欣赏的同时，或许更应该看一看，它是否有成为真正的"长寿公司"的潜质。所幸的是，雨润在维持"攻势"的同时，表现出了足够的理性，在"守势"上也做足了功课。

（一）秉持企业良心：食品工业是道德工业

雨润人有一句人人会念且必念的九字真言，那就是"食品工业是道德工业"，无论是在工厂还是办公楼里,这句话都以最醒目的形式呈现在大家眼前。祝义材1993年在南京创建雨润时郑重地说出了这句话,18年后,它已经作为雨润独特的企业文化理念渗透进了每一个雨润员工的心中。

图4　"食品工业是道德工业"

在企业的发展过程中,创始人的理念总是深刻地影响着企业文化。近几年,瘦肉精、三聚氰胺奶、地沟油、"皮鞋"果冻屡屡触碰道德底线,"食品安全"成为一根最为敏感的神经,而祝义材能够在创业之初就以"道德"来规范企业行为,从理念上严格要求食品的质量和安全,在今天看来尤为难得。"食品工业是道德工业",这句话就像雨润的"传家宝",雨润人将之继承发扬,逐步丰富延伸,形成了今天的雨润企业文化:

"民以食为天!吃得安全、吃得放心、吃得舒心是雨润人的分内之事!"

"一切只为了消费者能够享受到丰富、美味、安全、放心的肉制品!"

"产量是钱、质量是命,我们不能要钱不要命。"

厂区随处可见的标语恍若高悬的明镜,照亮的是一个企业的良心。虽然规模庞大带来的管理上的漏洞不可避免,但到目前为止,雨润还是中国肉制品行业中卷进食品安全事件最少的企业之一。

(二)严格管理标准:"无情"只为放心

口号或者是标语,如果未能成为企业每个人意识的一部分,或者未能转化成可以依其施行的规范和标准,就永远只是一句空话。雨润宣称的"道德工业",究竟是如何用行动体现的呢?

食品安全是雨润的生存命脉。要保证人们餐桌上的肉是健康安全、营养美味的"放心肉",雨润在质量管理方面不敢有丝毫的马虎,生产、销售的每一个细节均有章可循。坐在餐桌前大快朵颐的人们,恐怕很难想象,一块肉能走到餐盘中,要经历如此多严苛的程序考验:从生猪屠宰到产品下线要经过21道检验检疫程序;直接参与生产的人员在双手洗净后每隔5分钟要用酒精消一次毒……公司的管理制度多达16万字,连工人的指甲长短都在管理之列。

雨润最早在行业内制定出了最为翔实的《食品安全管理制度》。这本制度册子可谓是雨润确保食品安全的"真经宝典",总共有3大本400多页,字数超过16万,从一头生猪开始至成为市民餐桌上的美味为止,任何一个细节的安全管理都能在这本制度册中找到。仅以

"洗手"这一小小的细节为例,生产人员进入车间前先将双手润湿,然后涂抹洗手液、双手搓洗起泡、冲洗、涂抹消毒液、烘干,一共 6 个步骤,一步也不能少。而直接参与生产的人员在双手清洗干净后,每隔 5 分钟需用 75％的酒精消一次毒。在雨润集团总部以及下属的每家分(子)公司的每个生产车间内,都张贴着一张《洗手消毒流程图》,警示着生产一线员工,并提供对照程序。近乎苛刻的管理制度,使雨润在全国肉食品行业中率先通过了 ISO9001 国际质量体系认证、ISO14001 环境管理体系认证等 5 个质量体系认证。

除此以外,作为行业龙头,雨润认真遵循国家标准要求,一直以质量体系认证制度为持续保证,积极响应国家号召,全力导入"卓越绩效管理模式",提升集团经营质量,在行业内率先建立食品安全全程可追溯体系,真正做到"来源可追溯、去向可查证、责任可追求"。

在具体的食品安全标准方面,雨润在严格遵循国家要求的基础上,不断完善改进,甚至超越国家标准达到国际标准,制定了高于国家和行业标准的雨润产品卫生安全标准。例如,低温肉产品微生物企业标准严于国家标准 1000 倍,冷却肉微生物企业标准严于国家标准 100 倍,构建了完备的食品质量安全体系。

凭借强大的科研实力和一丝不苟的质量管理,雨润集团二十多次牵头或参与国家及行业标准的制订,为规范食品行业发展做出努力。目前,雨润牵头制订发布了三项国家标准,并主持制订、修订了《新鲜肉卫生操作规范》等七项国家标准。雨润也是中国食品标准化样板的缔造者。不仅仅是雨润自身,雨润集团的标准化运作推进了中国肉制品制造业行业整体的标准化,为中国肉制品跨出国门、迈向世界奠定了基础。

对于一个企业来讲,制定出严格的制度不难,关键在于实施。在切实的施行中做到不讲情面,不设特殊情况,才是雨润"无情"的真意。除了"无情"的制度之外,一些新研发的技术也是生产"放心肉"的重要保障。

身为传统行业企业代表,雨润却极为重视科研工作,每年的科研经费以 20％以上的速度复合增长。截至 2010 年,集团从事研究和实验发展的人员共 1392 人,拥有博士 12 名,硕士 112 名。目前,雨润是中国首家同时拥有"一室两站三中心"("国家级重点实验室"、"博士后工作站"、"院士工作站"、"国家级企业技术中心"、"国家级肉品工程中心"和"国家星火计划龙头企业技术创新中心")的民营企业,先后承担国家"十五"、"十一五"、"十二五"科技支撑计划和大部分行业重大科技攻关项目。同时,雨润还花费巨资引进国际先进设备,并按照美国农业部和欧盟的标准,建成了代表当今国际最先进水平的现代化无菌生产车间和全自动生产车间,使工艺流程和技术水平始终保持在国际先进水平,为生产出高品位、高质量的产品提供了先决条件。

在人们的传统意识里,技术只是企业提高生产效率的工具。它真的能为食品的质量和安全做出贡献?有一个实例可以回答这个问题:"无痛苦猪肉"。

来自农村的人不难想象这样的"杀猪"景象:三四个壮汉共同努力,扯猪耳、拽猪腿、提尾巴,将几百斤的肥猪从猪栏里拖出来,按在铺好的案板上,持刀以待的屠夫麻利的一刀直捅心脏,滚热的猪血从刀口飘射而出,肥猪尖锐刺耳的惨叫声在其全身的抽搐中戛然而止……天天吃猪肉的人,恐怕也未必能坦然接受这样的血腥。对于非素食者来说,讨论杀猪是否残忍没有意义,但是这种猪肉生产方式,让生猪感受到全部的死亡痛苦,肌肉高度紧张,会不会产生不良的化学反应?所生产出来的猪肉对人的身体是否有不利影响呢?这个问题或许尚未得到科学验证，但是，可以肯定的是，如果能减少生猪被宰杀的"痛苦"，未知的食品问题也许就可以避免了。

对此，雨润在国内率先启用了"无痛苦猪肉"的生产工序：在 9℃ 左右的恒定温度下，身穿连体工作服的工人们先给准备屠宰的猪洗一个舒服的澡，然后放一段柔和优美的音乐，当猪正处于安静放松状态时，采用 CO_2（二氧化碳）窒息死亡技术，或三点电晕技术，让生猪在被屠宰的过程中感受不到痛苦，自然也就没有激烈的应激反应。而屠宰之后的猪体分解、调制搅拌和火腿填装等深度加工则都已经实现了机械智能化操作，车间的工人只需要根据需要输入相应的指令即可。雨润的这套"无痛苦猪肉"生产设备均采购自欧美，生产水平正在向世界先进水平靠拢。

2011 年 11 月 12 日至 13 日，第九届中国食品安全年会在北京隆重举行，作为肉食品行业龙头的雨润集团喜获"食品安全示范单位"、"突出贡献单位奖"两项大奖，集团董事局主席祝义材荣获"食品安全管理先进个人"荣誉称号，被称为"食品安全会，雨润食品连续荣获三项大奖"。

（三）勇担社会责任：知恩不忘反哺

当今社会的信息扩散能力，让任何一个缺乏社会责任感的企业寸步难行，也许一个小小的"抵制"或者"抗议"网帖，就能让一个庞大企业集团陷入困境，甚至就此一蹶不振。大气勇敢地担起社会责任，对企业来说，无疑是树立形象的最佳机会。而在消费者眼里，能否反哺社会，也是衡量一个企业是否心怀感恩、值得信赖的标准之一。

在雨润耀眼的发展历程中，有太多国家、社会和老百姓的贡献和馈赠，雨润虽年轻却并非"不懂事"，它却深知感恩和反哺，十几年来在促进就业、社会公益和慈善事业等各个方面都表现积极。

比如，"就业"是当前我国社会一个不小的难题。雨润在安置就业方面也充分贡献了企业力量。雨润将屠宰厂设在农村，为广大农民开辟了创业致富之路，也解决了当地闲置的劳动力，为缓解劳动力外流做出了贡献。同时，雨润集团响应国家号召，历来十分重视招聘引进大学生，每年的校园招聘增幅保持在 20% 左右。即使是在 2009 年经济危机时期，仍招聘了 3000 名应届大学生。

除了直接促进就业以外，雨润在助学方面也做了大量的工作，累计捐赠 1 亿多元在南京大学、东南大学等多所高校设立助学金，帮助贫困学子完成学业。同时积极参与"大学生村官培养示范工程"，出资 1000 万元与宿迁共建大学生村官人才、创业和培训基地，鼓励大学生创业，培养大学生村官。为人才的培养出资出力，也从另一个角度缓解了大学毕业生的就业压力。

雨润集团积极投身慈善事业，1998 年洪水灾害、2003 年非典、2008 年汶川地震、2010年玉树地震……雨润出现在每一个需要的地方。近三年来，雨润直接用于社会慈善的捐款超过 1.5 亿元，累计用于公益事业的投入已超过 3 亿元。雨润的"不惜血本"显然是值得的，先后获得的"中国十大慈善企业"、"抗震救灾先进集体"、"中华慈善奖"等多项殊荣，为其树立起了积极正面的企业形象。

专家评议

　　雨润的今天，来之不易。除了洞察中国社会各种环境因素，科学采用合纵连横的企业发展战略模式之外，更重要的是，它同时将企业特征与社会使命相连接、将企业追求与社会需求相联接、将企业发展与社会发展相联接，将理性的科技力量与感性的人文关怀相联接。"食品企业是道德企业"，在这样的理念下，所有的战术运用、技术引进、制度标准设计都有了一个至高无上的支持力量，成功的企业历来如此。希望雨润一如既往，坚持做道德产业，坚持成为中国农业企业的国际典范。

（胡晓云）

河南双汇:科工贸一体化　诚德善行天下

一、三个阶段,三次跳跃

双汇集团近30年的发展,大致可分为三个阶段[1]:

(一)20世纪80年代:走出困境

双汇集团的前身是河南省漯河肉联厂,从1958年建厂到1984年,企业固定资产只有460万元,却已累计亏损584万元。1984年,国家取消了生猪统购统销政策,肉联厂作为承包制改革试点单位,实行自负盈亏,原先的国有肉联厂一下子被推到了市场竞争领域。

当时,刚刚被全票推选为厂长的万隆决心抓住时机,进行第一次改革转型。改革的第一把火烧向了业务人员的铁工资。厂里对每个业务员的销售额进行了具体规定,超额完成后有奖金提成,完不成扣发工资。这一制度提高了业务员的销售积极性。改革的第二把火烧向了干部的铁交椅,实行干部能上能下制度。这一制度调动了肉联厂的竞争氛围。第三把火烧向了计划经济模式下的铁价格。万隆决定在国家生猪规定价基础上每公斤上浮2分钱,正是靠这两分钱的杠杆,撬活了亏损26年的肉联厂,方圆几百公里内的生猪源源不断地涌进漯河肉联厂。有了原料,肉联厂开发猪牛分割肉,决心避开国内恶性竞争,抢抓外贸出口业务,产品销往前苏联及东南亚,年出口量达到了全国的十分之一。靠着外贸出口业务,肉联厂成为当时全国最大的肉类出口基地。此时,肉联厂不仅成功扭亏为盈,而且积累了企业发展的原始资金。

(二)20世纪90年代:蓬勃发展

1991年,前苏联解体,大量依赖前苏联市场的双汇失去了80％的国际市场,销售受阻,企业再次面临转型。当时,随着经济的恢复发展,人们对肉制品的需求不断增加,国内肉类市场需求旺盛。此外,通过前期的资金、工艺积累,双汇已拥有一定的加工水平和市场竞争实力。于是万隆决定,由外销向内销转变,由生加工向熟加工转变,由粗加工向细加工转变。

双汇拿出当时的全部家底1600万元,投资引进10条火腿肠生产线,当年产量达到1万吨。依靠质量和品牌信誉,双汇产品供不应求,但资金又成了限制企业发展的瓶颈。1994

---

[1]　双汇内部资料:《双汇集团农业产业化发展模式》。

年,双汇与香港华懋集团合资,引入资金1.27亿元,建立了亚洲最大的肉制品基地,当年生产能力就增长了104%,之后又吸引6个国家和地区16家外商投资双汇。1998年12月,"双汇实业"股票在深交所成功上市,成为中国肉类加工第一股,解决了企业发展的资金需求。双汇借机大规模扩张产能,先后投资20多亿元,从美国、日本等国家引进300多条先进的生产线、1000多台套设备,在漯河本部规划建设了占地1300亩功能齐全的双汇工业园,在上海、辽宁、内蒙、四川等地分区域建设了肉类加工基地,使企业年屠宰生猪达到800多万头,年产肉和肉制品120万吨,一跃成为中国最大的肉类加工基地。

(三)新世纪前十年:跨越式前进

中国是肉类生产大国,每年6亿头的生猪是一个大市场,如何让老百姓吃上"放心肉"是一个大课题。21世纪的第一个10年,已在高温肉市场、低温肉市场占据重要地位的双汇集团开始探索肉类市场的发展新趋势。它希望再次转型,引领国内肉类行业的发展方向,加快国际化步伐。

"发达国家早在20世纪二三十年代就开始推广冷鲜肉,在其目前消费的生鲜肉中,冷鲜肉已占到90%左右。"①借鉴发达国家的肉制品发展经验,双汇瞅准巨大的市场潜力,率先在国内引入冷鲜肉生产线,在全国分区域建立20多家现代化肉类加工基地,改传统的"沿街串巷、设摊卖肉"为"冷链生产、冷链配送、冷链销售、连锁经营"的新型肉类业态,推动肉类生产流通方式和管理标准与国际接轨。

这一时期,双汇集团的肉类产量突破300万吨,销售收入500亿元,已成为中国最大、世界领先的肉类供应商。其开创的中国肉类品牌——双汇冷鲜肉,结束了中国卖肉没有品牌的历史,创造出了一个冷鲜肉大产业。

二、多项策略,一个系统

由小变大,由大变强,双汇的经营策略十分灵活,它总能根据市场的变化、竞争对手的举措和自身的发展需求不断调整策略,推陈出新,形成完善的经营系统。

(一)科技创新策略:奠定产品研发基础

"科技是第一生产力。"从传统的"沿街串巷、设摊卖肉",到如今高温肉制品、低温肉制品、冷鲜肉制品等的诞生,我们不仅可以随时从超市中买到新鲜的肉类,并且可以有越来越长的保质期。而促成这些的,是日益发展的科技。

纵观双汇的发展,多种策略的提出,其基础始终离不开强大的科技后盾。无论是最早期的春都、郑荣之争,还是如今与金锣、雨润以及国外肉类品牌的竞争,双汇始终明白,它首先要把产品基础打实。万隆董事长常说:"我是杀猪出身的,我要在杀猪上杀出世界水平。"而如何把猪杀好,如何储存易腐烂变质的猪肉,如何生产出美味可口的肉制品,这些,都时时刻刻离不开科技的支撑。

---

① 百度百科:http://baike.baidu.comview185542.htm,2012.6.20.

　　早在 20 世纪 90 年代初期,双汇就拿出当时的全部家底 1600 万元,从国外投资引进 10 条火腿肠生产线,由此从粗加工转型为精细加工,加速开拓市场。1992 年 2 月 10 日,第一根"双汇"牌火腿肠问世,当年秋,在郑州举办的全国糖烟酒交易会上,双汇以十几辆崭新的桑塔纳开路,沿街宣传"双汇"的含义:汇集当今世界上的新工艺、汇集当今世界上的高科技,在人们的印象中打造了双汇时尚、领先的形象。之后的 10 年中,双汇不断进行新产品研发,在与春都、郑荣的竞争中脱颖而出,占据高温肉市场的主导地位。2000 年,双汇二期食品城竣工,引进发达国家的现代屠宰、冷链分割生产工艺,实行同步检验,于 2000 年通过国际上最为权威的 HACCP 认证。2001 年,双汇集团的技术中心被授予"国家级企业技术中心"称号,并建有国家认可的实验室和博士后工作站,培育 1000 多人的高素质产品研发和检测队伍,围绕产品创新和结构调整,大力进行中式产品的改造、西式产品的引进、屠宰行业的精深加工。

　　雨润利用市场空隙最先进入低温肉制品市场,双汇则利用其研发能力及时跟进,并在包装材料上深入研究。目前,双汇低温肉制品的包装设备全部引进德国进口 CFS 和莫缔维克包装设备进行真空包装。① 包装材料由集团内部工厂供应,其包装性能耐拉伸,高阻隔,可实现真空储存,能最大程度地保护产品,使双汇低温肉制品的货架期延长到 60 天,进一步提升了双汇在低温肉市场的竞争力。

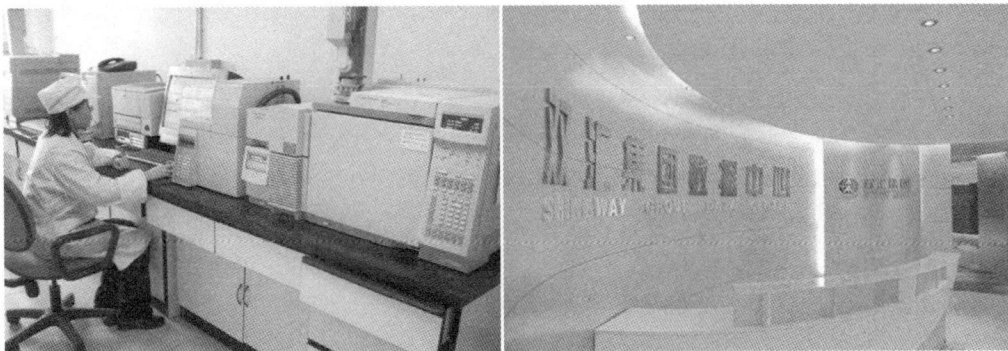

图 1　双汇的研发中心

(二)多产品策略:时刻满足市场需求

　　凭借对科技的重视与应用,双汇每年可以开发新产品 100 多个品种,并且每年新产品的销量不低于当年肉制品销量的 10%。② 为了满足不同层次的消费需求,双汇成功推出了王中王、玉米热狗肠、台湾烤香肠等一大批深受消费者喜爱的肉类制品。探寻双汇多产品策略的实施背景,大致可分为三个时期。

---

① 　新浪新闻资讯:《"走进双汇"参观行程之一　低温肉制品生产线》http://vic.sina.com.cnnews27/2011/0418/33255.html,2011.4.18.

② 　百灵网:《坐深"板凳深度"双汇 300 余款产品齐聚上海》http://news.beelink.com.cn/20120620/2914019.shtml,2012.6.20.

1. 早期:价格战中巧妙突围

从1992年双汇第一根火腿肠下线,到1998年底,双汇成为市场领导者。短短的几年,是硝烟弥漫的几年。当时的火腿肠市场中,春都的市场份额达到70%,成为中国火腿肠的象征。而此时的双汇,无疑才处于起步阶段。同一时期,同样来自河南的郑荣火腿肠利用身居省会城市的信息、资金、市场优势,迅速发展起来。仅在河南这片土地上,就呈现出"三足鼎立"的态势,而远在山东的金锣同样虎视眈眈,激烈的市场竞争已经无法避免。

当时,金锣凭借着雄厚的资金优势首先发动价格战,原本1.1元的火腿肠在惨烈的价格战中降到5角钱一根。为了应付降价带来的压力,春都在火腿肠中不断提高淀粉含量,致使火腿肠中的含肉量从原先的80%降到了15%,品质的降低直接导致春都的品牌形象直线下降,市场份额急剧下滑。而双汇则另辟蹊径,依托产品研发技术,适时推出"双汇王中王",以添加大块瘦肉为卖点,高质高价,针对中高端市场,在价格恶战中异军突起,赢得了丰厚的利润,支撑了企业在价格战中获得胜利。多产品策略的优势初见成效。

2. 中期:及时跟进竞争对手

正当双汇忙于争夺高温肉制品市场之时,在江苏南京这个六朝古都,一个叫雨润的企业瞄准了肉类市场中另一片蓝海——低温肉制品市场。1994年,雨润以低温肉制品为突破口起步,到1996年,年产值已经超过亿元,成为了中国低温肉制品行业的领军人物。

低温肉制品是指常压下通过蒸煮熏烤加工过程,在低于100℃的温度下热制而成的深加工肉制品,具有鲜嫩、脆软、可口、风味佳的特点,并因加工技术先进,营养损失较少。随着人们生活品质的提高,从适口消费转变为健康消费已是大势所趋。因此,低温肉制品自推出以来,就受到了消费者的青睐,并一定程度上掠夺了高温肉制品的市场。

判断市场情势,双汇采取了及时跟进的策略。尽管雨润在这片市场已占尽先机,但双汇从来都是不惮于市场竞争的。凭借着科技依托,双汇研发创新了一系列低温肉制品,如Q趣、台湾风味烤肠、脆皮肠等,品种规格涵盖全面,达到1300多种,产品不仅畅销国内市场,同时远销日本、俄罗斯、新加坡以及中国香港等多个国家和地区。[①] 这些口碑良好的产品为双汇打开了低温肉制品市场。中国肉类协会发布的《2009年肉类工业发展概况》报告显示,2009年双汇集团低温肉制品产量48万吨,占国内低温肉制品产量的13%,独占鳌头。[②]

3. 新世纪:精细洞察市场趋势

2003年,被称为"双汇冷鲜肉"年,这一年,双汇率先把"冷鲜肉"的"冷链生产、冷链销售、冷链配送、连锁经营"的业态引入中国,率先推广双汇安全、卫生的冷鲜肉,实施肉类的品牌化经营,开创了中国的肉类品牌,结束了中国几千年沿街设摊卖肉的历史。习惯于传统地在农贸市场一杆秤、一把刀方式买肉的人们开始了解到,新鲜的肉还可以在超市里直接按包装买到。

---

① 新浪新闻资讯:《"走进双汇"参观行程之一 低温肉制品生产线》http://vic.sina.com.cnnews27/2011/0418/33255.html,2011.4.18.

② 北青网:《低温肉制品市场缺口巨大 双汇集团独占鳌头》http://bjyouth.ynet.com/article.jsp?oid=66316935,2010.6.8.

冷鲜肉是指严格执行兽医检疫制度,对屠宰后的畜胴体迅速进行冷却处理,使胴体温度(以后腿肉中心为测量点)在 24 小时内降为 0～4℃,并在后续加工、流通和销售过程中始终保持 0～4℃范围内的生鲜肉。它不仅湿润、柔软有弹性,而且加工起来易入味,口感滑腻鲜嫩。发达国家早在上世纪二三十年代就开始推广冷鲜肉,在其目前消费的生鲜肉中,冷鲜肉已占到 90% 左右。① 双汇人敏锐地洞察到了这一市场方向,抢占先机,又一次丰富了自己的产品结构。至此,双汇已分别在高温肉制品、低温肉制品、冷鲜肉市场中开发了一系列产品,巩固了肉制品加工帝国的基础。

图 2　双汇种类丰富的产品

(三)全产业链策略:高度整合资源

围绕"农"字做文章,围绕肉类加工上项目,是双汇集团的产业取向。经过近 30 年的发展,双汇已初步完成了对主营产品、相关产品、上游布点、渠道终端这四个环节的把控。饲料——养殖——屠宰分割——肉制品加工——物流配送　连锁商业——终端消费,围绕着主营产品而形成的这条全产业链,能够发挥协同优势,高度整合资源,提升整个系统的效益。当然,全产业链的形成不在于一朝一夕,如今这条完整的产业链是双汇集团在漫长的发展过程中不断摸索、不断试错而形成的。

1996 年 9 月,双汇食品城一期工程竣工,新建设的 7 个项目涉及了肉制品生产线、化工塑料生产线、彩色印刷生产线、生物工程以及能源供应等,初步形成了双汇的初级产业链。这条产业链分为纵横两个方向,从纵向上看,包括最初级的屠宰——肉制品加工;从横向上看,包括生物工程、化工塑料、彩色印刷和能源供应。同期,当时的春都集团也在不断进行扩张之路,但是相比而言,它的扩张呈现出急功近利的混乱之势。其经营范围涉及医药、茶饮料、房地产、旅馆酒店等多个行业,但这些行业与其主业的相关性不大,虽然企业的资产快速膨胀,但是经营效益却与日俱下。终于,在 1997 年的价格战中,双汇以其初具规模的产业链优势,层层获取结构利润和系统利润,承受住了价格战的考验,而春都由于产业过于多元,其他产业无法辅助主业缩减开支,最终败下阵来。

这之后,双汇继续在产业链的拓展上下工夫,从纵向上看,它向下游延伸,成立双汇物

---

① 百度百科:http://baike.baidu.comview185542.htm,2012.6.20.

流,发展连锁店,开始直接面向消费者。从横向上看,它成立双汇药业、双汇软件,进一步保障双汇的肉类加工帝国。受益于双汇物流便捷的配送网络,双汇的市场快速向全国及国外拓展。全国共分六大市场区域:围绕河南的中部地区、围绕北京的京津唐地区、围绕上海的长江三角洲地区、围绕广东的珠江三角洲地区、围绕沈阳的东北地区以及围绕重庆的西南地区。目前双汇集团已在全国 12 个省市建立 20 多家现代化、规模化肉类加工基地及配套产业,在 31 个省市自治区建有 200 多个销售分公司和现代化的物流配送中心①,实现了“县县有商,乡乡有网”及“商场超市有、大街小巷有、乡里村里有”的终端网络覆盖,并在日本、新加坡、韩国、菲律宾等国建有办事机构,形成了覆盖全国、辐射海外的生产销售网络。

　　在全产业链的发展策略上,双汇的脚步依然没有停歇。“屠宰厂建到哪里,配套的养殖场就跟到哪里”②。这是双汇在全产业链上的新一轮发力。早在 2003 年,双汇就从丹麦引进种猪近 900 头,希望从源头上开始培养。2011 年 12 月,双汇以南昌双汇的建成投产为起点,迈开进军生猪养殖的步伐。截至目前,围绕双汇漯河总部共有 7 个上规模的养殖基地,年出栏量 35 万头。按照规划,双汇集团 2019 年要达到年出栏生猪 1000 万头;同时每新建一个年屠宰 200 万头的屠宰厂,将配套建一个年出栏量 50 万头的养殖场。③ 建立养殖场的好处在于,可以从源头上抓起,全程把控,实现食品安全可追溯机制,形成安全、健康的产品供应。至此,双汇形成了一条完整的全产业链,它在整合集团资源方面的作用将越来越明显。

(四)信息化策略:建构集团神经脉络

　　我国的企业家们,成长于中国这片土地,他们了解这里,熟悉这里,往往对这片市场有天生敏锐的嗅觉,在企业的发展中总能嗅到出口与方向。然而谈及管理,我们不得不承认,国外专业的、系统的管理方式非常值得我们学习。双汇信息化的最初动力,首先来自企业快速扩张而出现的管理需求。2001 年实施信息化之前,双汇的连锁店还不到 300 家。但这样的规模,却已经让双汇的销售部门不堪重负。仅下订单这个环节,以前靠电话接受预订,对几十个品种进行逐一的分类和汇总,然后再下生产计划。负责这块业务的五六十人不但要经常加班加点,而且很难确保不出错误,更难快速响应市场需求。信息流的不畅通,已经开始阻碍双汇的规模化扩张。④

　　为此,万隆董事长远赴加拿大考察信息化发展概况,在那里结识了国外定居的刘小兵,并将其招回国内主持双汇信息化项目。之后,双汇的信息化之路快速展开。双汇软件作为一个相对独立的子公司,以 IT 外包的形式承担了双汇信息化的全部职责,随时根据双汇的需要量身定制软件,以及日常的管理维护工作。

　　信息化带来的好处显而易见,由于下订单和补货都是在系统中自动完成,改变了以往

　　① 双汇内部资料:《双汇集团农业产业化发展模式》。

　　② 新浪新闻资讯:《“走进双汇”参观行程之一 参观生猪养殖》http://vic.sina.com.cnnews27/2011/0418/33242.html,2011.4.18.

　　③ 李杜:《双汇集团竞争策略研究》,中南大学硕士论文,2011,第 45 页。

　　④ 陈振烨:《双汇:如何向信息化要利润?》,《经理人》杂志,2007 年第 6 期,第 89 页。

人工操作的方式,出错率从原先的 1.6% 下降到 0.04% 以下,配送周期缩短了两天,产品新鲜度得到提升。系统实施后的 2002 年,双汇的销售额比上一年增长了 31%,节约资金 2.1 亿元。其中,由信息化带来的间接节约资金近 1 亿元。[①] 万隆董事长感叹说:"如果没有信息化,双汇不可能做得这么大。"如今,信息化已经成为了双汇的神经脉络,在决策、管理、销售等方面发挥着不可替代的作用。

(五)开放式融资策略:助推企业快速发展

无论是科技创新策略、多产品策略还是全产业链策略,抑或是信息化策略,双汇实践这些策略的最根本前提离不开充足的资金投入。而肉类加工业是一个传统行业,吸引资金和投资的能力相对较弱,加之双汇集团地处内陆小城市,融资和吸引投资的渠道更为狭窄。因此,如何引进资本、用好资本、借用外力推动产业发展,是双汇发展成功的一个关键。

为此,双汇从以下三方面入手,逐步打开了资金通道:

1. 引进外资

1994 年,双汇与香港华懋集团携手,成立华懋双汇集团有限公司。双方共同出资 2.54 亿元,建立了中国最大的肉制品加工基地。1995 年和 1996 年,双汇不断从意大利、日本、美国、香港、台湾等国家和地区的 16 家外商投资中引进资金 1.5 亿美元,解决了企业发展初期的资金需求;目前在双汇投资的世界 500 强企业有 3 家。

2. 股份制改造上市融资

1998 年,双汇实业 5000 万 A 股股票在深交所成功上市,成为肉类行业的第一股,募集资金 3 亿元人民币。2002 年"双汇实业"又增发 5000 万股,再次募集资金 6 亿元。两次巨额融资,推动了企业快速发展壮大。

3. 资产重组,引进国际战略投资者

2006 年 12 月,双汇国有股权正式转让,高盛进入双汇,不仅注入了资产,也进一步改善了治理机制和管理手段。

双汇集团开放式的融资策略,使企业的融资能力不断增强。20 多年来,双汇吸引投资 20 多亿元,为股东分红 60 多亿元。目前国内各大商业银行支持双汇的力度越来越大,授信额度达 200 多亿元,为企业的快速发展提供了充裕的资金保障。

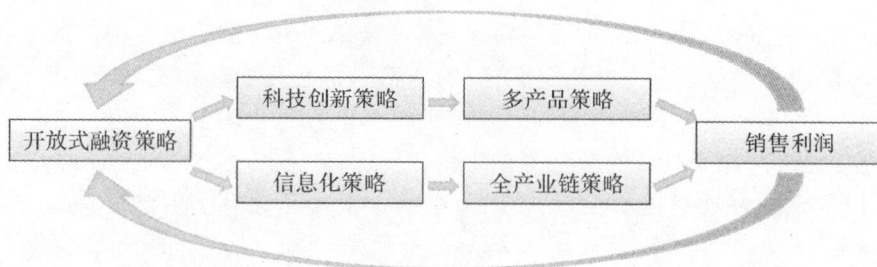

图 3   双汇经营策略系统图

---

①   陈振烨:《双汇:如何向信息化要利润?》,《经理人》杂志,2007 年第 6 期,第 89 页。

正如图 3 所示,双汇的多项策略构建了一个完整的经营系统。融资策略是基础,支撑起科技创新策略与信息化策略,科技创新策略促成多产品策略的实施,信息化战略则如神经脉络一般,在内部联系,外部辅助,特别是链接了全产业链策略中的各个产业环节。最后,终端产品的销售利润又反过来源源不断地巩固、支持融资策略顺利进行。

三、三种方式,扩大传播

从以往的"酒香不怕巷子深"到如今的"酒香也怕巷子深",我们迎来了一个信息爆炸时代,除了生产与管理,我们的企业家们需要更多地思考如何选择适合自身的传播方式,让传播效果达到最大化、最优化。在这方面,双汇同样下足了工夫。

(一)重视媒体,创意先行

90 年代初,当我国众多的企业家还在为如何节省成本,获得企业最大化利润而苦思冥想的时候,双汇已开始关注如何做好广告,扩大品牌知名度的问题。这一超前的传播观念,在当时那个只专注利润最大化的年代是十分可贵的。将白花花的银子投入到一个看起来没有什么直接回报的无底洞,这对于当时的企业家们大多无法接受。大家普遍认为,与其将这些钱投入到广告传播中,还不如直接做促销、降低价格更为实在。然而,双汇并不这么想。当时的双汇就已意识到,除了管理与销售之外,扩大品牌知名度,在消费者心中树立良好的品牌形象,将是一笔重要的无形资产,将为企业之后的发展带来源源不断的裨益。因此,双汇时刻寻找着每个可以有效展示自己的机会。

1992 年,第一根"双汇"牌火腿肠问世。当年秋,在郑州举行的全国糖烟酒交易会上,双汇以十多辆崭新的桑塔纳开路,沿街宣传"双汇"的内涵。1993 年起,双汇借用当时热播的连续剧《编辑部的故事》,邀请葛优和冯巩演绎幽默广告,并发布在央视和一些省级媒体的重要时段,在人们的笑声中,双汇的品牌越来越深入人心。1994 年,"逛北京、爱北京、建北京"大型旅游文化活动将在天安门广场举行开幕式,双汇人得知消息后马上采取行动,派出最得力的公关人员,最终以 1 个气球 1 万元的价格,成功通过了北京市有关部门的审批。活动当天,开幕式正式开启,数千只信鸽飞向天空时,人们惊讶地看到:12 个巨大的气球下面拖着一条条长长的布幅——华懋双汇集团漯河肉联厂祝逛北京活动圆满成功!双汇仅以12 万元的花费,成功地在天安门广场上做了第一次也是唯一一次广告,如今,这个案例依然是我国公关广告史上的经典案例。1997 年,肉类市场的价格战正酣,双汇适时推出高端产品双汇王中王。广告中,以当时热播的动画"狮子王"为吉祥物,以添加大块瘦肉为卖点,广告场景是一个活泼可爱的孩子津津有味地吃着双汇王中王。[①] 广告播出后,那个带着"狮子王"图案的双汇王中王,成了"80"一代的美好回忆。

(二)危机公关,转危为机

企业规模的不断发展壮大,对企业管理提出了更高的要求。双汇的产品多、人员量大、

---

① 陈旭方:《双汇品牌发展研究》,厦门大学硕士论文,2006 年,第 9 页。

覆盖区域广、产业链延伸长,这些因素不可避免地会导致企业在生产经营中面临风险与危机。"千里之堤,毁于蚁穴。"无论哪种危机发生,都有可能给企业带来致命的打击。双汇深知这一道理,在严把管理关、质量关的同时,建立危机处理机制,一旦危机发生,便快速作出反应。

2011年3月15日,对每个双汇人而言,记忆深刻。当天,央视《每周质量报告》播出了一期题为《"健美猪"真相》的"3·15"特别节目,济源双汇食品有限公司收购"瘦肉精"猪肉一事被曝光。

这样的打击是沉重的,在过去几年中,因为产品质量而倒下的企业历历在目,其中不乏规模庞大、资金雄厚的老牌企业。一时间,全国各大媒体蜂拥而上,或跟踪报道、或深入批评,网络论坛上,质疑声、指责声一片接一片,无数双眼睛盯着双汇,等待它的行动。

千钧一发之际,双汇迅速作出反应。对外,在危机发生的48小时内两次发表《声明》致歉,承认央视报道属实,同时责令济源工厂停产自查;要求济源双汇收回在市场上流通的产品,对相关责任人进行处理,第一时间安抚了媒体和民意。对内,两次召开视频会议,安抚企业员工和经销商。

本着真诚沟通的原则,双汇连续召开大型会议,借助电视、网络、报纸等媒体向公众道歉,并采取一系列行动:把3月15日定为"双汇食品安全日",深埋处理含"瘦肉精"猪肉3769吨,增加3亿元成本实施生猪屠宰"瘦肉精"逐头检验政策,与中国检验认证集团签订长期战略合作协议……

最终,双汇用真诚的态度、切实的行动感动了消费者。"人非圣贤,孰能无过。过而能改,善莫大焉。"在危机中,双汇既经历了危难,也获得了机会。之后,双汇吸取教训,在企业内部不断宣传"产品质量无小事、食品安全大如天"的质量理念,不断加大对产品质量的检查力度,进一步完善企业管理体制,把国际上先进的ISO9001、ISO14001、HACCP等管理体系应用到企业的养、产、运、销全过程。

与人的成长一样,企业在发展的过程中也会遇到磕磕碰碰。危机令人恐慌,但假如能居安思危,时刻认识到潜在的风险,及早建立一套有效的危机预防机制、危机处理机制,那么,即使危机来势凶猛,也能做到反应迅速,处理得当。而此时,危机反将带来另一种机会,或了解自己的不足,或改正已有的缺陷,令公众记住一个真诚、负责、勇于承担的企业形象。

(三)热衷公益,奉献社会

"羊有跪乳之恩,鸦有反哺之义。"对于企业来说,成长于社会,依赖于社会,其发展也离不开社会。在许多消费者的眼里,一家企业越成功,便应承担更多的社会责任。面对公众的期望,双汇深知实践社会责任的意义之重大。多年来,双汇积极参与慈善公益事业,在企业发展之际,不忘反哺社会。

每年,双汇上缴残疾人保障金200多万元,2006年至2009年三年内累计向企业困难职工和患病职工捐款100多万元;

2006年,向仪陇县人民政府捐赠100万元建设双汇小学;

2008年,我国南方部分地区遭受冰雪灾害,双汇率先捐款150万元帮助灾区人民恢复生产;

　　2008年，四川"5·12"汶川大地震，双汇为四川地震灾区累计捐款、捐物1500多万元，帮助受灾群众、企业恢复生产，重建家园；

　　2009年，向漯河市残疾人基金会捐款50万元，支持教育事业及帮助困难职工20万元；

　　2010年，向青海玉树灾区捐款600万元，支持灾后重建；

　　2010年，向河南老年基金会捐款40万元，用于捐资助学；

　　2010年，向漯河市慈善总会捐款50万元，被漯河市文明委授予"爱心助学圆梦行动先进单位"；

　　2010年，向河南省教育厅捐助3000万元，资助贫困大学生；①

　　……

　　正如万隆董事长所说，"只要社会需要，我们会一如既往地参与社会捐赠。"这是双汇对社会的承诺。爱心无止境，奉献正当时。目前，双汇正在筹备成立慈善基金，用于扶贫济困奉献社会，帮助企业和社会上的贫困职工、贫困大学生等一切需要帮助的人。

专家评议

　　双汇集团的成功在于它的专业化战略及其在该战略下的产业化、信息化、资本化、传播化的多种策略多管齐下。

　　近三十年的发展历程中，双汇的每一次改革、每一次创新都基于把肉类加工这件事做好的理念。作为肉类食品企业，双汇始终坚持围绕"农"字做文章，围绕肉类加工上项目。

　　一个企业的目标决定了它的高度。双汇的目标是"做大、做强、做专、做精，成为具有国际竞争力的肉类食品集团"，所以它必然会在科技上下足工夫（做专），在产品上不断创新（做精），在产业链延伸上有所选择（做大），并借用信息化和融资手段加以辅助（做强），通过多种传播方式扩大传播，带动销售，支持它进一步"做大、做强、做专、做精"。这是一个在实践中积累起来的完整系统，值得中国企业家、中国农业企业学习。

　　当然，系统结构的完整避免不了细节漏洞的产生。从近几年爆发的几次危机事件来看，双汇在质量管理上存在漏洞。当有能力做专、做精之时，企业应该回过头来想想，如何把基础做扎实。毕竟对于食品企业而言，产品质量是最为关键的因素。

（徐钰梨）

---

①　双汇官网：http://www.shuanghui.com.cn/index1.html，2012.6.20.

河南好想你:特色渠道媒体化
一枣成就品牌基业

一、"好想你"的发展历程

自古以来,河南省新郑市就因盛产红枣而出名,有"新郑红枣甜似蜜"一说。"好想你"最初的加工对象,正是清甜的新郑红枣。然而,回顾企业的发展历程,却也曾有过苦与涩。所幸的是,苦涩也给"好想你"带来了启迪,通过不断的思考、探索与创新,"好想你"的产业模式日趋成熟,换来了今朝的"苦尽甘来"。

(一)成形期

长期以来,红枣都带着"个小、廉价"的标签,即便在新郑本地,一般也都是农民装在提篮中或驴车上沿街叫卖而已。不过,在 20 世纪 90 年代以前,当地枣农就意识到了零卖、散卖的局限性,开始筹谋让新郑红枣"走出去"的方法。在首批"红枣推手"当中,就有一位土生土长的农民——石聚彬。1983 年,20 岁的他开始了红枣买卖:先从枣农手中采购,再贩运到深圳,进而转卖给贸易公司,赚得利差。从本质上来看,此举无非就是在"产"/"销"中加入了"中介"环节。可正是因为"中介"的灵活性和针对性,才让新郑红枣在特定的时代背景下受到了长江以南区域消费者的推崇,甚至通过"二次中介"(广州、深圳等内地开放城市)而远销至新加坡、韩国等国家和地区。

然而,当石聚彬 5 年之后又一次前往深圳卖枣时,却遭遇了贸易公司因国际经济危机而下达的"禁购令"。转眼间,存放在常温仓库中的红枣逐渐发霉,只能将其转移至空地晾晒,可一场突如其来的大雨又将本就霉变的红枣冲得颗粒不剩。从这场不幸中,石聚彬意识到了"初级农产品与单一经营模式"的严重局限性。于是,1992 年,石聚彬利用积累的 10 万元资金创立了新郑奥星食品厂,成为河南省新郑奥星实业有限公司的前身(后者又为"好想你"的前身)。该企业在石聚彬的率领下,先后经历了红枣的原始贩卖、枣类深加工、规模化产枣、企业化卖枣、品牌化经营、标准化生产等诸多阶段,[①]逐步踏上了"加工农产品与多元经营模式"的产业化发展道路。

---

① 经济视点报,走进"好想你"解密"枣业第一股",2011 年 9 月,详见 http://www.jjsdb.com/News_Show2.asp? NewsID＝6363

(二)扩张期

从表1可见,20年时间,"好想你"在原始经营形态的基础上,不断创新,实现了连年的规模扩张。

表1　"好想你"旗下子公司一览

成立年份	子公司名称	经营范围
1997	沧州好想你枣业股份有限公司	冷藏保鲜、红枣加工、科技研发、产品销售
2008年	新疆若羌好想你枣业发展有限责任公司	红枣种植、冷藏保鲜、红枣加工、科技研发
2009年	好想你(香港)有限公司	市场开拓、产品销售、贸易出口
2009年	新疆好想你创新农业投资有限公司	冷藏保鲜、红枣加工、科技研发、观光旅游
2010年	好想您枣业(北京)有限公司	市场开拓、产品销售
2011年	郑州好想你枣业商贸有限公司	市场开拓、产品销售
2011年	新疆大枣树农林有限公司	农作物种植、科技研发、推广及咨询服务

仅观察各个子公司的经营范围即可发现,"好想你"的产业经营范畴已从红枣的种植、加工、销售等"基础"部分,拓展至了诸如科技研发与观光旅游的"非基础"部分(即便是"基础"部分的源头,也发生了明显的变化——种植对象不再仅为红枣)。如果要对"好想你"的企业性质进行描述,也不再是用一句"以红枣为主要原料的农产品加工型企业"就能概括的了。

究其原因,一方面离不开"好想你"对产业发展模式的创新突破(如"公司＋基地＋农户"的生产经营模式、"公司＋技术中心＋高校"研发合作模式、"网络＋实体"的终端销售模式等),另一方面也离不开"好想你"对产业构成模块的创新设计(如红枣科技示范园、中华枣文化博览中心、枣乡风情游、红枣文化节等[①])。近年来,公司先后获得"国家农业产业化重点龙头企业""农业产业化行业十强龙头企业""国家经济林业化重点龙头企业""全国农产品加工出口示范企业""国家级观光工业旅游示范企业""全国食品行业优秀食品龙头企业""全国枣产业骨干龙头企业""中国免洗红枣国家标准制定单位""河南省农业产业化重点龙头企业""河南省高成长性民营企业"等多项荣誉称号,充分证明了企业在业界的领先地位。

(三)突破期

当一个企业历经多年的发展,收获了无数荣誉与业绩时,外界总会冠以"成功"二字。日渐成熟的"好想你"无疑已经进入了"成功"的发展阶段。但在赞誉面前,"好想你"并未迷失,不仅要继续做"河南特产"、"河南的名片",还要努力成为"国礼"、"中国的名片"。正如石聚彬所言:"现在并不是没有和我们竞争的品牌,有很多。没有旗鼓相当的也并不是说就没有挑战性。如果你把这个行业当成自己独霸的一种产业,对这个行业就是一种不负责任。"[②]换言之,当下"好想你"最大的对手其实就是自己,想要达到成功的更高境界,唯有不

---

① 注:所有列举的内容,在下文中都将分别进行详细阐述。

② 经济视点报,石聚彬:一颗枣的百亿构想,2010年2月,详见 http://www.jjsdb.com/News_Show2.asp? NewsID=4465

断自我超越,进一步为全行业的良性繁荣贡献更大的力量。

2007 年之后,红枣产业迎来了 3500 万亩的丰产期,带来了"原料供给过剩"的隐忧。如果继续在"加工红枣、生产休闲食品"的老路上徘徊不前,恐怕会遭遇新一轮的"卖枣难"危机。于是,"好想你"将目光聚焦到了"木本粮"身上。"木本粮"是与"草本粮"相对的概念,专指树上所结的各类果品(如大枣、核桃、板栗、榛子、枸杞等),它们抗旱耐瘠、容易栽培,并富含淀粉、糖类、维生素、氨基酸等人体所需的微量元素,具有相对更高的营养价值和经济价值。简而言之,这是一个包含了红枣却又高于红枣的概念。2009 年 9 月,"好想你"与中国农业大学合作研发的"木本粮"系列产品开发项目正式通过河南省科技厅组织的科技成果鉴定,率先在行业中做起了"木本粮"的文章。[1]

通过先进技术加工并融入中医配伍的理念,"好想你"相继研发出系列化的"木本粮"产品,如由红枣、核桃、杏仁和花生制作而成的"木本传奇"礼盒,含有红枣、板栗、黄豆、绿豆、糯米、花生、枸杞等七味原料的"好七粉",集红枣、枸杞、山楂成分于一身的红枣酪,以及木本粮面条等(详见下文),大举攻入都市白领阶层的餐桌,意在培养现代消费者精细化、健康化的全新生活习惯,开辟了以"食补、食疗、膳食"为主题的"木本养生"新时代。自此,"好想你"突破了自身发展的障碍,进入了更为广阔的发展空间,亦为红枣在新时代背景下的大量消费制造了更为科学的理由。

二、"好想你"产业模式解读

一种优秀的产业模式不仅规模宏大、产业众多,同时须脉络清晰、有条不紊。纵观"好想你"的产业结构体系,正是个中典范(如图 1 所示)。

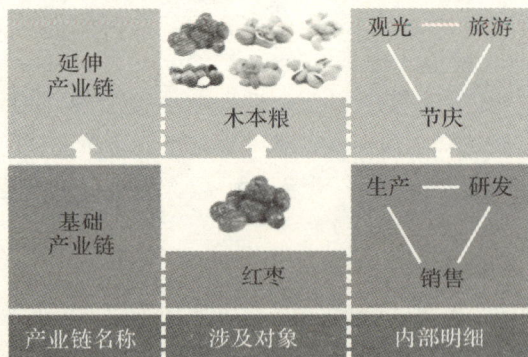

图 1 "好想你"的产业模式结构[2]

结合企业的发展历程来看,在"好想你"的产业模式中发挥着支撑作用的,仍然是围绕着红枣生产、研发与销售的基础产业链。但是,"好想你"未被小小的枣子所束缚住,通过开

---

① 郑州日报,新郑大枣:红遍华夏的祥云,2010 年 9 月 8 日,T3 版。

② 笔者之所以未在"生产、研发、销售"以及"观光、旅游、节庆"之间的线段上标注表示方向的箭头,是出自如下考虑——任何两点都存在着相互间的促进作用,很难单纯用箭头进行直观的示意(详见下文阐述)。所有图片的线段均作此处理,不再赘述。

发依托于基础、又服务于基础的"观光、旅游、节庆"等系列化产业形态,将原有的"加工型企业"定位上升为"综合性企业",极大地突破了原有产业范围的单一性;更为重要的是,正如上文所述,由红枣到木本粮,从表面上看仅仅是二字到三字的转换,从本质上看却是企业对基础产业链优化延伸的重大举措,使红枣不再只是休闲干果,"好想你"不再只是红枣品牌,还使"观光、旅游、节庆"产业链的内容变得更为丰富。

就这样,"好想你"形成了基础产业链与延伸产业链相辅相成、和谐共存的良性格局;而在每条产业链内部的各个节点,又各司其职、环环相扣,最终形成了强大的内外合力,实现了基础产业链上的精彩延伸。

(一)基础产业链

"好想你"的基础产业链可以用"生产－研发－销售"的三角结构来概括。但将每个节点逐一分解便可发现,节点内部又形成了二级的三角结构(即三对"三元关系"),每个"三角形"中都蕴藏着"好想你"独有的经营智慧(如图 2 所示)。而"生产－研发－销售"的交汇处(即所有"三元关系"的核心)均为公司自身,这就从根本上保证了不同节点之间的统筹协作(每个节点都由公司直接调度,便于管理和监控),而这正是"好想你"保证其复合型产业模式有序运行的要诀之一。

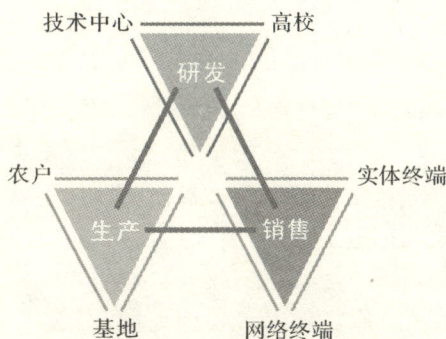

图 2 "好想你"的基础产业链内部结构

1."公司＋基地＋农户"的生产经营模式

在企业创建前期,公司和农户以订单形式收购红枣,以期获得稳定的货源(在当时也解决了散户"卖枣难"的问题,①拉动了孟庄镇乃至整个新郑市的经济发展)。但是,该模式仍相对简单,公司很容易受到果农的牵制(如自然灾害导致的减产,或是种植技术导致的产品品质不过关等),无法达到现代化标准生产的要求。

20 世纪末,"好想你"生产的红枣产品因农药残留检测不达标而无法出口。石聚彬受此触动,对原有模式进行了升级,在公司与农户之间加入了"基地"环节,由公司负责提供规范化的土地、树种、肥料、种植技术培训及生产设施(以上被提供的内容便是基地的组成要素),将农户的分工进一步简化为单纯的种植。2000 年,"好想你"投资兴建了无公害原料生

---

① 新郑红枣的原始售卖方式或为农民装在提篮中沿街叫卖,或为农民装在驴车上前往农贸市场叫卖,均为个体行为。

产基地——红枣科技示范园,招募农户栽种优质枣树,保证了果实的大小、形状和品质(如图3所示)标准;待枣树成形后,再将枣树返包给农户,并通过农民专业合作社与其签订订单合同,以高于市场价10%的价格优先收购红枣。2004年,石聚彬又进一步把已经成型的红枣科技示范园返包给农民,以推动红枣的规模化种植。① 此举进一步保证了农民的积极性,反之亦保证了原料的质量。此外,公司也利用基地推动了枣农中的"技术育枣"热潮,培养了大批优秀的种植和管理人才,许多农民成为了能够从事标准化生产的产业工人。

图3　"好想你"基地生产的优质红枣

如今,"好想你"的基地已囊括了河北沧州、陕西大荔、新疆阿克苏等传统枣树种植区,形成了红枣基地全国"联网化"的战略布局。同时,为了进一步挖掘地域特色、提高加工效率,"好想你"在各个基地所在地同步设立了子公司,对种植基地提供的原料进行专门化、特色化加工;2007年,河北沧州好想你枣业有限公司成立,主要以当地金丝小枣和冬枣为原料,加工出了"枣开心""野酸枣"等地方特产;2009年,新疆若羌好想你红枣公司成立,主要对新郑红枣"西移"②成果进行深加工,打造出了"健康情""千年胡杨"等系列产品;2010年,新疆阿克苏好想你创意农业有限公司成立,锁定当地200万亩丰富的灰枣资源……就这样,公司逐步打通了种植与加工环节,强化了风险抗御能力——在2011年,河南、河北产区因天气原因发生大面积减产,但在局部危机面前,公司仍以新疆产区的丰收确保了当年9亿元的产值和销售收入。

在该生产经营模式中,"好想你"以人为本、因地制宜,公司制订具体的生产计划,基地创造科学的标准种植条件,农户承担明确的种植任务;通过三方的有机合作,还带动了全国近1000万枣农脱贫致富。

2."公司＋技术中心＋高校"的研发合作模式

提高产品附加值是增强市场竞争力的主要途径,产品附加值的提高则离不开科技实力与创新能力。对农业企业来说,知识的匮乏与技术的薄弱通常会成为制约农产品附加值的硬伤。"好想你"清楚地认识到了这一点,将"以专业为主、以科技为先"作为企业的重要发展理念,早在1993年就与河南首位享受国务院政府特殊津贴的专家合作,开发出了"鸡心人参枣"产品,同年获得了河南省人民政府科技发明三等奖,为公司与外界的携手积累了良好的资金基础与合作经验。

---

① 阿里巴巴农业,好想你枣业董事长石聚彬:胆识多大事业就多大,2012年2月,详见 http://info.china.alibaba.com/news/detail/v0－d1023552685.html

② "西移"意为"好想你"远赴新疆等西部地区从事红枣种植、技术指导与红枣经纪等工作,直接推动了新郑10万大军奔赴新疆参与红枣产业。

目前，与"好想你"在产品（技术）研发方面保持着密切合作关系的主体有两大类：前者是专业机构，包括河南省企业技术中心、河南省食品研究所、河南省红枣工程技术研究中心（如图4所示）及解放军301医院营养研究室；后者是各大高校，包括中国农业大学、河北农业大学、河南农业大学、河南工业大学、河南省中医学院、郑州轻工业学院与中原工学院等。在与各个主体进行合作的同时，"好想你"也拥有了6个产学研一体化基地（分别涉及红枣萃取、红枣生物、红枣保鲜、制造装备、膳食养生等细分化领域）及众多大学生社会实践基地，相继孵化出酶法制取大枣多糖、连续真空低温烘干、姜枣营卫颗粒等11项河南省科技鉴定成果，拥有发明、实用新型和外观专利产品180项（含16项国家级专利发明和1项产品包装国际大奖）。

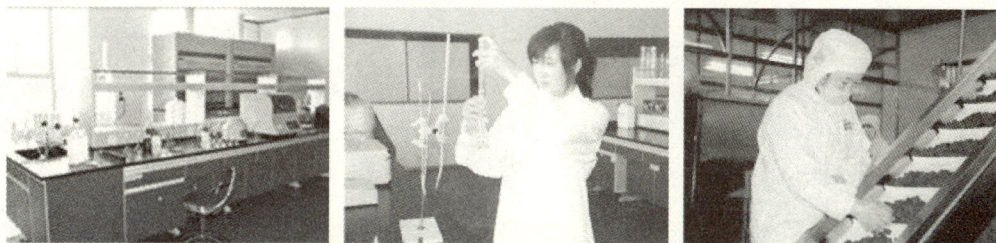

图4　河南省红枣工程技术研究中心的内部环境①

通过企业与大批专家学者的通力合作，"好想你"的产品阵容不断壮大，截至2011年底，总计研发并生产出十大系列300个单品的系列产品（如图5所示），其中专利产品达到168个，商标产品达到268个（每个产品都有品牌），几乎占领了全国同类市场的半壁江山。公司也借此成为"全国知识产权优势培育企业""河南省知识产权先进企业"。

在产品研发的同时，"好想你"也在不断改进产品加工技术，除了上文所述"全国第一个专门从事红枣深加工技术的省级工程技术中心"之外，还拥有"全国第一条运用真空浓缩技术的枣片生产线"、"全国第一条气流微粉技术红枣粉生产线"②，以及"全国第一个具有自动恒温功能的烘干房"。

内夯技术，外联行业，抢占高地。"好想你"凭借研发合作模式，直接保证了所售产品的价格优势：普通红枣每公斤的市场报价不过十几元，而"好想你"旗下的加工红枣，每公斤报价却高达几十元甚至上百元，更不用说占据绝对优势的木本粮产品了。

---

① 河南省红枣工程技术研究中心由"好想你"一手创建，是目前国内唯一通过省级鉴定的红枣技术研究中心。

② 胡晓云等，品牌传播智慧——20个农产品品牌典范的专业解读，中国农业出版社，2011年第1版，第239页。

图5　花样繁多的"好想你"产品①

3. "实体＋网络"的终端销售模式

根据传统的思路,农产品贩卖都得靠"勤吆喝";可"好想你"却出人意料的"安静",(前期)未花一分钱投放广告,②而是将精力集中到了终端渠道建设上来。正如前文中的图2所示,"好想你"的终端体系是由"实体终端"与"网络终端"这两部分所组成的。

(1)"经销商＋直营店＋商场超市"的实体终端

相对来说,"好想你"的实体终端"权重"较高,构成了整个体系的主要部分(如图6所示)。无独有偶,其内部依然呈现出了三角结构,三个主体分别为公司授权经销商、加盟连

---

①　枣片是"好想你"的得意之作,有"中国口香糖"之称,是一款融合"果丹皮"制作工艺、做成口香糖模样、再采用烟盒式外包装的时尚产品,其特点为"胜似口香糖,可口又环保;速溶变枣汁,早茶兼夜宵",一经推出便广受好评。其充满创意的包装还获得了"世界之星"国际包装设计大奖。

②　自2009年起,"好想你"开始启用形象代言人杨紫(影视代表作有《家有儿女》《幸福来敲门》等),并制作了部分宣传片和海报(但数量不多,主要仍应用于自有媒介)。

锁直营专卖店和各大商场超市。其中,经销商遍布全国省会城市和主要地级市(除青海和西藏外),且一个地级市只设一个代理商,不设省代理,[①]负责统一供货(也便于公司直接调控)。

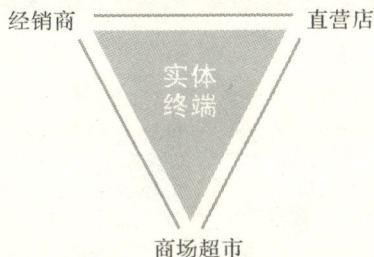

经销商 ———— 直营店

实体
终端

商场超市

图6 "好想你"的实体终端构成

从时间顺序上来看,直营专卖店是发展历史最为悠久的终端形式(需要强调的是,"好想你"对这一终端形式的坚持,也是品牌推广早期的重要创新举措)。如果说"酒香也怕巷子深",那么"枣香也怕渠道窄"。"好想你"清楚地认识到,以往的红枣售卖模式(如上文提及的"提篮小卖")在消费者心中根深蒂固,与当代消费者重视品质、追求档次的特点形成了矛盾,是阻碍红枣购买行为的重要因素。为了让自身的优质产品能够引起外界的注意,更为了锁定购买能力较强的中高端人群,"好想你"于2000年在郑州市开设了首家红枣直营专卖店:靓丽的门头、高档的陈列、精美的包装、统一的着装、高雅的环境……皆使昔日"土得掉渣"的红枣有了专属的销售场所。

通常,专卖店都是用来出售服装、饰品的,"好想你"的举措无疑是对公众传统观念的一次颠覆。凭借新鲜的话题效应和巧妙的促销手段,[②]店铺一经推出便吸引了市民和媒体的眼球。伴随着第一位白领的进场、第一个旅游团的光顾和第一家企业的采购,"好想你"的各家直营店在"一颗红枣开专卖"、"一个农产品高调卖"的热议中如雨后春笋般迅速崛起:2001年,国内新增的加盟门店为10家,至2006年发展到280家,2009年达到1600家……截至2011年底,"好想你"在全国范围内的直营专卖店达到了2300多家,遍及30个省280个城市,既成为了一张销售网络,也成为了一种销售模式(全称应为"连锁加盟的直营实体店模式",下文简称为"直营店模式")。伴随着直营店模式的成功,"好想你"还入选了中央电视台经济频道的《商道》栏目。

该模式看似简单,却实实在在地发挥着作用:

第一,矗立于繁华街头区位的店铺,除了销售终端的属性之外,更是辐射全国的、永久性的、且为品牌自有的固定广告(尤其是红色的logo,非常醒目),省却了在各大媒体中长期、大量投放广告的费用,可谓"一举两得";

第二,各店严格遵循"门头统一、服装统一、陈列统一、产品统一、价格统一、宣传统一、促销统一"等标准(如图7所示),有效地提升了品牌形象,吸引了目标人群(同时,统一的门

---

① 胡晓云等,品牌传播智慧——20个农产品品牌典范的专业解读,中国农业出版社,2011年第1版,第242页。

② 开业期间,营业员们向过往的市民派送枣片,部分当地报纸也同步配合搭赠枣片。

店也是抵御市场上"李鬼"冲击的屏障,便于消费者辨知真伪①);

图 7   "好想你"直营店的部分统一标准

第三,店内营业员的专业知识和营销技巧,能够形成能动销售和信息反馈的快捷机制,直接引发购买行为,在第一线促进产品的销售;

第四,自营的销售终端避免了商超进场费,能够在"品牌发展初级阶段"顺利实现"低成本、快速度"的扩张愿景。

相对的,发展历史较短的终端形式是商场和超市。随着市场的扩张,"好想你"先前的直营店模式暴露出了部分缺陷(如开店速度放缓、单店销售额低、外埠市场适应性弱等②)。为了弥补"单线作战"的不足,"好想你"及时进行了战略调整,让部分商品进入各大商场超市(如沃尔玛、家乐福和世纪联华等),但仍适当保留直营店产品在价格和种类上的优势。

至今为止,好想你已在境内外的 34 个省市自治区、直辖市建立了专卖网络。

(2)"官方旗舰店+电子商务网站+个体网店"的网络终端

如今,电子商务的普及使网上购物成为都市消费者生活中不可或缺的一环。虽然已经拥有了庞大的连锁加盟的实体直营店终端体系,"好想你"却不忘借力网络,开辟了继实体店之后的"第二战场"(如图 8 所示):其构成部分主要为直属公司的官方旗舰店(包括淘宝天猫旗舰店和腾讯拍拍旗舰店,如图 9 和图 10 所示),与公司存在供货关系的京东、一号店、我买网、糯米网、点评团等其他综合销售或团购性质的电子商务网站(以上两大终端会适时开

①   在正规授权的"好想你"直营店中,其门口灯箱除了统一 logo 字样外,均会在右下角注明"全国连锁编号",且店内摆放公司直接颁发的"特许经销证"和"授权书";店员服装的袖口有蓝、绿环线各一条,宽度约为 0.5 厘米——以上典型细节,都是"正规军"专有的。

②   引自"好想你"2011 年年报。

展促销活动制造"抢购"热潮,如图 11 所示)。此外,各地代理商、专卖店或其他淘宝会员也会自发地开设网络店铺(包括专卖、主营或散卖等三种形式,分布于淘宝网、腾讯拍拍、易趣等国内各大网购网站之中①),虽然较为分散,却填补着主力终端未覆盖到的细小空白。由此,"好想你"依靠网络终端和实体终端,形成了日益完善的销售模式,还率领近 1 万名大学生、失业青年、下岗职工创业致富。

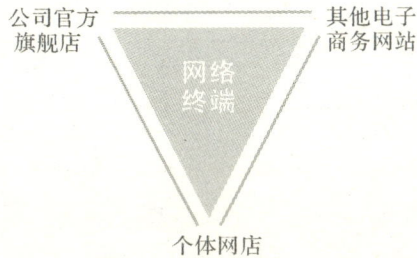

图 8 "好想你"的网络终端构成

图 9 "好想你"淘宝天猫旗舰店首页(2012.6)②

以上便是"好想你"建设"产、研、售"一体化产业链的结构。从内部来看,生产为研发提供了优质原料,研发为销售提供了优质成品(丰富的产品线能有效满足不同购买需求),销售又为前两个环节提供了充足资金;而从外部来看,该产业链则是一个强有力的基础,在保证公司稳步运作之余,又为后续的突破创新提供了扎实的平台和较高的起点。

---

① 该部分网络终端的规范性有待商榷(如名称、价格不统一等),部分店铺的存货量、交易量和动态评分情况甚至优于"好想你"的官方旗舰店。

② 在 2012 年 6 月期间,"好想你"旗舰店配合端午节在首页推出了相应的活动,适时地推出节庆促销,给人们一个"在端午节买红枣"的恰当理由。

图 10   "好想你"腾讯拍拍旗舰店首页(2012 年 6 月)

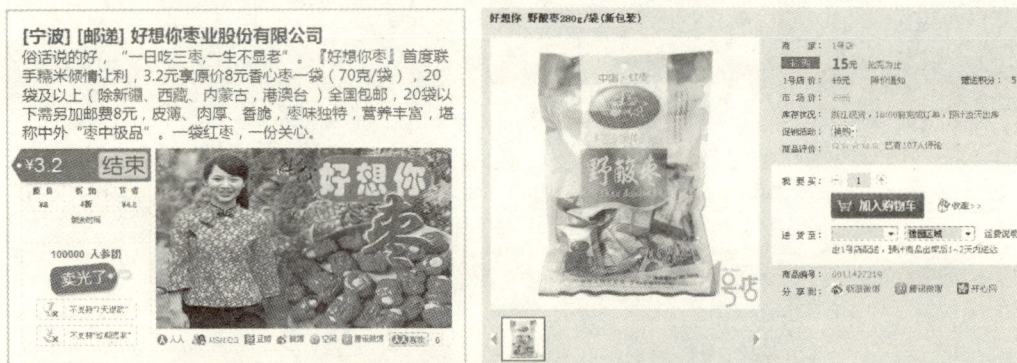

图 11   "好想你"产品的其他网络促销页面(非旗舰店)

(二)延伸产业链

"好想你"的延伸产业链也可被称作"伴生产业链",其形成完全依赖于基础环节。由图1可见,延伸产业链当中其实包含了两条主线:其一是"木本粮产品的生产、研发与销售",其二是"围绕木本粮(含红枣)的观光、旅游与节庆"。而作为公司发展"突破期"的重要举措,关于第一条主线的内容,在上文中已占有一定的篇幅(即"好想你"从加工原料的角度对基础产业链进行了优化拓展,把长期被视作休闲干果的红枣和众多木本果品送上餐桌,聚焦百姓的营养与健康问题),因此下文将特别针对后者进行阐述①。首先需要说明的是,在"好想你"延伸产业链上的"观光、旅游与节庆"三者,其实是一个彼此互补、密不可分的主体:观光项目是旅游诞生的前提,旅游使基础观光形成有机整体(也催生了更为丰富的观光项目),节庆则进一步加强了观光与旅游的影响力(如图12所示)。

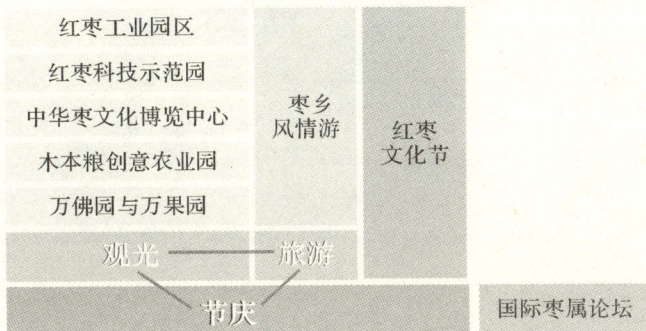

图12　"好想你"延伸产业链明细

1.红枣工业园区

早在中国古代,街头小贩就懂得把生产过程公之于众的营销技巧(如捏面人、做拉面等),通过生动的劳作景象,于精神层面和消费者发生共鸣,在引发围观的同时,亦获得了更多的交易机会,令人印象深刻。而"好想你"对延伸产业链的最初构想,也与其有着异曲同工之妙。公司的工业园区对外开放,生产车间内建有一条由70米长的玻璃幕墙构成的参观通道,向来往的游客们展示着万吨冷库的大气、百人手工作业的壮观,以及科技工艺的精妙(如图13所示),也将企业在质量控制和科技创新方面的努力一览无余地呈现在消费者眼前。陪同参观的专业接待人员,更是通过枣产品知识的介绍拉近了与消费者的距离。

图13　观光工业长廊

此外,工业园区内还有一个占地780亩的"皇帝贡枣苑"(如图14所示),园内种植着250棵300~500年以上树龄的古枣树(其中"枣树王"的树龄已经高达897年),它们默默地传递着当地悠久的红枣历史文化,游客们可以在树下祈福、许愿、品农家宴,还可以认养中意的枣树,通过浇水、施肥、收获等亲身体验来感受枣农的辛劳,可谓集历史价值、观赏价值

---

① 下文皆以"延伸产业链"的简称代替"延伸产业链第二条主线"一说。

和科研价值于一体(也是"好想你"对当地古树的重要保护举措)。

图 14　皇帝贡枣苑

2.红枣科技示范园

距离工业园区的不远处,就是红枣科技示范园(即上文中"公司＋基地＋农户"模式的灵魂部分);但除了"原料种植基地"外,它还扮演着"开放式观光游览园区"的角色(如图 15 至图 19 所示)。根据新郑市人民政府网站的介绍,"每年 9 月到 10 月初,游客摩肩接踵,年接待量可达数十万人次",游客可以"摘红枣、拔花生、品红枣茶、吃农家饭、逛农家院,沉醉在风情浓郁的农家乐园之中"。

图 15　标志性雕塑　　　　图 16　枣文化长廊

图 17　打枣第一门　　　图 18　本草养生堂　　　图 19　农家小院

3.中华枣文化博览中心

由"好想你"倾力打造的中华枣文化博览中心,是中国唯一的枣博物馆(在世界范围内也是第一家)。进入中心,首先映入眼帘的便是"天下第一枣"的复刻雕塑①,可与红枣科技示范园的标志性雕塑形成关联,进一步强化消费者的记忆。而通过完整的游览,消费者能够充分领略到红枣历史、红枣科技、红枣品种、红枣产品、红枣人物等丰富内容,对包含"百药枣为引"的传统养生文化、结婚用枣的民俗文化、城郊及农家游的休闲文化在内的中华枣文化产生更为深刻的整体认知(如图20所示)。

图20　中华枣文化博览中心

4.木本粮创意农业园

继博览中心后,好想你又配合新产品系列而启动了"木本粮创意农业园"项目(目前仍在建,以下简称"农业园"),其性质与红枣科技示范园相似,并同时从属于"公司＋基地＋农户"模式及延伸产业链双方。

农业园包含了235亩的"木本粮种植园区"及2000亩左右的"万果园"。前者种植了枣、核桃、板栗、柿子等在内3000株木本粮植物,后者在原有果园的基础上进行了改善,孵化或支持10～20个有机果业品种,由红枣种植示范、板栗种植示范区、核桃种植示范区、杏树种植示范区、白果(银杏)种植示范区、热带果林种植示范区等区块组成,建成后将实现有机果林2000亩,辐射面积可达到10万亩以上。② 园区内收获的果实将被用于生产木本粮产品,或供公司及合作机构研究所用。园区"泉水清澈,花香四溢"的优美原生态环境,集"吃、住、玩"休闲观光功能于一身,将是都市游客放松心情、感受农耕文化的绝佳场所。

农业园的另一大特色景点是"万佛苑"。万佛苑内遍布着以古枣树雕刻而成的佛像,形态万千,震撼人心(如图21所示)。石聚彬对其进行了解释:"木本粮就是与树木打交道。我们国家有古树保护方面的法律规定,对百年的古树要进行保护,但是很多地方的古树因开发、修路砍伐了,或者被人们当柴烧了,或者慢慢地腐朽了,我觉得怪可惜的,就把它们收集了起来,万佛苑的佛大多数是上百年的大肚子枣树雕刻的。这些古树不能复生,但能复活,复活就是把他们当成一个活生生的佛,是对古树的爱护,同时也开发了旅游业。"③可见,"好想你"所大力发展的木本粮产业实则又发生了"二次延伸",与文化、宗教、艺术等领域发生了渗透,还可因此吸纳特殊的消费人群(如信徒、艺术家等)前来观光。

农业园设计中还配备了木本粮膳食堂(占地2万平方米)、三农博物馆(通过展示木本粮特色产业成果,彰显中国农业辉煌)、会务接待中心(又名"中原会客厅",占地4万平方米)、

---

① 由12.8万多颗优质红枣做成,高达6.99米,重约1吨。

② 商报网,"好想你"将建木本粮创意农业园,2009年11月10日,详见 http://www.shangbw.com

③ 经济视点报,石聚彬:一颗枣的百亿构想,2010年2月,详见 http://www.jjsdb.com/News_Show2.asp? NewsID＝4465

图 21　万佛苑中的佛像

河南旅游产品展销中心、木本粮展销中心等项目。这也是"好想你"在延伸产业链上最有创意、最浓墨重彩的一笔，目标打造一个郑州港区乃至河南接待、休闲的胜地，将成为郑州港区第三产业标杆和河南旅游产品加工、集散与物流基地。①

5. 枣乡风情游与红枣文化节

如果说红枣科技示范园、中华枣文化博览中心、木本粮创意农业园等是"好想你"在图纸上描下的一个个"点"，那么枣乡风情游与红枣文化节就是把以上"点"连成"线"、乃至汇成"面"的整合优化策略，有机地串起了延伸产业链中原本"各自为阵"的个体。

枣乡风情游始于 1998 年，着力于推动"好想你"产地的区域旅游；之后，风情游进行了与时俱进的调整，逐渐发展成为了"二合一"的节庆品牌（更名为"中华枣乡风情游暨第 * 届好想你红枣文化节"），通常在金秋九月举行，历时一个月左右的时间，从 2003 年至今已经连续举办了 9 届，每一届都会提出彼此联系但各有侧重的主题，间接地传播着品牌理念（如表 2 所示）。节日期间，"好想你"会联手当地政府，诚邀各地游客徜徉于各个景点（景区），亲身体验打枣、赏枣、尝枣（木本粮食品）等活动的乐趣，共飨集观赏性、娱乐性、参与性、知识性于一体的大型生态旅游盛典（如图 22 至图 23 所示）。

表 2　部分节庆活动主题一览②

年份	主　题
2006 年	新农村、新旅游、新体验、新风尚
2007 年	文化、绿色、健康、互动、体验
2008 年	文化、健康、回归田园、拥抱自然
2009 年	安全、营养、木本、养生
2010 年	生态、环保、低碳、健康、营养
2011 年	唱红歌、摘红枣、行鸿运

①　商报网，"好想你"将建木本粮创意农业园，2009 年 11 月 10 日，详见 http://www.shangbw.com
②　为了直接带动区域旅游，部分节庆活动还兼顾了黄帝文化、郑韩文化等主题。

图22　打枣仪式　　　　　　图23　游客自采活动　　　　　图24　民间手艺展示

通过精心设计的节庆旅游路线，"好想你"旅游观光型企业的性质更为突出，大量的消费者得以亲身体验和汲取一切囊括枣文化在内的木本粮文化（即"好想你"推行的健康品牌文化），令其中不了解的人开始了解，了解的人开始内行，不爱吃的人开始爱吃，爱吃的人更加忠诚——反之，也为"好想你"延伸产业链的持续化运作提供了有力的支持。

6. 中国国际枣属论坛

凭借以上延伸产业链的运作，"好想你"的品牌影响力得到了更为有效的提升。借此良机，公司分别于2007年及2011年连续承办了两届"中国国际枣属论坛（研讨会）"。这是世界枣业发展史上层次最高的盛会，有利于加强国际间枣业学术交流与合作。就这样，"好想你"用一个成熟品牌特有的大气、专业和责任意识，进一步巩固了自身"行业翘楚"的地位，为延伸产业链增添了一个极有分量的标签。

现代社会的消费者越来越重视情感体验，要形成品牌忠诚度，就必须对品牌进行文化运作。在以上延伸产业链的排兵布阵过程中，"好想你"作为规划者、发起者和组织者，打出的正是一张张"文化牌"，把只会卖食品的传统竞争者远远地甩在了身后。值得注意的是，"好想你"的延伸产业链还与宏大的中华枣文化、世界枣产业、新郑乃至中原地区的区域经济发生了直接的关联，究其本质，属于"借力"的战略行为，塑造了品牌"识大体、顾大局、乐于奉献"的高尚公益形象（"好想你"的企业文化中有"企业来源于社会，奉献于社会，勇于承担社会责任和社会义务"一说），让广大消费者在"不设防"的情况下深深地被企业行为所感染，产生精神层面的高度认同，进而形成品牌信仰。而延伸产业链在发挥着广告和公关作用的同时，也充分说明：若产业模式反哺了社会，同样会取得社会给予的丰厚回报。

当然，没有谁能在当下便预知"好想你"这一枣业巨头、木本粮新贵的将来（正如文章开头所述，曾经也无人想到长期被"提篮小卖"的小小红枣会在今天火遍大江南北），其延伸产业链永远没有句号，未来仍有无限可能、无限精彩。

专家评议

以当前的发展来看，"好想你"的成功法宝有三个。一是以专一化战略带动差异化战略，专注于红枣产业这一核心业务；二是以科技创新带动产品创新，革新了传统的红枣食用方式，解决了消费者的方便性，不断满足消费者的多样性和多层次性需求；三是以销售终端的渠道网络建设实现品牌的"自媒体"传播，启动口碑传播的振动原点，产生了"以小博大"的传播效果。

未来的"好想你"面临诸多挑战。首当其冲的是，核心业务——红枣产业未来怎么走？时至今日，其红枣产业已经横跨四个产业——生产（第一产业）、加工（第二产业）、销售（第三产业)和观光旅游节庆(文化创意产业),形成了相当完善的产业链。在红枣市场日趋饱和、模仿跟进者不断涌入的背景下,"好想你"如何进一步提升和突破? 产品创新抑或渠道制胜?

其次,"好想你"还必须审慎地处理其延伸产业链"木本粮"和红枣业务在多个领域中的关系,如概念推广、资源分配、渠道建设和品牌联想等等。有必要将这一问题纳入到企业的未来发展战略中去,深思熟虑而后谋动。

(李　闯)

内蒙古民丰薯业:专业化提升核心价值
一体化成就产业繁荣

　　马铃薯广泛种植于世界各地,广泛应用于食品加工业,具有很高的营养价值、保健功能,富含淀粉和蛋白质、糖类、矿物质、维生素、氨基酸以及多种微量元素等营养成分,有"地下苹果"之美誉。2008 年,联合国粮农组织将该年度命名为国际马铃薯年,旨在提高全球对马铃薯在农业、经济和世界食品安全方面重要性的认知。由于种种原因,中国的马铃薯种植一直处于粗放状态,种薯的普及率很低,单位产量低于世界平均水平。

图 1　国际马铃薯年的 LOGO 与官网宣传海报

　　据中国农业科学院调查分析,中国主要种植马铃薯的西部地区,其马铃薯种薯应用普及率不足 50%,生产应用的种薯多为三级以外的种薯,已基本失去种用价值,合格种薯供种率仅为种植面积的 20%左右。……而全国马铃薯脱毒种薯普及率仅为 15%～20%①。近 5年来,内蒙古民丰薯业有限公司一直致力于全国马铃薯种植的种薯研发和普及,并形成了从研发到生产、脱毒、繁育、试验、加工、仓储、物流的一体化产业模式。

---

　　①　庞芳兰:《发达国家马铃薯种薯产业的发展及其启示》,《世界农业》,2008 年第 3 期,第 55 页。

一、民丰薯业产业模式的形成背景

民丰薯业成立的时间非常短,只有 4 年多的时间,但是它的发展速度很快。它的产业模式选择和探索,既有对当地自然环境的深刻认识,也有对中国马铃薯种植大环境的深入洞察。

(一)优良的马铃薯种植自然环境

内蒙古自治区是我国马铃薯种植大省,1998 年、2003 年、2005 年《中国农业统计年鉴》的统计数据显示,内蒙古的马铃薯种植面积和产量均处于前三位。乌兰察布市地处内蒙古自治区中部,位于东经 109°21′至 114°15′和北纬 39°30′至 43°50′之间,总面积 5.5 平方公里,耕地面积约 60 万公顷,海拔高度在 1000~1500 米,气候冷凉,年平均气温在 2.5~6℃之间,无霜期 110 天左右,年降雨量 350~450 毫米,多集中在马铃薯生长的六、七、八三个月。这里雨热同季,昼夜温差大,降水集中,土壤呈沙性,属于典型的温带大陆性季风气候,有利于马铃薯块茎膨大和干物质积累。

乌兰察布市具有悠久的马铃薯种植历史,享有"魅力薯都,乌兰察布"的美誉。乌兰察布乃至整个内蒙古自治区巨大的马铃薯种植规模、悠久的种植传统、优良适宜的种植环境、广大的市场需求等为民丰薯业的种薯研发、试验和推广等提供了广阔的舞台和丰富的资源。

(二)落后的马铃薯种植和加工现状

李勤志在其硕士毕业论文《我国马铃薯产业的经济分析》中总结了我国马铃薯生产的主要特征:马铃薯市场波动较大,投入产出不成比例,单产水平低、束缚了马铃薯增产潜力的发挥,由于规模小而造成种植经济效益低,行业标准和法规不完善、质量控制体系不健全,马铃薯产后加工极其落后等六个方面。

这些特征有一些是特殊的国情和历史背景造成的,如中国马铃薯种植规模小,主要是因为中国的人口众多,人均耕地资源无法与欧美发达国家相比,现阶段难以将大规模现代化农场普遍化。但是,中国马铃薯单产水平较低的现实主要因人为因素造成。目前,我国的马铃薯种植技术粗放、种薯普及率低。图 2 显示了我国与亚洲部分马铃薯生产国的单产水平比较,单位为 t/ha。

中国的马铃薯单产水平在亚洲尚且处于落后状态,更遑论与欧美发达国家相比了。表 1 是 2008 年部分发达国家的马铃薯单产数据。将这些数据与中国单产 14.4t/ha 的水平相比,差距不言自明。研究表明,马铃薯的品质好坏和产量高低关键在种薯,[①]种薯的普及率对于马铃薯种植业的整个产业发展的意义重大。近几年来,马铃薯种植者的种薯意识日益增强,这给予民丰薯业巨大的市场机遇和潜力。

---

① 李红梅:《美国马铃薯产业为何能做大做强》,《北京农业》,2007 年 7 月中旬刊,第 10 页。

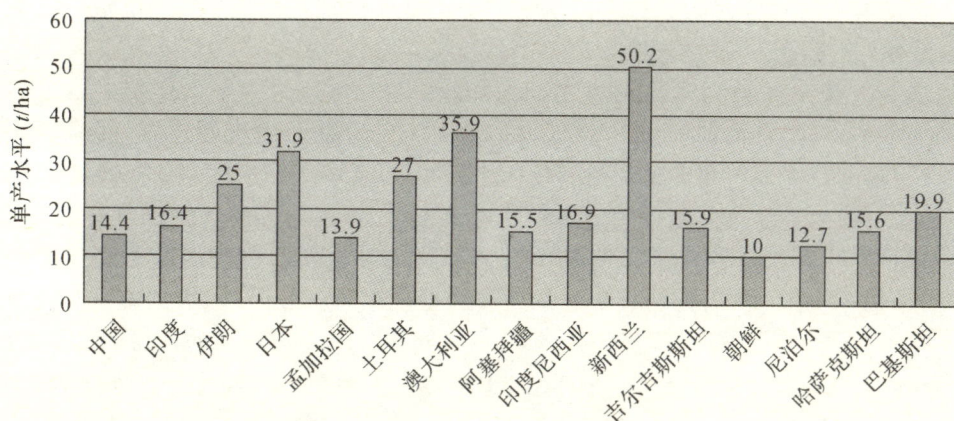

图 2 我国与亚洲部分国家的马铃薯单产水平比较图

资料来源:据国际马铃薯年 2008 官方网站数据绘制 http://www.potato2008.org/en/world/asia.html

表 1 部分欧美国家的马铃薯单产水平表

国别	荷兰	美国	法国	爱尔兰	英国	西班牙	比利时	德国	加拿大	丹麦
马铃薯单产 (t/ha)	44.7	41.6	43.2	37	40.5	28.1	42.3	42.3	31.3	39.5

资料来源:据国际马铃薯年 2008 官方网站数据绘制 http://www.potato2008.org/en/world/asia.html

(三)人均消费量较低

2005 年的数据表明,中国的马铃薯消费总量居世界第一,但是人均消费量却未能进入前十。① 作为一种世界性的、兼具营养价值和保健价值还具有主食功能的农产品,马铃薯在中国的人均消费量是非常低的,约为 40 千克/年,除去西方人的饮食习惯因素(超过 100 千克/年),马铃薯在中国的未来发展潜力仍然是巨大的。

除了极少数省份外,中国大部分省份都种植马铃薯。马铃薯也是人们日常生活中不可或缺的物美价廉的食品,其在中国的市场空间巨大。当前,马铃薯种植的单位效益日益被种植者所重视,种薯的市场空间也随之水涨船高。近年来,马铃薯的农场化种植、产业化发展模式日益流行,许多采用国外喷灌设施、机械设备并以现代化、机械化、规模化为特征的马铃薯农场成为我国马铃薯产业发展的新亮点。高投入、高产出是这种农场的另一个特点,这使得该类型的农场对种薯资源的需求异常旺盛。民丰薯业的应运而生,刚好使自己屹立于中国马铃薯产业化发展的潮头。

(四)政府重视发展马铃薯产业

中国是一个农业大国,中国政府始终重视粮食生产和国家粮食供给安全等问题。马铃薯作为第四大粮食作物,也受到了中国政府历年来的关注:从早期作为主粮之一解决温饱问题到近期关注马铃薯的精深加工产业发展。但是重视程度依然不够。直至"十五"规划,

---

① 国际马铃薯年官方网站,http://www.potato2008.org/en/world/asia.html

马铃薯产业发展才得到应有的重视。"十五"期间,国家科技部将"马铃薯深加工技术及设备研究与开发"列为国家科技攻关计划。

经过多年的研究开发,中国科学家在水稻、小麦和玉米这三大粮食作物产量上的提升空间已经越来越小,而马铃薯的提升空间却非常大。马铃薯对土壤的适应性强,不需要太多水资源,这刚好是中国正在面临的耕地资源和水资源紧张这一难题的一剂良方。中国的小麦、玉米和水稻的平均单产都领先世界平均水平很多,唯独马铃薯落在后面。

中国政府已经将马铃薯产业的发展作为未来解决中国粮食供应的重要渠道之一。自2007年起,中国政府在一些省份试点提高马铃薯产量的项目。2010年,中国政府与国际马铃薯中心签署协议,在北京建立马铃薯研究中心,以提高中国马铃薯种植的产量和品质。同时,国家还将对种植马铃薯良种的农民给予补贴以加快优良品种的推广普及。至2020年,为实现粮食增产1000亿斤的目标,中国政府更多地将希望放在了马铃薯、甘薯等薯类作物上。[1]

在上述宏观背景之下,内蒙古民丰薯业有限公司从成立至今的每一步发展都得到了中央和地方政府的大力支持,承担着保障国家粮食安全、增加农民收入、促进社会主义新农村建设的多重使命。乌兰察布市政府更把马铃薯产业切实摆到优先发展、重点发展、加快发展的战略地位,以民丰薯业为依托,通过科学布局、产业升级、国家农业标准化示范区项目建设等举措,意欲将该市建设成全国最大的脱毒种薯、加工专用薯、食用鲜薯生产加工基地,实现薯都的整体实力和竞争力的增强。诞生于此的民丰薯业,因此拥有了良好的投资经营环境和政策扶持。

二、民丰薯业的产业化模式分析

经过短短几年的摸索和建设,民丰薯业已经初步建立了专注于马铃薯研发、生产、脱毒、繁育、仓储、物流等单一核心业务的纵向一体化模式。该模式由五大功能区相互联结和支撑,以科研和技术作支撑,以"公司+合作社+农户"为组织形式,以土地"统租再包"和订单收购为利益联结,实现公司、区域经济和农户的三方共赢。

(一)模式形成

民丰薯业的前身是乌兰察布市福瑞特有限责任公司。该公司以经营马铃薯种薯和商品薯为主,也涉及大麦和胡萝卜、洋葱、白菜等蔬菜业务。民丰薯业成立以前,福瑞特有限责任公司还未能凝聚或专注核心产业,是一家普通的民营企业。由于经营有方以及当地的马铃薯种植优势,福瑞特有限责任公司取得了良好的经济效益之后决定扩大经营规模,凝练公司发展方向,完善企业治理结构。

2008年10月至2009年12月,民丰薯业在"以农为本,科学发展"的创意理念下开始了两大基础工程建设:科研生产基地和科研生产技术队伍建设,为企业后继发展奠定基础。从2010年开始,民丰薯业从单一的脱毒种薯研发、生产向下游加工、储藏、物流等环节延伸

---

① 金珠,《中国寄望薯类作物,特别是马铃薯和甘薯种植以保证满足这个世界上人口最多国家的粮食供应》,《中国日报》英文版,2010年6月11日。

产业链,成为乌兰察布市农业产业化进程的重要推动力量。2009 年,民丰薯业被内蒙古自治区认定为自治区重点扶贫龙头企业,被乌兰察布市认定为市级农业产业化重点龙头企业。2011 年,公司被国家评选为马铃薯种薯种植标准化示范区,并被农业部等八部委审定为农业产业化国家重点龙头企业。

(二)五大功能区

围绕着产业化发展模式的环节设计,民丰薯业投资 3.5 亿元资金,建设了国际领先的马铃薯研发生产基地。该基地以高新科技为支撑,以突破马铃薯产业化发展瓶颈为目标,致力于培育适合中国本土环境的优良马铃薯种薯和种苗,并推广和普及中国的种薯种植范围。民丰薯业的产业化模式就是围绕着公司研发、生产基地的五大功能区而建构起来的。其示意图如图 3 所示。

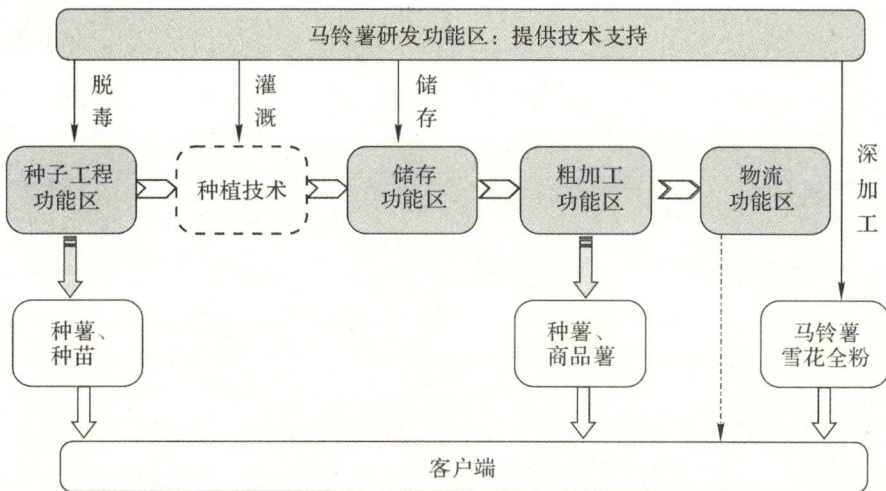

图 3　民丰薯业的五大功能区

从民丰薯业的产业化模式图中,我们可以发现四个特点:一是民丰薯业专注于马铃薯这一单一核心业务;二是其产业化模式建构中的五大功能区既相互独立,各自发挥功能,又具有一定的逻辑关系,相互支撑,共同构成一个完整的产业链;三是技术研发居核心地位,是产业模式的建构基础;四是通过多种产品形式面向客户端,产业链有进一步延伸的空间。

1.马铃薯研发功能区

该功能区的研发功能涉及马铃薯种植的方方面面,涵盖从种质资源的保存、改良、培育、引进、脱毒,到商品薯的种植、灌溉、机械作业等技术,再到马铃薯的存储、物流和深加工等各个环节的技术研发,覆盖了民丰薯业产业化模式的各个环节,是整个模式的中枢,也是企业未来发展的内在驱动力和核心竞争力。

该功能区包括四个组成部分。

(1)马铃薯脱毒研发中心。马铃薯是一种依赖块茎进行无性繁殖的作物,在种植过程中容易感染多种病毒,特别是长期自留种薯或互相引种的种植方式,更是如此。病毒积聚在马铃薯的细胞内,会影响其产量和品质,并使它容易受到一些病害的侵袭,导致薯块畸形、变小或者退化,因此,作为种薯的马铃薯必须要进行脱毒。

所谓脱毒,就是应用生物工程技术培育出不受病毒侵染的马铃薯种薯和种苗的过程。脱毒马铃薯能够增强作物的性状、提高产量、改善品质等优点,所以马铃薯脱毒研发中心对民丰薯业的重要意义不言而喻。民丰薯业已建成 500㎡ 的马铃薯脱毒研发中心,用于其种质资源的保存、研究和优良品种的引进、培育、脱毒以及商品薯的生产技术研究。

(2)马铃薯灌溉试验田。民丰薯业与美国康家公司、约翰迪尔公司合作建成了马铃薯喷灌、滴灌、微灌种植实验区 1300 亩,用于马铃薯的育种、栽培及机械化地下渗灌技术研究,努力开发马铃薯节水灌溉和精准生产技术。

马铃薯灌溉试验田建设使民丰薯业从种质资源研发、试验进入到了种植生产阶段,在提供规模化产量的种薯的同时,探寻当前中国马铃薯种植农场的灌溉、栽培和机械化生产技术,两者可谓双管齐下,共同促进马铃薯种植产业的发展。

(3)马铃薯储存库试验中心。马铃薯是一种可以储存起来常年食用的农产品,其储存方法和技术直接影响到农户和公司的收益。当前,因储存不当而引起的腐烂、磕碰、缩水等损耗,约占马铃薯产量的 10%～15%,损耗量巨大。为此,民丰薯业与荷兰牧易公司合作建设了世界领先水平的马铃薯储存库试验中心,并依托该中心与中国多所院校展开多项科研课题合作,研究马铃薯的长久保鲜、存储等技术。

(4)马铃薯深加工研发培训中心。当前,中国的马铃薯精深加工产业还是十分滞后的,这不仅影响到市场对马铃薯的需求总量的提升,也影响到马铃薯的产品附加值的提高。中国的马铃薯消费以鲜食为主,比例很少的一部分进入到深加工环节。据统计,美国的马铃薯深加工约占其产量的 70%,其加工种类可达 70 多种,而中国用于鲜食的量就高达 55%,除去粗加工(淀粉)、出口、种薯、饲料原料等渠道,真正进入深加工环节的相当少。这使得马铃薯种植难以获得较高的种植效益。

为增强深加工对马铃薯产业的"拉动"作用,民丰薯业从丹麦引进了四条最前沿的生产线,建设了面积 2200㎡马铃薯深加工研发培训中心,用于马铃薯新产品新技术的研究开发以及相关人才的培训。该中心生产的马铃薯雪花全粉广泛用于薯片、饼干等食品,具有广阔的市场前景。通过马铃薯深加工人才的培训,民丰薯业不仅推广了马铃薯新产品生产技术,也使企业获得了更为广阔的市场空间。

通过以上分析,我们可以用图 4 形象地揭示民丰薯业研发功能区内各研发中心之间的逻辑关系和流程。

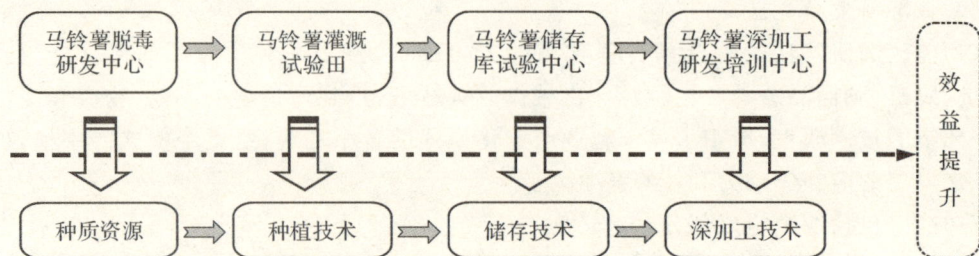

图 4   民丰薯业的马铃薯研发功能示意图

依托强大的研发能力,民丰薯业在 2010 年申报了"马铃薯播种铺管机"、"马铃薯智能储藏库"、"马铃薯渗灌种植方法"等三项专利,其中马铃薯渗灌种植方法获得国家专利证书。同年,民丰薯业还获得了第五届中国民营企业科技产品博览会科技创新成果奖。

2.马铃薯种子工程功能区

民丰薯业的功能区包括面积为 10000㎡ 的集研发、脱毒繁育、试验和组培为一体的马铃薯组培中心、马铃薯微型原种①生产智能温室 8 亩、温室 542 亩、网室 300 亩、原种生产基地 6 万亩,每年能够生产优质马铃薯脱毒苗 5000 万株、微型薯 2.5 亿粒、原种 50000 吨,能够满足乌兰察布市 400 万亩马铃薯种薯整体更新所需的基础种薯需求量,为把乌兰察布市打造成全国马铃薯种薯供应基地打下基础。2011 年,民丰薯业被内蒙古自治区技术监督局选定为第七批国家农业标准化示范区项目:马铃薯种植标准化示范区。

图 5　民丰薯业的智能温室

3.马铃薯储存功能区

民丰薯业从马铃薯产业最发达的荷兰、美国引进了现代化储存技术和设施,建立了 10 万吨的马铃薯储藏库。该储藏库除了承担长久保存、保鲜的功能,还用于研究储藏技术、培训懂储存技术的人才以及在中国推广最先进的储存设备。

4.马铃薯加工功能区

该功能区主要包括两条生产线。一条是生产能力 2 万吨的马铃薯速冻薯块生产线,主要用于马铃薯中档产品的生产研究和推广。另一条是引进荷兰设备而建成的 5 万吨产量的马铃薯干刷、整理、保险、包装生产线,主要用于对马铃薯产品进行详细分级,并包装上市。

5.马铃薯物流功能区

民丰薯业建成了 200000㎡ 的马铃薯物流仓库、交易中心,并与国家农产品批发市场管理委员会合作建设了马铃薯电子交易平台,实现马铃薯网上远程交易。

---

① 据百度百科:指育种专家育成的遗传性状稳定的品种或亲本的最初一批种子,其纯度为 100%,是繁育推广良种的基础种子。

2010年,民丰薯业注册了草原民丰、敕勒川、赛宜德商标,并专门成立了内蒙古民丰薯业有限公司敕勒川销售分公司,在北京、上海、武汉等全国的十多个大城市建立销售专区,组建全国销售网。民丰薯业马铃薯物流功能区能够满足年周转、销售100万吨马铃薯的配送输出量。2010年,民丰薯业因在物流领域的卓越绩效,被乌兰察布市评为物流行业诚信单位。

值得一提的是,民丰薯业的脱毒种薯能够迅速获得全国25个省市区市场的认可和信赖,除了得益于乌兰察布市传统的马铃薯种质优势,也得益于民丰薯业公司对产品质量的严格把控。为产出在国内外市场上具有较强竞争力的高产优质种薯,民丰薯业专门成立了由马铃薯研究专家白文杰教授牵头的产品质量控制部。

在该部门的指导和努力下,民丰薯业公司建立起严格的质量监控体系,为各个生产环节制定了科学的管理制度,如关于种薯生产及仓储物流等环节的《作业指导书》和《操作规程》,并通过了ISO9001国际质量体系认证,实现了从薯苗繁育到产品收获的全过程标准化生产与作业,确保产品质量,为产品迅速行销国内市场打下基础,树立口碑。

(三)组织形式

民丰薯业在发展过程中摒弃了传统的"公司+农户"的组织形式,采用"公司+合作社+农户"的利益联结形式。具体来说,就是农户在民丰薯业的帮助下建立组织合作社,通过合作社与公司打交道,而公司也通过合作社对数量众多的分散农户进行管理,节约外部交易成本。该组织形式的利益联结机制主要有三个核心部分。

1."公司+合作社+农户(基地)"

与许多农业产业化企业一样,民丰薯业也经历了从"公司+农户"到"公司+合作社+农户(基地)"的过程。"公司+农户"组织形式虽然没有中间环节,可以让公司直接面对农户,但是农户过于分散(导致交易成本高)、难以形成利益共同体(导致利益冲突)等问题使这种组织形式面临着较大的不确定性,双方关系比较脆弱。农民专业合作社的成立很好地协调了上述矛盾,它作为农户的利益共同体直接参与公司经营活动,将公司与农户结合成紧密型的上下游合作关系。

所谓农户(基地)指的是,众多农户将土地集中起来,连成一片,交由一个农户去种植的土地利用形式。这种土地利用形式在不改变农户的基本作业习惯情况下,在一定程度上解决了一家一户分散种植马铃薯所带来的问题,如规模化程度不够,无法使用和购置大型机械设备,无法投资兴建现代化、集约化的农场等,提高了马铃薯种植的单位效益。农户(基地)是通过土地"统租再包"的形式建立的。

2. 土地"统租再包"

民丰薯业的五个种薯生产基地都是通过"统租再包"的形式建立的,即土地的统一租赁和再次承包。具体做法为,在农民自愿的基础上,由村组织统一流转农户承包的土地,然后按照一定的价格和租期(民丰薯业签署的是十五年的协议),统一租赁给公司;公司根据产业发展规划和基地建设的标准,对这些土地进行重新规划、整理、建设基础配套设施,然后将土地或大棚再次承包给农民(通常是专业大户)或合作社。承包经营者(农户、专业大户或合作社)将根据公司的技术标准和要求进行种植和生产,并将产品卖给民丰薯业。这种形式将三者的利益捆绑在一起,结成稳定的合作关系,实现共赢互利。

土地"统租再包"过程要求实现"六统一":统一流转、统一再包、统一种植、统一标准、统一服务、统一购销。这样,公司可以根据市场需求,按照规模化、专业化、标准化要求建立自己稳定的生产基地,而农户可以多渠道增加收入。

3."订单＋服务"

在这种产业组织形式中,民丰薯业与承包经营者签订产品收购协议,解决种植户的马铃薯销售难的后顾之忧。公司还为承包经营户提供一定的前期补助,并在生产过程中供应种苗,进行技术指导,以保证其产品符合公司的标准和要求。春季供种,秋季收购;农户专心生产,公司专注市场,这种以市场订单为保障、技术服务作后盾、农户生产为基础、利益机制为纽带的组织形式吸引了当地众多农户的参与。

民丰薯业将激励性和约束性结合起来,通过"公司＋合作社＋农户(基地)"的产业组织形式,在当地建立了十几个种植基地,这些基地不仅推动了公司的快速发展,也成为其所在地的主导产业,是农民增收致富的主要渠道。民丰薯业还积极实施走出去战略,不仅在广东惠州、新疆等地建立了种植基地,还与江苏省六合区开展了马铃薯开发合作项目。

(四)产业模式的成效

1.科技创新能力突出

科研在民丰薯业的产业化模式中居核心地位,是整个模式赖以建构的基础。民丰薯业一直坚持走产、学、研相结合之路,不仅努力培养和打造自己的科研团队和生产技术队伍,还广泛吸收国外先进的技术和人才,注重通过高新技术打造企业的核心竞争力。当前,民丰薯业拥有马铃薯研发、种植专业人员118名,其中专家教授10人,博士3人,研究生4人,本科生28人(其余为大专学历),初步形成了具有产业特色、梯队合理、专业性强的科研团队。

自成立以来,民丰薯业与美国、荷兰、澳大利亚、印度等国的专家、企业和科研机构进行了广泛的项目合作与技术交流;与中国农科院、中国农业大学、南开大学、中山大学、内蒙古大学、内蒙古农业大学等科研机构结成了产学研联盟,对马铃薯产业的各个方面进行高层次的研究。民丰薯业的公司和基地内设立了多个教学科研基地,如内蒙古农业大学教学实验基地、内蒙古马铃薯高科技示范园区、内蒙古马铃薯研究院研究基地、国家马铃薯科技支撑计划试验示范基地、乌兰察布职业学院教学基地等。

依托科研团队和研究基地,民丰薯业不断推陈出新,引进和培育了"克新一号"、"费乌瑞它"、"荷兰红"、"夏波蒂"、"民丰红"、"黑香玉"、"大西洋"、"黑美人"、"布尔班克"等十几个马铃薯优良品种。2010年,"民丰红"荣获了中国民营企业科技产品博览会科技创新成果金奖。图6是民丰薯业的部分产品。

2.为农民增收致富

在民丰薯业的产业化模式中,农户拥有多种收入渠道。首先是获得出租土地的租金;其次是成为专业种植户获取规模种植收益;再次是产业化模式为农民提供了多种雇佣劳动机会,并以劳动报酬(工资)的形式得以体现。在此模式下,专业种植户尽管要租赁公司大棚或基地而产生一笔支出费用,但其规模化种植效益所产生的收入仍远远高于当地农民的

图 6   民丰薯业的部分产品

平均水平;那些因土地出租而产生的富余劳动力通过受雇于公司或者种植户也能够获得高于一般农业劳动者的收入。民丰薯业产业化模式下的农民收入可以用图 7 来表示。

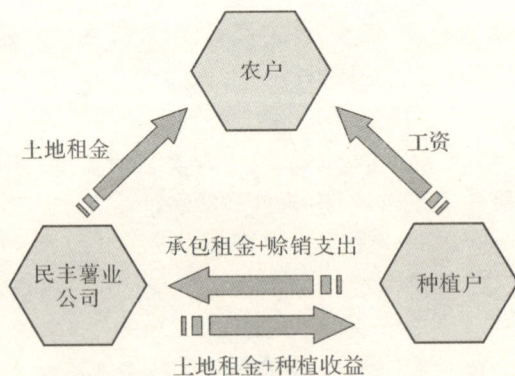

图 7   民丰薯业产业模式下农户收入

此外,民丰薯业还通过技术培训形式间接增加了农民/种植户的收入,因为通过公司的管理培训学校或种植基地、研发中心的培训,农民掌握了生产、加工、储存和销售方面的专业技能,增加了马铃薯的产量,提升了产品品质,减少了在某些环节中的损耗,同时还获得了工作技能和就业机会,这都能在某种程度上间接增加农民收入。通过这种方式,民丰薯业迄今已经使大约 10000 多户农民受益。

3. 带动区域经济发展

民丰薯业始终以农业与农民为中心,坚持"以农为本,科学发展"的经营理念,以"发展薯业,回报社会"为己任,将企业的经济效益与区域经济发展、社会效益结合起来,谋求共赢。

通过当地农民专业合作社,民丰薯业已经发展了 1300 亩良种繁育基地和 6 万亩种薯种植基地,分布在内蒙古、新疆和广东等地,带动和联动了 5 万多户近 10 万农民增收。就种植环节而言,公司直接带动规模种植户 30 多个,实现产值 30 多亿元;就加工、储存、配送等环节而言,直接带动非农就业 1000 多人。如果考虑到公司产业链带动的上下游相关产业的就业,2011 年,民丰薯业间接带动非农就业 5000 多人,缓解了当地剩余劳动力的再就业压力,有力地促进了区域经济发展。

就乌兰察布市而言,民丰薯业承担着该市 400 万亩马铃薯种植基地所需的高级脱毒种薯供应重任。种植脱毒种薯的每亩产量比常规种薯增产 50%,由此可见民丰薯业对于当地马铃薯产业经济的贡献。此外,民丰薯业的"草原民丰"牌脱毒种薯因其品种全、品质优和售后服务到位等因素,除供应乌兰察布市外,还远销山东、河南、安徽、四川、新疆、陕西、广东、山西等 25 个省市区,提高了当地马铃薯的种植效益。

专家评议

作为一种世界性的、具有很高营养价值的第四大粮食作物,马铃薯还具有一定保健价值,是联合国粮农组织为缓解全球粮食危机而大力倡导、推广的农作物,其发展前景被世界各国所看好。中国人口众多,粮食安全一直是国家安全战略的一部分。马铃薯产业在中国具有广阔的成长空间,特别是在当前许多地方的马铃薯种植依然处于粗放、落后、分散状态的情况下。民丰薯业处在一个正在勃发的农业产业中,并站在该产业发展的前沿。

依托内蒙古自治区、特别是乌兰察布市的传统优势资源,民丰薯业凝聚了自己的核心业务,并专注于此,是一种基于内外环境的战略抉择。充分认识中国马铃薯种植业和加工业的落后现状,积极利用企业的后发优势,民丰薯业从一开始就与马铃薯产业发达国家开展了广泛的技术交流与合作,引进最先进的设备,将公司的科技研发能力作为企业的核心竞争力,这是民丰薯业在短时间内快速成长的关键因素。

民丰薯业的产业化模式还具有进一步纵向延伸的潜力,特别是在马铃薯产品的精深加工领域,它能够拉动整个产业链发展,能够提高马铃薯产品的附加值,带动整个产业的经济效益大幅提升。

在小麦、玉米、水稻提高单产越来越困难、越来越需要更多付出的情况下,马铃薯提高单产的投资回报比却非常高,因此,转变农户落后的种植观念、增强种薯意识将是民丰薯业未来努力的重要内容之一。

(李　闯)

大连雪龙黑牛:洞察市场需求　提升产业价值

中国有几千年的养牛历史,但基本上都是作为"役牛"使用的。对许多人而言,牛肉并不是他们餐桌上的常客。长期以来,中国的牛肉消费基本上处于有什么吃什么的状态。随着西餐的流行,高端牛肉消费逐渐成为人们餐饮文化的一部分,牛肉的品质也越来越为人们所重视。雪龙黑牛便是这股消费潮流的领跑者。

一、雪龙黑牛的诞生

雪龙黑牛企业的诞生与发展,与其董事长邢雪森的人生节点息息相关,其间夹杂许多看似偶然的必然,形塑并体现出一位农业实业家的胸襟与视野。以邢雪森的人生足迹为参照坐标,雪龙黑牛可以追溯到邢雪森在北大荒农垦兵团时的青年时期。邢雪森的人生足迹可分三阶段:

(一)第一阶段,学识积累期(20 世纪 80 年代末期之前)

这一时期之所以称为积累期,主要是因为邢雪森丰富而有魄力的工作经历,为他成为一个企业家积累了重要的学识基础,也为日后的肉牛养殖埋下了伏笔。他先是放弃了农场令人艳羡的唯一的开手扶拖拉机的工作,走进黑龙江八一农垦大学,而后又赴日研修。回国后,担任黑龙江农垦局种苗公司总经理(副处级干部)。邢雪森在与农业结下不解之缘的同时,也在践行着自己的价值观,做出了常人难以舍弃的事业抉择。

(二)第二阶段,资本积累期(20 世纪 80 年代末至 2000 年)

80 年代末,邢雪森又一次做出了令人费解的抉择,辞去了农垦局种苗公司总经理这一副处级干部职位,开始担任在大连的日本独资种子公司经理,月薪高达 2.5 万元。这一阶段为他日后创业掘取了第一桶金。

1993 年,一次街头偶遇再次改变了邢雪森的人生轨迹。他遇见了自己在日本进修时的熟人,并得知他是来做进口牧草生意的,而且对中国牧草进出口市场不甚了解。邢雪森从中嗅到了商机,从东北收购了 15000 多吨牧草出口到日本,赚取了 100 多万元。这一年,邢雪森成立了大连雪龙农副产品有限公司。1999 年,邢雪森偶然从客户那里得知,稻草的出口利润更好,于是将主营业务扩展到稻草饲料熏蒸出口,第一年的出口量就有 8 万多吨,获利 5000 万元,从而开发出一种新型的出口创汇产业。

（三）第三阶段，雪龙黑牛培育与育肥期（2000年至2004年）

对日出口稻草虽然获利颇丰，但公司只是收购加出口销售的中介，没有市场话语权。面对日本越来越严格的检验检疫要求，雪龙公司常常面临着停产好几个月的尴尬局面。面对堆积如山的稻草，邢雪森开始困途思变，寻求新的事业突破点。能不能利用这些库存稻草自己养牛？邢雪森在日本品尝了吃这种稻草的"和牛"肉之后，为其美味所震动（据邢雪森说，他们五六个考察成员吃了十几盘"和牛"雪花肉，价值20多万日元，吃得日本人直冒汗），遂下定决心要养这种能长大理石花纹的雪花牛肉的肉牛。但"和牛"是日本的国宝，不对外出口，培育中国人自己的能长雪花牛肉的肉牛就成了公司不得不面对的紧迫课题。机缘巧合，几经周折的邢雪森在内蒙古大学旭日干院士那里得到了他通过试管胚胎技术培育的公牛种群。通过与大连当地的复州牛杂交，公司最终获得了"雪龙黑牛"牛种与规模化养殖的机会。2004年，公司的养殖规模已达8000多头。因涉足肉牛养殖，公司在2002年更名为大连雪龙产业集团有限公司。

第四阶段，雪龙黑牛的产业化养殖（2004年至今）。2004年，日本因在中国的一家出口商的稻草中检测出了二化螟虫而停止了对中国所有公司的稻草进口，期限长达两年。这对雪龙黑牛公司来讲，不啻是个晴天霹雳，因为公司当时的养殖规模所需的饲料费和收购黑牛犊的费用差不多每天需要50万元，而黑牛养殖的收益几乎为零。公司一直以来都在依靠稻草出口的盈利来补给黑牛养殖。

对企业家来说，危机常常蕴藏着机遇。稻草出口无法盈利、无法满足黑牛养殖的资金需求，邢雪森便通过融资渠道创新解决了资金问题。这一举措，使雪龙黑牛养殖开始走向产业化发展的快车道。之后，随着黑牛养殖收益的逐步实现和增长，雪龙黑牛不仅成为公司的主营业务，且为后来的规模化发展创造了稳定的资本基础。2007年，雪龙黑牛公司的屠宰规模已达8000多头，公司便建立了自己的屠宰场——雪龙肉品加工中心。该中心是一个符合国际标准的现代化肉牛屠宰加工厂，年屠宰能力达3万头，是农业部认定的高品质肉牛屠宰加工示范基地。

2012年2月，公司更名为雪龙黑牛股份有限公司，这反映了公司业务结构的调整和盈利模式的变化。

二、产业模式分析

雪龙黑牛公司现已建构起高度纵向一体化、生态循环型全产业链经营模式，各业务领域存在着很强的内在逻辑关系，既相互关联，依次向市场消费终端传递价值，发挥协同作用，又可以独自面向消费终端，放大每一环节的盈利能力，在延伸拉长产业链的同时，做粗产业链上的每一个环节。

雪龙黑牛的全产业链模式以黑牛的规模化、生态化养殖（第一产业）为基础，以各大城市中的专柜专卖、城市本部销售以及大连的推广旗舰店等销售终端（第三产业）为发展引擎，以牛肉现代化深加工和物流配送（第二产业）为中轴，以饲料加工、废水处理、有机肥料生产、生物工程实验室等（第二产业）为支撑，形成一个完整的、生态循环型的一体化经营模

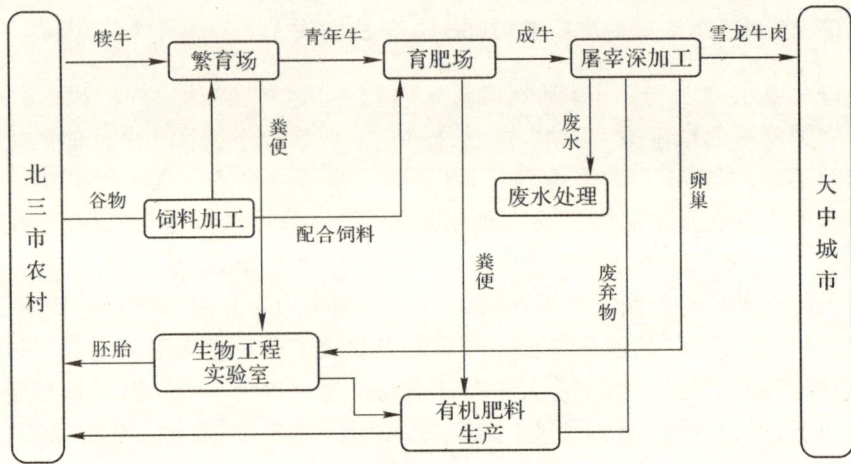

图 1　雪龙黑牛的产业化模式图

式。它将黑牛胚胎育种、繁育、屠宰、牛肉精深加工、冻鲜牛肉销售、牛肉餐饮推广、有机肥料生产、稻草饲料熏蒸加工、废水处理等各个环节连接成一个有机的内在逻辑体系。雪龙黑牛的全产业链模式可以有以下几个特点。

(一)通过多种渠道增加基地农民收入

雪龙黑牛养殖的产业化过程中,通过三种方式与农户发生关联,每种方式都在一定程度上增加了农民收入。

一是利用当地农户的复州牛作为雪龙黑牛的培育母体。公司与复州牛养殖户签订合同,免费为其母牛进行人工受精或者移植胚胎,等到牛犊长到 6 个月左右的时候,按照合同约定的价格进行回收。牛犊的回收价格高于当地市场价格。6 个月大的牛犊能长到四五百斤,仅此一项收入,就能为养殖户增加 1000 元左右的收入,远高于繁育普通黄牛的收益。与当地农户合作繁育黑牛的方式实现的是双赢结果。购买、蓄养大批复州牛母牛的成本很高,其繁育率又低,一年最多一胎,繁育周期很长,因而公司购买母牛集中繁育的风险就很大。通过与当地农户合作,公司能有效降低资金投入、加快扩大繁育规模、节约母牛和犊牛的养殖成本。

迄今为止,雪龙黑牛已经累计为数万农户增收上亿元。这一效应必将随着雪龙黑牛在山东、北京等地开辟新的养殖基地而扩散至更大范围的农户群。

二是收购农户的稻草、牧草和谷物。雪龙黑牛公司的前身是做牧草和稻草对日出口生意的。在公司的业务重心转移到黑牛养殖上之后,其饲料加工中心除了向本公司养殖部门供应熏蒸饲料和配合饲料外,依然是一个能够直接、独立面向日本市场出口创汇的部门。饲料加工中心的原材料主要是从农户那里收购来的牧草、稻草、玉米、大麦、麦麸、大豆等谷物及其秸秆。传统上,农户对稻草秸秆都是进行焚烧处理的,既污染环境又费时费力。由于雪龙黑牛公司所进行的对日稻草出口解禁这一拓荒性努力,才使得日本开始从中国进口稻草。雪龙黑牛公司在为自己寻得商机的同时,也为农户开辟了新的增收渠道。

三是提供多种就业机会。雪龙黑牛的全产业链模式为基地农户提供了多种就业机会,

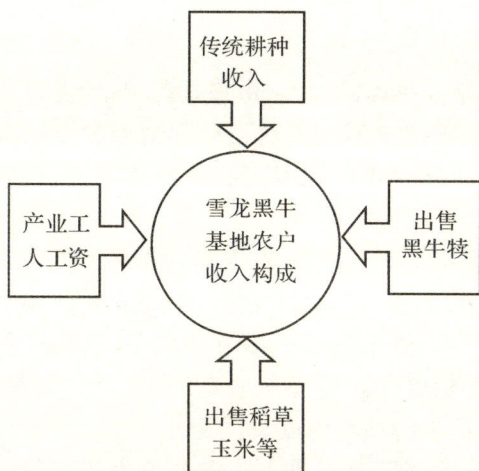

图 2　雪龙黑牛基地农户收入构成图

如从签约黑牛繁殖户到养殖工人、屠宰工人、物流配送人员等，促进了农村富余劳动力的转移。农民通过农业种植之外的工资而增加了收入。

(二)生态循环经济型产业

雪龙黑牛公司在养殖和生产加工过程中，始终践行绿色、环保、生态概念，实现了厂区生产无污染的目标。养殖过程中的黑牛排泄物和屠宰过程中的废弃物通过生物工程技术被制成有机肥料，复壮农户的土地，不会产生化肥所带来的各种污染和副作用等问题。屠宰、精深加工环节所产生的废水经过净化处理重新回归自然。被屠宰的优质母牛身上的成熟卵巢会被摘取送入生物工程实验室，制成体外胚胎，然后择机移植到育种母牛体内，以进行更高代次的优质肉牛的繁育。

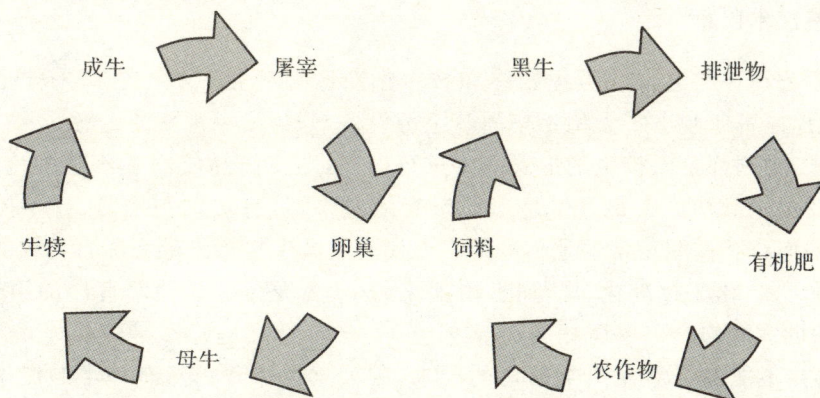

图 3　雪龙黑牛产业生态循环示意图

雪龙黑牛的这种生态、循环、可持续发展模式代表了中国未来农业产业化进程的方向，正因为此，雪龙黑牛公司先后被农业部、科技部授予"畜禽标准化示范场"、"国际科技合作基地"等荣誉称号。

(三)恪守标准化养殖规范

在雪龙黑牛的养殖、屠宰和牛肉的加工、出售过程中,雪龙黑牛公司始终坚持和恪守标准化养殖规范,在硬件设施、防疫、饲养、流程管理和饲养配方等方面都严格按照国家标准执行,在育肥阶段更是采用国际领先的饲养育肥标准和配方,在屠宰阶段制订了雪龙牛肉分级标准。

在硬件设施上。雪龙黑牛的养殖基地根据其功能被划分为相对隔离的场所,分别标识、编号,场地采取硬质化处理,便于消毒与清理,避免牛的排泄物污染地下水源。牛舍内有饮水自动供应系统(冬季供应温水)、音乐播放系统(播放优美的小提琴曲)、自动排风系统(能够调节温度、湿度和排除氨气)、电动按摩系统(黑牛自主按摩)。牛舍内还铺满碎稻草,使黑牛能够在一种自然仿生的环境中成长。

在饲养过程中的饲料配给和营养标准上。雪龙黑牛按国际高档牛肉养殖的营养标准进行饲养,饲料中不添加任何化学合成物,是绿色有机无公害饲料。饲料又分为粗料和精料,粗料是优质稻草,能够达到出口日本饲养"和牛"的标准;精料全部来自绿色食品产区,包括玉米、大麦、豆粕等谷物。经过熟化加工的饲料还必须严格遵守黑牛的月龄进行配给。

在屠宰、加工过程中。雪龙黑牛成牛的屠宰采用"瞬间切断牛中枢神经"的方法,这种放晕方式不会激起牛的应激反应,避免了牛体内的某些有害激素的骤然上升,如肾上腺素,这些激素不仅影响牛肉的品质,而且会通过牛肉进入人体,使人体产生不良反应。雪龙黑牛的人性化屠宰方式还参照了英国动物福利法,将被屠宰的牛与其他活牛隔离开来,避免引起种群的负面情绪。

雪龙黑牛的屠宰和加工规范能够满足穆斯林严格的程序要求,其在肉牛胴体加工和牛肉分割工艺流程中建立的牛肉分级企业标准已成为行业标准,正在向高品质牛肉的国家级标准迈进。雪龙黑牛公司现已成为农业部授予的"国家肉牛加工技术研发分中心"。

(四)始终坚持技术创新

雪龙黑牛公司一路走来的历程始终和技术创新密切相关。早在公司未涉足黑牛养殖时,邢雪森就斥巨资研制出了大型稻草熏蒸杀菌设备,开辟了一种新的生意。

长期以来,中国都是以役牛的形式对牛进行养殖,缺少高品质肉牛养殖的传统,自然也就没有高品质肉牛品种。雪龙黑牛是三元杂交的成果,带有法国利木赞、日本黑牛和大连本地复州牛的血统。按照正常的遗传规律,F1 代雪龙黑牛能产出带大理石花纹的雪花牛肉的可能性为 30%。由于标准化、规范化、精细化养殖,雪龙黑牛公司培育出的第一批 F1 代700 多头黑牛的雪花肉产出率居然高达 50%。

然而,这并不能满足雪龙黑牛公司的要求,因为这意味着仍然有一半的黑牛虽然消耗掉了雪花肉生产的成本,却未能达到有效产出,无法收回成本。要达到 100% 的雪花牛肉产出率,依靠种群繁衍的自然规律进行筛选需要漫长的周期(牛是单胎动物,繁育周期长达一年以上),公司必须借助科技创新。

在生物工程技术、良种繁育技术、饲养育肥技术、屠宰加工技术等技术名单中,良种繁育是雪龙黑牛公司的核心技术。致力于培育拥有中国自主知识产权的高档肉牛品种的雪龙黑牛公司近年来通过实践和创新已经发展出一套完善的技术体系。这一体系包括：活体采卵、离体卵巢采卵、体外受精、胚胎冷冻、精子冷冻、性别控制、前脂肪细胞培养、分子生物、卵母细胞体外成熟培养等一系列技术，加速了高品质产雪花肉的肉牛种群的扩繁。当前，雪龙黑牛公司正在进行 F2 代和 F3 代黑牛的杂交培育，已经建立起约 10 万头的黑牛种群规模。

在雪龙黑牛公司的科技创新中，一个显著的特点是利用公司搭建的科技创新平台，引进和借用外来智慧。公司与中国农业大学、内蒙古大学、西北农林科技大学、日本和牛养殖企业等单位紧密合作，先后承担了国家科技部国际合作项目《引进犊牛活体采卵等技术开发高档肉牛品种培育新模式的研究》、国家发改委《"雪龙黑牛"（优质肉牛）生物育种高技术产业化示范工程项目》、国家 948 项目《肉牛产业链技术引进和中国安全优质牛肉生产体系建设》、辽宁省科技攻关项目《高档肉牛试管牛制作技术的研究》、大连市科技项目《应用新胚胎生物技术建立高档肉牛繁育体系的研究》、《活体采卵技术加速雪龙黑牛品种培育项目》，为企业提供了坚实而广泛的技术支撑。下图显示了雪龙黑牛高品质肉牛的技术支撑体系。

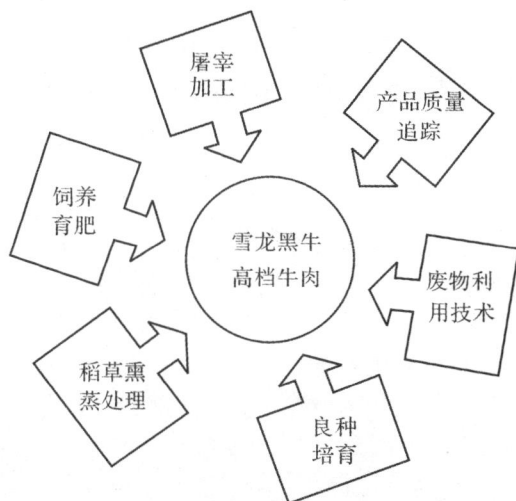

图 4　雪龙黑牛高品质牛肉的技术支撑体系图

三、成功原因分析

雪龙黑牛的产业化经营模式的成功是许多因素综合作用的结果，模式本身的建构既是其成功的表现，也是其成功的保证。然而，还有一些因素是其模式所无法体现出来的，但却对企业的成功意义重大。

（一）企业家精神

我们并不倾向于把一个企业的成功归结为企业家的个人英雄史，但发生在雪龙黑牛公司董事长邢雪森身上的一系列事件还是使我们想到了企业家精神。一个人身上发生一件概率极小的事情,称之为偶然,但当太多的偶然因素发生在同一个人身上时,就成了必然。邢雪森就是这其中的一员。

23岁时辞掉北大荒农垦兵团唯一开拖拉机的工作,走进黑龙江八一农垦大学,而后赴日留学;回国后不久又从黑龙江农垦种苗公司总经理的职位上再次辞职,下海经商;三年后又从日本在大连的独资种子公司的高薪岗位上辞职,自主创业。三次辞职事件在开阔了邢雪森视野的同时,也显示了其胆魄和志向。

1993年,一次街头的偶遇使邢雪森把目光聚焦到了牧草的对日出口上。在随后与客户的偶然交流中,邢雪森得知在日本市场上稻草的价格比牧草的价格还要高。稻草在中国不仅量大而且几乎低廉到一文不值。邢雪森从中嗅到了商机。那时,日本禁止进口中国稻草,邢雪森自主研发出了稻草饲料熏蒸设备,并频繁飞往日本,拜访多位政要,积极推动对中国的稻草解禁工作。功夫不负有心人,等到日本解禁中国稻草的时候,邢雪森公司的产能已经高达数万吨了。机会是留给有准备的人的,这话一点没错!

开创了新型出口创汇产业却没有话语权,经常被勒令停产整顿;吃到了日本的和牛牛肉,却发现中国没有高档肉牛,两个事件促使邢雪森开始下决心培育中国自己的高档肉牛种群。就这样,雪龙黑牛逐渐浮出水面。

不安于现状,志存高远,忠于内心,富有责任心,能敏锐地把握商机,具有强大的执行力,当所有这些企业家胆识和素养都集中在邢雪森身上时,雪龙黑牛的成功也就成了一种必然。

(二)融资渠道创新

资金周转紧张是许多企业经常遇见的事,但像2004年二化螟虫事件那样带给雪龙黑牛公司如此之大的浩劫却是不常见的:整个资金链的断裂。在日资金消耗量50万元的情况下,资金链的断裂意味着什么?积蓄很快用光了,邢雪森就用自己的房产来抵押贷款,但这对于巨额的日资金消耗来说只是杯水车薪。

牛是邢雪森唯一的资产。万般无奈之下,邢雪森想到了用牛做抵押去银行贷款。银行的答复令人沮丧:"家财万贯,带毛不算。"然而,银行的答复却提醒了邢雪森另外一个事实:养牛是有风险的,而这种风险却无处担保。于是邢雪森想到了去给牛上保险,一是规避风险,万一有个意外还可以获得赔偿;二是可以用保险单向银行申请贷款。

不幸的是,保险公司却没有针对牛做保险的险种业务。一时间,雪龙黑牛公司到了悬崖边缘,甚至许多投资者想趁机收购牛场。万幸的是,经过当地保险公司的推荐,一家美国的再保险公司的人员经过考察之后愿意为雪龙黑牛的保单再承保。就这样,有了再保险公司的认可,雪龙黑牛顺利地获得了当地保险公司的保单;公司也顺利地从银行获得了保单抵押贷款1000万元。另外,随着公司的发展壮大,股权融资也是雪龙公司另外一个重要的融资渠道。

雪龙黑牛公司的这一融资渠道创新为公司打开了源源不断的融资能力,使养殖与融资形成相互促进的双赢局面。下图是雪龙黑牛的融资渠道示意图。

(三)对市场的深入洞察

雪龙黑牛公司对市场需求的洞察主要体现在两个相互关联的方面。一个是准确把握并满

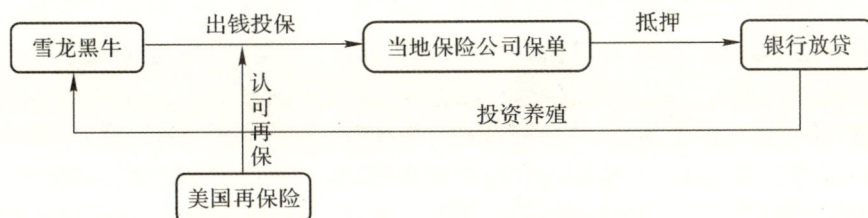

图 5　雪龙黑牛的保单融资示意图

足消费者对高端牛肉消费的需求,另一个就是深刻理解并消除消费者对食品安全的焦虑。

1.把握需求,定位高端消费

在雪龙黑牛之前,中国高端牛肉消费者可谓凤毛麟角。在品尝了日本和牛牛肉之后,邢雪森下定决心一定要养殖高品质肉牛。他相信高端牛肉在中国的市场潜力和未来发展。事实上,在中国,能够支付得起高端牛肉的消费群体已经成型,数量庞大,需求旺盛。雪龙黑牛的出现,适逢其时,填补了中国高端牛肉消费市场的空白。

雪龙黑牛不仅洞察消费者对高端牛肉的需求,而且通过宣传雪龙黑牛牛肉(特别是雪花牛肉)的观赏价值、赏味价值和营养价值,倡导高端牛肉消费文化来迎合、引导、满足消费者的这种需求。图 6 是集观赏价值、赏味价值、营养价值于一身的带大理石花纹的雪花牛肉。

图 6　雪龙黑牛的雪花牛肉

表 1　雪龙黑牛雪花牛肉的三大价值明细表

价值功能	特点简介
观赏价值	● 肌肉组织中的粉红色与脂肪组织的雪白色交相辉映,形成美丽的高密度大理石花纹或雪花点分布,其脂肪点密度越大则等级和价格越高,宛如一件精美的工艺品
赏味价值	● 所含的风味系游离氨基酸是日本和牛的 1.5～2 倍,具有触舌滑润、入口即融、甜嫩美味、香味持久等特点,给人留下深刻的味觉记忆 ● 含有人体维系生命和健康长寿所必须的牛磺酸和亮氨酸等多种维生素,对肌肉发育和运动员的体能发展具有明显的作用
营养价值	● 各部位肉的蛋白质和铁、锌、锰含量极高,脂肪和胆固醇含量低,对人体的脂类代谢、血糖浓度调节、免疫调节、视力和脑的发育调控、骨质形成的调控以及各类激素的分泌调控等均有益处 ● 脂肪中不饱和脂肪酸含量达 76%,其中含有的深海鱼油有效成分 ω-3(奥米伽-3)是人体无法合成的,但却是维系人类进化和健康长寿的重要物质。它能有效清除血液中产生的"垃圾",改善血管弹性,预防心血管疾病

雪龙黑牛公司高举高档牛肉消费文化的大旗,倡导将精细化、科学化的消费方式融入到日常生活中去,培养消费者的习惯和品位。它根据育肥期、肉牛品种、脂肪含量、肌肉颜色、脂肪颜色、肉质弹性及纹理等因素,参照美国、日本等国家的牛肉分割、分级标准,对牛肉评定等级,并依照牛肉产品性状、使用途径将胴体分割成33个品种。它们不仅价格有别,用途也各不相同。例如,眼肉、上脑肉适用于烧烤;三角牛腩适合涮火锅;西冷、牛柳肉适合做西餐;三筋适合做铁板烧;腱子肉、林肉则非常适合于家庭烹饪。

2.质量安全可追溯,消除食品安全忧虑

雪龙黑牛公司所建设的"雪龙牛肉质量安全追溯系统"是其高品质牛肉技术支撑的一个重要组成部分,但是该系统的意义更多的是面对终端消费者,消除其对食品安全的忧虑,增强其对雪龙黑牛"三品"(品种、品质、品牌)的认知,从而达到说服消费者购买的目的。

"雪龙肉牛质量安全追溯系统"采用国际领先的 RFID(非接触式微型无线射频识别技术)和条形码标签技术对肉牛的繁育、养殖、生产、加工、销售等每个环节进行全程监控。该系统由肉牛养殖管理系统(饲养环节)、肉牛屠宰线追溯系统(屠宰销售环节)和肉品质量安全追溯平台(消费者查询环节)三个模块构成,其信息内容涵盖了四个相连的阶段:农户繁殖阶段、牧场育肥阶段、屠宰分割阶段、销售加工阶段,几乎囊括了消费者想知道的所有信息,在满足了消费者对产品的知情权的同时,也方便了公司对于产品质量安全的管理与监控。下图是"雪龙牛肉质量安全追溯系统"的信息采集流程。

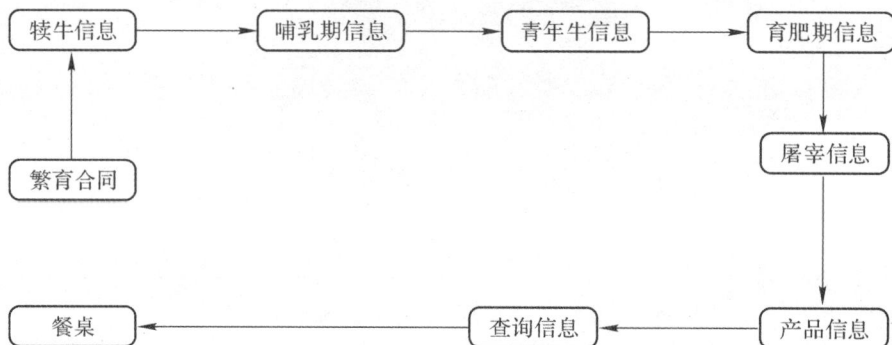

图 7　雪龙黑牛的产品质量安全追溯系统

对于餐桌上的每一块雪龙牛肉,消费者都可以通过在质量追溯系统中输入其 ID 查询到上述过程中的全部数据,为食品安全提供八重保障:优良品种、高效管理、安全肉品、标准化生产、高档品牌、国际认证、企业效益和食品健康。在食品安全事故频发的当前,基于可追溯的食品质量安全系统的建设对所有食品生产企业和相关政府部门的监管都具有很强的借鉴意义。

目前,雪龙黑牛公司已经获得了 ISO22000 食品安全管理体系、ISO9001 质量管理体系、ISO14001 环境管理体系、清真食品、绿色食品、QS 等多项权威认证,这些认证不仅是雪龙牛肉品质过硬的证明,也是企业未来发展的基石。

(四)品牌营销

在一片市场空白中耕耘,再加上中国消费者高端牛肉消费方式的建立也不可能一朝一夕完成,雪龙黑牛的市场拓展历程注定不太会一帆风顺。繁育周期(一年)加上犊牛饲养周期(6个月)再加上长达22个月的集中育肥周期,雪龙牛肉的生产周期长达三年半。2007年,当雪龙牛肉初入市场时,其品质虽然无可挑剔,但市场认知度却不高,能卖的、好卖的只是牛身上的个别部位。到2008年初的时候,邢雪森忽然发现公司仓库里堆满了牛肉,库存高达1500多吨,价值2亿多元。至此,品牌营销的课题提上了日程。

1.给品牌一个"奥运"支点

2008年北京奥运会前夕,由于国外疯牛病的爆发,中国停止了进口国外牛肉。邢雪森于是想到了让雪龙牛肉搭乘北京奥运会的快车,他邀请了国家食品安全部门的官员和北京奥组会的食品官员来公司考察。公司的"雪龙牛肉质量安全追溯系统"给考察官员们留下了深刻印象。在北京奥运会开幕前三天,雪龙黑牛公司获准成为奥运会核心区食品供应单位。从奥运会到残奥会,雪龙黑牛公司一共输出了6卡车约6万片高品质牛肉,圆满地完成了向奥运会输送牛肉的任务。

借助奥运东风,雪龙牛肉树立了良好的品牌形象,迅速打开了市场,并相继成为2010年上海世博会和2011年第16届广州亚运会等一系列重要活动和赛事的牛肉供应商。

2.基于城市本部销售的营销渠道建设

作为中国高端牛肉消费文化的开拓者,雪龙黑牛公司并不满足于仅仅做大型赛事和高档酒店的高品质牛肉供应商,它倡导的是一种生活方式,致力于国民对牛肉的健康、营养、安全和科学消费。

在推广高端牛肉消费的过程中,雪龙黑牛公司正在摸索、完善自己独具特色的营销渠道体系。这一体系的架构已经基本形成,由两大模块组成:传统的营销代理(大客户)模式和自创的城市本部销售模式,它需要雪龙黑牛公司强大的物流配送能力和完善的物流配送网络做支撑。该营销体系的结构图如下:

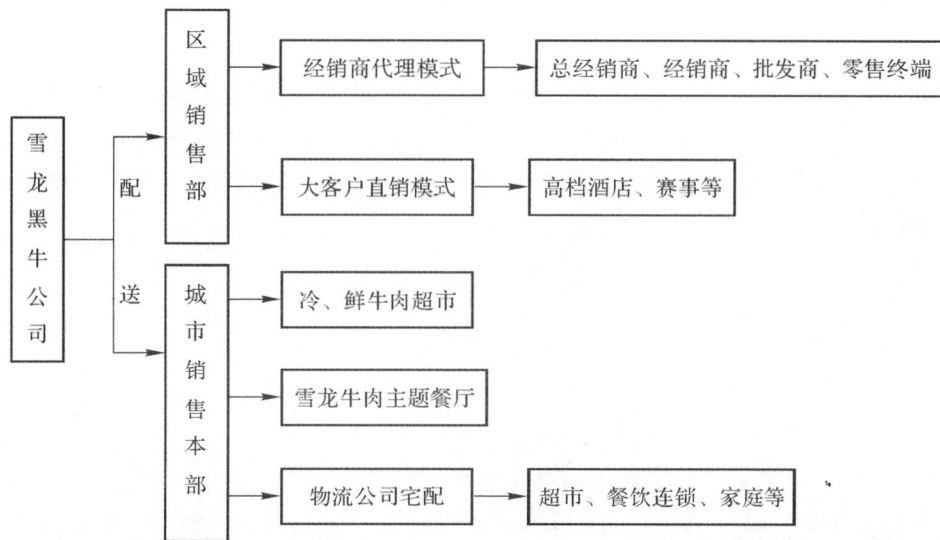

图8　雪龙黑牛营销体系示意图

在雪龙牛肉进入市场的初期,基于生产型企业的局限,雪龙黑牛公司选择了传统的经销商代理和直供大客户的双渠道模式。公司根据信誉、销量、价格等因素将全国的经销商分为四个等级,实行差别定价管理。除少数大经销商给予授信外,大部分经销商采用先款后货的方式销售。各经销商和大客户均有区域销售部统一管理,向一级、二级经销商收取一定的履约保证金,以规范其市场销售行为。

雪龙黑牛公司根据资金实力、销售网络、对当地市场的熟悉程度、营销队伍规模、市场掌控能力等因素审慎地选择其在全国的经销商合作者,经过几年的发展,它已经在全国建立了一个信誉良好、忠诚度高、销售力强的经销商网络。对部分需求量大、需求稳定的客户,公司以直销特供的方式配送产品。

随着雪龙黑牛公司的发展和市场范围的扩大,公司开始尝试设计自己特有的品牌营销模式。城市销售本部的概念逐渐清晰,并成为公司未来重点打造的商业模式,它改变了传统上牛肉生产型企业的营销理念,将初级产品销售变为终极产品销售,将销售现场变为销售加展示的空间,将实物消费与体验消费融为一体,将交易过程与高端牛肉消费文化的播撒同步进行,培养消费者对高端牛肉产品的深度认知。

城市销售本部的营销模式发端于2005年大连的牛将军日式烤肉店。2010年,该店推出了雪龙黑牛全牛盛宴,开始更多地考虑消费者立场和心理。在城市销售本部模式设计蓝图中,它将承载三个层面的功能。一是"冷、鲜牛肉超市"。它具有现场展示和销售功能,相当于雪龙黑牛的专卖店。二是雪龙黑牛量贩主题餐厅。它使得雪龙黑牛公司涉足以牛肉为特色的餐饮行业。消费者通过在主题餐厅里用餐获得对雪龙牛肉的亲身体验,加深其对品牌的认知与了解。餐饮消费有利于强化消费者的购买需求与欲望,并促使其转化为行动,而且餐饮消费是对牛肉产品的再加工,它提高了产品附加值。

城市销售本部更大的潜力还在于其第三个方面的作用——宅配。通过与物流公司合作,雪龙黑牛公司的城市销售本部可以向连锁超市、餐饮店和普通消费者家庭直接配送产品。宅配产品的价格一般以总经销商价格为基准,综合考虑原料成本、损耗率、包装成本、人工成本、租金成本等因素制定而成,具有较大的价格优势。

城市销售本部不仅仅是一个物理场所,它具有多重属性,堪称整合营销传播的典范样本,它以渠道(Place)建设来整合其他3P(Price、Product、Promotion),在每一个与消费者发生关联的接触点上,都传达相同的高品质牛肉消费文化。图9显示了雪龙黑牛城市销售本部的多重属性。

四、雪龙黑牛产业模式小结

雪龙黑牛公司诞生的历史并不长,严格地来讲,只能从2002年大连雪龙产业集团有限公司成立算起。短短十年间,雪龙黑牛公司的成长令人瞩目,其纵向一体化、整合一二三产、生态循环经济型产业化模式更是代表了未来农业产业化的发展趋势。

在雪龙黑牛公司的成长中,有一些因素至关重要,如高标准的规范化养殖保证了牛肉品质的稳定性、持续的科技创新突破了中国缺乏具有自主知识产权的高品质肉牛的局限、产品质量安全追溯系统消除了消费者对食品安全问题的忧虑、融资渠道创新解决了企业资金链的永续问题等等。在这些因素中,有一个因素不能不提,那就是公司董事长邢雪森的企业家精神,正是这个因素盘活和统筹了所有的要素。

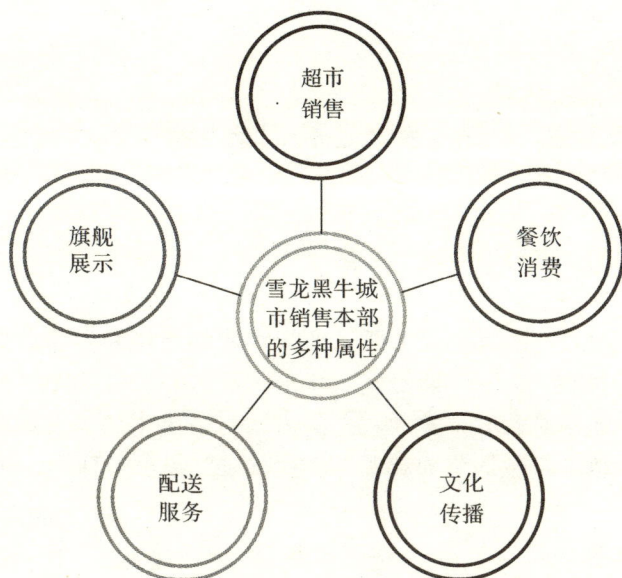

图 9　雪龙黑牛城市销售本部的多重属性

　　还有一些因素,尽管当前对公司发展的作用还未能充分显现出来,但其促进作用和潜力为人们所看好,如传播高端牛肉消费文化以影响和改变人们消费牛肉的方式,建构以城市销售本部为核心的营销渠道体系以整合各种营销传播资源,在山东、北京等地复制大连模式以扩大养殖规模和市场销售范围等。随着这些因素所产生的影响和作用日渐增强,一个更加繁荣和强大的雪龙黑牛公司将会呈现于世人眼前。

专家评议

　　就目前的情形看,没有人会怀疑大连雪龙黑牛公司的发展前景。它的产业化经营模式具有先进性和代表性,其经营思路和管理举措都能够得到强有力的贯彻执行,其核心竞争力已经形成,并难以模仿,这些都是其未来更好发展的保证。

　　大连雪龙黑牛公司未来的挑战主要集中在几个方面。一是在产业链是否进一步延伸上做出选择,因为其产业链向下延伸的空间还很大,特别是牛肉制品领域。二是大连模式在山东、北京、贵州等地复制成功的可行性问题。这不仅是地理位置的改变,也涉及风土人情、运营成本、政府政策、产品品种等问题,需要认真研究和分析。三是雪龙黑牛的城市销售本部模式的建构问题。公司要介入餐饮领域,必须转换思维方式和经营理念,因为其面对的竞争对手将是主打牛肉消费的餐饮企业（服务型）,其竞争方式与生产型企业差别巨大。四是公司必须进一步完善和增强其物流和配送能力。随着公司异地牧场基地的建设,这一需求将日益凸现出来。

（李　闯）

西藏高原之宝:珍惜稀缺资源　创造产业机会

高原之宝的产业化之路,是企业不断正确认识外部环境和自身优势、并最终在两者之间寻求最佳结合点的过程,也是一个随着认识的深化、不断进行战略选择和调适的过程。高原之宝将广袤的高寒地域背景下普通牧户的需求与高端牛奶消费群体实现了有效对接,为数千年来在中国大地上产生的稀缺资源的产业化之路提供了样本。

一、缘起感恩的"高原之宝"

1972 年,高原之宝创始人、董事长王世全参军来到西藏。在西藏军区工作了二十年之后,他转业去了内地,并建立了一番事业。但作为王世全的第二故乡,西藏一直让他念念不忘。这里不仅有他全部的青春年华,也有他与藏区人民建立的深厚感情。他怀念西藏纯净的天空、丰茂的草原、淳朴的人们,也为藏区的贫困而挂怀惦念,梦想着能够为藏区的发展做点实事。1998 年,王世全决定放弃内地的部分企业,赴西藏发展。

在经过深入调研和充分论证之后,王世全决定开发利用藏区的牦牛资源。因为牦牛资源不仅是藏区的特色珍稀资源,且全身都是宝,蕴藏着巨大的市场开发潜力。更重要的是,牦牛资源与藏区牧户的生活息息相关,如果能够善加利用,不仅能够实现王世全感恩藏民、回馈藏区的愿望,更能带动他们增收致富,促进区域发展。

高原之宝的创业历程不长,但走过的是一条曲折探索之路:

(一)第一阶段:聚焦主业(2000 年至 2006 年)

2000 年,王世全投资 3557 万元,成立西藏高原之宝牦牛乳业股份有限公司,其创业构想是对牦牛资源进行综合开发利用,生产包括乳制品、皮毛制品、骨制品、酱制品、肉制品、角制品和生物制品在内的全系列产品,实现牦牛整体价值的最大化。很快,公司多线作战的弊端出现,由于经营范围太宽,企业在资金、科研、管理、生产等方面难以统筹兼顾,不能在短期内建成完善的产业链体系,没有主打产品,无法打造核心竞争力。

2002 年,公司调整思路,将经营范围集中在对牦牛乳制品的开发上,主攻藏区本土市场,以中低档乳制品参与市场竞争。这一时期,高原之宝重点解决的是奶源问题:公司深入牧区广泛宣传,改变牧民的原始放牧观念和传统生活习惯,树立商品意识,逐步建立起"公司＋牧户"的经营模式。通过与牧民签订收奶协议,以保护价收购原奶,高原之宝拥有了稳定的奶源供应。2004 年起,公司开始进入快速稳健的发展轨道。

(二)第二阶段:定位高端(2007年至2009年)

2007年是高原之宝的又一个战略转型之年。这一年,公司调整了企业发展模式,成立了经济合作组织,加强了基地建设,初步形成了"公司+基地+经合组织+牧户"的产业组织形式。这一年,高原之宝转变了经营思路,致力于提高牦牛乳制品的产品附加值,打造中国的民族高端乳制品品牌。在定位高端战略转型中,专业的营销策划公司功不可没。当前,一砖盒250ml的高原之宝牦牛奶的价格是28元,是普通牛奶高端品牌价格的七倍。

与这一战略转型相适应、相配套,高原之宝在养殖基地推行精细化、规范化管理,将牧场建设、畜种改良、奶源质量监控和培训农户等活动纳入公司管理体系,引进信息化管理手段,优化企业的作业流程,降低经营成本,加快新产品研发,引入外来智慧,增强市场营销的针对性和实效性。

(三)第三阶段:全球营销(2010年至今)

在强势的营销传播策略的带动下,高原之宝开始了规模化扩张,实行"大藏区"战略,将其产业布局扩展至国内所有牦牛产区。同时,高原之宝还加强了与研究机构合作、自身研发团队和中心建设,实现产品的深度和多样化开发。2011年,在实现全国一二线城市高端乳制品市场的全覆盖之后,高原之宝全球营销中心决定将品牌定位由"国内高端乳制品品牌"变更为"全球高端乳制品品牌"。高原之宝的全球营销时代已然开启。

二、产业化历程与模式分析

高原之宝走"公司+基地+经合组织+牧户"的产业化之路。公司作为龙头与市场对接,开展营销,做出生产决策,建设基地和奶站;加工基地负责生产,示范养殖基地不仅提供奶源,还担负着培训牧户、传授技术的职责;经合组织承担着广泛的宣传、培训、组织奶源、交售奶、监督检测等职责,是公司、基地和牧户的协调者和纽带;牧户在经合组织管理监督下,根据公司要求和规范,学习养殖基地的经验和技术,提供高品质的放心奶。其相互关系如图1所示。

高原之宝成立之初采用的是"公司+牧户"的经营模式,从"公司+牧户"到"公司+基地+经合组织+牧户"的产业化模式探索,高原之宝用了不到12年的时间。时间虽然不长,历程却很曲折。在这个过程中,公司根据对内外环境和市场的认识进行了充满智慧的战略选择和调整,使牦牛养殖产业不断走向产业化和集约化。图2显示了高原之宝在产业模式探索中的重大战略抉择。

(一)基于优势资源的战略选择

企业的竞争优势可以来自于科技、管理和资本,也可能来自于价格、研发或渠道。对农产品企业而言,对地域性优势资源的"独享"能够让企业从一开始就拥有无可比拟的竞争优势。高原之宝是将当地珍稀名特资源品牌化的典型案例,其发展历程虽然不长,但却有两次重大调整,显示了其对自身资源优势的认识深化过程。图3是高原之宝对牦牛资源认识深化的路径图。

1.综合开发阶段

牦牛是世界上唯一的源种牛,也是世界上生活在海拔最高处的哺乳动物,长期在海拔

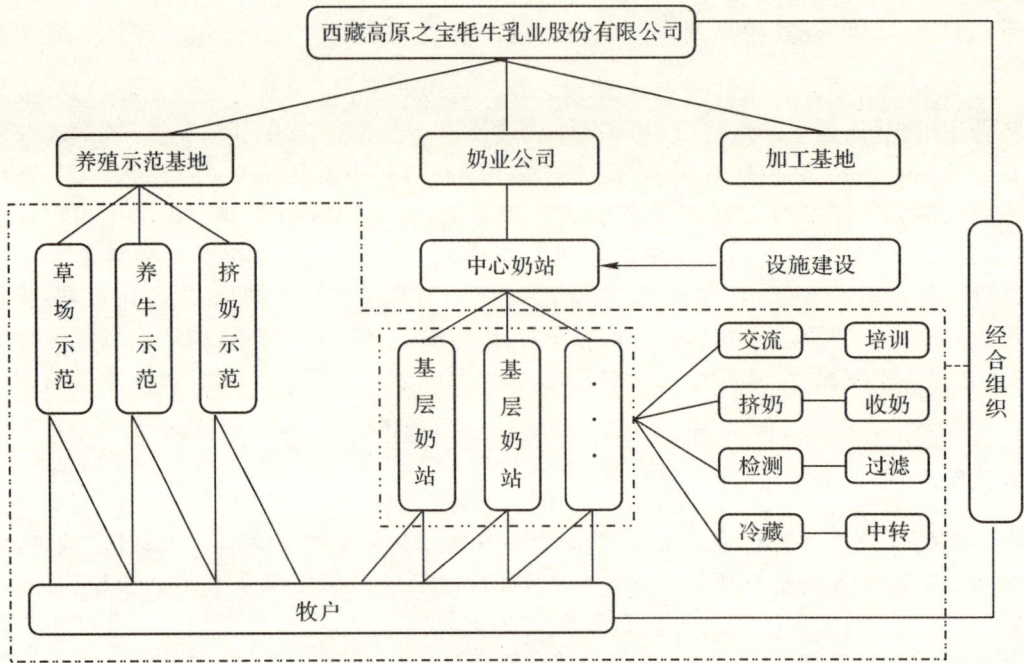

图1　高原之宝的产业化模式示意图

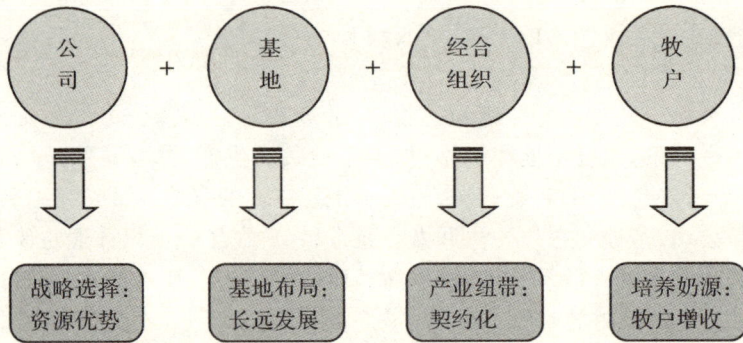

图2　高原之宝的产业化战略选择示意图

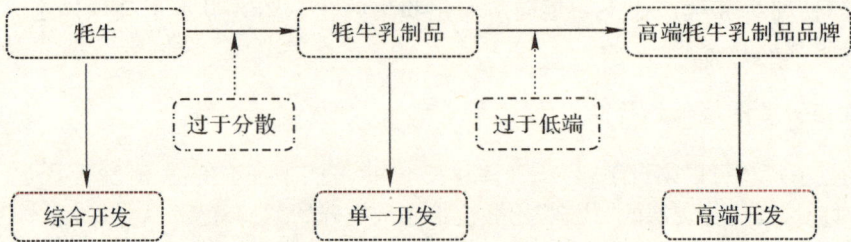

图3　高原之宝对牦牛资源的认知路径及其选择

3500米左右的高原地区保持半野生化自然生长,空气稀薄、含氧量少、气压低、温差大、风速强、紫外线强等恶劣的自然环境造就了牦牛超强的耐寒、耐缺氧、抗疲劳、抗辐射等能力,被称为"雪域之舟"。

我国现有牦牛1400多万头,约占世界总量的93%,资源优势得天独厚。牦牛在没有工业和化学污染的青藏高原保持着原始的半野生化状态,不食人工饲料,渴饮冰川雪水,饿食高寒植被(包括许多中草药),一生几乎不生病,体内没有任何药物残留。牦牛一身都是宝,如牦牛油可以泡茶或照明,牦牛肉有很高的营养价值,牦牛骨有药用和骨刻价值,牦牛皮可以制革和制衣等等。正因如此,高原之宝成立之初的战略选择就是对牦牛进行综合开发利用,生产乳制品、骨制品、皮毛制品等全系列牦牛产品。对牦牛的全面开发思路似乎符合人们对原材料价值利用最大化的思维定势,但过宽的产品系列在品质管理、拳头产品形成等方面提出了挑战。

2. 单一开发阶段

综合开发利用的战略选择导致了资源分散利用,难以形成有效的"拳头"产品的局面。根据战略选择必须强调各种内外部资源有机结合的原则,在牦牛资源稀缺的情况下,高原之宝决定将产业焦点转移到牦牛乳制品业务上,实行核心业务的单一开发策略。因为在与牦牛相关的全部资源中,唯有牦牛奶能在不以牦牛性命为代价的情况下获得持续发展,实现企业效益、社会效益和生态效益的最大化。

牦牛远离工业、化学、饲料和药物污染,不吃人工饲料,其所产牦牛奶具有极高的营养价值,被称为"超级食品"。牦牛奶中富含丰富的干物质、乳脂肪、碳水化合物、乳蛋白质、乳中钙、免疫球蛋白、不饱和脂肪酸及维生素等天然营养物质,特别是18种氨基酸中人体不能合成的8种必须氨基酸,其含量远高于普通黑白花牛。牦牛奶中的矿物质和微量元素均为溶解状态,易于人体吸收,其营养成分接近母乳,富含铁元素、维生素C,各种矿物质、氨基酸、蛋白质及微量元素的比例十分完美。从营养价值上看,一杯牦牛奶相当于2~3杯普通牛奶。

牦牛奶还具有特殊的保健功能。它富含共轭亚油酸(476mg/100g,是普通牛奶的四倍)、免疫球蛋白(0.23mg/100g)、精氨酸(0.87g/100g)等生物活性物质,在减肥、抗肿瘤、抗氧化、抗动脉粥样硬化、降血脂、降胆固醇、调节人体代谢、调节血糖、提高骨骼密度等方面具有保健功能。

受拉萨本土乳制品市场的影响,高原之宝的"单一开发"战略调整虽然凝聚了核心业务,但未能有效细分目标市场,而是将高原之宝牦牛奶定位在中低端大众市场。这一策略的直接后果就是把基于稀缺资源的产品淹没在市场上普通的牛奶产品之中,缺乏个性,无法获取与产品价值相称的收益,从而导致企业疲于应付同业的激烈竞争,难以做强品牌。此时的高原之宝,虽然已经认识到了稀缺资源及其产品的营养价值,但还未能充分认识到稀缺资源的稀缺价值。

3. 高端开发阶段

稀缺意味着只有一小部分人能拥有和享用。对于企业而言,稀缺意味着对目标市场的细分和重新界定。牦牛奶的稀缺性及其高品质高营养的特点决定了它不能像普通乳品一样通过面向大众市场生产和销售摊低成本、赢得利润。

牦牛奶无疑是稀缺的。在我国现有的1400多万头牦牛中,母牦牛占50%左右,其中适合产奶的也只有500万头。而且,牦牛没有固定的奶牛,母牛仅在一段特定的、极短的哺乳期产奶,且产奶量较低,每天约2~3公斤,仅为普通奶牛的5%。一头牦牛一年的产奶量大约为 200～300 公斤,产奶量不到普通奶牛的 10%。

　　而且,由于牧区草场资源和牦牛品种的退化,再加上粗放的牦牛管理方式,牦牛奶的稀缺性会在相当长的时期内得以继续。牦牛奶的稀缺性既是高原之宝持续发展面对的课题,也赋予它独有的竞争优势。基于对牦牛奶稀缺价值的重新认知,高原之宝决定跳出常规乳制品的经营模式,开辟特质功能奶产品,主打高端市场,重新细分和界定目标市场。高原之宝的"五高"理念开始形成。2007 年,高原之宝决定"以牦牛资源为依托,以开发市场为导向,以造福藏民为宗旨,以提高牦牛乳品经济效益和附加值为目标,以产业加工企业为龙头,以扶持和服务于牧区生产为根本,以创建民族高端品牌为己任,走产、加、销一条龙,企业和牧民融合共生一体化,带动牧区扶贫致富的新路子"。图 4 是高原之宝"五高"理念的内涵示意图。

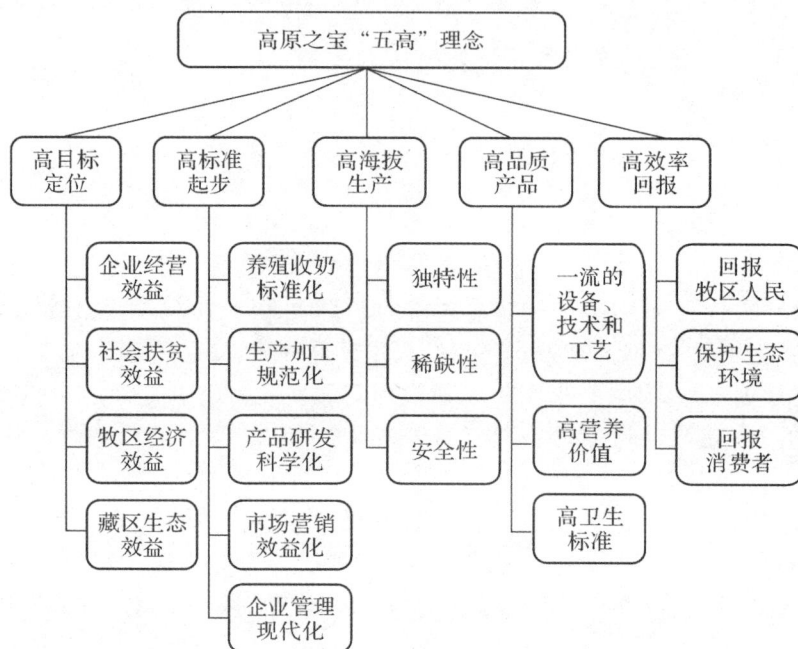

图 4　高原之宝的五高理念

　　(1)高目标定位。高原之宝坚持以企业经济效益、社会扶贫效益、牧区经济效益和藏区生态效益的有机结合为企业的崇高目标,植根藏区,造福牧民,致力于藏区牧民的脱贫致富,实现生态、经济和社会效益的良性循环。据粗略估计,高原之宝如果能够将青藏高原地区 50% 产奶牦牛的牦牛奶进行开发利用,每年就能够带给牧户约 20 亿人民币的收入。

　　(2)高标准起步。高原之宝以科学化、现代化、规模化标准打造企业,做到养殖收奶标准化、生产加工规范化、产品研发科学化、市场营销效益化、企业管理现代化,使企业在整个运行流程中顺应绿色、生态、环保、循环经济这个全球化命题,按现代化企业模式运作,优化产业组织形式,组建高效的管理团队,高标准建构企业运作流程。

　　(3)高海拔生产。当前,高海拔地区的原生态环境相对保持得比较好,污染小。高原之宝坚持在高海拔原产地生产加工,力求天然、纯净、有机、绿色、环保,以确保乳品的绝对安全和健康。高原之宝的所有系列产品均来自高原藏区,保证了产品的独特性、稀缺性和安全性。

(4)高品质产品。高原之宝的生产加工设备均采用世界最先进的工艺、设备和技术,从生产环节上保证为消费者提供极具营养价值的绿色安全的牦牛乳制品。2004年,高原之宝成为西藏首家通过ISO9001国际质量管理体系认证的乳制品企业。2010年,高原之宝又通过了ISO14001国际环境管理体系认证,以其高品质产品赢得了进军国际市场的通行证。

(5)高效率回报。高端定位极大地提高了高原之宝牦牛乳制品的产品附加值,使其获得了与其营养价值和稀缺性相称的市场回报,这有利于企业发展壮大,回馈社会。公司每年都会从利润中拿出一定比例反哺贫困牧区的生产,资助希望工程,带动牧民脱贫致富,促进区域经济发展。公司从长远、可持续发展的理念出发,注意保护牧区的生态环境,投资优化牦牛品种,平衡畜种和畜草比例,干预牧场过载过牧问题,提高牦牛的产奶量。在乳制品安全和质量问题频出的今天,高原之宝始终以高品质的产品回报消费者。

(二)基于长远发展的基地战略布局

牦牛资源的稀缺性使高原之宝的产业基地布局具有高度的战略意义。牦牛奶资源获取量不仅直接关乎高原之宝规模效益的形成,也能够有效阻止新的竞争对手不断进入市场、防止产品在低端市场上的激烈竞争。为此,高原之宝自2009年开始实行"大藏区"和"四区一面"基地战略布局,将产业基地从西藏青藏高原向其他牧区扩展。

具体来说,高原之宝立足于西藏、川藏两大产业基地,积极向青藏和甘藏地区扩展,先后在甘肃和青海注册成立分公司,并与两省的多家大型牧场基地签署了战略合作框架,筹备建设产业养殖基地和奶源基地,规划牦牛乳制品加工基地。

高原之宝产业基地的整体布局为:以液态牦牛奶为主要产品的西藏拉萨产业基地,以成人牦牛奶粉和婴幼儿牦牛奶粉为主要产品的川藏若尔盖产业基地,以酸奶和功能性牦牛奶等衍生产品系列和牦牛有机奶为主的青藏同仁县、河南县、海晏县、库泽县产业基地,以巴氏杀菌低温保鲜奶为主的甘藏合作市(辐射碌曲县、玛曲县)产业基地,基本实现了藏区牦牛资源的全覆盖。

"养殖跟着牧场走,生产跟着养殖走,三者相互结合"是高原之宝基地布局的原则之一。高原之宝在牦牛资源比较集中的大型牧场建立自己的养殖/生产基地,实行科学放牧,轮育轮放,原草原木,夏草冬储,冬季补饲,提高了牦牛的产奶量,并且使牦牛冬季亦可产奶,消除了传统牦牛奶源供应的淡季。

高原之宝的四大养殖基地全部建在海拔3500米以上的青藏高原的大型牧场上,能够保证牦牛的天然放养、无饲料喂养、无污染、无激素、无基因改造,实现牦牛乳制品中零农药残留、零化肥残留、零抗生素、零重金属离子的目标。高原之宝在西藏自治区内设置了14个养殖基地、牧场与中心奶站。

从高原之宝的基地战略布局图中,我们可以看出,公司不仅将奶源基地、养殖基地和生产基地合理地结合在一起,而且分工明确、功能互补。不仅将牦牛奶这一稀缺资源牢牢控制在公司手中,还因地制宜、优势互补,使各基地协调发展,实现资源整合和规模经济的效益,为企业的长远发展夯实基础。

(三)基于契约化的产业组织建设

长期以来,藏区牧民的生活方式都是逐水草而居的原始放牧状态,牦牛养殖主要以家庭为单位进行半野生化自然放养,牦牛资源不仅分散而且经常处于流动状态,再加上牧区组织与牧户关系松散,缺乏统一有效组织和管理,这使得牦牛奶这一珍贵稀缺资源未能得到充分开发利用,导致一些地方出现"有奶卖不掉、收购没渠道、市场见不到、土法加工卫生不达标、宝贵资源浪费掉"的状况。

高原之宝成立之初采取的是"公司＋牧户"的经营模式,公司与养牦牛的牧户签订收奶协议,以保护价格进行收购,逐步建立起稳定的奶源供应群体。随着企业的发展壮大,"公司＋牧户"的经营模式很快呈现出一些弊端。

首先是公司必须与分散牧养牦牛的千家万户——打交道,花费了大量的时间和精力,增加了原奶收购的交易成本,而且双方关系相当脆弱,无法形成密切的利益同盟。其次,由于牧户履约意识的淡薄,公司和牧户常常因价格问题产生分歧,导致牧户履约困难,这不仅影响到奶源供应量的稳定性,也影响奶源供应的安全和质量。

2007年,经过四年左右的探索和反思,在牧区政府的支持和引导下,高原之宝利用现有的村级经合组织,协助组建了牧区经合组织,将分散牧户联系起来,以产业链纽带的形式连接牧户和公司。面对企业,经合组织代表牧户的切身利益,与公司签订契约,议定价格;面对牧户,经合组织履行监督管理职责,确保牧户根据公司制定的科学养殖规范进行牦牛养殖,集中组织奶源,开展宣传和培训,引导牧户规范挤奶、交放心奶。

在经合组织的协调下,牧户增强了履约责任感,公司节约了交易成本,牧户的资源优势、经合组织的监管优势、基地的研发生产优势和公司的市场运作优势就能有机结合起来。

(四)基于牧户增收的奶源培养

传统的牦牛养殖方式对公司的规模化和市场化运作带来许多障碍和困难。高原之宝成立后做的第一件事就是培养奶源:派人深入牧区进行宣传,改变牧民的传统观念和生活习惯,培养他们将多余牦牛奶交售给公司。为方便广大牧民交售鲜奶,高原之宝根据奶源的分布和牧场的大小进行科学规划,每五六十户牧民建一个流动奶站,五六个流动奶站范围内建一个固定奶站,十多个固定奶站建一个中心奶站。对部分离奶站较远的分散牧户,高原之宝使用带有齐全的检测设备的收奶罐车入户收奶,扩大了公司奶源的供应量,增加了牧区边远地带的牧户的收入。

高原之宝定期派专家和相关技术人员向牧民传授畜牧业生产知识,对牧户进行牦牛养殖技术培训,并利用公司的养殖示范基地进行示范,帮助牧民改良畜种,优化种群结构,提高牦牛的产奶量,增加牧户收入。

为配合公司的产品质量可追溯体系的建设,高原之宝还在牧区各村培训内部检查员,建立完整的牧户电子档案,保证每户有一名懂有机养殖的人,每村培养2～3名牧民经纪人,增强牦牛放养、收奶、加工、流动等环节的透明度和可追溯性。

高原之宝还向牧民统一发放不锈钢奶桶和挤奶器,配发挤奶工作服、乳胶手套、一次性消毒帽和口罩等物品,由技术人员培训他们器械使用、原奶密封与保存、运输注意事项、规范挤奶等事项,确保整个过程干净卫生,从原奶采集源头消除食品安全隐患。

交售干净奶、放心奶就意味着牧户收入的增加。牦牛奶每公斤约19元人民币,相当于普通牛奶价格的8倍。2011年,高原之宝仅在西藏地区就支付6865万元的鲜奶款,带动牧户约 21184 户,户均增收 3000 多元。对于定点收奶养殖户而言,其直接经济收益更加可观,按每头牦牛日产奶 2 公斤、每户(保守估计)养 30 头牦牛、一年有 3 个月的产奶期计算,其年收入可达 10 万元左右。现在公司每年为藏区牧民创造的直接经济收入可达 3.2 亿元。

十多年来,公司始终坚持交奶现场结清奶款的原则,同时根据牧户的实际需求,亦可兑换物品和成品奶。发展至今,公司已经累计带动十多万藏区牧民养殖致富。此外,公司还吸纳了 300 多藏区牧民进入公司工作,其每年的工资收入为 3 万多元。

在公司优化牦牛种群结构、淘汰低产能牦牛、改良畜种等措施的影响下,近三年来,藏区涉牧地区牦牛的数量减少了 10%,但牧民的人均收入却从 1000 多元上升到了 4000 多元,在防止过度放牧、保护牧草资源的同时,增加了牧户的收入。

三、高原之宝的模式启示

回顾高原之宝的发展历程,特别是其探索产业化模式的过程可见,它在以下几个方面对中国的农业产业企业具有借鉴意义。

(一)善于发掘、整合自身优势

尽管高原之宝在企业成立之初的两年里,也走了一些弯路,但从整体来看,其发展历程就是一个不断发现、发掘、整合、利用自身优势的过程。公司创始人王世全认为:随着我国经济快速发展,现在城里有钱的人越来越多,但他们享受不到好的环境,买不到天然、有机、安全高质量的食品;而藏区牧民拥有纯净、甘露般的牦牛乳汁这一稀缺珍贵的资源,却变不成钱,依然贫困。

高原之宝将青藏高原的环境优势、牦牛的稀缺性、牦牛奶的高品质三者结合起来,凝聚了自己的核心业务,向社会提供雪域臻品,带动牧区藏民增收致富,真正实现优势互补。

高原之宝的发展还得益于政府扶持方面的优势。青藏高原地处西部偏远地带,经济比较落后。中央和地方政府都非常关注当地经济的发展和广大牧民的脱贫致富,积极推动当地发展与牦牛相关的产业,并给予政策方面的优惠。温家宝总理对牦牛产业的发展曾经做出过重要批示:"牦牛产业开发很有前景,但要注意运用科学技术、遵照市场经济规律。这件事办好了有利于藏区经济发展。"他还说:"我有一个愿望:一个 13 亿人口的国家,应该培养自己的奶牛品种,生产出高品质的牛奶和乳制品,培养自己的牛奶和乳制品品牌,不仅要在中国占领制高点,而且要在世界上占领先地位。"

2002 年,成立仅两年的高原之宝被国家农业部等八部委认定为农业产业化国家重点龙头企业,被西藏自治区人民政府认定为自治区级农牧业产业化龙头企业,是自治区政府重点扶持的"三农"企业。

(二)注重企业的可持续发展

在企业的可持续发展方面,高原之宝做了以下几点:

1.基地建设

当前,高原之宝正在实施"四区一面"和"大藏区"战略,即建设西藏、川藏、甘藏和青藏

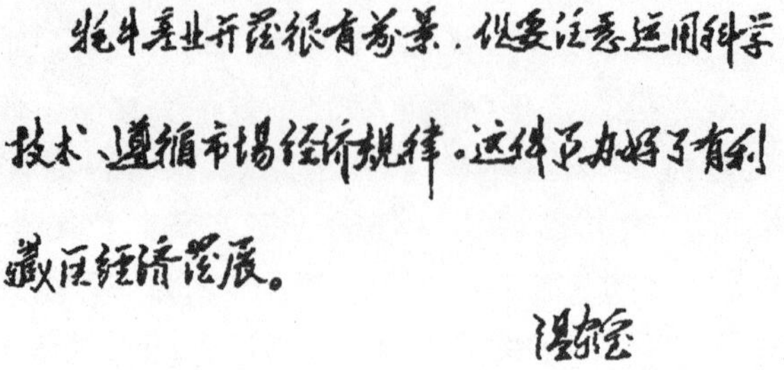

牦牛产业开发很有前景，但要注意运用科学

技术、遵循市场经济规律，这样更为好了有利

藏区经济发展。

温家宝

图5 温家宝对牦牛产业的寄语

四大产业基地，全面覆盖藏区牦牛养殖区域。这一战略使高原之宝将牦牛奶产业链的上游资源牢牢控制在自己手中，为企业的未来发展和规模扩张提供源源不断的原料来源。按照高原之宝的建设目标，四大基地内将建立若干个10万亩以上的示范优质草场。基地建设完成后，企业的牦牛奶加工量将占大藏区总量的70%以上，年产值将达到40亿元。

2.改良畜种

由于不科学养殖管理、近亲繁殖等因素，牦牛品种的退化比较严重。为获得长远的持续发展，高原之宝通过技术人员入户、举办培训班、养殖场示范和经合组织指导等方式帮助牧户改良牦牛品种，淘汰那些经济价值小、品种差、产奶低的牦牛，培育高品质牦牛种群，在降低养殖数量的同时，提高单位养殖的受益。

3.改变牧民的牧养习惯

传统的牧民牧养牦牛的习惯比较粗放，商品意识比较淡薄，对牧场和牧草的保护不够，存在过度放牧现象，牦牛奶采集流程不够规范和卫生。高原之宝针对这些问题进行了有针对性的宣传和培训，改变其牧养牦牛的陋习，从而保护自然环境，保证牦牛资源和企业的长远利益。

4.严格把控产品质量

奶源质量是产品质量的基础，牧户是奶源质量的第一道把关者。经合组织和各流动奶站、固定奶站和中心奶站的相关技术人员是第二道把关者，他们在精密仪器的帮助下对牦牛奶进行检测、分级、冷藏和中转。为保持原奶的新鲜度，高原之宝各养殖基地的奶站和奶车收购的原奶都必须在当天由冷藏车运入生产基地，进入加工程序。正因为这个原因，高原之宝的四大生产基地都建立在养殖基地附近，以便保证乳制品的质量。进入加工生产线的原料奶采用瑞典利乐公司提供的 UHT(Ultra High Temperature)超高温瞬时灭菌技术进行三次过滤、消毒，然后进入包装环节。这样，通过层层把关和筛选，高原之宝乳制品才能经得起市场的检验，赢得消费者的信赖。

由于在产品质量控制和检测方面的卓越表现，2011年，高原之宝受中国乳制品工业协会的委托，主持起草了《生牦牛乳标准与检验方法》、《发酵牦牛乳标准》、《牦牛乳标准》和《牦牛乳粉标准》四个牦牛乳行业标准。

5.持续研发新产品

高原之宝以持续的产品创新来满足消费者的不同需求，扩大市场份额，推动企业持续发展。通过与中国农业科学院、四川省食品发酵研究设计院和四川大学生命科学学院等研究机构合作，高原之宝在拉萨和成都分别建立了牦牛乳生物工程研究中心，开展牦牛乳产品的深度开发,其产品已由最初的一个系列一个品种(八连杯酸奶)发展到今天的四大系列十多个品种(某些品种还有多种口味)。

当前,高原之宝的四个产品系列分别为:高端液态奶系列:纯牦牛鲜奶、功能性牦牛奶、酸乳饮料、果汁乳饮料;高档酸奶系列:普通原味酸奶和红枣、沙棘、人参果、虫草、雪莲酸奶;奶粉系列:脱脂和全脂牦牛奶粉、功能性牦牛奶粉等;奶酪乳脂系列:高档酥油、奶酪等。2012年,公司还将开发婴幼儿牦牛奶粉、牦牛奶片、胶囊、奶粉、红茶伴侣、咖啡伴侣、活性乳蛋白粉等产品。

持续的产品创新成为企业不断发展壮大的驱动力。2003年,公司营业额仅为200多万元,2011年则达到9720多万元,当地市场每天消费3～6吨高原之宝酸乳酪。与此同时,公司的日生产量和年加工量都获得了大幅度提升,由2005年的7～8吨和2500吨增加到2011年的25～30吨和10000吨。

(三)建构高端特色营销体系

好的东西也需要强大的市场营销体系做后盾,尽管高原之宝的产业化模式中很难反映市场营销所发挥的作用,但市场营销一直是企业发展的强劲驱动力,特别是在高原之宝决定打造高端牦牛乳制品品牌之后。

在青藏高原地区,高原之宝已经通过与广大藏区牧户的接触和日常宣传、特别是赞助西藏的传统节日——藏传佛教雪顿节而成为该区域牦牛乳制品的主导品牌。按照藏语的本意,雪顿节就是吃酸奶的节日,后来因加入了藏戏汇演、歌舞、野餐等活动而演变成西藏地区每年一度的盛大节日。高原之宝从2004年开始多次赞助中国拉萨雪顿节,不仅在当地市场赢得良好的口碑,而且随着外来游客传播到外地。现在,高原之宝在西藏地区设立了1200多个销售点,市场占有率达到70%。

2007年,高原之宝决定打造高端品牌,将目标消费群体锁定在具有特别消费需求、关注营养功能和食品安全、注重生活品质的国内外中产阶级高端人群。高原之宝引入北京精锐纵横营销顾问机构为产品做全案市场推广和品牌策划,开始构建适应高端品牌定位的营销体系。

2008年5月,高原之宝在北京人民大会堂为其新推出的主打产品"菲凡"西藏牦牛奶举办了盛大的新产品发布会,吹响了高原之宝从藏区市场进入全国市场的号角。高原之宝选择北京、上海、深圳、成都、厦门等十二个目标消费群体大量聚集的一线城市作为前期主打市场,通过在东方航空、南方航空、中国之翼等航空杂志上投放广告,精准地将产品信息传播至潜在消费群体。与此同时,高原之宝组建了高端商场超市形象专柜、餐饮机构、团购、直营(品牌形象店)等四种销售渠道,迅速地为产品打开了通路。近三年来,高原之宝的年均收入增长9.1%,年均利润增长20%以上。

当前,高原之宝的产品已经覆盖了全国一线和二线城市的高端市场,并渗透到中国香港和澳门地区。在国家投资和当地政府的扶持下,高原之宝每年将花费数百万元用于品牌的营销推广,积极开拓海外高端市场,争取五年内完成全球销售网络建设。

2011年,公司将"菲凡"品牌更名为"高原之宝",开始以统一的品牌形象示人,其全球营销中心推出体验式营销和订奶销售模式,逐步建立详细的消费者信息资料库。据高原之宝初步估算,藏区牦牛奶的商业开发只能满足12万消费者每天一杯的量,因此公司启动了

VIP全球订购销售模式：前期2万个名额，中期6万个，后期4万个。消费者可以通过网络和电话订购属于自己的牦牛奶和牦牛奶粉，查询产奶牦牛的信息和图片，专享由高原之宝每日派送入户的产品。与其全球营销策略相适应，高原之宝还在天猫商城开通了品牌旗舰店，通过电子商务平台向世界各地销售产品，开展VIP订购活动。

2011年，高原之宝先后参加了2011中国春季糖酒会（成都）和第三届中国（北京）国际妇女儿童产业博览会等展会，受到了与会消费者和经销商的广泛关注。继2010年1月成为北大山鹰社登山活动唯一指定乳制品之后，高原之宝又于2012年6月被中国举重协会选定为中国国家举重队的专用乳品，随中国举重健儿踏上伦敦奥运之旅。借奥运东风，在国际市场上营销中国的民族品牌，高原之宝的国际化攻略已经启动。一个崭新的时代来临了。

专家评议

高原之宝对牦牛奶这一稀缺资源的开发利用成就了一份能够推动藏区贫困牧户脱贫致富的产业，在国家和各级地方政府不断出台惠农政策的宏观背景下，这一产业化选择具有战略意义。在企业还不具有开发牦牛资源所有价值的能力的情况下，高原之宝集中内外资源优势打造单一核心业务的做法是一种明智的选择。

品质、高端定位和营销传播是未来高原之宝应该重点关注的三个领域。品质意味着高原之宝在建设奶源基地、规范牧户养殖、产品生产加工等环节中必须加强质量安全管理，防止出现安全事故。高端定位意味着高原之宝必须细分消费群体、研究消费心理并以高品质的产品响应这一定位。高原之宝的营销传播策略应该紧紧围绕高品质和高端定位来展开，创新营销推广方式和渠道，可以尝试着探索资料库营销、关系营销或新媒体营销等方式。

（李　闯）

重庆"乌江"榨菜：创新"产业营销"
实现"子品牌"突围

　　涪陵榨菜始创于 1898 年，以其丰富的营养和鲜香嫩脆的独特风味，在 1915 年首次参加巴拿马万国商品博览会时便一举荣获金奖，被誉为世界三大名腌菜之一。在百年的历史长河中，"涪陵"与"榨菜"之间，已经辨不清是涪陵制造了榨菜，还是榨菜成就了涪陵。

　　作为一个区域公用品牌，"涪陵榨菜"证明商标于 2001 年 1 月 1 日开始实施使用。在公用品牌之下，有越来越多的子品牌进入市场。对于重庆市涪陵榨菜集团股份有限公司和其旗下的"乌江"榨菜品牌来说，"辣妹子"、"巴都"等涪陵榨菜是竞争者，也是兄弟姐妹。"涪陵榨菜"母品牌的产地背书力量无疑是强大的，如何借助利用，谁又能突围成功？

　　"乌江"榨菜作如是说。

一、母品牌的产地背书：大自然的馈赠

　　区域品牌往往显示出特殊的"双品牌"现象。"双品牌"都具有作为商标的法律保护意义，区域品牌多为证明商标，自有品牌则是企业或产品商标。

　　区域品牌担当着背书品牌的角色，作为"反映一个品牌在多大程度上推动购买者决策和说明使用经历"的驱动力，例"丰田是花冠的主要驱动者，因为使用者会说它们拥有一辆丰田车，而不是说花冠"。同样，消费者也会说他们喝的是"安吉白茶"，吃的是"涪陵榨菜"，而不是其下的企业或产品的自有品牌。所以，在"双品牌"状态下，区域品牌更多的充当了下属自有品牌的品牌驱动力角色 。

　　中国农业经历上千年的发展，其中不少农产品都已具有上百甚至上千年的生产历史。面对具有悠久历史的产品，消费者心理上的信赖程度和文化偏好程度更高。而农产品的另外一个特性，就是与地域的密切联系。"农产品—原产地"的联想对不少农产品，往往是与生俱来的先天性遗产。这在一些对生产地风土水质要求严格的农产品身上体现得更加明显。

　　因此，历史与地域，对农产品的品牌影响十分巨大，而且这两者之间，随着品牌的推演，彰显的作用越发交互，大有"你中有我，我中有你"的趋势。而在"涪陵榨菜"上，这两者恰好有着丰富的具体体现。

（一）独特的生长环境

　　涪陵在大的地理格局上，处于东北—西南走向的"太行山—巫山山系"与南北走向的横

断山系的交接处,是一座四季分明、气候温和的山城。这里又是乌江与长江的交汇处,每到上游涨水的时候,两江交汇处的水汽便大面积蒸腾而上,蔚为壮观。按照地质学上的说法,凡是大的地理过渡地带,往往都是地气汇集、动植物基因最容易发生异常变化的地带。

而地理学上最神秘的北纬30°线,就从涪陵底下穿过。北纬30°线的确是地球上最为神秘的一条纬度线。除了地质地貌、动植物生态、物种矿藏、水文气候等最为复杂多样以外,也是地球上神秘现象最集中、自然和人文奇观最密集的区域。世界上的最高峰珠穆朗玛峰、世界上最大的沙漠撒哈拉、太平洋百慕大三角区、远古玛雅文明遗址、雅鲁藏布大峡谷、中国三星堆古文明遗址等均位于北纬30°附近。

涪陵榨菜生长在由侏罗纪中统沙溪庙组地层岩石风化而来的紫色土上,土中富含磷、钾、硫、镁和多种微量元素。而这种地质条件,只存在于重庆涪陵一带的长江沿岸。自上世纪30年代至今,四川、重庆、浙江、湖北、江西、福建、江苏、安徽、河南等地纷纷大面积种植青菜头,据说涪陵的青菜头移种到其他地区,它的瘤状茎就会变小,甚至变成莴笋一样的直茎。

涪陵得天独厚的自然条件,为涪陵榨菜的生长提供了独一无二的环境。

(二)追溯品牌开端

在公元18世纪以前,涪陵长江沿岸已有包包菜的种植,农家称之为"青菜头",并用它来制泡菜和干咸菜佐餐,鲜香嫩脆,十分可口,在名目繁多的咸菜制品中味高一筹。

而"榨菜"得名的由来,则归功于一位名叫邱寿安的商人。邱家一直喜欢用当地特产的青菜头用腌、榨的方法制成酱腌菜佐餐,因此当邱寿安到宜昌经商期间,老家不断会捎一些过来。邱老板在自己享用之余,也用它待客或作为礼品赠送给客户和朋友。光绪二十四年(1898年),邱老板将老家捎来的两坛酱腌菜全部赠送给朋友,大受欢迎,居然不能满足索要者的需要,于是萌发了大规模经营此酱腌菜的念头。次年正月,邱寿安赶回老家,当年制成80坛约2000公斤酱腌菜,正式取名四川榨菜,首次沿长江水道顺流而下,运抵宜昌码头销售,大获其利。榨菜试销成功之后,邱寿安扩大生产,增加产量,每年榨菜产量达到800多坛。为了长期垄断获利,邱家秘守加工方法,比如配制香料,要派专人到几家不同的药店购买原料,然后秘密进行配制;又如风晾脱水,他们在自家院内栽桩扯索,整个过程更是关门闭户,严防外人进入参观。1908年,生产规模已扩大数倍的邱寿安委托其弟邱翰章,通过长江运输80坛榨菜试销上海。邱翰章通过在报刊上登广告、分制成小包在公共场所免费赠送、印发说明书等促销手段之后,产品很快便被上海市场接受,要求供货者络绎不绝。到了1913年,运销到上海的榨菜已达600坛。次年,邱翰章在上海设立"道生恒"榨菜庄,以经营榨菜为主,兼营其他南货,这便是中国第一家榨菜专卖店。

邱寿安正式经营榨菜16年后,邱家制作榨菜的秘密工艺被邱家原来的一位厨师泄露。从此,新的榨菜厂家纷纷成立,邱氏榨菜再难独霸天下。有人又将榨菜经销到国内其他市场,甚至远销至南洋各地。多家生产后,榨菜的产量迅速扩大,四川榨菜在极短的时间内成为风靡一时的中国名腌菜。

1915年,商标为"大地"牌的涪陵榨菜首次参加巴拿马万国商品博览会,以其丰富的营养和鲜香嫩脆的独特风味,一举荣获金奖,从此声名远播,正式成为享有世界声誉的著名腌菜。20 世纪 20 年代至 50 年代,"地球牌"涪陵榨菜一直是外贸出口的主要品牌。20 世纪 60 年代至 70 年代,则直接冠名"涪陵榨菜"出口。

(三)榨菜产业的发展

从邱家创立,涪陵榨菜历经百余年发展,按其工艺变革和产业发展状况,大致经历了 6 个发展阶段。

1. 草创探索阶段(1898 年至 1913 年)

1909 年及其以前为邱氏独家经营,1910 年及其以后开始扩散。至 1913 年涪陵全县有加工运销商 4 家,当年总产量约 50 吨。这一阶段的主要特点是工艺比较原始,设备简陋。

2. 趋于成熟阶段(1914 年至 1936 年)

这一阶段中,榨菜加工技术经历 6 大变革,更能适应商品化生产:即改屋檐下、树枝上晾菜为江边搭架晾菜;改瓦缸腌菜为水泥菜池腌菜;改一次腌制为两次腌制;改猪血拌石灰封坛口为水泥封坛口;改变辣椒等用料及辅料配方;对菜块予以修剪整形。经此变革,技术成套,工艺基本趋于成熟定型。加工厂户由数家发展到百余家。这时涪陵县已成立了由加工、运销商组成的"菜帮",至 1931 年改为"涪陵县菜业公会",时有会员 212 家。至 1935 年前后,涪陵榨菜的销售市场已由上海扩大到北京、天津、辽宁、福建和广东等地,远及南洋各国;国内已基本形成以宜昌、汉口、上海为中心的短、中、长路运销网络,其中以上海为最大销售市场。涪陵菜业的崛起,引起国内经济界和科技工作者的重视,开始总结和研究种植、加工、运销经验。

3. 曲折发展阶段(1937 年至 1949 年)

这一阶段多数年份受日本侵华战争影响,到宜昌及其以下长江水路运输被日军阻断,传统销路不通,产销很不稳定。但以重庆为中心的后方市场及抗日前线军需需求扩大,菜业仍有较大发展。1940 年,涪陵榨菜成品总产量首次突破万吨,达 1.1 万吨。而至 40 年代后期,市场物价飞涨,菜业急剧萎缩。

4. 稳定发展阶段(1950 年至 1977 年)

新中国建立后,建立国营菜业,私营加工亦迅速恢复和发展,至 1956 年全部走向公私合营。这一阶段的主要特征是国营菜业的稳定经营。至 1976 年,全县有国营菜厂 19 家,年加工能力 1.28 万吨,年加工量占全县产量的 80% 以上(其余为社队菜厂加工);加工运销纳入全县统一管理,工艺又历经细节上的若干调整和改进,更趋于科学化、规范化,产品质量进一步提高;青菜头良种选育和推广,以及病虫害的研究和防治,取得突破性进展。18 年中,除少数年份外,产销比较稳定,全县有 9 个年份的产量超过 1 万吨,最高年产量 13850 吨(1954 年)。

5. 变革发展阶段(1978 年至 1997 年)

1978 年前后,在以经济建设为中心的思想指导下,榨菜产业变革飞速。1978 年开始大面积推广栽培技术,亩产与成品品质都有了提高。进入 90 年代,优良品种加上青菜头专用复合肥料的使用,大面积平均亩产提高到 1.2 吨,高的达到 2.5 吨至 4.0 吨。1978 年前后,国营榨菜加工的踩池、起池、切菜、淘洗、拌料、装坛、包装等加工机具改革取得突破性进展,逐步实现半机械化操作,加工效率提高。1980 年以后,榨菜加工、运销体制向多层次、多渠道转变,国营、集体、个体企业都可以经营榨菜,涪陵榨菜业扩张进入快车道。

1982年,涪陵榨菜研究所与国营涪陵菜厂试制小包装榨菜获得成功,当年产量38吨,因其运输、销售比坛装榨菜方便,附加值高,发展甚快。至21世纪初,小包装涪陵榨菜已占总产量的70%以上。1980年至1985年,四川省先后制定了坛装榨菜外贸出口和内销的质量标准,国家标准计量局颁布了榨菜质量的国家标准;涪陵地区标准计量局发布了方便榨菜质量标准,为榨菜的质量管理提供了法规性依据,产品质量达标创优取得显著成绩。1981年至1997年,涪陵市榨菜产品获国家级和部省级优质产品称号和金奖荣誉的有15个品牌,共获奖90余个次,居全国榨菜行业第一位。

6.步入现代化产业发展阶段(1998年至今)

1998年,涪陵榨菜产业开始步入新一轮变革即现代化产业发展阶段。涪陵区在当年隆重举办纪念涪陵榨菜诞生100周年暨首届重庆涪陵榨菜文化节活动。进入21世纪以来,涪陵榨菜行业在"龙头企业"的带动下,一批规模化、机械化、自动化和经营管理规范化的现代化榨菜企业相继出现,榨菜经济社会效益、菜农收入水平不断大幅度提升。

"涪陵榨菜"证明商标于2000年4月21日经国家工商行政管理局商标局核准注册,于2001年1月1日开始实施使用。在实施过程中,涪陵区榨菜管理办公室("涪陵榨菜"证明商标注册人)强化"涪陵榨菜"证明商标的使用管理,严格按照《涪陵榨菜证明商标使用管理章程》的要求,抓好证明商标的使用管理工作。地理标志的注册,建立了"涪陵榨菜"这一区域公用品牌,为涪陵榨菜各自子品牌传播奠定了良好基础。

二、"乌江榨菜"子品牌突围

区域公用品牌,在对历史文脉与地理文脉的整合利用上,目的是建立"某特定文脉与某区域公用品牌"的联想。而对于企业品牌,则存在着如何让产品文脉为品牌提供价值的问题。我们假设A地出产C品牌的B农产品。一般而言,品牌的出现远远晚于该农产品特定的历史、地域等文脉的形成,所以与文脉有专属对应关系的是B农产品,而非C品牌。通过沟通中文脉元素的运用,让消费者建立起"特定文脉——B农产品"的联想是比较容易的(或者文脉作为常识,本来就已经存在于消费者的认知中,现在得到了强化)。而跨过产品,建立"特定文脉——C品牌"的联想就显得困难了。

如何在文脉的表达过程中,在传播产品信息的同时,如何有意识地突出品牌,将文脉有机地整合到品牌文化中来。如何建立"特定文脉——B农产品——C品牌"三者之间的完整联想问题?

作为区域公用品牌的"涪陵榨菜"无疑给了涪陵当地众多榨菜生产企业提供了产品的背书依靠。而对于这些企业来说,如何将公用品牌的营养融入到自己的产品品牌当中,为自己企业所用,以让企业自身进一步发展壮大,这是摆在面前且无法避免的问题。品牌是企业自身的宝贵财富,而在企业运营过程中,需要考虑到更多的其他方方面面的因素。"乌江榨菜"的持有者、重庆市涪陵榨菜集团股份有限公司正是一个先行者。

重庆市涪陵榨菜集团股份有限公司为了自身长远发展,选择以"产业营销"为指导。"产业营销"即是通过对产业现状的研究,判断产业结构、趋势、驱动力等特点,再与企业实际相结合,制定企业营销战略的模式。简单地说,就是以客观现实的产业结构为起点构建的新营销战略模式,包括三个步骤:市场洞察、竞争要素与策略,构建商业模式。值得注意的是,这三个关键词也可以单独地对不同发展阶段的企业发挥"战略性作用":创业企业更加需要市场洞察,成长型企业更加需要优化竞争要素,规模型企业一定是企业战略与商业模式协同性做得最好的。"乌江榨菜"在发展过程中,充分汲取"涪陵榨菜"母品牌营养滋润,为自身企业发展寻求空间。

重庆市涪陵榨菜集团股份有限公司前身为 1953 年成立的川东军区榨菜厂,经过近 60 年发展,现已发展成为中国最大的榨菜生产经营企业。主要经历了四个阶段:

第一阶段(1953 年至 1983 年):初级阶段。该阶段榨菜生产以手工作坊为主,产品为大陶坛坛装(又称坛装榨菜);销售范围限于青菜头所在产区范围,年产量不足 1 万吨。

第二阶段(1984 年至 1999 年):跳跃式攀升阶段。较第一阶段取得了较大发展,1984 年小包装榨菜出现,1988 年原供销社下属 21 家榨菜生产厂合并成立了涪陵榨菜集团,1990 年后民营榨菜企业出现,"扩张—收缩—扩张"成为该阶段的基本规律。该阶段榨菜品种亦趋向多样化,整体工业化水平落后,以半自动生产为主,年产量从不足 1 万吨增至 2 万吨左右。

第三阶段(2000 年至 2007 年):快速发展阶段。2000 年启动三峡移民技改迁建工作,2006 年 21 条榨菜生产企业的迁建,建成以"华"字开头的 8 条榨菜生产线、1 条榨菜辅料乳化生产线、1 条榨菜酱油生产线、1 条虎皮碎椒生产线和 3 座榨菜原料加工贮藏基地。在此期间,实施榨菜农业产业化经营,实现了榨菜生产线技术改造和设备的更新,榨菜生产实现了规模化、机械化(除计量装袋外);在此期间,涪陵区内民营榨菜企业也得到了发展壮大。集团公司技术设备先进、管理规范、规模化生产,在榨菜行业的优势地位逐渐凸显,带动了涪陵榨菜行业的发展,提高了榨菜种植菜农的收入水平,市场集中度稳步提高。该阶段榨菜实现了防腐剂零添加,以自动化生产为主(除计量装袋外),年产量从 2 万吨左右增至 8 万吨左右。

第四阶段(2008 年至今):高速发展阶段。2008 年初完成了企业改制,2010 年股票在深交所挂牌上市,利用上市募集资金对榨菜生产线进行了自动化改造,优化了三支队伍(原料、加工、销售),"产业营销"格局形成,实现了管理标准化、生产规模化、销售模式化,集团公司在榨菜行业的优势地位更加凸出,带动了重庆榨菜行业的发展,提高了榨菜种植菜农收入水平,市场集中度进一步提高。该阶段以榨菜生产线自动化改造和对外扩张为主,年产量从 8 万吨左右增至 10 万吨左右。

产业营销的着眼点是企业所处的行业,以及企业能覆盖延伸到的全产业链。重庆市涪陵榨菜集团股份有限公司正是抓住此着眼点,在企业内部首先确定组织架构、建立规范制度;在种植、加工、销售这条产业链的每个关键节点上各个突破,最终完成自身子品牌的突围,实现企业长远发展。

在产业营销中如何抓住关键因素实现自身快速成长,乌江人的具体措施如下:

(一)确立组织架构,规范企业标准

改制和上市是乌江人的梦想和追求,经过 20 年的努力,重庆市涪陵榨菜集团股份有限公司于 2008 年 3 月完成股改,理顺了内外关系,明晰了产权归属,由重庆市涪陵榨菜(集团)

有限公司整体改制变更,设立为重庆市涪陵榨菜集团股份有限公司。整体改制后的重庆市涪陵榨菜集团股份有限公司(以下简称"涪陵榨菜集团")按照"管理科学、权责明确"原则建立了现代企业管理制度,完成了企业组织结构重建,建立了精干高效的企业组织架构体系。涪陵榨菜集团 IPO 于 2010 年 10 月 15 日通过证监委发审会,2010 年 11 月 23 日在深圳证券交易所成功挂牌上市,公开发行股票 4000 万股,募集到资金 55960 万元。

为规范企业管理行为,提高企业管理水平,涪陵榨菜集团于 2006 年建立了完善的企业标准体系(包括:技术标准体系、管理标准体系和工作标准体系)和内控体系,成立了重庆市涪陵榨菜集团股份有限公司标准检查委员会和相应的技术、管理、工作标准检查分会,以标准促进企业管理。一是每季度召开董事长办公会、经济活动分析会,每月召开总经理办公会、销售分析评估会,每周召开领导班子工作协调会、产供销协调会,不定期召开专题会,推动各项工作开展;二是在主要业务环节设立财务监控点,推广运用现代管理软件,推进财务、人事、生产、销售信息化管理,保证物流、资金流在有效监控下运行;三是生产上突出质量、定额、成本、基础管理四个重点;四是营销上实行战略经销商制;五是分配上实行基础工资加效益工资的按劳分配制度;六是重组业务流程。通过建立起适应企业特点的管理体系,提高了企业管理水平。

(二)完善产业组织模式,实施规模扩张

1.抓产业化经营,带动产业发展

涪陵榨菜集团从 1997 年开始实施榨菜农业产业化经营工作,集团上下十分重视榨菜原料种植基地的发展,将原料发展作为企业价值的核心环节来抓。经过十余年的基地发展,在"订单农业"和"公司+基地+农户"等传统基地发展模式基础上,进行了改进和创新,形成了以公司为主导,业代为纽带,依托村社长进行基地发展的产业化新模式,并与专业合作社、种植加工大户签订半成品订购合同,带动基地的发展建设。使基地建设更贴近农户,企业与农户的利益联系更紧密,企业与半成品加工户、农户形成相互依存、互为鱼水的关系,形成了独具特色的可持续发展的产业化模式。

(1)以企业为主导,业代为纽带,依托村社长的基地发展模式。每年在基地发展之前,由公司原料基地部对全年的基地发展方案作出规划,对基地的发展实行分区管理,每个区域指定一位业务代表负责联系,基地的发展,以最小的基层组织村社为单位,以村社长为责任人,利用村社长在基层较好的号召力、带动力和组织能力,对基地的发展进行宣传与管理,公司与其签订基地发展合同和责任书,明确发展面积,确定收购保护价,公司免费向基地农户提供良种和技术培训,并按不低于保护价的价格将基地农户的原料全部收完,同时,公司对村社长进行考核,对基地发展面积达到规定要求的村社长,公司将另外对其发放一定数量的发展经费和原料收购组织经费,以提高村社长的积极性。通过这种形式,公司的基地发展更能落到实处,菜农与企业的联系更为紧密,相互的信任度和依存度更高,更能成为较为长久和持续的发展模式。

(2)公司与专业合作社签订原料发展协议。针对目前农村劳动力紧缺,大量农田撂荒无人耕种,而现在的专业合作组织具有较强的组织能力,他们可以大面积流转土地并带动农户种植,但他们没有销售市场。重庆市涪陵榨菜集团股份有限公司经过认真分析研究,

公司与其签订原料发展合同,签订收购保护价格,保证专业合作社种出的原料公司全部按不低于保护价的价格进行收购,同时,公司还免费为其提供榨菜良种和技术指导,以协助其发展。

(3)公司通过战略加工户带动基地发展。涪陵部分青菜头是通过半成品加工户加工后交售给企业,而半成品加工户随时有面临亏损的市场风险,降低了他们发展基地收购原料的积极性,有时还压价收购坑害菜农,因而又伤害了菜农的积极性。因此,公司通过选择加工条件好、信誉度高的加工户,作为公司的战略加工户,每年公司与其签订战略合作协议,约定其半成品的交售价格,保证其有合理利润,同时要求其收购菜农原料的价格不能低于公司的保护价,以保护菜农的利益,使整个链条的利益都得到保证,以维护产业长期良性健康的发展。

2.实施规模扩张,创造成本优势

在完成股份制改造特别是上市后,涪陵榨菜集团合理利用在资本市场募集的资金,加大规模扩张力度,提高规模化生产水平。

在实施榨菜生产线自动化改造的同时,涪陵榨菜集团通过扩建和对外兼并扩张,进一步扩大产能。一是2011年提出实施华安榨菜厂扩建项目,将华安榨菜厂榨菜生产线进行自动化改造,生产能力扩至2万吨/年,同时扩建1万立方榨菜原料贮藏池;二是加快江北园区建设步伐,在一期工程4万吨榨菜食品生产线基础上,投资1亿元扩建1条2万吨榨菜生产线、5000吨榨菜乳化辅料生产线、1万立方榨菜原料贮藏池和集团总部,将江北园区建成集团公司生产基地和总部;三是2011年投资1.7亿元在垫江县实施年产4万吨餐饮榨菜食品生产线项目,正在建设。四是尝试与区外榨菜、调味品生产企业合作,如辣椒、豆腐干生产企业,拓展经营范围。通过采取上述措施,企业上市后得到了进一步发展壮大。

(三)提升技术水准,推动行业升级

1.实施技术改造,提高装备水平

2000年至2006年,涪陵榨菜集团正确利用三峡移民补偿资金,先后建成了以"华"字开头的8条榨菜生产线、1条榨菜辅料乳化生产线、1条榨菜酱油生产线、1条虎皮碎椒生产线和3座榨菜原料加工贮藏基地,通过移民迁建,实现了榨菜生产环境、技术装备的上档升级,榨菜生产技术装备居国内外酱腌菜行业之首,在产品加工能力、原料加工贮藏能力、生产技术装备方面,将竞争对手抛在了后面。

2010年上市后,涪陵榨菜集团根据榨菜生产实际,为解决产品质量安全和产业工人难招的问题,与国内外食品机械设备厂商合作,投资1.5亿元实施榨菜加工安全及检测能力建设及榨菜计量包装自动化改造项目,将榨菜生产线全部进行自动化改造,增加榨菜安全检测设施,使榨菜生产实现全过程自动化生产和质量自动检测控制。2010年已完成了华龙榨菜厂榨菜生产线自动化改造,2011年完成了江北园区年产4万吨自动化榨菜生产线,2012年将完成华安榨菜厂、华舞榨菜厂生产线自动化改造。

2.强化体系建设,保证质量安全

涪陵榨菜集团始终坚持品质第一,狠抓产品质量安全管理,坚持食品生产企业最重要的就是保证产品的品质和安全,给顾客提供100%安全和100%健康的产品。在坚持品质第

一的理念指引下,从 2000 年至今,从榨菜原料的稳定性、可靠性抓起,直至生产加工的每一环节,全部采用最先进的生产工艺和设备,坚持执行全行业最严格的管理标准,使涪陵榨菜在产品品质、管理品质等方面实现了全方位的品质领先。2006 年,涪陵榨菜集团建立了完善的企业标准体系,通过了国家 AAAA 级标准化良好行为企业评审,制订了严于国家标准和行业标准的企业产品标准,建立了榨菜农业标准化示范区并通过了重庆市质量技术监督局组织的验收,出口榨菜原料基地由重庆市出入境检验检疫局备案,通过了 ISO9001 国际质量管理体系认证和 ISO22000 食品安全管理体系认证。2011 年按照工业和信息化部、重庆市经济和信息化委员会要求,组织建立了食品加工企业诚信管理体系。集团公司成立至今生产的"乌江"榨菜,未接到过质监系统及其他部门因产品质量引发的食品安全事故,在食品安全监管中也无违法案件记录。

3. 提高创新能力,推动行业升级

涪陵榨菜集团将创新视为是企业发展的源泉和动力,高度重视创新工作。1997 年成立企业技术中心,企业技术中心是重庆市级企业技术中心,2008 年 4 月,以涪陵榨菜集团为依托,西南大学、重庆市涪陵区农科所为协作单位组建了重庆市榨菜工程技术研究中心,同时重庆市榨菜工程技术研究中心也是西南大学工程硕士专业学位研究生专业实践基地。为提高中心研发水平,2010 年 4 月,集团组织召开了中国首届酱腌菜高峰论坛,为榨菜产业今后的发展指明了方向。

通过组建企业技术中心和重庆市榨菜工程技术研究中心,聘请业内最顶尖的专家和专业技术人才作技术支持,走产学研一体化道路,集团完成了一系列具有革命性、前瞻性的研究工作,有力地推动了榨菜技术创新和技术进步。具体做法:一是斥巨资在 2002 年在国内酱腌菜行业率先解决了不添加化学防腐剂保鲜的技术难题,实现了化学防腐剂的零添加;二是 2004 年创新了榨菜原料腌制工艺,在低盐低温腌制榨菜原料方面取得了重大突破,为提高榨菜品质奠定了坚实的基础;三是涪陵榨菜积极贯彻落实科学发展观要求,加大榨菜副产物综合利用投入力度。2002 年至 2005 年间,通过研究形成了真空浓缩榨菜腌制液生产榨菜酱油新工艺技术,解决了榨菜腌制液的污染问题;研究形成了橄榄菜、香辣盐菜生产工艺技术,资源化利用了榨菜叶,提高了榨菜资源利用率;2010 年,研究形成了榨菜筋皮破碎分离及产品加工技术,解决了榨菜皮的污染问题,同时还给企业、社会带来可观的经济效益。

2000 年以来,涪陵榨菜集团通过技术创新和新产品开发,产品档次、产品附加值得到大幅提升,2010 年调整升级的三榨系列榨菜、菜上皇产品,产品附加值在原有基础上几乎增加了一倍,提高了企业赢利水平;同时拓宽了产品领域。针对餐饮消费市场,2011 年涪陵榨菜开发了 4 支餐饮榨菜产品供应市场,打破了国内餐饮榨菜食品市场由中小企业占据主导地位的局面,销售状况良好,将整体提升餐饮榨菜食品质量安全水平。

在涪陵榨菜集团的带动下,涪陵的榨菜行业掀起了一股技术革新浪潮,榨菜企业纷纷进行技术改造和推出榨菜新产品,推动了整个行业的洗牌升级,提高了榨菜行业进入门槛,生产自动化水平不断提高,逐步淘汰了高盐、高防腐剂保鲜工艺,延伸了榨菜产业链,引领涪陵榨菜产业步入了健康发展的新时代,并在国内酱腌菜行业产生了重大影响,提高了榨菜产业竞争力。

(四)实施品牌战略,拓宽产品销路

1. 实施品牌战略,打造"乌江"名牌

2000 年以来,涪陵榨菜集团大力实施品牌战略,巧妙运用文化营销、明星营销与联合营销三大营销策略占领行业制高点,致使"乌江"在短时间里迅速崛起,飘香华夏,使"中国榨菜数涪陵,涪陵榨菜数乌江,吃榨菜,当然选乌江"的理念深入到消费者心智。涪陵榨菜集团一直坚持实施名牌战略,与高端专业营销机构联合进行强势品牌传播。集团先后聘请广告、公关公司开展实效品牌传播推广,在央视黄金时段的广告投放让自身占领了品牌传播的至高点。通过央视的广告宣传配合强大的地面品牌传播,使"乌江"品牌的知名度、美誉度、占有率和影响力都位居行业第一位,激活了品牌的活力、积淀了品牌的核心价值,实现了品牌整合传播的全面跨越及品牌的持续赢利。通过品牌建设,"乌江"被国家工商行政管理总局认定为"中国驰名商标",成为中国酱腌菜行业首枚中国驰名商标;"乌江"榨菜相继获"国家免检"、"中国名牌"两大荣誉,同时"乌江"还是榨菜行业标志性品牌。"乌江"已成为国内消费者心目中当之无愧的榨菜名牌,"乌江"榨菜已成为消费者的首选。

在概念上,"乌江"涪陵榨菜首创了差异化的"榨"的概念。为了保证产品品质,产品都是经过了三次清洗,三次腌榨。利用这个特殊的资源对乌江进行机理包装:三清三洗,三腌三榨。

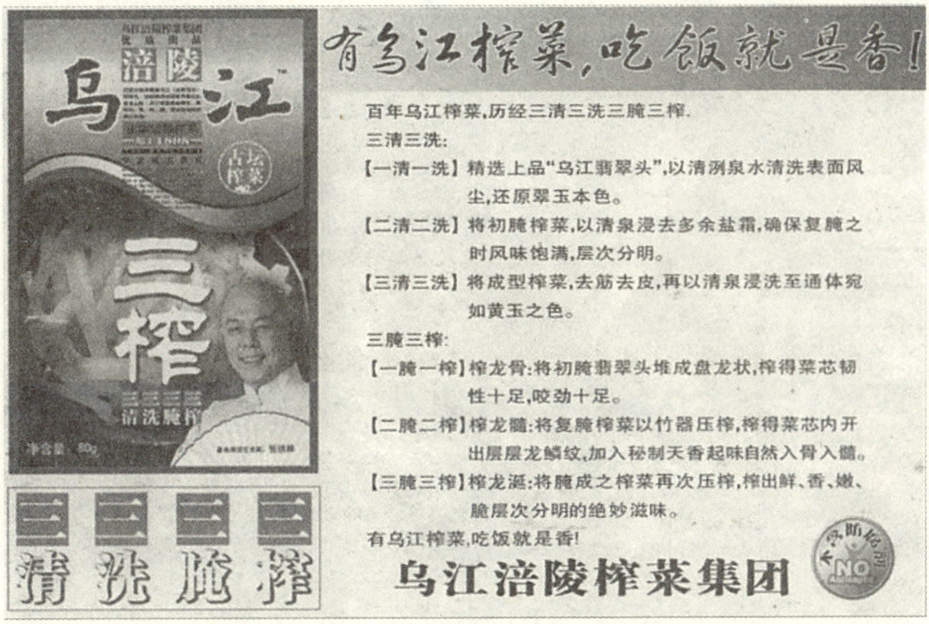

图 1　"乌江"牌涪陵榨菜三榨概念

"乌江"在包装袋上大面积背书"三榨",以至一时之间"三榨"几乎成为了"乌江"的代名词。三榨源于榨菜,继承了榨菜的优质资源,又区别于普通的榨菜,摆脱了消费者对榨菜低价值的认知,取得了定价的主动权。

在符号体系建设上,"乌江"涪陵榨菜在包装上着重突出其"三榨"卖点,同时在 logo 的

广告台词：百年乌江榨菜

广告台词：历经三腌三榨

广告台词：一榨还原天然柔嫩

广告台词：二榨浓香入骨入髓

广告台词：三榨鲜香嫩脆无穷回味

广告台词：有乌江榨菜，吃饭就是香

广告台词：乌江榨菜

图2 "乌江"涪陵榨菜三榨广告片截图

图3 "乌江"榨菜包装

设计上,将"乌江"与"涪陵"进行了捆绑设计,彰显自己与涪陵榨菜的一脉相承。

同时,请明星张铁林做代言人。借助他深入观众的"皇阿玛"形象,突出"乌江"涪陵榨菜地位的正统、高贵,同时又具有亲民的味道。

制定自身的品牌概念及 CIS 符号系统之后,如何进入受众视线,并与之发生有益沟通也是一个重要问题。乌江榨菜在开始大力实施品牌战略时,为了建立一种"榨菜=乌江"的高关联性、高提及度、高识别度,达到让其他品牌榨菜只能望其项背的高度,涪陵榨菜集团高层做出大胆决策,决定占领传播制高点,与"中国最有号召力的声音"——中央电视台联手,选择央视最强势资源一套《新闻联播》后到《天气预报》前的黄金招标段投放广告。在国家级媒体投放广告,是企业在全国市场迅速强化渠道实力的杀手级应用。作为中国最具影响力的媒体,CCTV 广告拥有几个天然的标签:实力、品质、诚信、活力。而这些优良的媒体素质,能帮助企业快速赢得经销商的拥护。

作为榨菜这样一个小产品,站在央视最高端位置,不仅在消费者内心形成了最具震撼力的声音,同时给经销商、批发商、零售商也营造了值得信赖的认同感。同时,在终端也做足传播。

图 4 "乌江"涪陵榨菜在超市终端的货架

2. 织细市场网络,拓宽产品销路

涪陵榨菜集团依靠过硬的产品质量和品牌建设,每年投入数千万资金用于建设市场网络和开拓市场。经过艰苦努力,到 2012 年 4 月,集团在全国建立了 14 个销售大区,40 个办事处,项目业主已拥有1200 多家忠实的一级经销商客户,其中规模以上(年销售量 400 吨以上)一级经销商家数达 150 家,销售网络覆盖了全国 34 个省市自治区。通过近十年对经销商不断培育,集团还建立了多层次、长短渠道相结合的战略经销商销售模式,使"乌江"涪陵榨菜遍布大到全国各大知名连锁超市和全国各级农贸市场,小到城乡的便利店等零售终端,提高了销售网络覆盖的广度和深度。在抓好国内销售的同时,涪陵榨菜集团十分注重开拓国际市场,在日本、美国、加拿大、英国、澳大利亚、新西兰、科威特等十多个国家和地区建立了销售网络,出口量逐年增加。

涪陵榨菜集团以榨菜种植、加工、销售为基础,打造了农业全产业链产业化经营模式,实现了公司与农户、公司与榨菜半成品加工户、公司与供应商、公司与经销商的共同发展。"产业营销"经营模式要能实现多方共赢和共同发展,产业链中的合约方式选择与利益机制设计是关键。榨菜原料种植基地建设方面,以公司为主导,业代为纽带,依托村社长进行基地发展的新模式,并与专业合作社、种植加工大户签订半成品订购合同,企业与半成品加工户、农户形成相互依存,互为鱼水的关系,形成了一条独具特色的可持续发展的基地发展模式。其次是与供应商签订原辅材料供销合同,每年根据市场情况进行商谈确定供销价格,确定双方可以接受的条件,确保公司和供应商的利益不因市场波动而起伏不定。第三是与经销商签订战略合作协议,明确双方的责权利,公司派人指导经销商制定销售策略,复制公司的销售模式。通过签订半成品订购合同、原辅材料供销合同、战略合作协议,将产业链上各方合作长期化,加强了产业链上下游之间合作的稳定性和长期性。

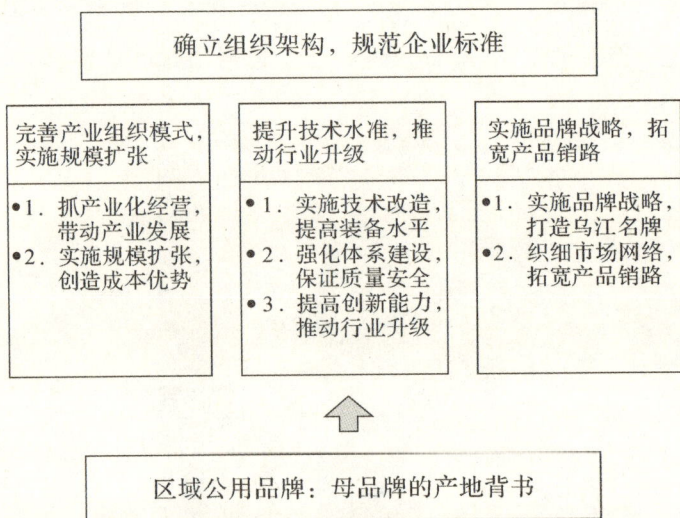

图 5　"乌江"涪陵榨菜企业发展模式图

良好的企业运营,倾力的品牌打造,"产业营销"的概念指导,让重庆市涪陵榨菜集团股份有限公司在 20 余年中实现了快速发展,各项指标良好。近年来,公司榨菜产品市场占有率逐年增长。2009 年至 2011 年,榨菜市场占有率分别为 13.69%、14.12%、14.50%,销售收入逐年提高;近三年,公司营业收入分别为 44206 万元、54504 万元、70466 万元,增幅分别为 3.95%、22.60%、30.01%;近三年,实现利税分别为 12012 万元、11301 万元、16442 万元,平均增长达到 32.34%;近三年,净利润增长率分别为 23.03%、34.15%、58.59%;近三年,总资产增长率保持了良好的增长,分别为 -1.99%、104.04%、8.96%。在"产业营销"理念指导下,"乌江"涪陵榨菜已在这场"子品牌"突围战中连连告捷。

在重庆市涪陵榨菜集团股份有限公司的带动下,涪陵榨菜这一区域公用品牌的品牌知名度、影响力、规模均得到了大幅提高,当地已形成独具特色的涪陵榨菜产业群。重庆市涪陵区现有榨菜生产企业 63 家,农业产业化国家重点龙头企业 2 家;有中国驰名商标 3 件,36个品牌产品获国家绿色食品认证;涪陵区 2011 年榨菜种植面积 70 万亩,2011 年产青菜头

145 万吨,2011 年产销成品榨菜 37 万吨,产业总收入 45 亿元,利税 5 亿元。

专家评议

　　重庆市涪陵榨菜集团股份有限公司旗下的"乌江"榨菜品牌借助"涪陵榨菜"这一区域公用品牌的力量,以"产业营销"为指导,先修内功,确立组织架构,完善内部制度;以榨菜种植、加工、销售为基础,打造了国内少有的农业全产业链产业化经营模式。集团引领榨菜行业先进技术,提高了榨菜行业进入门槛,使行业整体的生产自动化水平不断提高,引领涪陵榨菜产业步入了健康发展的新时代。集团以市场为导向,以现有品牌、渠道、技术优势为依托,打造完善产业链,实现生产与销售并重,资本与产业并举,成功实现了在"涪陵榨菜"区域公用品牌提供的产地背书基础上的子品牌突围。

　　目前,我国因地理区域特征产生的众多区域公用品牌,由于没有具有足够的品牌影响力和产业营销力的子品牌,产业发展的后劲不足。"乌江"涪陵榨菜品牌的突围战,能够提供较有说服力的"产业营销"成果。

（许雪斌）

山东金乡华光："农工商科贸"
一体化成就大生意

依托山东省金乡县的支柱性产业——大蒜种植,金乡华光集团以工业化思维和产业化理念来统筹"三农"发展,发挥集团公司科技、产业和市场优势,以基地为依托,以工业为龙头,以商业为辅助、科技为支撑、贸易为保证,通过实行"农工商科贸"一体化,建立了从种植存储到加工销售的一整套产业链体系,开启了统筹"三农"发展、富民兴企强县的新路。

一、产业化模式形成背景

金乡县地处山东西南部,面积约 885 平方公里,人口 60 多万,耕地面积约 87 万亩,以"中国大蒜之乡"闻名于世。金乡华光产业化模式的形成过程中,有三点因素至关重要:大蒜品质、政府力量和产业集群。

(一)大蒜品质

尽管大蒜的种植遍及全国各地,但金乡大蒜的品质却是公认的,曾有"中华之冠"的美誉。1992 年,在首届农业博览会上,金乡大蒜荣获银质奖,是迄今为止白皮蒜荣获的最高奖项。2006 年,"华光"牌大蒜被评为"山东省名牌农产品"。

金乡大蒜具有以下特点:一是种植面积、平均单产、总产、出口量全国最大,是最高亩产和最大单个蒜头保持者(直径 18 厘米),出口合格率最高(90%),6 公分甲级蒜比例最高(70%);二是具有蒜头大、汁鲜味浓、辣味纯正、香脆可口、不散瓣、抗霉变、抗腐烂、耐储藏等优点;三是富含蛋白质、脂肪、维生素、铁、钾等人体必需的营养元素,具有很高的营养价值、保健价值、药用价值,可以广泛应用于食品、饮料、化妆品、保健医药等领域。

(二)政府力量

金乡县有 2000 多年的大蒜种植历史,但在上个世纪 80 年代以前,大蒜种植并不是金乡县的支柱性产业,甚至连重要产业之一都算不上。20 世纪 80 年代中期,金乡的大蒜种植面积不足万亩,而且多为零星种植,没有形成规模。1989 年,大蒜种植面积首次突破了 10 万亩大关。①

---

① 郑风田等:《准公共品服务、政府角色定位与中国农业产业簇群的成长——山东省金乡县大蒜个案分析》,《中国农村观察》,2006 年第 5 期,第 20 页。

随着 90 年代大蒜种植面积的逐渐增加,金乡县的农作物种植结构悄然发生了变化:从以种植小麦、玉米等粮食作物为主向以种植大蒜这一经济作物过渡。从 90 年代起,金乡县政府开始转换思路,实施"大蒜农业"战略,塑造"金乡大蒜"区域公用品牌。金乡县政府主要做了以下重要举措:

1.确立发展金乡"大蒜农业"战略

将大蒜种植作为支柱性产业加以培育,着力打造"中国大蒜之乡"。

2.开启了金乡大蒜的宣传推广之旅

在中央电视台投放金乡大蒜广告片,是央视平台上的第一支"扶贫式"(免费)广告;并赞助当时非常流行的《正大综艺》栏目,向广受欢迎的节目主持人倪萍赠送了一小篮金乡大蒜。

3.指导成立金乡大蒜协会

协会注册了"金乡大蒜"证明商标,并在部分大城市设立办事处,推广区域公用品牌,联系客户,促进销售。

4.持续为大蒜产业发展提供便利

这包括加强当地基础设施建设、营造良好的投资经商环境、进行大蒜科技创新和推广、推广和打造品牌、鼓励企业向大蒜深加工产业链延伸、建设大型大蒜交易市场和信息平台、举办中国大蒜节①和经贸投资洽谈会等一系列活动。

图 1   第七届金乡大蒜节文艺演出

近年来,政府注重倡导大蒜产业的可持续发展,由"大蒜农业"向"大蒜工业"转变,逐渐向大蒜精深加工和科技创新方向倾斜。

(三)产业集群

在政府的推动和扶持下,金乡县的大蒜产业获得了长足发展,时至今日,金乡县已经围绕着大蒜种植形成了一个庞大的产业集群。当前,金乡县的大蒜种植面积达 60 万亩,辐射

---

①   2012 年 6 月 1 日至 3 日,第七届中国大蒜节在金乡县举办,来自世界十多个国家和地区的客商与当地企业签订了购销协议,成交量达 21 吨。本次大蒜节的经贸洽谈会共促成 28 个项目签约,投资类项目 10 个,拟投资 20 亿元。资料来源:搜狐网,网址:http://news.sohu.com/20120602/n344664395.shtml。

带动周边县市 180 万亩,共有 50 万亩大蒜通过了国家无公害、绿色、有机食品认证。

　　大蒜的消费是常年性的,但蒜头的自然保鲜期不到半年,而蒜薹的自然保鲜期更短,只有一个星期左右。因此,保鲜库和冷冻库等基础存储设施就成为大蒜产业链中的重要一环。金乡县现有恒温库 1200 多座,存储能力达 120 万吨,能够做到全年不间断向全球供应新鲜大蒜。

　　在加工环节,金乡县以大蒜为主的农产品加工环节达 600 多家,拥有进出口权的企业近140 家,市级农业龙头企业 37 家,从业人员 20 多万,年销售收入达 30 多亿元,年加工大蒜100 万吨以上,已经开发出脱水蒜片、蒜粉、蒜泥、蒜素、蒜油等 40 多种产品,出口到全球的170 多个国家。

　　中国是大蒜种植第一大国,占世界总产量的六分之一①,而金乡县是世界最大的大蒜生产加工集散地,每年从金乡出口的大蒜占全国出口量的一半,由此可见金乡县大蒜产业集群产出、销售规模和影响力。"世界大蒜看中国,中国大蒜看金乡"已经成为国内外蒜商的广泛共识。

二、五大产业整合模式

　　金乡华光集团的产业化模式可以概括为"农工商科贸"五大产业模块的一体化。这五大模块既具有相对独立的核心内容,又能覆盖大蒜产业的各个环节,组成一个有机的整体,通过多种渠道反哺社会,实现农业、农民和农村统筹发展。其结构示意图如下。

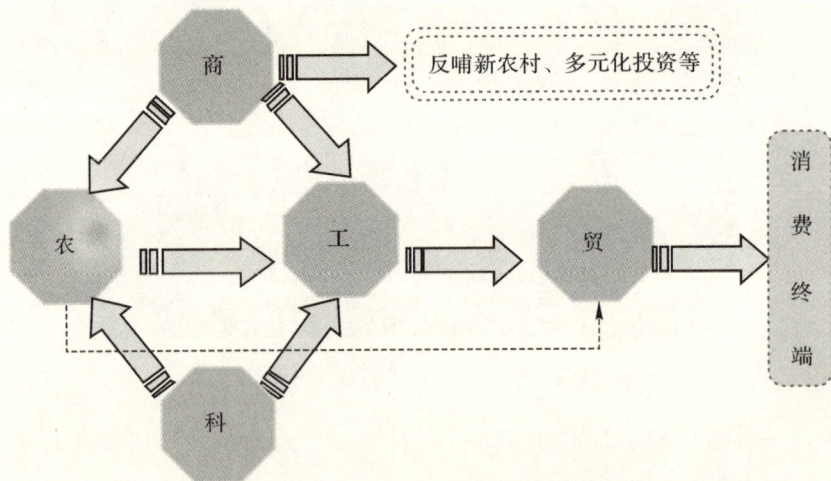

图 2　金乡华光集团产业模式示意图

(一)农业模块

　　农业模块是金乡华光产业化的基础,主要体现为大蒜种植基地的建设。公司不仅建设了两万多亩绿色无公害大蒜基地和 24320 亩国家级标准化示范基地,还根据国内外市场需

---

　　①　邹雪芹:《金乡大蒜》,《中国商检》,1995 年第 8 期,第 47 页。

求的变化,积极参与有机大蒜种植基地的建设。

2010年起,金乡县政府审时度势,提出大蒜种植产业的转型升级,每年财政拨款500万元,用于奖励有机大蒜基地认证和样板田建设。[①]。金乡华光率先与金乡县鸡黍镇西李村农户签订区域化合作种植合同,按照"公司＋基地＋标准化"的组织形式,建立有机大蒜生产基地。到2011年10月,公司已经覆盖了整个西李村所有2400多亩种植基地。加上对周边其他自然行政村土地的开发和建设,金乡华光现在的有机大蒜基地已经突破了3200多亩。

在我国现有的食品认证体系中,"有机"代表着未来的发展方向,也是与世界食品市场接轨的重要保证,因为"无公害"仅是对安全食品的最低要求,"绿色"概念则是我国提出的侧重于生产环境安全无污染的标准体系。[②]　从这个意义上讲,金乡华光农业模块中有机大蒜种植基地的比例在未来仍有较大增长空间。

产业模式示意图中的逻辑关系显示了农业模块的基础性地位。在科研模块的支撑下,农业模块的收益能够为商业模块提供资金支持,同时也为工业模块提供原材料,为贸易模块提供农产品商品(黑色虚线箭头)。

需要指出的是,金乡华光的农业模块中并不单单是大蒜产品,它还包括自产和收购的圆葱、生姜、胡萝卜、梨、大葱、花生、栗子、土豆等多种农产品,其业务收入约占公司的五分之一。

图3　金乡华光的宣传册单页

---

① 《金乡大蒜产业"二次革命"瞄准"有机"》,《蔬菜》,2011年第7期,第61页。
② 绿色食品又分为A级和AA级,前者主要适应我国农业发展的现状,允许使用限量的限定化学合成物;后者则更多面向国际市场竞争,认证更加严格,不允许使用任何有害化学物质。因此,部分AA级绿色食品的标准可能超过了有机食品的认证标准。但总体而言,绿色食品认证标准不如有机认证严格苛刻。更重要的是有机认证来自国际有机农业运动联盟,在国际市场上具有广泛的公信力和认知度。

(二)工业模块

工业模块以投资 13 亿元、占地 500 多亩的宏大食品园区的建设为主要内容,致力于农产品深加工业务,发展特色食品产业,提高农产品的附加值。2011 年初,金乡华光率先入驻济宁食品园区,筹建以大蒜产品精深加工为主的食品加工基地。

金乡华光与香港威哥餐饮管理集团合作,已经开发出威哥风味蒜、蒜香酱油、蒜香米醋等多种产品。当前,公司正在与韩国农新流通公司合作,引进韩国先进技术,开发大蒜巧克力、大蒜饮料、大蒜糖果和大蒜保健品等产品。

金乡华光食品加工园区建设完成后,将实现年加工大蒜 20 万吨,主要生产三类产品:一是大蒜制品,如黑蒜、大蒜油、大蒜巧克力、大蒜饮料、蒜香酱油和醋等;二是大蒜保健品,如大蒜保健胶囊、大蒜硒复合胶囊、大蒜营养制剂、大蒜多糖、大蒜 SOD 等;三是大蒜医药制品,如蒜氨酸、大蒜注射液、大蒜肠溶片、高浓度超高效大蒜精、大蒜素生物农药等。规划实现年产出大蒜素胶囊 3 亿粒、大蒜粉 1.5 万吨,大蒜全营养制剂 3 万吨、大蒜多糖 4000 吨、泡蒜 2 万吨、速冻蒜米/蔬菜 1.6 万吨,年收入约 15 亿元。

| 3LB充氮蒜米 | 5LB瓶装蒜米 | 3LB瓶装蒜米 |
| 蒜片 | 蒜粒 | 蒜粉 |

图 4　金乡华光的部分产品

工业模块的建设完善了金乡华光的产业链,标志着其从以大蒜种植为主的第一产业和以蔬菜收购和销售为主的第三产业向以大蒜精深加工为主的第二产业延伸和转移。这次延伸和转移为公司带来了新的产品、新的市场,提高了大蒜的产品附加值,是公司未来的增长点。

(三)商业模块

金乡华光的商业模块承担着多种功能。除大蒜等农产品产业外,金乡华光还广泛涉足医院、房地产、种子经销、水利工程、农产品经营管理咨询等业务。

商业模块最重要的功能是参与新农村建设,破解土地资源短缺问题。金乡华光投资

9300多万元兴建华光社区和沙河社区,将鸡黍镇辖区内的11个自然行政村进行合并,以便置换宅基地,并复垦为良田。社区建设改善了农民的生活居住条件,提高了其生活质量,是我国新农村建设的一种路径,在农业产业化企业回馈社会的同时,增加了公司的土地资源供应,实现双赢。华光社区作为县委、县政府批准的第一批社区建设示范项目、鸡黍镇政府重点建设项目已经完成了一期工程建设,搬迁了560多户农民。

商业模块的另一个功能是规避产业风险,其表现形式为多元化投资。由于金乡华光的主营业务为农副产品(以大蒜为主)的出口贸易,容易受到诸如贸易壁垒、配额、关税等因素的影响,具有较大的商业风险,因此公司决定调整经营思路,招商引资,开展多元化经营。在金乡华光集团下属的公司中,有一家涉足水利、道路、房屋工程,有一家主攻房地产开发,还有一家涉足信息服务(创业咨询、就业培训、管理服务等)领域,甚至还有一家涉足五金和铁矿石的出口业务。以这些公司的业务领域为依托,金乡华光不仅将基地建设的外部成本内部化,还分别投资9000万元和2.3亿元兴建了济宁市最大的民营股份制医院——金乡宏大医院和金乡县城新地标性写字楼。通过多元化投资,金乡华光盘活了现金流,增加了融资渠道,开辟了新的利润增长空间,有效规避了单一产业风险。

(四)科研模块

科研模块是农业和工业模块的支撑,承担着技术研发和成果转化的任务。金乡华光成立了中国大蒜科技研究院和鲁西南最大的农产品加工安全检测中心,主要从事大蒜育种、种植技术、病虫害防治、大蒜深加工、国外先进技术引进、技术示范推广以及与其他科研单位的交流与合作等工作。

金乡华光已经建立了一套"产、学、研"联合创新机制,先后与中国农业科学院、山东农业大学、山东省大蒜工程技术研究中心等单位联合开展了多项科技课题,开发新产品、推广新技术、转化新成果,确保公司产品质量与食品安全。

(五)贸易模块

作为一家以出口为主的外向型企业,贸易是拉动公司整个产业链各环节持续健康发展的引擎。2010年起,金乡华光开始从单纯农产品粗加工向深加工转型,由主打出口转向出口和国内消费并重,并着手在国内各大城市组建销售网络。金乡华光借助前期稳定客户群、国际大蒜节、农超对接会以及网上宣传等平台积极拓展销售渠道,并开发农产品商务销售软件以畅通信息流,同时根据市场分布情况建构物流配送中心以完善冷链系统。

金乡华光实施的"农超对接"策略使农产品从田间地头直奔国内外各大超市,减少了流通环节,提高了贸易效率。公司还针对外国消费者的习惯和需求专门开发了小袋包装的蒜米和风味蒜,其产品已经销往全世界七十多个国家和地区。

三、系列创新举措

在产业模式形成过程中,金乡华光探索出一系列创新举措,为破解土地资源供应难题、提高农民生产积极性、增强产业组织效率、控制产品质量提供了有益的思路。

(一)农民变股民

在我国农业产业化进程中,发展规模化种养殖面临的首要难题就是如何将分散的一家一户的耕地流转出来,建成现代化、标准化农场。由于历史的境遇和现实的依赖等种种原因,农民对土地的心态是复杂的,特别是对"失地"带来的生计问题有后顾之忧,这使得农民对土地流转的积极性不高。当涉及长达五年、十年以上的土地流转时,情况更是如此。

金乡华光的做法是将农民变成股民,让他们以土地资源"入股"的形式参与大蒜种植基地的建设,持续从种植产业的经营中获取收益。具体来说,金乡华光与农民签订土地区域化合作种植合同,保障其获取 3000 元/亩年的固定收益,在年终按照土地净收益与他们五五分成。这一举措在保证农民获得基本保障收益的同时,使他们能够从产业的发展中获取持续的"红利"收入。

(二)实行土地置换复垦

土地流转只能利用现有的耕地,不能增加耕地供应量。伴随着我国城镇化进程,农村劳动力大量涌入城市,传统上的自然行政村开始没落,出现了大量的空置宅基地,农村"空心化"比较严重。另一方面,农村松散的未经规划的居住格局也分割出许多难以耕种的边角地。对这些土地的置换复垦可以增加土地的供应量,有效缓解我国耕地面积供应紧张的局面。

济宁市规定,每清理出一亩用地指标,市里将给县里补贴 20 万元,用于社区建设和土地复垦。金乡华光依托政府扶持政策开展的"华光和沙河社区建设"向人们提供了一个合村并居以置换土地复垦的样本。以华光社区为例,公司利用 60 亩自有土地进行社区一期工程建设,将鸡黍镇辖区内的 11 个村进行合并,按人均 35 平米、容积率 1:1.5 的标准进行建设,该项目将能够置换复垦 3511 亩土地。

新建社区具有良好的水、电、气和路等基础设施和完善的养老、医疗、幼托、商业和物管等公共服务设施,提高了村民的生活水平,具有强大的示范效应,为下一阶段公司参与新农村建设和置换复垦更多土地打下坚实基础。

(三)创新产业组织形式

金乡华光的产业组织形式既得益于金乡县政府和金乡大蒜协会对区域公用品牌运作的大环境,也得益于企业对大蒜产业各利益相关方组织与协调所形成的合作链。图 5 是金乡华光的主要业务的产业组织形式图。

从图 5 我们可以看到,在金乡县"大蒜立县、大蒜强县"的战略背景下,金乡华光采取了"企业+合作社+基地+标准化"的产业组织模式,其中企业连带多元投资、基地连带农户。

在金乡华光的产业组织模式中,企业主攻国内外市场,发挥信息、科研、资本和渠道优势,同时围绕着基地建设、反哺新农村和增加土地供应等内容开展多元化投资。

尽管早在 1997 年,金乡县就由贸易局牵头成立了金乡大蒜协会,负责"金乡大蒜"区域公用品牌建设、供销信息的上传下达、协调各企业的生产经营活动等,但它服务于全县所有相关企业和农户,对单个企业而言,力有未逮。为此,金乡华光成立了两家自己的专业合作

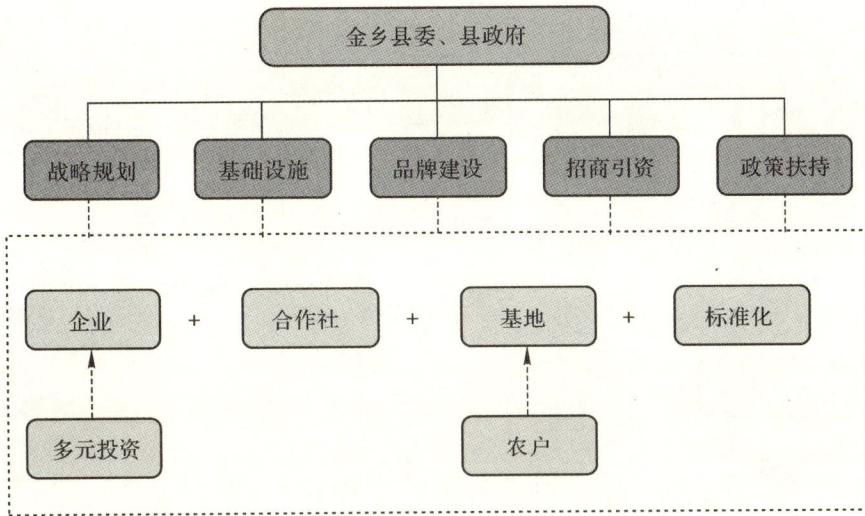

图 5　金乡华光的产业组织形式图

社(大蒜和辣椒)。合作社作为企业的下属服务机构,连接着基地/农户和市场,是国内外市场信息收集和发布的中转站;是指导大蒜种植、存储、收购、销售的服务站;拜访各地新老客户、争取订单的流动站;同时还承担着有机大蒜种植的监督功能。

　　金乡华光产业基地雇佣土地流转农民从事大蒜生产,按照集约化、规模化、标准化和精细化的要求,实现"八个统一"(统一规划布局、统一测土配方、统一供应良种、统一施有机肥、统一指导技术、统一防治病虫害、统一监管、统一加工收购),确保基地产品质量优良、安全可溯,为"华光"品牌提供坚实的品质保障。公司还专门针对有机大蒜种植基地安装了 24 小时监控设施,能够实现从产品种植、田间管理、收获、加工、到超市销售的动态网络监测。消费者亦可通过公司提供的网络视频查看产品从田间到餐桌的全产业链信息。

　　在标准化方面,金乡华光严格执行《山东省地方标准出口大蒜安全技术规范》,确保大蒜种植、加工和检验检疫都符合技术规范的要求。

(四)全方位产品利用

　　金乡华光产业模式的另一创新之处,在于实现了大蒜的全方位综合高效利用,延长了大蒜的产业链。除大蒜的秸秆返田作肥料或饲料外,蒜苔和蒜头均进入流通、加工和消费领域,打通了大蒜产业的上下游产业链,最大限度地开发利用大蒜的价值,利用路径如图 6 所示。

　　由图 6 可见,大蒜的完整产业链条可以描述为种植—收获—存储—粗加工/销售—深加工/销售—其他产业产品原料—销售,其中有多个环节直接面向消费者,如冷藏的保鲜蒜苔、分级/冷藏的蒜头、粗加工的蒜米、深加工的蒜油等。该产业链还体现出生态循环利用的特点。特级、一级和二级蒜头直接进入消费市场或加工成蒜片,而个头较小的蒜芯则加工成蒜粉或提取蒜素、蒜油。提取过蒜油的大蒜颗粒中的其他营养成分不会受到破坏,因此它还可以用作生产蒜精和蒜粉的原料。提取过蒜精的残渣经过处理后可作为饮料添加

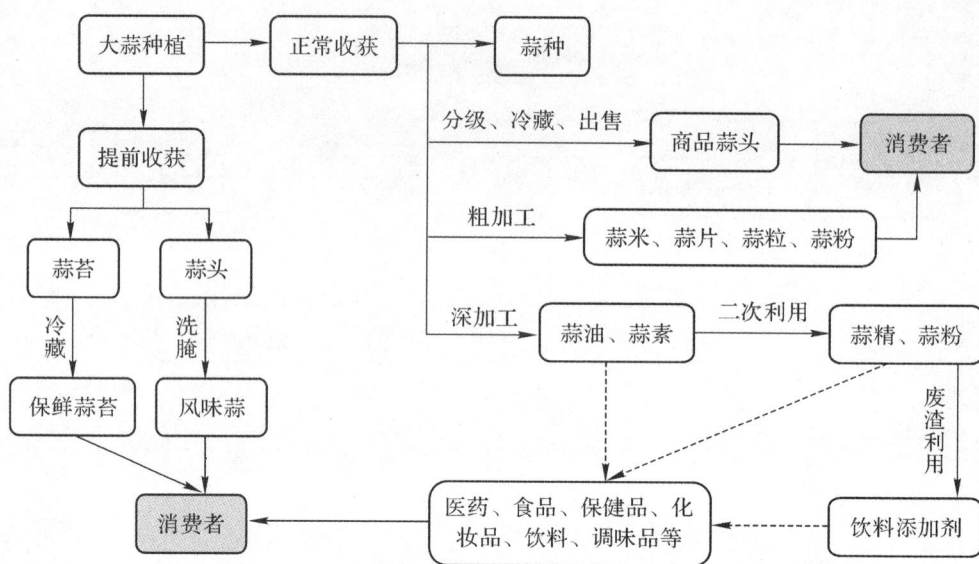

图 6　金乡华光对大蒜的全方位利用

剂用于生产保健饮料。

四、产业模式的标杆性

2001 年,金乡县做出了从"大蒜农业"向"大蒜工业"、从"以农富民"向"以工强县"转变的战略决策,号召、扶持大蒜产业企业向精深加工领域转型。截至 2011 年,金乡县共有省级农业龙头企业 8 家,市级农业龙头企业 41 家。在此背景下,作为一家国家级农业龙头企业,金乡华光的产业模式具有很强的标杆意义。

(一)促进区域经济发展

大蒜产业是金乡县的支柱性产业。以大蒜为主营业务、旗下拥有十几家公司和服务机构的金乡华光对区域发展所产生的影响首先体现在经济层面。金乡华光年销售收入达 10 亿多元,出口创汇 1 亿多美金,大蒜基地约占全县大蒜种植面积的十分之一,带动周边近 4 万农民从事相关产业,是引领当地经济发展和产业升级的中坚力量。

金乡华光的产业模式有力地推动了大蒜产业集群的形成,有利于产生规模效益,形成合力,共同抵御市场风险。宏大食品工业建设完成后,公司将实现年上缴利税 2.7 亿元。

(二)带动农民增收致富

在金乡华光的产业模式中,金乡农民的增收渠道被拓宽,可获得多种收入,总收入大幅度提高,如图 7 所示。

如图 7,金乡华光产业模式下的农民收入主要来自四种渠道。第一渠道是土地流转的保障性收入,每亩年收 3000 元,大大高于周边县土地的租赁价格,是它们的 3 至 4 倍。以

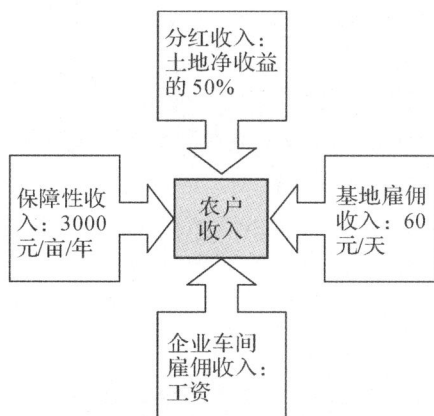

图 7　金乡华光产业模式下的农户收入

2012 年为例,基地内被租地农户的每亩土地收入要比基地外种植户高出 2000 多元。

第二渠道来自土地净收益的分红。它保证了农户能够获得持续、稳定、较高的收益,保证其土地租赁价格不会随着经济发展发生贬值,将农户的利益与公司利益捆绑在一起,有利于调动农户的劳动积极性,促进产业发展。分红收入还推动农户积极参与有机大蒜种植,因为有机大蒜的价格是普通大蒜的五倍,能够带来更高的亩产净收益。这种分配方式在为农户带来更高收入的同时,也有利于企业的长远发展。

第三渠道是基地雇佣"失地"农民的劳动力所换回的报酬,大约 60 元/天。大蒜种植是一种劳动密集型产业,这保证了对"失地"劳动力的长期大量的雇佣,从而将这部分劳动收入成为一种日常稳定收入。

第四渠道收入不能和第三渠道收入兼得,但可以选择。农民可根据自身情况和意愿,企业根据工作内容和要求,双方相互选择,实现对接。企业以此吸纳农村富余劳动力,使其成为产业工人,获得工资收入。

(三)推进城镇化进程

金乡华光的社区建设探索出了一条政府和农业龙头企业共同主导新农村建设的路径,推进了中国农村的城镇化进程,有利于城乡统筹一体化发展,消除城乡二元对立结构,共建和谐社会。

由政府出资补贴、农业龙头企业主导建设的新型社区悄然改变了当地农民的生活、生产方式。社区居民住上了新楼房,用上自来水、天然气,享受医疗、卫生、教育、商业等配套服务和最低生活保障。他们能够就近在种植基地、加工厂或仓储基地就业,逐渐向产业工人转变。社区建设改善了农村的居住环境,提高了农民的生活质量,促进了土地流转,增加了土地资源供应,为企业基地的扩张拓展了增长空间。

(四)确保食品安全

金乡华光统一流转农民土地建设规模化、标准化种植基地的做法确保了公司对基地、种植过程和产品的绝对控制权,便于企业实行规范化、科学化种植和生产,从源头控制产品质量。由于农民只是被企业雇佣,不占有土地产出成果,滥用农药、化肥、添加剂的问题便迎刃而解了。

规模化的种植基地有利于公司对区域内的水源、环境和基础设施等进行统一综合管理,节约成本,提高效益。公司构筑了"源头备案、过程监督、抽查验证"三道食品安全防线,以确保出口产品的合格率达到 100%。就有机大蒜产品而言,公司不仅实现了从种植到销售的全程 24 小时视频监控,还将各个环节的生产情况向社会公开,接受专家、媒体和消费者的广泛监督。

专家评议

金乡华光产业化模式的形成与金乡县的区域产业集群和区域公用品牌建设密不可分。政府主导了整个产业集群的规划和区域公用品牌建设,推动了当地农业产业化的进程。借助区域产业优势成长起来的金乡华光要处理好"金乡大蒜"与"华光"牌大蒜之间的关系。

在经过前期以量取胜的粗放式增长之后,金乡华光适时向大蒜精深加工产业链延伸,提升产品附加值,顺应了当前国内外市场对大蒜提取物需求旺盛的趋势,为企业的未来增长开辟了一片蓝海。

金乡华光产业模式对统筹解决"三农"问题进行了有益探索:由政府补贴、农业龙头企业主导的新农村社区建设兼顾了经济效益、社会效益和环保效益,对全国的农业产业化发展具有很强的借鉴意义。

作为一家以农副产品为主营业务的集团公司,金乡华光在进行多元化投资、规避风险的同时,更应该注意多元业务之间的相关性以及自身的核心资源优势。此外,金乡华光还应该警惕游资炒作对金乡大蒜产业带来的负面影响。

(李　闯)

贵州"老干妈":三力合一　跃升品类"老大"

　　贵阳南明老干妈风味食品有限责任公司的发展,与其创始人陶华碧女士自强自立的拼搏奋斗史密不可分。在她的带领下,"老干妈"探索以产品力、渠道力、品牌力"三力合一"的品牌发展模式,并占领油制辣椒业的领头羊地位,成为香辣酱这一品类的代名词。

一、从无到有的"老干妈"

(一)"老干妈"前传

　　陶华碧女士早年丧夫,一人独自抚养两个幼子,生活艰辛。在这样的背景下,不甘示弱的陶华碧以顽强的毅力在路边自建了一个简易小吃棚,凭借精湛的炒制技术和独特的传统配方,开始了她的自强奋斗之路。

　　1994 年,陶华碧用积攒的第一桶金承租两间房子,经营"实惠饭店",开始她创业史上的第一次资本扩张。实惠饭店以地道传统的家常菜为主,同时免费配送风味豆豉、豆腐乳、泡菜、香辣菜酱等几味小菜,口味独特而鲜美,深受欢迎。

　　陶华碧为人厚道、待人热情,附近很多学生经常光顾饭店,其中一位学生因家境困难而产生辍学念头,陶华碧女士像母亲一样在生活上关心他,在经济上资助他,对此,学生深受感动,尊称陶华碧为"老干妈",此后,其他学生、周围群众也相继称她为"老干妈",久而久之,"老干妈"这一称呼广泛流传,成了陶华碧的代名词。"老干妈"这一称谓亲切、温暖,不仅成为陶华碧的代名词,更重要的是,成了一个企业与消费者之间的简洁、亲切的沟通桥梁,为日后的"老干妈"品牌奠定了传播基础。

(二)转型独闯江湖

　　在"实惠饭店",陶华碧用自己做的豆豉麻辣酱拌凉粉,不料,这作为配角的麻辣酱竟成了消费者眼中的主角,到后来,消费者不是为了凉粉吃麻辣酱,而是为了麻辣酱来饭店消费。麻辣酱因此得以畅销并为饭店带来了生意。不仅是陶华碧自己经营的实惠饭店,调查发现,许多凉粉生意好的店家都在使用陶华碧的麻辣酱。这一发现,让陶华碧惊喜万分,遂产生了放弃凉粉生意、专做麻辣酱的念头。1994 年 11 月,实惠饭店改名为"陶氏风味食品店",从餐饮店转型为以生产和销售麻辣酱为主的食品加工店,开始了"老干妈"的第一次产品转型。

　　不出所料,"陶式风味食品店"生意火爆。这促使陶华碧从食品店转型办食品加工厂。

1996 年 8 月,陶华碧借用南明区云关村村委会的两间房子,办起了"贵阳南明陶氏风味食品厂",开始生产以风味豆豉为主的"老干妈"风味食品。这一次转型,将"老干妈"推上了探索辣椒酱帝国的道路。

刚刚成立的"贵阳南明陶氏风味食品厂",只有 40 名员工,是一间简陋的手工作坊,没有生产线,全部工艺都采用最原始的手工操作。陶华碧亲自操刀切辣椒,带领 40 名员工苦心经营。由于当时市场上还没有其他的辣椒加工厂,也就没有专门装辣椒酱的包装玻璃瓶。经过与贵阳第二玻璃厂的艰难谈判,双方达成如下协议:玻璃厂允许"贵阳南明陶氏风味食品厂"每次用提篮到厂里捡几十个瓶子,权当辣椒酱的包装用瓶了。

(三)口口相传,一炮而红

早在陶华碧还在经营"实惠饭店"的时候,她就充分意识到了"口口相传"的重要性。随着交通公路的铺设,过往货车司机日渐增多,成为"实惠饭店"的主要客源。陶华碧经常向司机免费赠送自家制作的豆豉辣酱、香辣菜等小吃和调味品,大受司机们的欢迎。结果,货车司机们的口头传播成了最佳的广告宣传,"龙洞堡老干妈辣椒"的名号在贵阳不胫而走。

1997 年初,在当地已小有名气的"老干妈"迎来了一次市场扩展的机会。几名昆明客商慕名尝了风味豆豉,连声叫绝,要求作为其云南地区的代理商。于是,"老干妈"风味豆豉样品在昆明糖酒订货会上一炮打响。当年 5 月,"老干妈"风味豆豉的销售额已突破百万元,到年底,超过 1400 万元,上交国家税收近百万。

1997 年 11 月,贵阳南明老干妈风味食品有限责任公司正式成立。短短的一年多时间里,"老干妈"风味食品从一个省的区域市场推向了西南市场,并迅速红遍西南。由于其产品的独特口感,加上准确的市场定位,"老干妈"填补了调味品市场的空白,产品逐步拓展到了不喜食辣的西北、中原及华东沿海。自此,"老干妈"一炮而红,并逐步发展成为现今我国辣椒行业的领头羊。

二、从产品到品牌的"老干妈"

"老干妈"的起步阶段似乎顺风顺水,短短几年就占据了我国油制辣椒行业的大部分市场蛋糕。仔细剖析它的发展历程可以发现,"老干妈"具有一个明显的特征,即以产品的独特风味与独特卖点为基础,通过独特的销售渠道渗透、到达核心消费者,逐渐提升品牌力,最后形成产品力、渠道力和品牌力"三力合一"的油制辣椒强势品牌。

(一)产品力

产品是一切营销的起点,也是一切营销的终点。在陶华碧创业初期,她凭借自身的炒制技术和独特秘方,改善贵州传统香辣酱口味,以"油多"为特点,以"浓香"、"微辣"和"适口咸"三大特点构筑了稳定的口味铁三角,形成"老干妈"香辣酱受人欢迎的最重要因素。在此基础上,"老干妈"从一开始就注重产品力的提升,在产品品质、产品定位、产品组合上做大文章。

1.产品质量

具有优秀品质的产品,是企业安身立命的根本。

产品的品质，对于食品行业来说，更多的是关注质量安全问题。产品的质量安全，关系到消费者的生命安全，为广大消费者提供好吃、营养、卫生、安全、放心的辣椒制品是"老干妈"的职责和责任。"老干妈"承诺决不添加任何国家不允许的添加剂，国家限量的添加剂公司决不超量使用，从未也决不在产品中添加"苏丹红"。这三个决不，体现了"老干妈"以消费者的食品安全为生产命脉，注重产品品质把控的理念和管理体系。通过原料基地建设和严格的质量安全检测体系，"老干妈"确保每一瓶香辣酱的品质安全。

为了进一步加强产品品质安全，"老干妈"建立原料基地，保护优质辣椒品种，从源头强化原料管理。随着公司的不断拓展和壮大，"老干妈"原有的供应模式已远远不能保证其正常生产的需要，为不断推进企业的质量管理，并从原料质量和数量上确保发展需要，2000年，公司首先在遵义县建设基地，并采取"公司＋合作社＋农户"的生产经营模式试点，确保了产品原材料的品质，同时也给当地农户带来了大收益。随后，公司相继在绥阳县、湄潭县、铜仁市德江县、黔南州惠水县和罗甸县、贵阳市花溪区和清镇市、铜仁市印江县等地建设基地并推广"公司＋合作社＋农户"的生产经营模式。目前，"老干妈"已建立起辣椒、蔬菜等种植基地约46万亩，使企业与种植农户之间形成了有机、科学、规范、保障的合作之路。在此基础上，"老干妈"计划组建"老干妈生态农业科技发展有限公司"，专司原材料基地的建设、管理、农科推广、农残控制、原材料收购等工作，以租用耕地—雇佣农户—建立农科推广专业部门为主的生产经营模式，争取通过3年的努力，把基地干辣椒亩产由现在的160公斤提升到200公斤，提升农残的余量控制能力，并在经营中不断扩大基地种植面积，到"十二五"末，实现关键原材料——辣椒的全部自给。

"老干妈"辣椒制品的原料主要采用遵义特产的朝天椒。朝天椒具有果粒饱满、颜色鲜亮、籽粒少、果肉厚实、辣味适中、香味醇厚、油脂含量高、丰产性好的特点，是当前国内干鲜椒价位最高的品种之一。但是，由于农民采取自留种子的方式导致了品种的严重退化，品质降低、商品性逐年下降。尤其是辣椒米子已占到单个果粒重量的50％以上，鲜辣椒平均亩产量降至100公斤左右。这不仅影响"老干妈"产品品质，农民的种植积极性也严重受挫。鉴于辣椒品种、品质退化的严重性，"老干妈"会同相关农业专业人才开展品种改良育种工作，特别是对遵义辣椒优良品种的提纯复状、品种改良做了大量的基础工作，积累育种经验，选育部分优质种原，从种子阶段确保产品品质。

"老干妈"还建立了企业统一质量标准和基地实施的六统一种植规程（统一规划、统一供种、同一营养直播育苗、统一规范化移栽、统一施肥、统一病虫害防治），保证原料质量，建立标准化体系，依照标准实施原材料检验验收，杜绝不合格原料流入生产环节，从"事前"实施强力的质量监控。"老干妈"属食品加工企业，涉及的原材料品种较为繁杂，为确保原材料的品质，公司在成立之初便根据原料特性和国家相关标准建立了企业的原辅材料验收标准，对原料相关理化及卫生标准进行了明确规定，每一批原材料入厂前均实施了严格的检测检验。同时，根据质量管理的要求，公司对每一批原料实施定时、定期送省级检测单位进行质量检测，不断对质量指标进行检验验证，充分保证了原料的品质达标。

根据生产工艺的特性，"老干妈"建立健全生产工艺过程中的质量监控要点和作业指导规程，实行工位的定期培训，并依照规程实施有力的生产过程质量监控，保障生产过程的标准化和质量达标。由于企业属于劳动密集型生产企业，产品生产过程基本属于传统生产工艺,为确保产品的质量达标,针对每一个生产环节均形成和制定了规范的作业指导规程,不断加强员工的质量意识培训、生产标准、技能强化培训,生产过程中不合格品严禁进入下一道工序,从生产环节上充分保证产品质量。同时,产品生产前和生产过程中,公司均依照质量管理要求针对员工的卫生、工具的卫生均实现定期、定时的灭菌处理,做好产品生产的卫生管理,保证产品质量不受影响。

公司建立了完善的检测设备和检测项目体系,严格实施产品批次检验,不合格产品坚决不予出厂。自成立之初,"老干妈"就非常重视自检能力的提高和完善。1997年,成立了公司化验室,形成了无菌检测、理化检测、成分分析等检验环节,并投资近40万元,从产品全项目检测的基础上对化验室的各种检测设备和能力进行健全和完善,特别购置了黄曲霉毒素、致病菌等重要检测项目所需的检测设备。而今,"老干妈"已拥有能检测产品全项目的检测能力。

建立完善的售后服务机制,最大限度地保护消费者利益。"老干妈"重视产品的售后服务工作,将产品售后服务工作视为提高公司核心竞争力的重要组成部分。公司建立售后服务组织架构,形成质量反馈系统,设立"售后服务中心",在全国31个省(直辖市)的授权代理商设立售后服务部,在各地建立地区级经销商售后服务部,各零售商、消费者可直接将质量情况反馈到各地售后服务部,各环节之间可直接进行双向沟通,保证服务信息及时得到处理。上述一系列举措,使"老干妈"油制辣椒产品在全国消费者心中树立起良好的口碑。

2. 产品定位

产品定位指产品在消费者心智中占有的位置,产品定位包括了功效定位、品质定位、市场定位等不同的定位策略,而关键在于消费者的认知。

辣椒酱是传统调味品,各地口味不尽相同,而香辣酱在贵州几乎家家户户都能制作,也尚未被商品化。"老干妈"率先用玻璃瓶将原先没有包装的香辣酱进行包装,使其从一个家庭自制调味品变成了有市有价的商品。

"老干妈"的定位是辣椒制品生产企业,创造性地将传统工艺与地方资源相结合,专注开发和生产以贵州遵义干辣椒、菜油为原料,辅以豆豉、畜(禽)肉、蔬菜等加工成具有贵州地方特色的"陶华碧老干妈"油制辣椒产品。在产业链延伸中,它也仍然紧紧围绕生产香辣酱所需的辣椒、豆豉、菜油等原料,坚持品牌的品类定位,将香辣酱事业进行到底。

"老干妈"系列产品的定位,正如它的广告诉求一样:"我卖的是味道,不是包装",产品有辣而不烈、香味浓郁、回味悠长的特点,一改传统辣椒酱定位,以既可佐餐也可调味的定位,抢占先机,填补了油制辣椒市场空白,迅速占领了全国市场。

"老干妈"盯准大众消费市场,除了在口感上不存在地域差异、南北通吃外,在定价上,以5、6元/瓶,7、8元/瓶,9、10元/瓶的价格占领了佐餐消费群体的习惯性消费支出的主流价位区间。

3. 产品组合

经过市场调查并结合自身开发优势,"老干妈"不断完善产品线,开发风味系列产品、发酵类产品、酱腌类产品。依据消费者不同的口感需求以及消费习惯,公司从1996年起,相继开发了风味豆豉、水豆豉、牛肉末豆豉、红油腐乳、风味腐乳、鲜肉丝豆豉、香辣酱、油辣椒、风味辣子鸡、香辣脆、酱辣椒等20余个系列产品。风味豆豉是"老干妈"最先开发也是最经典的产品,以风味豆豉为明星产品,开发加肉型、加菜型、加鸡型等系列产品,再组合其他腐乳、酱菜等发酵类、酱腌类产品,"老干妈"形成了一支覆盖面广且具有再扩大功能的产品队伍。

图1　"老干妈"系列产品

(二)渠道力

强大的产品力可以拉动渠道力。"老干妈"的渠道力就是建立在产品力之上的,通过产品的推动,"老干妈"渠道力快速得到提升。

1. 第一波:凉粉店

在陶华碧还在开"实惠饭店"的时候,她就将自制的多余的豆豉麻辣酱卖给周围凉粉店,因为口味独特而深受欢迎,并成为客人选择就餐的重要因素。于是,凉粉店成了"老干妈"产品的第一站渠道。

2. 第二波:货车司机

当认识到自己的麻辣酱有市无价后,陶华碧开始尝试专注于油制辣椒业,她还将豆豉辣酱、香辣菜等小吃和调味品以"试吃"的形式免费送给过往货车司机。就是因为"老干妈"产品本身的吸引力,货车司机成了流动的广告,成了"活"的产品和信息流通渠道。渐渐地,"龙洞堡老干妈辣椒"的名号得以传播。

3. 第三波:糖酒会等展会

随着"老干妈"名号的传播,慕名而来品尝的消费者日益增多。而促使"老干妈"从小区域走向大区域的,是昆明客人将"老干妈"风味豆豉样品带到了昆明糖酒订货会。同类产品的空缺和"老干妈"产品本身的品质,使"老干妈"风味豆豉迅速打开了市场,在一年的时间内,从省内市场走向了西南大市场。这一次的糖酒订货会,成了"老干妈"得以市场迅速拓展的最大的渠道力体现。

4. 第四波:代理制

"老干妈"真正形成现在"处处可见"的规模,是以代理制走向全国市场的结果。

在渠道拓展上,"老干妈"采用的是区域总代理模式。公司根据实际需要在各省选择一到两个具有先进的管理理念,认同"老干妈"品牌和管理理念,拥有较强经济实力的总代理商。总代理商在其区域范围内下设一级代理、二级代理、三级代理,采用层层管理模式进行管理,形成了"老干妈"区域总代理→一级代理→经销商→消费者的三级代理销售模式。目前,"老干妈"已在全国 32 个省、市、自治区设立了 56 个区域总代理。每年,公司根据区域总代理完成的销售情况,给予一定的优惠政策。通过三级代理制,"老干妈"吸引到更多的渠道成员加入,进入市场初期阶段困难小,拓展市场的速度较快,使产品能够迅速到达各地市场并联接成庞大的销售网络,实现了极强的渠道力。近三年,"老干妈"的市场占有率达到 99% 以上,真正成为了行业老大。

产品在国内畅销的同时,也得到了海外市场的青睐。在海外销售方面,"老干妈"主要采用海外代理和国外客商采购的方式进行销售。2001 年以来,欧盟、美国、澳大利亚、新西兰、日本、南非、韩国等国家和地区的海外客商通过各种途径寻求与"老干妈"的合作。目前,公司的产品已出口到 40 多个国家和地区。由此,"老干妈"在"以国内市场为依托,积极拓展国际市场"的经营战略指导下,编织了一张国内、外联合的营销网,实现了产品畅销海内外的市场地位和市场格局。

"老干妈"产品在销售区域的选择上,除清真系列产品主要销往我国的西北地区、出口到东南亚地区以外,其余大部分的产品都销往全国。

5. 第五波:电子商务

电子商务是信息时代的产物,是适应消费习惯变化之下的新兴销售渠道。"老干妈"考虑到区域总代理这一模式的单一性,计划在 2013 年建立企业网站,开通网上销售渠道,直接让利于消费者,改变过去单一的销售模式,适应现代网购的消费趋势。进入电子商务,是"老干妈"谋求渠道力发展的第五阶段。

(三)品牌力

品牌力是强势品牌持续的竞争优势。"老干妈"品牌在产品力和渠道力的复合作用下,已成为优质辣椒业里的代表性品牌,其由品牌符号、品牌故事、品牌保护等方面综合构成的品牌力,极大地推动了"老干妈"产业的不断发展。

1. 品牌符号

"老干妈"品牌符号就是"玻璃瓶+陶华碧头像"的经典组合。"老干妈"产品包装率先采用玻璃瓶装,并与"老干妈"陶华碧的头像瓶贴形成其瓶装酱类制品的标准构图,制造了"玻璃瓶+头像"组合形成的"老干妈"品牌的独特符号。这一形象鲜明、和蔼亲切的符号,"老干妈"一直沿用至今,成为其品牌识别的重要因素,区别于其他同类品牌。

2. 品牌保护

随着企业不断发展,"老干妈"品牌知名度也不断提高,仿冒品也随之出现。目前,全国各地已陆续出现了 50 多种"老干妈"。为了保护"老干妈"品牌权益,公司开始花大力气打假。每年拨款数百万元成立了贵州民营企业第一支打假队,开始了在全国范围内的打假。

特别是与湖南"老干妈"一战,成为了"老干妈"打假史上最为轰动的一场。湖南"老干妈"在外观设计上几乎以假乱真,陶华碧不依不饶地与其打了3年官司,从北京市二中院一直打到北京市高院,数次斗法于国家商标局。2003年5月,陶华碧的"老干妈"终于获得国家商标局的注册证书,同时湖南"老干妈"之前在国家商标局获得的注册被注销。此案成为2003年中国十大典型维权案例,保护了消费者的利益,维护了公司的利益。

"老干妈"长期坚持打假维权的品牌故事,又使"老干妈"成为品质保障的代名词,取得了消费者的信任与支持,使"老干妈"品牌得到了健康快速发展。为了让"老干妈"品牌得到长效性保护,2007年9月,"陶华碧老干妈及图"注册商标被国家工商总局认定为"中国驰名商标",2011年11月29日,"老干妈"注册商标获得"中国驰名商标"。

3.品牌文化

品牌文化是品牌在经营中逐步形成的文化积淀,代表企业和消费者的利益认知、情感归属,是品牌与传统文化以及企业个性形象的总和。"老干妈"从创业初期至今,经过了近20年的发展,积淀了独特的品牌文化:真情、诚信。

"老干妈"得以健康发展至今,在很长一段时间得益于陶华碧的个人魅力。她有一套淳朴的管理理念,用心对待、用情感动每一位员工,遵循人本原理,强调要尊重人、依靠人、发展人、为了人。这一管理特色使得"老干妈"的员工始终团结一致,奋力拼搏。这是"老干妈"企业的宝贵精神财富,也是企业文化的重要组成部分。

在生活上,"老干妈"为员工解决全部食宿,保障员工全部福利。现在公司拥有2800多名员工,每位员工结婚,陶华碧都要做证婚人,以至于公司员工无人叫她董事长,都亲切地称呼她为"老干妈"。除此之外,陶华碧还经常隔三岔五地跑到员工家串门;每个员工的生日到了,都能收到一份礼物以及公司大家庭的温暖;有员工出差,都像送儿女一样亲自送行;贵州过年过节时,有吃狗肉的习俗,陶华碧特地建了养狗场,长年累月养着80多条狗,每到冬至和春节供全公司会餐。

在人才培养上,1998年开始,陶华碧把公司的管理人员轮流派往广州、深圳和上海等地考察市场,到一些知名企业学习先进的管理经验。公司提出"以人为本,着力塑造一支作风顽强,业务过硬,掌握先进管理思想,具备乐于奉献精神、艰苦拼搏的老干妈精锐之师"的人才战略。基于这一战略,公司一方面不断改善从业人员的生产、工作、生活条件,一方面逐步完善人才聘用、培训、晋升、任用人才管理机制,着力营造一个"公开、公平、公正"的人才成长环境。

自创立伊始,"老干妈"就倡导和践行"诚信为本、务实进取"的理念。这一理念已经深入人心,并推动着公司的一系列制度安排以及现实行动。"老干妈"从不拖欠供货商货款,从不让不合格产品出厂,从不拖延向销售商供货。陶华碧曾亲自退回了自己妹妹送来的两车不合格原材料,将已售出的30万瓶因封口不严导致漏油的产品全部追回并当众销毁。"老干妈"坚持诚信为本,将"诚信"作为企业发展的法宝,坚持做到对经销商、消费者负责。凭着诚信,陶华碧在同行中赢得了广泛的信誉,企业不断壮大,品牌广为人知,利润逐年增加。

老干妈公司以情治企、以诚经营,创造了一个充满人情味的生活、工作、经营平台,成为其品牌凝聚力的核心要素,也是其内在品牌文化的集中表现。

4.品牌故事

"老干妈"品牌的创立由一段又一段感人的故事所组成。这些故事串成了一个具有丰富内涵的"老干妈",成为这个品牌的精神所在,也是"老干妈"企业的活灵魂。"老干妈"与穷学生、"老干妈"捡玻璃瓶、"老干妈"商标战、"老干妈"关怀员工等都是"老干妈"品牌在发展过程中的感人细节,而这些细节的传播在消费者心智中创造了一个慈祥亲切、个性鲜明的"老干妈"。真实、具有个性的品牌故事,对消费者造成一定的思维影响,并在心中认可品牌的价值观和文化观,一旦产生共鸣,便会对品牌产生信任感,并且不轻易改变。

三、"老干妈"的社会价值

"老干妈"的发展,带动了我国辣椒产业的发展。"老干妈"选择了贵州在全国市场上具有相对优势的产业和产品,通过有效整合,发挥贵州的辣椒、油料、人力资源等优势,在群雄纷争的激烈竞争中脱颖而出。具有本地特色和优势的农业产业,在产业化进程中能充分发挥资源优势,更能带动当地农业经济的发展。贵州省有 500 年的辣椒种植历史,拥有的 120 余个加工型辣椒品种资源,"老干妈"的发展,促使辣椒成为贵州省继酿酒、烟草业之后又一个极具经济发展潜力的支柱产业。

"老干妈"公司的发展不仅有力推进了贵州、贵阳的农业产业化,带动了成千上万的农民增收致富,而且带动了玻璃制品、纸箱、印刷、辣椒、菜油等相关产业的发展。据不完全统计,15 年来,"老干妈"用于采购农作物原材料资金累计达 51 亿元,累计使用干辣椒 18 万吨、菜油 43 万吨、黄豆 16 万吨。就干辣椒、菜油、黄豆、雪里蕻 4 种主要原材料的采购情况来看,仅 2011 年,"老干妈"消化了 168 万亩耕地农作物,带动农户 145 万人次。

"老干妈"的发展,是其产品力、渠道力、品牌力"三力合一",形成叠加效应而逐渐发展的典型案例。产品力、渠道力、品牌力是"老干妈"构成竞争力的三大要素,而产品力是其中的决定性要素,"老干妈"注重对自身产品力的提高,以产品力带动渠道力、品牌力的步步提升,最终"三力合一"促成自身核心竞争力,推动"老干妈"品牌整体向前发展。

"老干妈"的发展,是小品类开发大市场的典型案例。油制辣椒在传统农业产业里面属于小品类产品,"老干妈"专注于香辣酱生产,它的发展史就是中国香辣酱的发展史,开辟、推动了整个行业的发展。由于"老干妈"率先抓住了香辣酱的机遇,把辣椒酱从调味品转变为佐餐开胃菜,持续的终端传达,形成了消费者的固定印象:"老干妈"=香辣酱,成为消费者心智中的首选品牌,占据行业老大地位,而"老干妈"也成为了整个香辣酱行业的样板。

"老干妈"品牌已经成为油制辣椒业的强势品牌,作为香辣酱的代表性品牌,自然也承担着领导该品类扩张的责任与使命。品牌符号的持续性传播虽能加深认知,但对于强势品牌来说,适当的创新能够提升品牌的再发展。然而,以"老干妈"为首的香辣酱产品品牌形象几乎十年如一日,一直使用传统、经典的包装面市,品牌识别与时代精神不符,出现了老化现象;品牌溢价能力没有得到体现,品牌建设和传播相较于其他农产品品类已滞后。类似于"老干妈"品牌现状的企业如果能从中领悟到对自身的问题,这将是研究"老干妈"品牌发展模式的最重要启迪。

专家评议

　　产品力、渠道力、品牌力"三力合一",以产品力为核心价值,推动渠道力、品牌力的形成,是"老干妈"品牌获得今天的成就的关键。而成为品类的代表性品牌的定位策略,不仅让"老干妈"开拓了一个新的品类市场,更占领了这一品类市场的领导位置,成为行业中的领导品牌。作为领导品牌,在品类开发、标准制定、形象塑造、内部管理等方面,以小品类成就大事业,以小企业搏击大市场,"老干妈"走出了一条值得后来企业效仿的道路。至于品牌形象的老化问题,"老干妈"可以学学美国著名品牌大魔坊的做法,创造"老干妈"虚拟品牌代言者,并根据时代变化和消费者审美需求,形成令每一代消费者喜欢的"老干妈"品牌形象,让"老干妈"品牌常青。

（胡晓云）

江西煌上煌:发展连锁经营　上行全产业链

一、"煌上煌":一步一步走来

上世纪 90 年代初,全国经济体制改革,国企转制,涉及众多国企职工大面积下岗。1993 年,现任江西煌上煌集团食品股份有限公司董事长徐桂芬女士也同其他下岗女工一样,开始下海经商,自谋出路,自此,开始了一只酱鸭的追梦史。

(一)小心试水烤卤食品

1993 年初,就职于南昌市肉食品公司的徐桂芬被迫下岗,为缓解生活压力,她决定下海经商。通过市场调查,徐桂芬发现浙江温州人和广东潮汕人在南昌开办的卤菜店生意十分红火,于是萌发了独创赣味品牌特色的烤卤食品与之竞争的念头。

1993 年 2 月 9 日,徐桂芬自筹资金 1.2 万元,在南昌绳金塔附近办起了"南昌皇上皇烤禽社"。刚开业的皇上皇烤禽社,店面不足 8 平方米,人员只有 8 人,整个家当只有一个炉子、一口铁锅、一辆送货三轮车和一个门面。徐桂芬以"皇禽"酱鸭为主打产品,依靠选料、配料、工艺、风味的与众不同打开了南昌的市场,"皇禽"酱鸭在市场竞争中大获全胜,为"煌上煌"声名的传播和后续发展打下了坚实的基础。

徐桂芬乘势而起,又陆续在南昌天灯下等一些主要的农贸市场开设了门店。1994 年 1 月 10 日,原"南昌皇上皇烤禽社"衍变为"皇上皇烤禽总社",并于 1995 年 11 月 2 日更名为"煌上煌烤禽总社"。

(二)大胆尝试连锁经营

1995 年下半年,"煌上煌"决策者创新营销理念,大胆突破,在南昌八一广场尝试开设了第一家连锁分店,并一举获得了成功。1996 年,褚建庚(徐桂芬丈夫)辞去公职,投身"煌上煌"创业,于当年 3 月 17 日成立了"江西煌上煌实业有限公司",标志着"煌上煌"结束了作坊式的生产,凭借国外连锁经营的营销模式的理念,又连续开了十来家连锁分店,开一家火一家,在市场上开始实现裂变和扩张,触发了"煌上煌"连锁加盟事业的蓬勃发展。

1997 年"煌上煌"确立了立足省内市场、发展周边市场的计划,在短短一年内,连锁店发展到 130 多家。"煌上煌"连锁专卖店以南昌市场为依托,大力发展加盟,销售网络开始向全省地、市、县市场二三级市场延伸发展,并拓展到深圳、沈阳、北京市场。从 2000 年开始,连续三年产值、销售收入超亿元。至 2001 年底,各地市场专卖店已达 200 余家。

(三)顺势进军全产业链

经过了 1993 年到 2000 年相对较快的发展阶段,"煌上煌"已初具规模,并在 2001 年 6 月 6 日成立了江西煌上煌集团有限公司,进入了成熟期。2001 年到 2005 年,第一个五年发展计划实施,至 2005 年底,通过推进专卖网络在省外和省内地市中心市场、县区市场、乡镇市场以及超市卖场等不同层面的立体化规模拓展,公司专卖店(柜)达 700 余家,销售超 3 亿元,"煌上煌"品牌知名度和市场占有率得到有力地推广。

随着销售网络的扩张,对原料的需求也日益增加,"煌上煌"开始由终端走向全产业链。早在 1998 年开始探索的"公司+农户+基地"上游养殖与企业鸭产品为核心的农副产品深加工相结合的产业链发展模式,到 2005 年已初步形成。

在第二个五年发展计划期间内,"煌上煌"投建的 3000 万羽肉鸭屠宰加工及其副产品综合利用深加工项目竣工投产,完成了打造"肉鸭养殖—屠宰—加工—销售"产业链上的最后一环,至 2011 年底,连锁专卖店已达到 1798 余家,销售额约近 10 个亿。市场从江西发展到了广东、上海、北京、福建、沈阳、西安、海南、广西等全国 20 多个区域。

二、连锁经营撬动鸭子全产业链

(一)煌上煌连锁经营

"煌上煌"的创立与其创始人徐桂芬密不可分,而其连锁经营的探索与发展,关键人物是手握钥匙的总裁褚建庚。褚建庚上任头三年,"煌上煌"实现裂变式扩张,连锁专卖店从西湖区发展到整个南昌市,从南昌市逐步发展到周边四县五区,进而覆盖全省、走向全国,从小区域品牌向大区域品牌不断延伸扩大,产值连年翻番。

图 1 "煌上煌烤卤"专卖店

1.探索之路

褚建庚加入"煌上煌"是在 1996 年,是"煌上煌"从创业到成长的关键一年。在此之前,"煌上煌"完成了原始积累,由家庭小作坊发展为家族式公司,亲朋好友纷纷加入,按辈份排位,各管一摊,规章是口头约定,管理靠的是亲情和血缘关系的约束。起初,这种模式起到了一定作用,但是渐渐地,家族式公司的弊端越来越明显,甚至成为企业发展的障碍。徐桂芬心知肚明,下定决心搞内部革命,"不论亲疏,以贤为准",开始面向社会广纳人才。当时就任煌上煌实业有限公司总经理的褚建庚在徐桂芬的支持下,首先从整饬公司制度入手,提高公司管理层对市场规律的认知水平,实施严格而科学的管理,建立规范的财务制度,"煌上煌"的生产逐渐步入良性轨道。

清产核资、弄清家底后,他开始全力实施品牌战略,打造"煌上煌"核心竞争力。从蓝领消费层面和平民饮食文化出发确定市场定位,追求"人无我有,人有我特",在众多烤卤食品中脱颖而出,成为百姓家平日用餐、节日聚会、待客宴请时不可缺少的一道主菜,而且得到了许多餐饮专家的高度赞赏。紧接着,褚建庚着手扩大"煌上煌"的经营规模,调整市场布局,力争让每一位南昌市民更方便地买到"煌上煌"产品。半年内,"煌上煌"开了十余家分店,开一家火一家,这一年,"煌上煌"的产值翻了一番。到了第二年,褚建庚认识到,为了在烤卤市场站稳脚跟,"煌上煌"必须进一步拓展销售渠道,扩大市场份额。但是,仅靠自有资金在短时间内迅速增加营业网点的想法是不现实的,他决定引入连锁代理制,借助别人的力量,做大"煌上煌"。又是半年多的时间,按照统一装修、统一标识、统一配货、统一价格、统一管理的要求,80 多家连锁店先后加盟,"煌上煌"的销售收入再次翻番。

1998 年,"煌上煌"开始构建覆盖全省并且辐射省外的销售网络,以南昌市场为依托,大力发展加盟,销售网络开始向全省地市、县市场二三级市场延伸发展,以行政区划为单位实行总代理制,将公司专人管理与区域分片管理有机结合,同时强化监督体系,完善市场反馈机制。这一年,"煌上煌"连锁店发展到 130 多家,销售收入达到 1350 万元,南昌市场占有率超过 80%,产品也发展到烧烤、卤制、煎炒、凉拌 4 大系列 60 多个品种。同时,积极向深圳、沈阳、北京市场拓展。至 2001 年底,各地市场专卖店数达到 200 余家。从 2000 年开始,连续三年产值、销售收入超亿元。

2001 年,成立了江西煌上煌集团有限公司,开始进入成熟发展,公司连锁专卖体系发展日臻成熟。对如何建立高效率的区域市场管理队伍、如何借助加盟商运作现代渠道、如何通过掌控终端门店来维护连锁网络体系的稳定都积累了较丰富的经验。在"煌上煌"第一个五年发展规划期间,公司提出"坚持以销售为龙头,继续稳定并扩大省内市场,大力开发省外市场,形成多层次、多地区、跨国门的市场营销网络"战略。经过一个五年发展计划,至2005 年底,通过推进专卖网络在省外和省内地市中心市场、县区市场、乡镇市场以及超市卖场等不同层面的立体化规模拓展,公司专卖店(柜)500 余家,销售超 3 亿元,"煌上煌"品牌知名度和市场占有率得到了有力的推广。

在"煌上煌"第二个五年发展规划期间,公司又提出"立足江西,调整、巩固现有市场,积极开发新市场;走出去,对接长珠闽,连接港澳台,着力开发新市场;坚持不同产品不同市场,同一个产品多个市场,同一市场多个客户的发展战略,建立全方位的营销格局和体系"的营销战略措施。对此,"煌上煌"以科学发展观为指导,做到"六坚持、两挖掘、三统筹"。

"六坚持",即坚持做优南昌市场,坚持做强省内市场,坚持做实省外市场,坚持做好旅游市场,坚持做活省际交界市场,坚持做进国外境外市场。"两挖掘",即挖掘单店销售潜力,挖掘包装产品销售潜力。"三统筹",即统筹广告策划,统筹激励机制,统筹终端维护。"煌上煌"决策层以大市场大流通观念为指导,通过"六坚持、两挖掘、三统筹"大力推动省内外各区域市场的快速发展,以每年平均增长30%以上的速度大幅攀升。"煌上煌"连锁店在一线城市以直营店为主,在二线城市则以加盟占大多数,至2011年底,连锁专卖店达到1798余家,销售额约近10个亿,市场从江西发展到广东、上海、北京、福建、沈阳、西安、海南、广西等全国20多个区域。

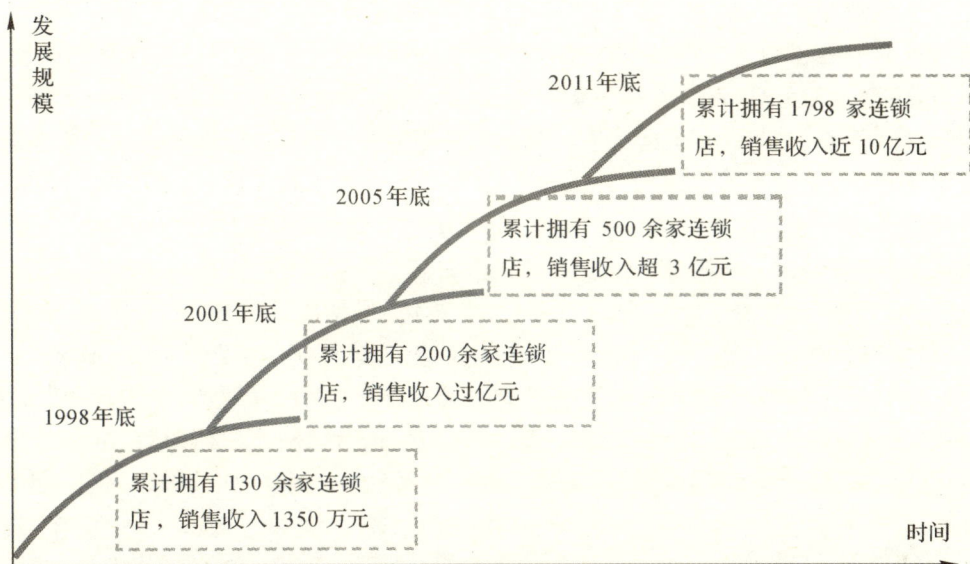

图2　"煌上煌"连锁经营发展规模变化

2.背后支撑

"煌上煌""三年翻一番"战略目标的实现和企业效益的持续稳定增长,究其原因主要是在市场扩张能力的提升上采取了行之有效的策略和措施。

(1)重视市场开发,快速推进专卖网络体系有效扩张

"煌上煌"在分析全国酱卤肉制品市场后,提出注重市场销售和发展中的谋势与蓄势并重,好中求快,积极推进专卖体系有效扩张,夯实连锁专卖基础。

省内各销售区域在推进专卖网络立体化规模拓展中,依托南昌扩张全省的市场。做到城市市场和农村市场并重,高端市场和低端市场兼顾。

省外公司和各销售区域谋势而动,加大对市场开发力度,积极抢占市场制高点,推动了各区域网点快速发展。到2011年底,产品销售市场已从江西发展到广东、上海、北京、福建、沈阳、西安、浙江、海南、广西等全国20多个省市的一线城市。

(2)重视市场调研,创新营销理念

"煌上煌"市场营销管理部门,坚持解放思想,增强营销创新意识,做到营销观念创新、营销市场创新、营销服务创新、营销方法创新。在市场的开发、扩张中,加强深度营销,灵活

运用主题营销,维护提升了"煌上煌"品牌影响力和号召力,以品牌拉动市场,促进销售业绩连年创新高。

(3)重视建设市场营销机构,健全营销规章制度

为适应开拓规模市场进军全国市场的需要,一方面,"煌上煌"设立了独立的市场营销机构,成立营销总部,完善销售系统的部门设置,不断充实市场营销和管理人员。同时,加强了对商流、物流、信息流、资金流的有效管理,对全国市场营销和开发实行产品销售统一管理、销售终端统一管理、新兴渠道统一管理、加盟店监督统一管理,确保公司营销战略的实施和落实。另一方面,制定了以"煌上煌"特许经营合同和"煌上煌"专卖店管理细则为核心的营销工作管理制度,健全了公司营销管理和服务流程管理的机制,加强了对专卖店规范经营管理的监察和对违约行为的查处,注重企业品牌建设,推动企业 VI 形象的改变。

(4)重视食品安全,加强企业诚信体系建设

"煌上煌"于2004年成立了食品安全和诚信体系建设工作机构,加强对诚信体系建设工作的组织领导,不断规范诚信体系建设与管理。不断加强诚信宣传,营造诚信建设的舆论氛围。开展诚信管理和食品安全人员培训,增强员工安全第一和诚信经营的意识。在思想行动上,把好原辅料、生产、流通、财务、人员诚信关。

"煌上煌"加强对连锁专卖店经营标准化、专业化、形象化的管理,坚持做到"十统一",即统一门店形象、统一进货、统一配送、统一价格、统一核算、统一监督、统一服务、统一培训、统一广告、统一信息。为加强对市场开发的统一领导、统一策划、统一安排、统一检查、统一落实,公司认真总结推广"理念方向一致、行为方向一致、利益方向一致"的"三向一致"的营销模式,正确处理企业和代理商、终端三者之间的利益关系,为市场的扩张奠定了坚实的基础。

图 3　以"皇禽"酱鸭为首的系列产品

(二)煌上煌全产业链

"煌上煌"目前已形成了贯穿酱卤肉制品加工上下游的完整产业链,集组织养殖、屠宰、初加工、深加工、销售网络为一体,协同效应得到了有效发挥,降低了煌上煌的行业经营风险。

在上游养殖方面,"煌上煌"除了向合格供应商采购肉类原材料外,已形成了"公司+合作社+农户"的组织供应模式,截至2011年末,已与20家合作社建立了利益联结机制,组织数千农民专业户从事鸭子养殖,保障了公司部分原材料供应和产品品质,提高了公司的食品安全等级。

在屠宰、初加工方面,子公司煌大食品已具备了较大规模的屠宰能力,已能够消化公司签约合作社农户的原材料供应数量,也能基本满足母公司对肉鸭原材料的生产需求。

在深加工方面,为满足公司销售网络的产品需求,"煌上煌"在江西、广东、福建、辽宁投资建设生产基地,逐步形成全国性的生产布局,各地按统一的配方和生产流程进行生产。

在销售网络方面,"煌上煌"采取全国连锁经营的商业模式,通过近1800家以直营店、加盟店以及卖场相结合的销售网络,持续进行市场营销,为千家万户提供快捷、可口的食品,扩大了产品的市场覆盖面和占有率,成为众多消费者的"第二厨房",从而不断增强了"煌上煌"的核心竞争力,提高了盈利水平。

1.向上游的"煌上煌"

"煌上煌"从一开始就与鸭子结下不解之缘,其生产的"皇禽"酱鸭以鄱阳湖地区野食放养的红毛鸭为主要原料。随着"煌上煌"生产规模迅速扩大,对红毛鸭的需求日益增加。江西农村虽然有着良好的生态环境和水面资源,发展水禽养殖得天独厚,但由于缺少龙头企业带动,多是一家一户散养,难以满足"煌上煌"日益增加的需求。

1998年,"煌上煌"响应贯彻中央有关"龙头企业要增强社会责任,与农民结成更紧密的利益共同体,让农民更多地分享产业化经营成果"的政策,开始积极探索"公司+农户+基地"的上游养殖与企业鸭产品为核心的农副产品深加工相结合的产业链发展模式,既能保证企业原料供应,又能带动养鸭农民致富的农业产业化之路。从2002年开始,江西在全省范围内推广日本农村的"一村一品"经验,希望形成一批市场竞争力强的特色产业,一批以种养加贸工农为主要特点的龙头企业和专业户,一批互助互利的农村经济合作组织,使一批农民农户通过发展特色种养业走上脱贫致富的道路。"煌上煌"推行农业产业化经营模式,也正是"一村一品"建设的推进。

"煌上煌"在江西省内外相继建立了300多个村级畜禽、水产养殖基地,加工的农产品包括猪、牛、羊、兔、鸭、鸡、鹅、水产、蔬菜等。"煌上煌"与这些农户签订长期产销合同,坚持做到"四定"(定养殖品种、定收购数量、定收购时间、定保底价格),同时向农户提供优良种苗、标准饲料、养殖技术,以及宰杀基地和冷藏设备。这样,农户的经营风险降到最低,他们吃下了"定心丸"。为了建立与养殖户之间新的链接机制,进一步提高农民的组织化程度,在"公司+小区+农户"模式基础上,"煌上煌"积极帮助成熟的小区建立农民经济合作组织,先后成立了永修县艾城农民养殖合作社、南昌县塘南皇禽肉鸭养殖专业合作社、余干县乌泥镇肉鸭养殖合作社、吉安县洪泉养鸭养殖专业合作社、丰城市来卫肉鸭养殖合作社、进贤梅庄肉鸭养殖合作社等 20 个,发展社员 5000 多人,形成了"公司＋专业合作组织＋农户"的养殖模式,带动农户增收 4300 万元,户均增收 6000 元。

2009 年 11 月 24 日,3000 万羽肉鸭屠宰加工及其副产品综合利用深加工项目竣工投产,标志着"煌上煌"完成了打造"肉鸭养殖——屠宰——加工——销售"产业链上的最后一环,打通了从"鸭棚到餐桌"的完整产业链。为了确保连锁店的原料统一,目前"煌上煌"下设 7 家分公司,在江西、广东、福建、沈阳等地建了生产加工基地。

图 4   "煌上煌"养殖基地

2.向上游的定心石

"煌上煌"从连锁终端向上游拓展至全产业链,积极为农户提供各种产前、产中、产后服务,为上游生产提供了定心石。

(1)完善养殖订单内容,建立让利机制。为推动标准化示范区建设,积极探索并不断完善养殖生产环节的让利机制,调动农户的积极性。针对饲料上涨的趋势,适时调整成品鸭收购价格,确保示范小区农户的利益。经过几年的探索,"煌上煌"不断完善了合同订单关于"统一供苗、统一饲料、统一标准、统一价格、统一收购、统一防疫"的内容,使农民放心养殖。

(2)完善风险服务基金机制。2004 年,"煌上煌"开始积极探索帮助养殖小区建立养殖风险基金,到 2007 年,探索建立"4＋1"的风险保障机制,即"加工环节、饲料环节、孵化环节、屠宰环节＋合作社"的风险保障机制。其中加工环节每羽承担 2 分,饲料环节每羽承担 0.5 分,孵化环节每羽承担 0.5 分,屠宰环节每羽承担 1 分,合作社每羽自筹 1 分。采取"统一筹集,分户设账,统一管理,分户使用"的原则进行管理,增强农民抵御风险的能力、增强农民生产自救的能力。同时,制定了《养殖小区(合作社)养殖风险基金管理办法》,加强对养殖风险基金使用的监督和管理。五年来,企业累计投入风险基金 100 多万元,增强了合作社社员抵御风险的能力和生产自救的能力。

（3）完善培育新的连接载体，提高农民组织化程度。为增强农民组织化程度，帮助农民降低进入市场的成本，在"公司＋小区＋农户"的基础上，"煌上煌"采取三项措施积极推动示范小区建立农民经济合作组织。一是举办培训班。如2007年12月，"煌上煌"举办了《农民专业合作社法》宣讲学习班，邀请省农业厅专家到会宣讲辅导。二是加强信息沟通。为了推动农民成立专业合作社，"煌上煌"以鸭业协会的名义，主动与政府有关部门对接，通报养殖小区的布局，反映成立农民专业合作社的要求。三是资金扶持。企业对以"煌上煌"为市场依托的肉鸭养殖合作社，分别扶持1000元作为合作社启动资金。目前已推动成立20个专业合作社，发展社员5000多人。为切实发挥合作社的作用，不断增强农民专业合作社的凝聚力、带动力，企业积极引导帮助合作社完善内部协调机制、生产管理机制、账务透明机制、风险保障机制、党建管理机制、社员管理机制。2008年6月，"煌上煌"在全省合作社现场会上作为唯一的农业产业化龙头企业代表作了培育连接合作社的典型经验介绍发言。

（4）完善饲料供应服务工作。为保证鸭饲料安全可靠，"煌上煌"在实践中、市场竞争中，选择饲料质量、售后服务、科研技术较好的饲料厂家，向农户推荐安全、科学、经济的饲料产品。做到"定点供应、定期抽检，协会推荐、农户自愿，公平竞争，优胜劣汰"。

（5）完善技术指导服务工作。聘请江西省农科院畜牧兽医研究所进行良种繁育体系建设服务，凭借省畜牧兽医研究所的技术支撑，加大对合作社技术指导的力度，努力把养殖小区建设成为高标准、高起点的绿色养殖基地。为企业生产绿色食品提供可靠的原料保障。同时，发放技术资料，每年举办养殖技术培训班，编辑《养殖通讯》宣传基地建设经验和养殖知识、防疫知识，及时总结推广农户的养殖经验，提高农户科学养殖的水平。

（6）完善表彰激励机制。"煌上煌"坚持把农民合作社当做企业的第一车间，积极推广企业文化建设的经验，大力倡导"诚信养殖，科学养殖，健康养殖，和谐养殖"的理念，推进基地文化建设，不断提高农民的整体素质。从2004年开始，"煌上煌"坚持开展了诚信养殖户、诚信养殖基地评选活动，召开基地建设总结表彰大会，表彰一批诚信养殖户和诚信养殖基地。2004年以来，煌上煌集团累计颁发奖金40余万元，表彰奖励诚信合作社、诚信养殖小区、诚信养殖农户表彰奖励集体个人100多人次。表彰激励机制大大推动了"诚信养殖，科学养殖，健康养殖，和谐养殖"，推进了养殖基地文化建设，进一步推动了"一村一品"和养殖基地建设的深入发展。积极创造出"对企业不添乱，对社会不添烦，对农户不添怨"的创业氛围，有力地推动肉鸭养殖小区健康发展，赢得了农户的好评，为农民致富撑起一把遮风挡雨的"连心伞"。

（7）积极实施国家标准养殖示范区标准化实施项目。"煌上煌"自2007年5月至2010年4月，认真实施国家级"皇禽"肉鸭繁育养殖标准化示范区项目，在各肉鸭养殖基地、养殖合作社组织、广大养殖专业户的积极参与和密切配合下，始终按照任务书的要求积极组织"皇禽"肉鸭繁育养殖标准化示范区的试验、示范、推广工作。在实施过程中，坚持以科学发展观为指导，坚持生产标准化带动品种特色化、基地规模化、经营产业化、投入科技化、农业现代化，圆满完成预期的目标，产生了良好的经济效益、社会效益、生态效益。2010年6月顺利通过了国家标准委组织的考核验收，得到国标委的高度认可和表扬。煌上煌禽鸭养殖示范区荣获"全国农业标准化优秀示范区"称号，成为江西省唯一获此殊荣的项目。

三、"煌上煌"模式的现实意义

目前中国农业发展主要存在着两个问题，一是中国农业上游的产业落后，抗风险能力差，产业化程度较低；另一方面，农业很大程度上和饮食相关，农业的下游往往涉及食品安全问题。不管是从农业上游产业的薄弱，还是从下游食品安全卫生的重要性来看，都需要完整的产业链作为保障。全产业链是以消费者为导向，从产业链源头做起，经过种植与采购、贸易及物流、食品原料和饲料原料的加工、养殖屠宰、食品加工、分销及物流、品牌推广、食品销售等每一个环节，实现食品安全可追溯，形成安全、营养、健康的食品供应全过程。这是目前能够解决农业发展两大问题的有效方式。

上游的种养殖与下游的营销是全产业链最重要的两个环节。"煌上煌"在以市场和消费者为导向的基础之上，从终端销售，一步一步上溯，打通了"养殖——屠宰——加工——销售"的全产业链。从上游养殖来看，全产业链带动了上游规模化、科技化、现代化生产，有效促进了农民增收、农业增效和农村繁荣；从下游销售来看，全产业链缩短了中间采购、物流等环节，提供了充分的原料，提高了食品的可追溯性，保障了消费者的健康安全，提高了"煌上煌"品牌的信誉。

"煌上煌"模式有其优势之处，但也存在着需要注意的问题。

上游的种养殖是农业全产业链上的重中之重。"煌上煌"从销售终端向上打通全产业链，进入一个相对生疏的上游养殖业，基础相对薄弱。上游养殖掌控较难，固定资产建设、厂房、土地等资金投入大，而养殖过程中，容易面临饲料添加剂、抗生素等问题，容易对公司产生牵制。此外，"煌上煌"连锁经营中，有九成是加盟店。在连锁行业，加盟方式对品牌的迅速铺点有积极作用，但在管理过程中容易出现疏漏，食品安全问题也会随之出现，继而影响到公司品牌的信誉。

研究"煌上煌"以连锁经营向上下游打通全产业链的发展模式，也正是为类似企业的发展提供了一个现实案例，立足自身，权衡利弊，选择一条适合自己的发展道路。

专家评议

"煌上煌"的经营之道在于，它首先以产品加工的标准化管理作为核心价值，通过加盟与自营的方式形成了连锁经营模式，在短时间里获得了市场占有率、品牌影响力和渠道力量，对接了消费市场。当它获得了消费市场的认知、认同、认可之后，为了稳定产品品质、提高企业利益、保全消费者利益，上行至产品的原材料源头生产，控制了产品源头原材料的品种、品质的标准化管理，在产品原材料形成、加工生产环节、包装与销售环节直至消费者购买，实现了全产业链的无缝对接。这种无缝对接，确保了产品的品质安全，更加稳固了消费者对产品的品质认同。在企业处于起步阶段，首先实现产品的市场渠道拓展与消费者心智占领，在企业有了一定的积累之后，再上行产品源头，把控源头品质。这种将全产业链的形成分两步走的做法，符合企业发展的阶段性特征，体现了对消费市场和消费者的尊重，具有特殊的典范意义。

（胡晓云）

临武舜华鸭业:内外兼修　四力驱动

　　短短十余年时间,舜华鸭业从一个亏损百万、资不抵债的公司,发展成为年产值近6亿元、年纳税过千万元的农业产业化国家重点龙头企业,①创造了我国农业龙头发展的"四力"模式,即基于临武鸭种的产品力、基于想象与执行的品牌力、基于"公司＋协会＋农场"的经营力以及基于责任与文化的社会力,实现了临武鸭产业的跨越式发展,建成了集种养、加工、商贸一体化的纵向全产业链条,开创了我国农业企业值得借鉴的现代化发展模式。

一、舜华传奇

　　相传自舜帝南巡来到风光旖旎、钟灵毓秀的临武,有感于百姓淳朴民风和生活艰难,于是将一片羽毛、四个石头赐予了当地百姓。百姓抱石伏羽七七四十九天后,孵出了四只美丽异常、貌似天鹅的小鸭,这便是临武鸭了。此后,舜峰山涧、武水溪畔、珠江之源都成了临武鸭的栖息之地,喂养临武鸭也成为临武百姓的传统,代代相传。但上千年来,临武鸭并未发展成为一个产业,更未带领临武百姓走向富裕。舜华鸭业却不同,在创始人胡建文的带领下,翻开了临武鸭历史的新篇章,激情演绎了一出品牌传奇。

(一)创建时期(1999年至2003年)

　　1999年10月18日,湖南临武舜华鸭业发展有限责任公司成立。

　　2000年,"临武山水鸭天下"广告拍摄完成,并在湖南卫视、央视7套等媒体投放。

　　2001年,"舜华"商标注册成功,糖果型临武鸭系列产品研发上市。

　　2002年3月,舜华鸭业进行股份制改造,产生了董事会、监事会、股东大会。

　　这一阶段,舜华鸭业从万般困难中成立了。舜华人怀揣"临武山水鸭天下"的梦想,开始了舜华鸭业的伟大征程,逐步从负债累累的小作坊、小工厂向规模企业发展。

(二)快速发展时期(2004年至2008年)

　　2003年10月21日,全国山区示范经济项目——临武鸭二期扩建工程奠基开工。

　　2004年11月20日,二期工程竣工投产,舜华鸭业成为中国最大的麻鸭养殖加工企业,当年被国家八部委认定为农业产业化国家重点龙头企业(第三批)。

---

　　①　湖南临武舜华鸭业发展有限责任公司董事长兼总经理胡建文,http://nv.qianlong.com/33530/2012/06/13/1640@8037154.htm,2012—6—13。

图1   临武舜华鸭

2005年,舜华鸭业引入HACCP国际食品安全认证体系,当年被认定为全国农产品加工业示范企业。

2006年,临武鸭养殖加工研发中心建立,当年该中心被郴州市科技局评定为"市级研发中心"。

2007年12月,"临武鸭"被国家质检总局认定为"国家地理标志保护产品"。

2008年3月,舜华鸭业董事长兼总经理胡建文当选十一届全国人大代表,"舜华"商标被国家工商行政管理总局认定为"中国驰名商标"。

这一阶段,舜华鸭业开始了二期工程建设,市场营业额从2000万元到2亿元,企业规模逐年壮大,带农能力逐步增强。从1999年到2008年,舜华鸭业利用十年时间,从一无所有开始,建成舜华鸭业的养殖业,成立了养殖公司;从无半点经验无半点技术开始,建成舜华鸭业的加工业;从对市场全然无知开始,建设了遍布全国的渠道网络。经过十年的快速发展,舜华鸭业在种养业、加工业、商贸业三个板块上形成了一体化的产业链条。

(三)发展成熟时期(2009年至今)

2009年初,舜华鸭业第三期扩建工程在郴州和临武两地同时奠基开工,其中临武工程2010年投产,郴州工程2012年投产。

2009年,第一家"舜华湘品堂"湖南特产店在长沙开业。

2010年上海世博会开幕,临武鸭作为十一道精品湘菜之一入选世博会。

2011年,临武鸭祖代鸭场、临武鸭养殖试验场建成,湖南首条1200万羽全自动肉鸭屠宰生产线在舜华鸭业公司投产。当年,临武鸭标准化养殖技术通过科技成果鉴定并被评为国内领先技术。

2011年,湖南省同行业中最大最先进的检测中心——舜华鸭业"企业技术中心"建成使用。

2012年7月,舜华鸭业被国务院授予"全国就业先进企业"荣誉称号。

经过十多年发展,舜华鸭业形成了自己独特的企业文化和制度体系,吸纳了一大批人才,积淀了继续做大做强的资本。2009 年,舜华鸭业开始在临武和郴州两地兴建厂房,成立了湘品堂工贸有限责任公司,新建和扩建了许多养殖农场,使种鸭业、加工业、商贸业的一体化产业链条进一步完善,逐步成为中国著名的食品品牌。

经过十多年的总结与积累,舜华鸭业形成了自己独特的"四力模式"。即,基于临武鸭种的产品力、基于想象与执行的品牌力、基于"公司＋协会＋农场"的经营力以及基于责任与文化的社会力,实现了临武鸭产业的跨越式发展,建成了集种养、加工、商贸一体化的纵向全产业链条,开创了我国农业企业值得借鉴的现代化发展模式。(见图 2)

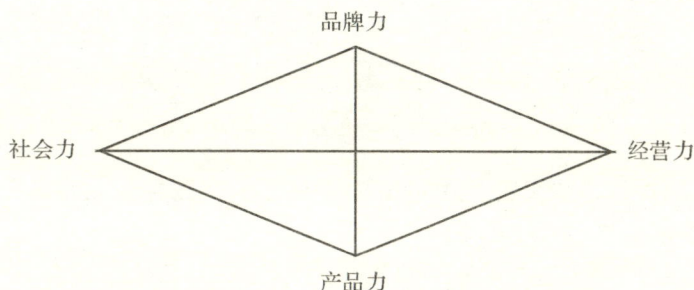

图 2　舜华鸭业的四力模式

二、产品力

舜华的成功,首先基于它对临武鸭与生俱来的特点的把握与充分运用,这赋予了舜华临武鸭产品顽强的生命力和强大的竞争力。

作为中国八大名鸭之一、国家地理标志保护产品,临武鸭勾嘴厚掌、肉质细嫩、味道鲜美、营养丰富,被称之为"家禽之珍品"。千百年来,临武人民对临武鸭精心呵护,细心豢养,使其在长期的演进过程中逐渐形成了独特的外观形象——麻黄色的羽毛、套银环曲颈、带短钩的硬喙。临武鸭肉瘦、质嫩、味甜、不腻味的肉质更是受消费者的推崇。所以,自古临武鸭便是皇家贡品,享誉湘南粤北。

临武人民自古就把养鸭作为家庭经济来源的主要补充,基本上家家户户都养临武鸭。相传,清朝有位县令走水路来临武上任,途中吟道:"丰篁绿水漾春风,无限烟波古渡中。一路沙禽啼不住,数声飞过夕阳东。"诗中的"沙禽"即指沙滩上的鸭子。显然,县令一路上听到的都是鸭叫,可见当时武水河两岸养鸭风气之盛。至今,"龙须草席临武鸭,空心糍粑加白蜡"(指临武四大特产)的民谣还在广为流传,说明临武鸭的饲养在当地已相当普遍。

历史上,临武人还将雏鸭运销嘉禾、桂阳、耒阳、资兴、蓝山、宜章等县和零陵一带,以及广东的连县、乐昌、英德等地。听临武的老辈们说,临武历史上是楚南古驿,是古代中原赴粤出海的必经之路。许多临武人祖上养鸭,从珠江源头武水河赶着小鸭苗一路往下游走,鸭子在哪停留,养鸭人就在哪扎营住上一阵。一路走走停停,经过两三个月时间,直至广东一带。这时,小鸭苗已长成大鸭子,养鸭人便就地卖了鸭子和鸭蛋,在韶关换了盐,然后返回家乡临武。

临武鸭这种"肉质细嫩,味道鲜美"的独特品质在很早的时候就得到了周边地区人民的认可。1982 年出版的《湖南省家畜家禽品种志和品种图谱》和 1988 年中国农业科学院编纂

图 3　临武舜华鸭宣传海报

的《中国家禽品种志》,都将临武鸭列为中国优质地方麻鸭品种予以收录。2010 年,临武鸭还作为十一道精品湘菜之一入选了上海世博会。

根据中科院亚热带农业生态研究所的检测,临武鸭在品质上还具有三个内在特点:

其一,临武鸭富含人体必需的 8 种氨基酸,相比其他鸭种氨基酸种类全,含量高,其中谷氨酸、肌苷酸含量是其他鸭种的两倍多,故风味极佳;

其二,临武鸭肌肉脂肪中所含不饱和脂肪酸占 82%,而饱和脂肪酸所占比例很小,这种奇特的脂肪酸结构,有益于人体健康;

其三,临武鸭所含钙、锌、硒等微量元素含量明显高于其他鸭种,是一种富钙富锌富硒的食品。

究其缘由,临武鸭等麻鸭品种比樱桃谷鸭、北京鸭等快长鸭的品种品质好的原因在于:一是麻鸭多采用放牧方式,鸭吃的是水生动植物,生长的地方是草地、水稻田、沟渠、圩塘、湖泊和海涂等天然牧场,而快长鸭采用圈养方式;二是麻鸭依靠自身的灵活和耐力寻捕食物,而快长鸭吃的是“嗟来之食”,是“填鸭”方式饲养的鸭。临武鸭等麻鸭品种的放牧模式,充分尊重并利用了鸭子自己选食的习性。鸭子们每天走两三里路,游四五个小时的泳,晒数个小时的太阳,有足够的运动量,吃的又是鱼虾水草等天然食物,鸭肉的品质自然就高了。

专业人士曾将樱桃谷鸭与临武鸭的养殖方式与养殖特征做一个比较:养殖樱桃谷鸭的话,40 多天重量就达到 6 斤多重,而养殖临武鸭则要 70 多天才能长到 2 斤多重;樱桃谷鸭的料肉比是 1.9∶1,临武鸭的料肉比是 4.3∶1;樱桃谷鸭养殖时间短、成活率高,临武鸭养殖时间长、成活率低。樱桃谷鸭的养殖成活率一般在 99% 以上,而临武鸭的成活率一般为 92%,最高的也只有 96%。这是因为,樱桃谷鸭全部都用大棚搭架的方式圈养,基本上不受外来因素的影响,而临武鸭在野外放养,经常会出现一些意外,如鸭子跑到野外丢了、被石缝夹住死了、其他野生动物对鸭子造成侵害等等,所以成活率不高。

舜华鸭业在充分考虑临武鸭特点的基础上作出战略决策:不参与价格竞争,“以己之长,克人之短”,走品质竞争之路。

为此,舜华鸭业狠抓产品品质,并从以下几个方面确保产品质量安全:

(一)以"名在质量、利在创新"为经营理念,提高质量意识

舜华鸭业在成立之初就确定了"名在质量、利在创新"的经营理念,把产品的质量安全作为企业发展生存的第一要义,要求质量意识深入每位员工的骨髓,坚信做食品企业就是做道德工程、做放心工程。公司规定影响产品质量的行为必须立刻纠正,出现质量事故必须从严处理,不符合质量要求的产品决不能出厂。舜华鸭业对每批新招聘的员工,做的第一件事就是质量安全培训。在生产过程中,公司每天统计产品交验合格率情况,每周评议分析产品生产质量状况,每月召开质量安全会议,每季度对全体员工进行一次质量轮训和综合考试。员工工资的76%是计件工资、24%是质量工资。长效机制的设置及管理使质量意识深入人心,使员工形成了精益求精的工作习惯。

(二)在源头上严把质量关,确保原辅材料质量安全

临武鸭自古都是小规模散养,公司开始的鸭产业经营无先例可循。因此,舜华鸭业不断摸索既能满足产业发展需求又能保障产品绿色安全的新型养殖模式,将原来"公司＋农户"的散养模式创新为"公司＋协会＋农场"的产业集中养殖模式。在该模式下,公司严格挑选养殖场地,坚持在山清水秀的水库中养殖,在无污染的河流、河汊中养殖,确保临武鸭的独特品质。为了不断提高临武鸭品质,舜华鸭业组建了临武鸭养殖研究所和临武鸭加工研发中心,与华南农业大学、广东仲恺农业工程学院等机构合作,开展了临武鸭遗传资源、安全养殖程序等一系列研究,组织农民成立了临武鸭养殖协会,负责技术推广。在养殖过程中,公司从"种苗、饲料、防疫"三方面实行严格的"三统一"管理,由公司统一提供纯种临武鸭鸭苗;统一提供饲料;统一提供防疫服务。每批鸭子,从鸭苗至成鸭,养殖过程都被跟踪管理,从养殖源头上确保临武鸭的绿色品质。

除了临武鸭本身的天然品质外,临武鸭加工用的辅料也源自天然。生产加工所用的茶油,都是舜华鸭业茶油加工厂定点收购的茶籽,通过物理压榨法榨出的纯天然山茶油;所用的辣椒,都是从海拔800米以上的山村基地里订购、委托配套企业加工而成的特产辣椒;所用料酒都是派专人在国家级森林公园——临武西瑶山里酿造的米酒;所用香辛料都是从经过严格考核的供应商采购而来。

原料好,成本自然也高。如茶油价格,这几年一路飙升,每斤茶籽的价格从2009年的3.5元涨到了2011年的6元多,茶油价格更是从每斤20多元飙升到了40多元。由于茶油涨价快速,茶油农户开始惜售,大量游资也进入茶籽市场抢购茶籽。为了保证原材料品质,舜华鸭业公司每年要辗转常德、广西、江西、贵州等地收购茶籽。由于担心原料不纯,公司从不收茶油。这种做法,在外人看来,几近偏执。但正是因为舜华鸭业对产品品质的"偏执",在同类产品中,舜华临武鸭才脱颖而出,一直是同类产品中卖得最贵的最畅销的。

舜华临武鸭的成功也应了一句行话:好的美食永远不是靠先进的工艺加工出来的,而是源自于天然的原生态种养。

(三)导入科学质量管理体系,建立有效的质量管理系统

2004年7月,舜华鸭业在行业中率先导入HACCP食品安全管理体系并按HACCP质

图 4　舜华临武鸭全自动屠宰生产线

量体系要求,设立数十个关键控制点,做到两个规范:规范工作程序,实行文件程序化控制,每个环节临界点必须有交接、有检测、有责任人、可逆向追溯寻查;规范工作记录,不论是现代化加工车间里,还是在野外养鸭场,都必须有工作日志,有数据记录,使每一道工序、每一个环节,都处于可控状态。在引进科学的质量管理系统的同时,舜华鸭业实行"纵横两条质量管理系统":纵向采取从公司总经理—厂长—车间主任—班组长—员工的直接质量负责制;横向成立质检部和 HACCP 安全小组,对原辅材料——产品加工全过程——成品的检验检测各环节建立全程监控评估。通过纵横质量管理体系的建立和具体落实,舜华鸭业产品质量达到了较高的水平。多年来,公司与南方航空、东方航空等航空公司合作,配餐总量超过 1 亿片,没有一片出过质量问题。

(四)官方检测与企业自检相结合,确保产品质量万无一失

为保证原料的质量安全,舜华鸭业改危机管理为风险管理,投资 1600 多万元建立了最高标准的食品质量检测中心。该中心面积 200 多平方米,拥有原子吸收检测仪等国际先进水平的检验仪器设备 20 余台/套。2011 年,舜华鸭业购入的 929 批原辅材料 100% 经过质检部验收检验,投入生产的原辅材料 100% 合格,产成品一次交验合格率达 99.83%,出厂产品卫生指标合格率 100%。除自己的检测中心对原料批批检测外,舜华鸭业还与湖南省食品检验所合作,定期送检原辅料和产成品。2011 年舜华鸭业委托官方检验 47 批次全部合格,监督机构抽检 8 批次全部合格。舜华鸭业的检测项目包括重金属、药残、农残、食品添加剂等,甚至连加工用的自来水也是常规检测的项目。如养殖场的水每个月要进行一次抽检,如果发现养殖场的水质不符合饲养要求,就要进行闲置消毒,严重者就要放弃;饲料除了合作生产企业要提供检测报告外,舜华鸭业每个月还要送检两次;每天的产品都要经品尝部门品尝后才能上市。

通过一系列的质量管理措施,舜华鸭业产品质量稳定,无不合格原料投入生产,质量水平达到了跨国企业的水平。2003 年,在湖南省质量技术监督局对食品行业的一次抽检中,发现舜华鸭业的一款产品被检出含有百万分之一的苯甲酸。为此,舜华鸭业受到了处罚。但是舜华鸭业的产品从不添加防腐剂和化学添加剂,怎么会检出苯甲酸呢? 为查清此事,舜华鸭业特意请来华南农业大学的专家,对产品进行仔细的检测和分析,终于发现苯甲酸是从酱油中带入的。根据当时的食品标准,苯甲酸指标在酱油中是合格的,但却不能在肉制品中检出。"茶叶是合格的,水也是合格的,泡出的茶水不合格",结果让舜华鸭业哭笑不得。为解决这个问题,舜华鸭业积极与质检部门、国家标准委协调,促使国家标准委对 GB2760 国家标准进行了修改。一个加工鸭子的企业,让国家政府部门修改国家标准,这也是破天荒的事了。

目前,舜华鸭业产品有舜华临武鸭、舜华东江鱼、舜华湘西牛、舜华端午粽四大系列两百多款产品,每一个系列都展现出了强大的生命力。

三、品牌力

如果说,舜华产品力成于舜华人对临武鸭与生俱来的特点的准确掌握与充分运用,以及对"名在质量、利在创新"的坚持,那么,舜华品牌力则源于舜华人卓越的想象力与强大的执行力。舜华鸭业根植于现代农业的肥沃土壤中,却吸收了现代工业的品牌经验,成就了舜华鸭业与众不同的发展模式。

(一)创建品牌,为品牌设置鲜明的记忆点

"舜华"之含义有二:一是"舜帝巡临武,名鸭誉中华";二是《尚书》云:"德自舜明";临武鸭产业的创始者在这里汲取舜帝明德之精神,创立舜华鸭业公司,以秉承舜德,华泽天下。

同时,在注意力资源高度稀缺的年代,品牌要想突围,进入消费者的视野,为人所熟知、记忆,除了为品牌进行视觉、行为、理念的统一规划外,还必须为品牌设置鲜明的记忆点与线索。"临武山水鸭天下",不仅传递了临武山水的秀美、临武鸭的天然健康,而且表述了舜华鸭业"心怀天下"的理想与抱负。可以说,正是舜华鸭业形象而响亮的广告语,让舜华鸭业响遍天南地北,响遍东海西疆,使舜华鸭业快速、持久地镶入消费者脑海之中。

(二)遵循现代广告传播规律,创建并维护品牌影响

在品牌推广上,舜华鸭业聘请国内知名专家,导入了先进的 CI 战略和 VI 企业识别系统,设计了舜华的商标形象和一系列产品包装、招贴、影视广告等。同时,舜华鸭业大幅度地投入广告,利用媒体广告以及博览会、招商会、网络营销、专题报道、展销会和公共关系等多种促销手段,进行品牌的整合传播,提高公众对品牌形象的认知度和美誉度。

自 2000 年以来,舜华鸭业就开始在郴州和长沙投放公交汽车车身广告,至今已在郴州、长沙、衡阳、岳阳、株洲、湘潭等省内城市投放公交汽车车身广告逾 400 辆。公司还与中央电视台 7 套进行栏目合作,发布专题片近 10 个;此外,公司常年与湖南卫视合作,拍摄了多期临武鸭专题报道,在湖南区域媒体市场立体投放高密度广告,历年广告费用超过 1 亿元。公

图 5　舜华临武鸭宣传海报

司与《农民日报》等媒体合作,发表新闻报道和软文近千篇。舜华鸭业海陆空全方位的品牌传播,有力地推广了品牌。

(三)重视终端形象传播,让品牌与消费者零距离

舜华鸭业不仅将终端作为销售的端点,而且作为品牌形象展示与传播的平台,高度重视终端建设。

1. 设立直销专卖店

2002 年,舜华鸭业在郴州建立了第一家形象专卖店。专卖店从整体设计到产品陈列,均体现了舜华临武鸭浓厚的文化底蕴。专卖店以直销的形式形成的终端销售,不仅能保护产品不被假冒伪造,维护消费者权益,同时还引领了一种新的消费潮流:逛农产品专卖店,买特色农产品。

2. 设立形象专柜

舜华鸭业在各大型卖场中,将产品以形象专柜的形式集中陈列,并派驻专业促销员,宣传企业文化,介绍各色产品。在人潮涌动的卖场中,这些方式很好地展示了企业形象,抓住了销售机会。

3. 舜华湘品堂湖南特产连锁店

舜华湘品堂湖南特产连锁店是舜华鸭业开辟的属于企业自己的商业营销渠道。连锁店以临武鸭系列食品为主,在店内以专柜集中展示东江鱼、湘西牛、大冲辣椒等湖南其他各市州特色农产品。舜华湘品堂标志着舜华鸭业向渠道方向延伸,成为了舜华鸭业具有极强控制的品牌形象传播端口。

4. 开通网络市场

网络市场经营模式的创新,为舜华鸭业增加了新的销售渠道。网络渠道销售额每年的

增幅达到 300%,网购正成为舜华鸭业销售新的增长极。网络市场顺应了电子商务时代的要求,不仅是重要的销售渠道,而且成了舜华鸭业重要的网络展示平台与品牌传播窗口。

目前,舜华临武鸭强势地覆盖了全国 20 多个省市区。在广东,平均每天有两三个客户打电话来了解公司的情况,平均每两个星期就有一个客户成为公司的经销商或代理商,舜华产品成功进入家乐福、广百、新大新、易初莲花、大润发、广泰、屈臣氏、春之花等卖场。在北京,舜华鸭业在西单商场、王府井、城乡百货等全国人气最旺的商业中心开设了专柜,中华第一街到处都是临武鸭的叫卖声,临武鸭成为湖南人进京的首选特色礼品。武广高铁开通后,舜华鸭业迅速在高铁湖南段沿线开设了 20 多家临武鸭专卖店,成为最早融入高铁经济的企业之一。南来北往的旅客品尝临武鸭,购买临武鸭。临武鸭借力武广高铁叫响半个中国。

到 2011 年止,临武鸭在航空飞机上的配餐已达 1 亿片,在航空市场中引起了特别关注。青岛机场、新疆机场、广州白云机场等相继与公司洽谈进场业务。无疑,这些立体互补的销售渠道在实现销售的同时,拉近了品牌与消费者的距离,使"舜华临武鸭"成为独具特色的农产品品牌。

四、经营力

农业企业与工业企业的重要不同在于,农业与农户之间的紧密关联,超越了工业企业与供应商之间的关系。舜华鸭业构建的"公司＋协会＋农场"的"临武鸭模式"引入了农场养殖的生产方式,同时引入了协会中介组织,探索真正的现代农业产业运作模式。

"临武鸭模式"的雏形是"公司＋农户",即由公司与养鸭户签订购销合同。根据合同约定,鸭农养殖临武鸭,舜华鸭业收购临武鸭。这种模式一定程度上缓解了"小农户"与"大市场"的矛盾,发挥了企业优势,给双方带来了利益。但这种模式缺陷颇多:一是组织形式不稳定,存在短期行为;二是农产品质量得不到保障;三是组织化程度低,难以进行区域化、规模化、标准化生产。因而该模式实行一年便被舜华鸭业淘汰。

1999 年后,舜华鸭业尝试构建了"公司＋基地＋农户"的生产经营模式。即由舜华鸭业开发养鸭基地,为鸭农统一提供鸭苗、防疫、饲料。这种模式保证了舜华鸭业的原材料供应,规模效益明显,舜华鸭业的监管成本减少,产品质量得到较大提升。但其劣势也较明显,由于农户分散经营,是独立个体,现实利益太强,合同信誉度差,基地根本不足以制约养鸭户。且基地一旦发生疫情,疫病将大规模传播,会造成整个基地瘫痪。而"水田改水塘"连起来形成的基地在养殖过程中遇到了基本农田有限问题,致使规模发展遇到瓶颈。因而,该模式也被舜华鸭业淘汰了。

如何才能既保证临武鸭的高品质和质量安全,又能帮助农民规避市场风险,保证养殖户利益呢?经过不断探索和实践,舜华鸭业探索出了"公司＋协会＋农场"的产业模式。该模式的特点是:通过临武鸭养殖协会把公司、协会和农场农户紧密地联系在一起,克服了前两种模式的不足,使三者结为风险共担、利益同享、互惠互利的经济共同体。同时,通过协会将农户拧成一股绳,减少了利益主体,大大提高了养殖效率,使质量标准难统一、技术措施难配套、标准化管理难到位等问题都得到了解决。

具体而言,舜华鸭业利用山区的山塘水库的资源优势,帮助养殖户严格挑选养殖场地办养殖农场。几户、十几户鸭农采取合伙、股份合作等方式经营,由分散的小户转向农场规模化经营,舜华鸭业对按时完成临武鸭养殖任务的农场补贴5万元,同时以成本倒算的方法确定收购价格,保证养殖户每羽鸭能纯赚2元。由农户自愿组成的临武鸭养殖协会为农场提供养殖技术服务、小额信贷服务、销售定价等服务。后来,这种"公司＋协会＋农场"的产业发展模式又被称为"临武鸭模式"。

2003年,第一个吃螃蟹的高安水养殖场建立了。该养殖场由13户农户筹资组建,承包了古山村委的小型水库,水上养鸭,水下养鱼,当年即出栏临武鸭6万多羽,加上养鱼收入,获利16万元。榜样的力量、协会的保障提高了农户建立养殖农场的积极性,从此,临武鸭养殖农场如雨后春笋般蓬勃发展起来。

临武鸭养殖协会提供技术服务、培训服务、信息服务、信贷服务、议价服务等各式服务,为农户当好七种角色:

角色一:价格"谈判员"。协会的头等大事,就是与舜华鸭业就收购价格"讨价还价"。谈判桌上,临武鸭养殖协会各分会会长齐齐到场,与舜华鸭业代表"唇枪舌战",讨论鸭子的收购价格。在临武鸭养殖协会成立之前,鸭子收购价格一般都由舜华鸭业决定,单家独户的养殖户没有多少话语权。虽然定价"大权在握",但在舜华鸭业看来却并非好事。如定价计算成本时,就曾经忽略过养殖户卖鸭的运输成本。如果压价太低,致使养鸭户没有合理的利润,农民撒手不干,鸭子没人养,临武鸭产业就会坍塌。作为一家有远大抱负的企业,舜华鸭业不贪图短期利益,致力于和养殖户建立一种战略型的长期的合作关系。

临武每年有三个养鸭期。3—5月,正逢春寒,鸭子成长比较困难。夏秋季节是一年中养鸭的黄金期。到了11—12月,水库水少,病害易发。三个时期不同的气候等特征导致三个养鸭期养鸭成本不同。因此,临武鸭养殖协会每年会三次与舜华鸭业坐在一起,详细计算饲料、人工、场地租用、运输等成本,商定各个时期的价格,明确违约责任。"双赢"是议价时的基本原则。目前,加入临武鸭养殖协会的养殖户每养一只鸭的利润基本稳定在2元钱左右。对这个价格,舜华鸭业、临武鸭养殖协会和农户都比较认同,也因此构建了三方都满意的共赢体制。

角色二:养殖"技术员"。临武鸭品质好,养殖要求也高。以往,临武鸭的成活率在75%左右,养殖风险较高。临武鸭养殖协会协助舜华鸭业聘请了30多名技术人员上门开展技术服务,定期约请一名教授,对养殖户实行"统一供苗、统一防疫、统一饲料"的指导,提供全程跟踪技术服务。目前,临武鸭养殖成活率上升到90%以上,孵化率在93%以上,从技术层面为鸭农增收了2000多万元。

角色三:风险"理赔员"。农产品既可能遇到"卖难"的市场风险,又可能免不了洪灾等自然风险,国内各商业保险公司多把农业保险视为雷区不敢进入。在这个背景下,舜华鸭业开创性地创建了"临武鸭养殖保险基金"。该基金由舜华公司出资100万元、养殖户按实际交鸭数量每羽上交0.05元共同筹措。基金由临武鸭养殖协会按照"专款专用、遇缺即补"的原则使用,对损失5000元以上的农户,由协会核定后按20%～50%的比例赔付。从此,鸭农也有了自己的养鸭保险。在2008年年初的冰雪灾害中,3个种鸭场、169个养殖场受灾惨重,压死、冻死种鸭1.23万羽,商品肉鸭20.93万羽,压垮鸭棚215个,受灾面积29430

m²。巨大的灾难面前,临武鸭养殖协会原有的保险基金成为杯水车薪,无法承受所有的赔付。为使临武鸭产业链不断,舜华鸭业想方设法筹集了180多万元资金注入临武鸭养殖保险基金。据统计,临武鸭养殖协会成立至今已累计向农户赔付了600多万元保险金。风险联保,给养殖户吃上"定心丸",在全国农业保险方面走出了重大的一步。

角色四:信贷"申请员"。想养鸭,却没本钱,许多农户为此犯愁。实际上,这也是世界许多国家农民共同的难处。孟加拉国的尤努斯推广小额信贷,因此获得了2006年度诺贝尔奖。临武鸭养殖协会与舜华鸭业、信用社、农户合作创立"四方联保信贷机制",一定程度上解决了这一难题。其具体操作方式是,养殖农户根据养殖计划向临武鸭养殖协会提出贷款申请,由临武鸭养殖协会会同公司向信用社申请贷款,信用社审核后确定贷款额度,贷款直接划入舜华鸭业为养殖户设立的账户,根据贷款额度公司向农户赊销饲料,养殖到期交鸭时,由舜华鸭业扣回贷款还贷。协会监督贷款的使用,做到专款专用。

角色五:纠纷"调解员"。临武鸭的养殖风险较小,收入稳定,因此每个养殖户都想多抓些鸭苗,但是鸭苗数量毕竟有限。为此,临武鸭养殖协会居中协调,按照养殖场大小和养殖技术水平发放鸭苗,使大多数养殖户心满意足。此外,养殖农场一般都是租用村组集体水库、山塘,与当地村民难免会产生纠纷,如果处理不好,养殖户就难以立足。当养殖户与村民发生摩擦时,临武鸭养殖协会派人及时赶到,居中协调,及时化解纠纷。

角色六:政策"争取员"。临武鸭养殖协会和舜华鸭业公司促成临武县委县政府在2004年出台文件,在种苗工程、养殖基地、信贷资金等方面给予政策扶持。就像舜华鸭业一样,临武鸭养殖协会也成为临武鸭产业化的一张名片,受到政府和社会关注。2005年,它从湖南省委农村工作部为农民专业合作协会争取了20万元的资金扶持。

角色七:质量"管理员"。为进一步加强品质管理,临武鸭养殖协会出台了"三统一"硬措施:一是统一供种鸭苗,保证正宗临武鸭品质;二是统一免费提供防疫服务,防止农户随意投喂药物;三是统一提供专用饲料,避免养殖农户购买到不良饲料。这些措施让农户的质量意识、诚信意识、品牌意识大幅提高,自觉维护质量"荣誉"。一农户曾这样说:"如果养殖的这批鸭子质量不合格,根本就不好意思拿出手,更别说投机取巧了!"

"公司+协会+农场"的产业模式,既让农户看到了现实的利益,提高了他们违约的成本,不敢轻越雷池;又让舜华鸭业获得了绿色安全、品质纯正的原料来源,满足了加工需求,农场与企业之间形成了良性循环的经营环境。在这里,农场作为一个经营者,以企业形式与舜华鸭业协作和联系,以稳定的规模和生产能力提供保质保量的产品,养殖户不仅成为生产主体,还成了经营主体,使养殖户自觉、自发对自己的产品质量负责。舜华鸭业、临武鸭养殖协会、农场三者紧密地联系在一起,结为风险共担、利益同享、互惠互利的经济共同体,在临武鸭产业链的原料源头实现了经营企业化、生产集约化、产品标准化。如今,有186个养殖场、5000多户临武鸭养殖农户为舜华鸭业深加工生产线提供绿色安全的原料。

五、社会力

所谓企业的社会力,是指企业在发展过程中对社会(社区)所延伸的能量和力量,或者说是企业所释放出来的社会效能。[1] 舜华鸭业成立之初就将"服务农民、报效社会"作为公司的经营宗旨,并将"社会责任"作为公司的八大目标之一。十余年来,舜华鸭业除直接解决就业 1600 多人、带动临武县及周边县市的养鸭农户、辣椒种植和油茶种植农户 2.8 万户外,还主动从社会上吸纳下岗人员,积极参与扶贫、助教、抢险救灾、修路筑桥等公益事业,累计为社会公益事业捐款 1800 多万元。

(一)实现企业增效、农民增收、国家增税,促进了区域经济发展

临武是一个山区小县,可耕地人均不足一亩。土地量稀少,农民无法在种植农业上施展拳脚。于是,临武县每年加入南下打工潮的农民多达数万人。这些农民在南方都市里转悠月余,30% 找不到工作,只好返回,受尽了背井离乡之苦,花完了仅有的一点积蓄,两手空空而回,其惨状难以言表。有的找到了工作,1000 多元工钱,租房、吃饭去了近一半,再加上一年两个来回的路费支出,回到家已是所剩无几。舜华鸭业的发展,为农村剩余劳动力提供了新的出路。

首先,舜华鸭业直接解决就业岗位 1600 多个,大批临武及附近区域的农民工实现了就近就业,一线员工的月平均工资达到 1800 多元。十余年来,舜华鸭业累计发放工资 1.2 亿元。其次,舜华鸭业带动成千上万的养殖农户和种植农户,其产值占到了临武县农业产值的半壁江山。在临武鸭产业链上,有 5000 多户养殖户从事临武鸭养殖,按照 2.8 元/羽的利润水平计算(农民每养一只鸭可获纯利 2 元,水下还可养鱼,一只鸭子能带来 8 毛钱鱼的利润),养殖户每年可获纯利 2800 多万元。而临武鸭所需的辣椒、油茶原料的种植,又带动了 2.3 万户的辣椒和油茶种植农户,年户均增收 1100 元。如公司用的临武特产辣椒,2000 年每斤仅 0.8 元,2011 年则达到了每斤 5 元。目前,在临武有大冲、三合、镇南三个山区乡二十多个村 1 万多户农民种植临武特产辣椒,农民收入大幅提升。其三,为国家贡献了大量税收。舜华鸭业从 2007 年起年税收贡献均将近 2000 万元,公司成立至今上缴税收已过 1 亿元。其四,它带动了配套企业以及饲料加工、融资、设备、物流、仓储、水电供应、附产品加工等行业的发展,这些行业每年通过舜华鸭业可实现上亿元的产值。所有这些构成了一个利益均沾、各得其所、共生共荣、缺一不可的产业链,这是临武鸭产业持续发展、做大做强的基础。

(二)赤诚报效社会,热心参与社会公益事业

自创立以来,舜华鸭业便积极参与社会公益事业,至今已累计为社会公益事业捐款 1800 多万元。2008 年的冰雪灾害给临武鸭产业造成直接经济损失 1600 多万元,舜华鸭业在积极开展生产自救的同时,也积极向社会献爱心,当得知支援郴州电力建设的电力职工和部队官兵为了尽早修复受损电网连年夜饭都顾不上时,当即送去了价值 33.9 万元的临武鸭产品。在灾后重建的过程中,公司又筹集了 180 万元资金帮助养殖户恢复生产。汶川大地震发生后,舜华鸭业三天之内便赶制了价值 150 万元的临武鸭产品,全体员工亦自发捐款 3.5 万余元,并组成救援队,经过五天五夜 4000 多公里的日夜奔袭,将物资与捐款运抵四川

---

[1] 邹爱兵,《论企业社会力》,《福建论坛》(经济社会版),2000 年第 7 期。

地震灾区。得知玉树地震后,舜华鸭业立即发起"玉树不倒,舜华有爱"的捐赠活动,并在网络进行了连续三天的义卖活动,为玉树筹积善款 10 万多元。武源乡是临武最贫困的山区乡,为帮助武源乡摆脱贫困,公司拿出近百万元资金为最贫困的龙家村、新塘村、大岭背村、上大水村、下大水村 5 个村子提供帮助。为帮助武源乡龙家村走出贫困,公司董事长兼总经理胡建文主动到龙家村党支部兼任副书记,支持村委办起了 200 万羽的临武鸭种苗孵化场,年出栏鸭苗 200 万羽,每年可为养殖户带来 400 万元的养殖收益。不出几年,武源乡龙家村从一个贫困村变成了远近闻名的养殖致富村。

(三)加强企业文化、制度的创新步伐,向现代企业靠拢

十余年来,舜华鸭业在企业文化建设、制度建设上做了许多探索。从 1999 年提出"临武山水鸭天下"使命到"服务农民、报效社会"的经营宗旨和"名在质量、利在创新"经营理念的贯彻,再到"敬业爱厂、吃苦耐劳、团结合作、勇于创新"工作作风的践行,公司在企业文化培育方面也做了大量工作。2009 年,舜华鸭业进一步整合公司企业文化,提出舜华人"诚信至上"、"责任至上"、"学习至上"、"团队至上"的四大做人原则和"顾客至上"、"创新至上"、"结果至上"、"行动至上"的四大做事原则。自 2009 年以来,公司组织各种培训 400 余次,培训员工上万人次,让企业文化深入人心。

在制度建设上,5S 管理制度的推行大大改善了厂区车间的面貌,车间各种物件摆放整齐有序,给人以赏心悦目的感觉。4R 流程管理制度的推行,加强了公司的流程管理。多年来,各部门制定有效管理流程达到 120 多个,大幅度提高了公司管理水平。HACCP 管理制度体系的推进,进一步完善了临武鸭产业各环节的风险评估制度,促进了各质量控制点预防措施的建立。舜华鸭业投入生产车间的原辅材料 100%合格,大大提高了临武鸭产品的质量。如今,舜华鸭业的管理中已形成"权责下移、自我管理"的管理理念,企业正大步迈向一个文化和制度推动的现代企业。

六、舜华"四力"整合实效

(一)临武鸭产业实现了跨越式发展

在我国数百个地方禽种中,不乏有外观独特、味道鲜美的品种,但在与引进品种的生长、繁殖性能对比中,多数相继败下阵来。肉鸡领域中 AA 鸡、罗斯 308、科宝三分天下,蛋鸡领域中海兰、罗曼等驱走传统地方品种。在肉鸭领域,樱桃谷鸭独领风骚,占据肉鸭市场的绝大多数份额。这样的状况下,地方品种如何保存下去、如何去博弈市场是一个关键问题。舜华鸭业尚未成立以前,临武鸭这一品种资源已是岌岌可危、濒临灭绝。通过走品质、品牌竞争路线的企业战略,通过实施"名在质量,利在创新"的经营理念,通过"公司+协会+农场"的临武鸭产业化养殖模式,舜华鸭业带头让临武鸭产业在十余年的时间里实现了翻天覆地的变化。而今,临武鸭不仅通过了国家地理标志认证,且借此机会打造出了"临武鸭"这块金字招牌,迅速崛起成为湖南地方名优特产的代表,也成为湖南省内外消费者非常喜欢的休闲食品品牌。

2009 年,临武鸭作为全国优秀地理标志产品受邀参加亚太地区地理标志国际研讨会。2010 年,临武鸭作为十一道精品湘菜之一入选上海世博会。2011 年 4 月,"临武鸭标准化养殖技术"科研项目通过科技成果认定并被评为国内领先水平。2011 年,临武鸭养殖户超过 5000 户,临武鸭年养殖量超过 1000 万羽,临武鸭产业化产值超过 6 亿元,向国家缴纳税收近 2000 万元。舜华鸭业开发的 200 多类食品,如鸭制品、鱼产品、牛肉制品等,成为湖南人生活休闲的重要组成部分,并以地方特产畅销全国。

(二)探索出"公司＋协会＋农场"的"临武鸭模式"

农业产业化组织形式必须与时代发展相适应,随着形势变化和时代发展,农业产业化组织形式必须从具体情况和实际需要出发不断进行完善和创新;同时,农业生产方式必须与现代社会化大生产相匹配。我国农业生产经营大都停留在联产承包责任制基础上"分包"这一层次上,经营规模长期凝固化,加上中国人多地少,形成了农业生产中每个农户分散形式的小规模经营。这种分散的种养格局和分散的农户利益,与产业化经营的规模经济方式之间怎样实现有机结合,是产业化发展创新的主要课题。因此,要不断创新生产组织方式,不断推进专业化、规模化、标准化生产,从而更大地提高农业的经济效益。另外,农业发展只有实现企业化、集约化、标准化,我国农业才能改变过去积贫积弱的落后面貌,走上现代农业的发展之路。正是基于上述理解,临武鸭养殖从"公司＋农户"模式到"公司＋基地＋农户"模式,再到"公司＋协会＋农场"模式,创造性地探索出一条适于现代社会化大生产的现代农业道路。

值得一提的是,农产品加工业属于劳动密集型产业,在解决农村劳动力就业、促进农民增收上具有无与伦比的优势。按国际惯例,农产品加工产值与农业产值之比是衡量一个国家、一个地区农业现代化的重要标志,目前发达国家的比值大都在 3.5∶1,我国为 1∶1 倍,湖南省为 0.7∶1。据专家测算,如果湖南省农产品加工业产值与农业总产值之比由目前的 0.7∶1 提高到 1∶1,每年就可多吸收 20 万～30 万个劳动力。可见,大力发展农产品加工业对增加就业岗位、促进农民增收具有非常重大的现实意义。

(三)建成集种养、加工、商贸一体化的纵向全产业链

1999 年的 10 月 18 日,舜华鸭业在万般困难中成立。十余年来,通过走品质、品牌竞争企业战略,实施"名在质量,利在创新"的经营理念,建构"公司＋协会＋农场"的产业化养殖模式,舜华鸭业从一无所有,建成了舜华鸭业的种养业,成立了养殖公司,建成了 4 个种鸭场、186 个养殖农场,带动了 2 万多户临武鸭养殖农户和茶油辣椒种植农户。从无半点经验无半点技术开始,舜华鸭业开始了它的加工业,在临武和郴州两地建设了 5 个加工厂,员工人数达到 1600 多人;从对市场全然无知开始,舜华鸭业建设了遍布全国的渠道网络,无论是在国际性卖场沃尔玛、家乐福,还是在中华第一街王府井,或是在边远的新疆、甘肃,舜华鸭业都能傲立群雄,勇立潮头。武广高铁开通后,舜华湘品堂分别在长沙、北京、广州和武广高铁开店,成为最早融入高铁经济的企业之一。十余年奋斗,舜华鸭业构建了集种养业、加工业、商贸业于一体的纵向全产业链;舜华商标荣获了中国驰名商标,舜华产品通过了国家地理标志保护产品认证。

　　种养、加工、商贸三大板块的无缝链接既保障了龙头企业对上游原材料的控制，确保临武鸭的品质安全，又具有较强的成本优势和风险抵抗能力，使公司形成了以商哺工、以工哺农的良好产业生态系统。可以这么说，在湖南省农业企业中，舜华鸭业是产业链做得最完整的企业，放在全国成千上万的农业企业之中，舜华鸭业也是为数不多的全产业链企业。而这，正是舜华鸭业公司最核心的竞争力。

专家评议

　　"内外兼修"是舜华鸭业"四力模式"的内核，也是舜华鸭业获得今天成就的秘诀。所谓内外兼修，是指一方面舜华鸭业以"家禽之珍品"的临武鸭种为基础，坚持"名在质量、利在创新"，发展出全方位的质量控制体系，使舜华临武鸭产品具有顽强的生命力和竞争力；同时，舜华鸭业虽根植于现代农业的肥沃土壤中，却善于吸收现代工业的品牌经验，以卓越的想象力与执行力，使临武鸭具有了强大的品牌传播力，使舜华鸭业生长出一双飞翔的翅膀。另一方面，舜华鸭业构建"公司＋协会＋农场"的"临武鸭模式"，引入了农场养殖的生产方式，同时引入了协会中介组织，使舜华鸭业、临武鸭养殖协会、农场三者结为风险共担、利益同享、互惠互利的经济共同体。同时，舜华鸭业将"服务农民、报效社会"作为公司的经营宗旨，并将"社会责任"作为公司的八大目标之一。以此为基础，舜华鸭业实现了临武鸭产业的跨越式发展，建成了集种养、加工、商贸一体化的纵向全产业链，开创了我国农业企业值得借鉴的现代化发展模式。

（徐卫华）

山西六味斋:老字号的强势复兴

　　六味斋的发展充满传说色彩。翻开六味斋历史,一股带着清代盛世的熏风扑鼻而来。这风里,裹挟着熟肉惯有的酸、甜、苦、辣、咸、香六味,若是在此时,又听得山西的市民说上一句"杏花村里老白汾,太原城内六味斋"的谚语,不难让人舌田知津,闻香知味。

一、六味斋的兴衰

　　六味斋的发展,跨越了三个世纪,经历了更名、破产、改制等重重波折,根据时间和事件的发展,大致可分五个时期:

(一)新中国成立前的六味斋(1738 年至 1948 年)

　　1738 年,清朝乾隆三年,两个落榜秀才在京城开了一家"天福号"熟肉店以维持生计。两秀才中,一个是山东人刘凤翔,一个是山西酱肘花传人刘德山。因为熟肉制作鲜香,得到了上至皇帝太后,下至平民百姓的喜欢。1938 年(民国二十七年),为避战乱,"天福号"掌柜盛荣带着徒弟回到太原,开设了一家熟肉铺。因其制熟肉兼具酸、甜、苦、辣、咸、香六味而将店名改为"六味斋"。初更名时,六味斋的员工只有 4 人,经营面积只有 20 多平方米,但因其酱肉肥而不腻、瘦而不柴、淡而有味、鲜嫩可口而迅速走俏三晋,得了"杏花村里老白汾,太原城内六味斋"的美名。

(二)建国初期的公私合营期(1949 年至 1987 年)

　　新中国成立后,六味斋开始第一次转型。1956 年,六味斋实行了公私合营,正式更名为"六味斋酱肉店"。1959 年,六味斋加工部由柳巷迁至半坡街 49 号院的 10 间平房内,规模扩大。1963 年,国家投资将"六味斋酱肉店"进一步扩大规模。但在十年文化大革命期间,六味斋受到了破坏性打击,店名被当做"四旧"拆掉,改为"太原酱肉店",直至 1979 年十一届三中全会后,才再次恢复为"六味斋"。

(三)与外商合资期(1988 年至 1997 年)

　　1988 年,六味斋受到当时合资潮的影响,先后与港商、台商合资,结果陷入"泥潭",其产品在太原市几乎销声匿迹,外商撤资撤离,更是火上浇油,企业濒临绝境。在这关键时期,阎继红临危受命,担任了六味斋的厂长兼党委书记,开始了一系列改革。她先是恢复了六味斋一直秉承的"前店后厂"式的生产经营模式,又引进了连锁店专卖模式,拉开了自营连锁经营的序幕。

(四)跨越发展期(1998年至2005年)

1997年,六味斋改制成有限公司。之后,连年实现了36％增幅的跳跃式发展。继而,先后投产六味斋豆制品厂和速冻食品厂,通过了ISO9001质量管理体系认证,成立了六味斋养殖基地。与此同时,"六味斋"被评为"中华老字号"、"山西标志性名牌产品"和"山西省著名商标"称号。2002年,六味斋迁至太原国家高新技术产业开发区,成立了大同、临汾、北京、右玉四个分公司,被授予"农业产业化国家重点龙头企业"称号。

(五)形成全产业链,产供销一体化模式建立期(2006年至今)

2006年起,山西六味斋农副产品有限公司投产,开始生产和加工有机杂粮、主食系列产品。同年,六味斋"好助妇"快餐正式运营,至今已发展成为拥有40余家快餐店的快餐连锁。期间,六味斋传统制作技艺被国务院确定为"国家级非物质文化遗产",并获得"中国驰名商标"称号,连续两年列入"全国中华老字号百强品牌价值榜"。2010年,六味斋在清徐县徐沟镇南尹村建立占地500亩的产业基地,形成了集现代化食品加工、文化旅游、休闲度假为一体的现代化食品工业园。270多年,六味斋经历了多个时代,在其濒临死亡之际,重新复兴、鼎盛。

二、多元化连锁经营

从奄奄一息的老字号企业,到如今生龙活虎的新产业链形成,六味斋骐骥一跃的关键,是选择了老字号复兴的现代化模式:产供销一体化下的产品多元化连锁经营模式。

在企业生死关头,企业领导人选择了具有知名度和影响力的传统产业基础,但同时,更着眼于当下市场需求,以市场需求为导向,在产品开发与营销选择上,以酱肉制品为核心产品和品牌标杆;在影响力塑造上,借助企业历史,以品牌企业、品牌产品、品牌服务为切入点;在渠道开拓上,坚持企业传统的"前店后厂"模式,更通过开拓自主连锁经营模式,走产、供、销一体化的产业化路子,既保证了产品品质、也拓展了市场,并延伸品牌效应,涉足相关产业,形成一体化与多元化相结合的全产业链策略,最终实现企业的规模化、市场化、品牌化、前瞻性的大发展、大跨越。

(一)传承与创新

作为一个老字号,六味斋拥有其他新生农业企业所没有的历史传承:其一,经过270余年的沉淀,"六味斋"的品牌影响力、品牌价值较高;其二,六味斋的股份组成也相对复杂。从创立至今,它经历了私营企业、公私合营、股份制等阶段,属于民营企业、国有企业混为一体的股份制企业。根据企业的特殊性和市场需求变化,六味斋制定了迎合市场、引领市场、树立品牌的企业发展战略模式。

1.保持核心竞争力,进行产品创新

作为老字号,用传统工艺制作的六味斋熟肉具有"熟而不烂、甘而不浓、辛而不烈、淡而不薄、香而不厌、肥而不腻、瘦而不柴"的特征。这是六味斋值得传承并发扬光大的核心竞争力。

但是,与一些老字号只是抓住祖宗传承不思开拓的陋习不同,六味斋在保持核心竞争力的同时,注重迎合现代消费者的消费喜好,努力破解老字号在标准化问题上的共通性难题。

(1)严格的标准化措施。早在 2000 年,六味斋就引进了 ISO9000 国际质量体系认证,根据质量体系要求,从原料开始对全部生产流程进行严格把关。六味斋的产品生产从原料、辅料的采购、投料到搬运、储存、包装、防护、交付等一系列环节,不仅有精确的时间计算,更有严格的作业指导,使上百年凭经验生产的传统工艺得到了严格规范。具体做法上,他们在各厂设立质量员,对半成品、在制品负责,保证了"下道工序检验上道工序,上道工序对下道工序负责"的运行机制,做到了层层把关,及早发现和解决问题,力求保证产品质量稳定,口味一致。进行统一管理,建立档案,制定岗位责任制,将标准化管理深入到全公司的每个岗位、每个产品、每个细节当中。同年年底,六味斋便通过了 ISO9002 质量体系认证和产品质量认证。

(2)强调过程控制和现场管理。在食品生产过程中,六味斋严格执行"五不放过"原则,即对影响产品质量的因素"不查清原因不放过,纠正措施不落实不放过,分不清责任不放过,不受教育不放过,质量未改进不放过"。

(3)建立科研中心,实现产品创新。六味斋不断进行技术改造,大胆引进世界生产设备,提高企业的整体装备水平和科技含量。在 2000 年就成立了六味斋科研中心,投巨资购回三台骨泥机,并联系山西营养学会、山西医科大学等有关专家教授共同研究高钙以及补充人体微量元素的食品,进行新产品开发,进一步适应现代食品向安全化、营养型和功能性发展的趋势,满足了消费者需求。

2.传承品牌力,加强品牌管理

品牌是六味斋的旗帜。在《中华老字号品牌价值百强》评选中,六味斋不仅榜上有名,且品牌价值达到了近 1 亿。在制定新时期的发展战略时,如何依靠这块金字招牌发展新的战略,形成新的增长点,成为了六味斋的重中之重。经过深入考察,"六味斋"决定将品牌战略管理作为企业发展的重点。

改制前,六味斋的总资产 1100 万元,负债 1100 万元,隐亏 600 万元,职工 5 个月没开工资,已是资不抵债,濒临破产。1997 年改制后,阎继红总经理提出了用诚信建设健康向上的企业精神,依靠"六味斋"品牌救活企业的理念。为了实现上述发展目标,六味斋持之以恒地实施品牌战略,明确"六味斋"发展定位,不断加大人力、物力、财力的投入,为"六味斋"品牌再度辉煌提供良好的营养,坚持品牌管理战略。随着不断开展的品牌建设活动、品牌战略实施,六味斋的品牌效应为企业带来了可观的经济效益和社会效益。

(1)推动品牌文化的传承和创新,成功申请国家级非物质文化遗产。2008 年 6 月,在国务院批准公布的、文化部确定的第二批国家级非物质文化遗产名录中,太原六味斋酱肉传统制作技艺以其"熟而不烂、甘而不浓、辛而不烈、淡而不薄、香而不厌、肥而不腻、瘦而不柴"的特点体现了"以和为美"的中国传统食文化。

改革开放初期,六味斋的酱肉传统制作技艺也面临着现代食品加工制作机械化、速食化等潮流的冲击。掌门人阎继红对传统工艺倾心呵护,全力保护。六味斋一方面根据工作职能统筹安排酱肉手艺的第四代传人宋银如师傅的工作,并在公司中物色有发展潜质的年轻人拜师,学习六味斋酱肉传统制作技艺;另一方面,让宋银如牵头,利用现代食品加工机械改进完善传统技艺,使六味斋酱肉既适应了大规模、集成化生产的要求,又保持了传统酱肉口感、色泽和特色;同时,六味斋组织人员对传统技艺的程序进行研究,并形成了自有知识产权。

为了保护六味斋的非物质文化遗产,六味斋特别还原了传统技艺作坊的"拜师仪式"。他们广泛征求省内外民俗专家、史志专家的意见和建议,对仪程进行反复研究和确定,制作了六味斋酱肉传承谱系,供企业后人瞻仰并行拜师仪式。

表1　六味斋酱肉传承谱系

代别	姓名	学艺时间
第一代	盛荣广	不详
	盛荣铎	不详
第二代	盛启仁	1938年
	夏芳兰	1938年
	吴好礼	1938年
第三代	陈景川	不详
	张秉维	不详
	张同茂	不详
	王琛吉	不详
第四代	宋银如	1956年
	贾天有	1947年
第五代	赵银亭	1989年
	曲书平	1989年
	程永恒	2002年
	杨继俊	1995年
	武志明	1995年
	孟亮亮	2000年

(2)实现品牌营销创新。六味斋认为,酒好也怕巷子深。在市场竞争越来越复杂和激烈的今天,六味斋顺应时事,运用了各种营销手段维护和扩大企业的品牌影响力,不断提高品牌的知名度和美誉度。有效利用"六味斋"品牌延伸品牌价值,大力发展连锁经营,不断开设直营店、加盟店等,在网络平台上开设网络加盟店、向山西航空提供航空食品,形成了基于传统营销与现代营销相结合的网络化营销体系,同时,进一步延伸了六味斋的品牌影响力。

六味斋主动参加多个产品展销与对接会,通过各种传播手段,努力把六味斋品牌推向全国市场。

3.适应市场需求,走绿色转型发展之路

进入新世纪后,为了适应市场的需求,六味斋提出从源头打造农业产业链的战略。六味斋的农业产业链是"绿色自然产业链"。所谓的绿色自然产业链是一条"养殖、种植——

图1　六味斋的品牌标识

融入自然，研发——道法自然，生产——珍藏自然，销售、物流——传递自然，终端——体验自然"的产业链。

这里的融入自然，就是充分依托绿色自然生态资源，按照原生态的生产方式，种植、养殖天然、无污染的农副产品。这里的珍藏自然，是指六味斋在继承中发扬，在珍藏中传承文化，将具有近三百年历史的中华老字号和国家级非物质文化遗产名录记载的传统工艺传承；这里的传递自然，是指利用六味斋四通八达的销售网络、便捷的物流配送体系，将绿色、放心食品"传递"给消费者；这里的体验自然，就是让消费者在购买六味斋产品后，享受绿色、美味、营养。

为了打造绿色自然产业链，六味斋努力发展绿色生产基地。2002年，在阳曲县投资新建天蓬绿色无公害养殖基地。2005年，在素有"塞上绿洲"之称的全国小杂粮基地县——右玉县建成了山西省最大的小杂粮种植加工基地。2009年，开始在清徐县筹备建设占地500亩的绿色、环保、节能项目。

太原六味斋实业有限公司为发展养猪基地，与阳曲县畜牧协会以"公司建基地，基地加协会，协会联农户"的方式，在当地五个乡镇扶持2700多个养猪重点户。在畜牧协会的组织下，有关乡镇成立养猪合作社，建立养猪饲养小区，鼓励养猪户入区，实现规模养殖连片发展。天蓬养殖基地负责向当地养猪户提供保质保量的仔猪，通过畜牧协会对生猪饲养全过程的管理和监控，包括从生猪饲养、防疫的培训指导，提供产前、产中、产后系列化服务。通过在周边地区建立商品猪养殖基地，发展规模养殖户2700余户，年饲养商品育肥猪36034头。养猪户每出栏一头猪，就能增收百元左右，为当地农户增加收入360多万元。

六味斋在右玉县建有的20万亩小杂粮种植基地，与当地农民签订了小杂粮种植协议，公司经营模式为"公司＋基地＋农户"。由六味斋向农户提供良种并对农户进行科学种植技术培训指导，提高农户小杂粮种植水平。保障了农户利益，增加了农民收入。杂粮基地的建设带动小杂粮种植农户6万余户，为农民增加收入6000余万元。

4.满足不同市场需求，开拓多元化发展路径

为了满足市场不同的需求，六味斋采用了多元化的发展策略，主要有：

(1)产业多元化。向农、科、贸一体化的产业化方向发展。六味斋在右玉县建设了小杂粮生产基地,年产量已达 4000 万公斤。利用右玉县的高品质小杂粮资源,改良农产品品种,适应企业标准化加工的要求。同时,在阳曲县设立专门的养猪基地,将上游的农业、中游的食品加工行业、下游的食品消费紧密联系在一起,使六味斋的产品质量得到了有效控制。"十二五"期间,六味斋在清食品工业园建设物流配送体系,大力发展物流业。

(2)产品多元化。在原有酱肉系列产品的基础上,六味斋集中科研力量,开发新产品。至今,产品已包括肉制品、豆制品、速冻食品、主食、小杂粮等五大品类,400 多个品种。持续在小杂粮的研发和销售上寻求新的突破点。与中国农业大学、上海交通大学、山西农科院联合研制、开发出小杂粮深加工功能性新产品,如杂粮豆浆、豆制品、杂粮餐包、杂粮火腿等。

(3)销售终端多元化。六味斋率先采用连锁经营的发展模式,大力发展六味斋连锁专卖店;响应早餐工程的号召,在太原市开设六味斋"好助妇快餐店"专营店;参加农产品"农超对接"项目,进一步借助大型超市强大的分销渠道,扩大产品覆盖面。销售终端多元化,使得六味斋产品能够如快消品般成为大众都享受得到的产品。

(二)传承与创新的支撑点

1.支撑一:优秀的管理者

提起山西六味斋,肯定绕不开六味斋的管理团队,特别是这个管理团队的领导者——阎继红。阎继红在六味斋大厦将倾时走马上任、力挽狂澜,将陷于困境的六味斋带出了泥潭,一步一步走到了今天这样的高度。她和她的团队,对六味斋的发展功不可没,也是六味斋发展模式的重要支撑。纵观阎继红在六味斋工作的大事记,可以很清楚地看到,近十八年来,六味斋发生的每一件大事,每一步重要发展,都离不开阎继红的判断和决策。

阎继红在六味斋从底层做起。1985 年,她站在六味斋的柜台卖生肉开始,她就与六味斋这个名字紧紧联系在了一起。1988 年,阎继红上任六味斋酱肉店柳巷门市部主任;1990年,上任六味斋肉制品厂副厂长兼六味斋酱肉店经理;1993 年,在六味斋与外商合资彻底失败后,阎继红站了出来。她以自己的责任感和使命感义不容辞地扛起了保护六味斋品牌传承、六味斋技艺维护的责任。1995 年,她上任六味斋肉制品厂厂长兼党总支书记,第一次引入了连锁专卖模式,开设了 3 家专卖店,拉开了自营连锁经营的序幕。1997 年,阎继红奋力争取,让台商完全退出,六味斋被列入太原市 23 家改制试点的商贸企业,股份改制完成,成立了太原六味斋实业有限公司,阎继红任董事长兼总经理。

1998 年,阎继红成立了六味斋豆制品厂,上马速冻食品和主食产品,使六味斋农副产品深加工形成规模,被列入"农业产业化国家重点龙头企业"。2000 年,为从源头解决食品质量安全问题,阎继红决定在太原市阳曲县建立养殖基地,现在已成为山西省生猪储备基地。2002 年,为了解决环境污染问题,阎继红大胆决定投资 5000 多万元在太原高新技术开发区建设包括水处理厂、食品安全监测研发中心在内的新厂区,从此,六味斋走上了发展的快车道。2005 年,阎继红决定在右玉县建设小杂粮基地,毅然做大做强山西小杂粮产业。2006年,阎继红按照连锁专卖店的发展模式,成立了以经营地方特色早餐和快餐为主的太原好助妇餐饮有限公司,现已成为太原市民最钟爱的中式快餐品牌。2010 年,在阎继红的带领下，六味斋在清徐县徐沟镇南尹村建立了500亩现代化的六味斋观光农业、生产加工、物流配送、文化产业为一体的大型园区，成为了山西食品行业的一面旗帜。六味斋的复兴，与阎继红密切相关，从这一意义上，阎继红是六味斋既往开来的重要支撑力。

2.支撑二：品牌历史文化积淀

(1)产品的独特性。传承了270年的六味斋酱肘花是酱肉制品的活化石。作为国家非物质文化遗产的六味斋酱肉，其主打产品是"酱肘花"。酱肘花产生于隋末唐初，传承时间至少有1300余年，又名"缠花云梦肉"，最早见载于宋初刑、户二部尚书陶谷所著之《清异录》。该书的《卷下·馔羞门·单笼金乳酥》中记载："韦巨源拜尚书令，上烧尾食，其家故书中尚有食帐，今择异者略记。"意思是说初唐中宗朝尚书左仆射韦巨源，擢升尚书令后，曾向唐中宗李显奉献盛宴"烧尾食"，表谢皇恩，并将此宴"食帐"载于书册，收藏于府中。而"缠花云梦肉"就出现在这次盛宴当中。书中还清楚地书写了"缠花云梦肉"的做法。《清异录》传世千载，是我们最早的食帐之一，被称为"天下第一菜单"。

六味斋的鼻祖山西太原人刘德山，是缠花云梦肉的传人。早在清朝时期，六味斋的前身天福号的酱肘花，就已是皇家贡品。慈禧太后每天都要吃天福号的酱肘花，于是赐给天福号入宫之御牌，随传随入，送货禁中，声誉鹊起，名震京华。

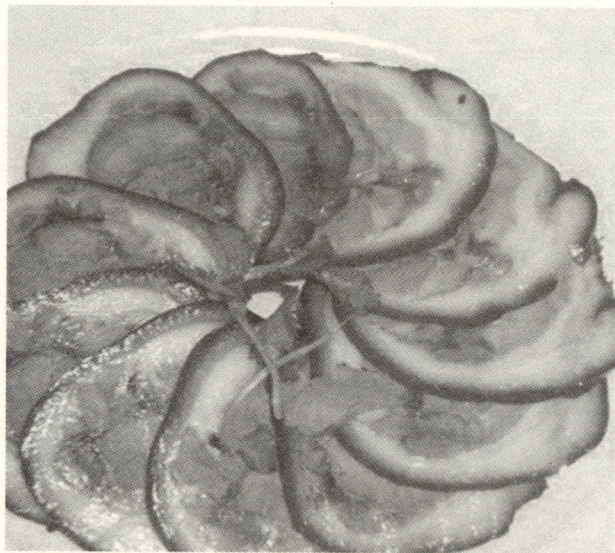

图2 缠花云梦肉

(2)门店的历史文脉。六味斋不仅仅代表六味斋实业有限公司，还代表着山西太原的历史文化的传承。在太原许多老一辈人的心中，仍然会记得1938年的"福记六味斋酱肘鸡鸭店"，那位于达达巷27号的两间瓦房，创造了"六味压三晋，香冠美群芳"的传奇。

1950年，六味斋搬迁到柳巷一座临街木结构小二楼，上下六七十平方米，在这里，六味斋的第四代传人宋银如先生开始了他的学徒生涯。在那条路上，六味斋与按司街照相馆的建筑，成了山西代表性的历史文化建筑。

3.支撑三：三个创新，不断转制转型

六味斋在经历公私合营不善、外商合资不利之后，进行了股份制改革，在转制完成以

图 3　六味斋柳巷门店

后,高歌创新之曲,大干创新之事,不断地为企业发展提供有力支撑。

（1）创新经营模式。按照国外的连锁经营模式和自身的经营特点,六味斋创立了连锁专卖的经营方式,先在山西省城陆续开设了六味斋连锁专卖店。为了保证连锁经营的质量,制定了"六统一"的开店原则:统一装修、统一管理、统一生产、统一配送、统一价格、统一服饰,保证了六味斋产品的品质和价格一致,树立起规范的企业形象。而今,六味斋在山西省的专卖店数量已达 200 多家,在山西省地级市也有了六味斋的产品销售网点,并进入了北京、天津等地。2006 年,针对太原市民吃早餐难的现状,六味斋又创新地成立了六味斋"好助妇"餐饮公司,深得群众赞誉。

（2）创新服务模式。在不断提高服务水平的同时,六味斋把顾客满意作为服务的唯一标准,不断为六味斋这个百年老店增添新价值。首先,主动为顾客复秤,平均每个月复秤都在 5000 次以上,合格率在 99％以上。其次,以"一文"（文明服务）、"三优"（优美环境、优良秩序、优质服务）、"四感"（舒适感、安全感、亲切感、留恋感）为内容,坚持营业员工作衣帽整洁、挂牌上岗、接待规范,严格执行《食品安全法》等相关法律。第三,设立专职维护消费者权益的机构——客户服务部,在每个店的醒目位置公布举报电话,对不按要求去做的人员给予批评、教育、处罚、甚至除名。第四,强化服务手段,各连锁专卖店根据顾客要求免费切肉,如消费者对六味斋所售商品不满意,可随时提出意见,并主动上门退货。第五,向社会承诺,保证所经营商品无假冒、无伪劣、明码标价、标签规范、不缺斤少两。

（3）创新企业文化内涵。六味斋的企业文化包括五个词:诚信、求实、合作、创新、服务。诚信是指六味斋以诚信打造企业一流的服务品牌,用一流的员工做一流的产品。从总部到每个部门,每年都有培训计划,这种长期不懈的培训,使员工队伍素质不断提高,员工的素质提高,既可以做出更高品质的产品,又能提高服务质量。

求实是指以求实作为六味斋稳固发展的基石。实事求是,以质量求生存,六味斋的产品能用手工的决不用机器,六味斋的饺子,从和面、擀皮、拌馅、成型,全部是手工作业,为了达到食品营养不受损害,味道保持一致,六味斋为此提高了不少生产成本,以实际的高质量产品作为企业发展的基础,宁愿提高成本,也不降低质量。

合作是指以合作实现与客户和伙伴共同成长。自尊敬人、平等互助、互惠互利、共同发展,这是六味斋的自律宣言。六味斋不仅与业务合作伙伴共同分享利润,也与养殖户、种植户共同成长和发展。

创新是指不断创新推动企业可持续发展。而服务是以专业服务实现最高的客户满意度。

三、六味斋发展模式的启示

(一)重视终端,发展连锁经营

终端是指产品销售通路的末端,是产品到达消费者完成交易的最终端口。消费者市场是企业产品销售和服务的终端。在以前的卖方市场,企业生产什么消费者就只能买什么,而现在是买方市场,消费者可选择的余地很多,终端的竞争就变得极为重要,谁掌握了终端,谁就拥有了话语权和定价权,而连锁经营是把握消费终端的最有效方式之一。早在1995年,六味斋便开始了连锁经营,从一开始的三家门店到现在的300多家门店,六味斋在消费者终端市场上走得更深、更远。

开设六味斋连锁经营,要考虑开设的地点、资源(资金和人力资源)、经营团队(连锁店长和员工)、模式(盈利和利润分配模式)等。除此之外,还有考虑在连锁店中进行情感营销和体验营销等。

六味斋在连锁店面主打山西太原本地品牌,用百年老店的历史传说触动山西消费者的情感,引起他们的情感认同。这是六味斋连锁店成功的第一步,也是掌握消费者终端的第一步。而对连锁店网点设置、经营模式、服务模式等的创新和改进,才是六味斋连锁店成功的关键。

图4　六味斋连锁店

(二)重视品牌建设,注重品牌文化传承

六味斋在保护六味斋的品牌建设和品牌文化传承上非常成功。如果一个企业没有自己的强势品牌和优势品牌,那么企业的发展就无法长久稳定和持续。一个高价值的品牌,是企业最大的软实力所在。六味斋一方面注重对传统技艺的保护和创新。在现代食品加工制作机械化、速食化等潮流的影响下,将传统技艺进一步细节化、高效化,许多炖肉制品的加工细节被标准化、规模化,实现了人工高效流水作业;许多炖肉制品的传统配方实现了科研化、应用化,并产生出了六味斋独具的肉制品知识产权。另一方面,通过强化企业文化建设、改善传承人各种待遇等一系列措施,建立起非物质文化遗产的科学传承机制,逐步培养出一批热爱六味斋、钟情传统技艺的人才。支持传承人倾囊传授工艺技能,使得六味斋又培养出六位第五代传承人。为了保护好六味斋的非物质文化遗产的声誉,更还原了传统技艺作坊的"拜师仪式",通过传承人以确保六味斋酱肉制品的正宗风味。此外,六味斋每年还划拨专款鼓励员工钻研、学习六味斋酱肉系列产品加工技术,每年进行技术比武,重奖获胜选手。

(三)注重员工管理,引进拔尖人才

六味斋的发展重点之一是零售业,是直接和消费者接触的终端。一线员工的服饰、态度、语言、能力等各方面素质都直接展现在消费者面前,如果不注重一线员工的综合素质,不规范管理一线员工的言行,那么,连锁经营业将会面临恶评如潮的危机。六味斋制定了"六统一"原则,每个门店的识别性强,每一个门店的营业员都着装统一,微笑服务,让顾客真正得到了消费的舒适和放心。

农业龙头企业要积极开发高、新、精产品,提升名、特、优产品档次,提高产品科技产量,就要特别注重对人才资源的引进与开发。六味斋用高薪等措施大力引进企业急需的科技拔尖人才,制定优惠政策进一步用活企业科技人才,建立健全从业人员培训体系等,通过提高从业人员的素质和技术水平,提高产品质量,提升企业竞争力,增加企业效益。六味斋不仅引进人才,同时注重在内部提拔人才,制订代代相传的人才梯队计划,实现传统工艺的创新传承。

专家评议

在新的历史时期,借助连锁经营、品牌管理等新的企业经营管理模式,六味斋达到了品牌传承、品牌更新、品牌价值延伸、品牌影响力和美誉度的再度拓展。这也是六味斋复兴的重要原因。六味斋的历史和现实告诉我们:一个老字号如何通过传承与创新、如何创造传承与创新的支撑点来获得自身的复兴和新世纪的荣光。可以说,是现代品牌管理方式和连锁经营模式拯救了六味斋。

目前,复兴后的六味斋依然存在问题,如质量投诉常出现在网络平台上,投诉内容多为产品过期和服务人员态度差两大问题;连锁店网点开发中租赁困难,难以快速形成连锁经营规模化等问题。此外,六味斋还需要进一步加强内部管理和外部拓展活动。

（杨小竹）

浙江丰岛：从两片树叶到一片葱绿

20年的时间，两片树叶变成了一片葱绿；2000块钱成就了今日数亿财富，浙江丰岛控股集团的产业化之路既有对产业组织形式的创新，也有对农业企业开展多元化经营和跨地区投资的探索，对中国农业企业的产业化发展具有启迪意义。丰岛集团以不断创新产业化经营理念和经营机制为引领，以培育绿色富民的现代农业产业为主线，实现了从"公司＋农户"的就地产业基地到"公司＋合作社＋农户"的跨区域产业基地再到构建"统租返包"为特色的专业化家庭经营与产业化合作经营相结合的新型双层经营体制的跨越，带动了10万农户近30万农民走上脱贫致富奔小康的道路，成为产业化合作经营的开拓者。

一、两大核心业务

成立于1993年的丰岛控股集团始终坚持以"创新农业经营、富裕农民乡亲"为宗旨的经营理念，致力于为农业增效、农民增收、农村发展做贡献。在集团的发展过程中，丰岛不断创新农业产业化经营模式，积极探索与农民共创共富的有效方式，以自己独创的产业化合作经营新模式，建构了自己的两大核心业务——花卉产业和果蔬加工产业。围绕着这两个核心，丰岛集团建构起了"公司＋合作社（基地）＋农户"的产业组织形式。

（一）花卉产业

丰岛控股集团把能够充分利用山区自然资源优势和劳动力资源优势的鲜切叶、鲜切花等作为绿色富民的大产业加以重点培育，以日本、美国、欧洲等发达国家为主要市场，形成了自己独特的比较优势，并通过跨区域的产业化经营的新模式，带动了中西部的山区农民也走上了产业化脱贫致富奔小康的新路子。

丰岛控股集团的花卉产业品种涵盖杨桐、柃木、檵树、菊花、康乃馨、百合、玫瑰、郁金香等，已拥有3万多亩杨桐、柃木、檵树等鲜切叶人工集约化种植基地和5000多亩集种子种苗繁育、种植、加工、出口、科研、培训于一体的优质菊花出口基地。丰岛集团通过统一种苗，统一标准，统一技术，统一订单，初步形成了连接南北、横贯东西的花卉产业发展布局，是目前国内唯一全年均衡供货，每周可出口、带动花农最多、科技含量最高的花卉供应商。

当前，丰岛集团在云南投资3000多万元建设的国内最先进的种植高端菊花的智能化温室大棚已经投产。丰岛控股集团正着力拓展花卉互联网电子商务领域，打造全新的鲜花消费模式和亚洲最大的花卉出口生产基地。

(二)果蔬加工产业

丰岛控股集团的果蔬加工产业与其花卉产业相辅相成,目前已形成年产13万吨果蔬罐头的生产能力,是"中国罐头行业十强企业"之一。丰岛的水果罐头为"中国名牌产品",主要产品分水果罐头、蔬菜罐头等产品系列。丰岛食品与国际著名食品巨头DOLE、百事可乐均有良好的合作,在国际上享有一定的知名度与美誉度。从2007年起,在巩固与提升国际市场份额的前提下,丰岛集团致力于内销市场的开拓,开发了适合国内消费者需求的鲜果捞、鲜果蜜语、蒜乐等多个时尚系列新品,其市场营销网络遍及日本、美国、欧盟、俄罗斯、澳大利亚等五十多个国家和地区以及北京、上海、广州等国内大中城市的沃尔玛、家乐福、欧尚、世纪联华等超级市场与传统市场。

在农业产业化实践中,丰岛控股集团秉持"以农业与农民为中心"的理念,以"做有社会责任、有品质的企业、人和产品"作为企业的价值观,在企业发展的同时,致力于为农业增效、农民增收、农村发展做贡献。在这一过程中,丰岛控股集团积极探索"公司＋合作社(基地)＋农户"和跨地区的农业产业化经营模式,取得了比较明显的成效。通过合作社这一中间载体,已发展了近3.5万亩的花卉基地和8万亩的果蔬基地,区域遍及浙江、湖北、广西、河南、安徽、云南、海南等地,联接与带动了10万户近30万农民,为社会作出了积极的贡献。丰岛集团先后获得了中国农村致富十佳带头企业、全国农产品加工出口示范企业、全国园艺产品出口示范企业、全国服务新农村建设百佳乡镇(民营)企业、国家农产品加工企业技术创新机构等荣誉。

二、共创共富合作经营模式

丰岛集团的农业产业化经营体制创新的经验可以概括为"四大支撑"——坚持把企业与山区农民共同发展的宗旨作为企业发展的精神支撑;把培育能发挥山区资源优势和劳动力优势的绿色富民大产业作为企业发展的产业支撑;把构建与农民共创共富的产业化经营新体制作为企业发展的动力支撑;把农业产业化基地和农产品营销市场的"双拓展"作为企业发展的战略支撑。这"四大支撑"是企业快速发展的法宝,共同驱动企业实现绿色发展、惠农富民、科学跨越。

(一)精神支撑:与农民共同发展

一个创业者的理想、理念与人格魅力往往是决定一个企业发展的最核心因素,丰岛集团的徐孝方作为一个在贫困山区里长大的农民子弟,从小就形成了热爱家乡、厚爱农业、关爱乡亲的品格和脚踏实地、艰苦创业、奋发图强、吃苦耐劳的精神。他从2000元创业开始,就树立了一个宏伟的志向,立志要靠自己的勤劳智慧勇闯市场,走出一条能够改变山区乡亲贫困落后状况、走向富裕小康生活的新路子。

怀揣共同发展的理想,徐孝方在创业之初就领悟到农业产业化经营是实现企业与农民共发展、改变山区家乡贫苦落后面貌、带领大家实现共同富裕的最有效的发展路径。正因为有这种与农民共同发展的企业宗旨做精神支撑,丰岛集团在企业业务和经营模式的选择上,都是以能否带动更多的山区农民致富为择优标准,并执著于在产业化经营机制的完善和创新上进行不懈的探索,把形成与农民共创共富的紧密型利益共同体作为产业化机制创新的首要目标。与山区农民共同发展的精神支撑形塑了丰岛集团共创共富的产业化经营机制,为企业的快速发展提供了强大的动力,铸就了丰岛集团这一国家级现代农业龙头企业的辉煌。

在这一精神支撑的激励下,丰岛集团特别注重回馈社会,为山区父老乡亲谋发展。当前,丰岛集团正在对新昌县莒根村进行整体改造,力争将其建设成为集新型社区、园林花卉、休闲养生、乡村旅游为一体的生态休闲新农村。在具体的项目规划上,丰岛集团按照绿色发展、产业整合、生态富民、乡村和谐的思路和经济生态化、生态经济化的理念,把现代农业的发展与美丽乡村的建设紧密结合起来,对莒根村的山水资源、农户住宅、产业发展进行整体性重新规划,力争用5年时间实现建设目标。在运行模式上,丰岛集团将产业化经营机制引入到新农村建设改造中去,对莒根村的山林土地和荒山资源进行整体性流转,由集团进行整体租赁,然后按规划统一布局,再组织相关专业合作社承包经营。在种植生产过程中,丰岛集团负责技术服务与指导、提供种苗、按保护性价格收购产品、并根据绩效状况实行销售利润的部分返还、鼓励农户参股合作社,创造出了农业产业化经营与新农村建设有机结合的新模式。

(二)产业支撑:山区自然资源和劳动力资源优势

要践行与山区农民共同发展的理念,就必须将山区的自然资源优势与劳动力资源优势结合起来,实现企业与农民的双赢。徐孝方凭借对山区资源的深刻了解和敏锐的市场眼光,把发展的目光瞄准了鲜切叶和鲜切花这种适合于山区发展的劳动密集型产业。杨桐、柃木的鲜切叶成了丰岛集团的第一项业务。杨桐、柃木的枝条经过加工成束后,是日本人祭祖敬神必不可少的贡品和饰品,而且当时日本市场上的杨桐和柃木鲜切叶的批量来源正转向中国大陆。新昌山区的杨桐和柃木资源非常丰富,在当地人眼中基本没有用途,被称为“泻屁树”。

1992年6月12日,徐孝方以每人每天20元的工资请了60个人生产鲜切叶产品,其中30人上山采剪,另外30人在家里加工。等一切工作完成后,因为还有2000元的工资没付清,装上车的产品又被搬了下来。徐孝方几经辗转借到2000元钱,终于完成了出口的第一单生意。1993年底,公司创造了15万元的利润。

经过一段时间的探索,丰岛集团拉开了“满山尽带黄金甲”的大幕。近几年来,丰岛集团的杨桐、柃木出口量稳居全国第一,占据日本市场近一半的份额,每年支出杨桐、柃木收购资金2亿元左右,为从事杨桐、柃木生产的农民年均创收超万元,使杨桐、柃木生产成为浙江省新昌县继茶叶之后带动力最强的农业产业之一。“泻屁树”成了“金枝玉叶”,成了丰岛集团和当地农民的“摇钱树”。

在杨桐、柃木的出口经营中,徐孝方发现菊花、康乃馨等鲜切花也属于劳动密集型农业产业,出口到日本具有相当大的比较优势,也是适合山区农民发展的一个致富产业。丰岛集团开始介入花卉品种的培育,种植技术指导和培训,病虫害的防治,花期的控制,切花的保鲜、运输、贮存等项目和科研课题,积极与日本、荷兰等花卉强国进行技术合作,吸收国际知名花卉栽培、储运、加工的先进技术和经验,提高丰岛花卉的开发和研究水平。

针对国内少有大规模、标准化花卉种植基地以及中国花卉生产基本上还是传统的种植方式的现状,丰岛集团选择了最适合于花卉种植的昆明地区进行跨区域的产业基地建设,开发了温室智能大棚项目,通过对小环境的改造颠覆了传统"靠天种植"的花卉种植方式。

2008年,丰岛集团收购了上海种业旗下一家种苗公司,进军花卉产业链上游,自主进行花卉新品种培育,这使得公司菊花产业价值链向上得到了有效的延伸,真正形成了集种苗种子研发、花卉生产加工、终端市场营销于一体的产业运行体系。通过掌控育种环节,丰岛集团掌握进入市场的品种主导权,改变了集团无自主切花菊品种的局面,更好向消费终端传递价值。而今,丰岛集团已成为国内唯一具备全年均衡供应各种菊花和反季节栽培能力的企业。

图1　丰岛集团的鲜切叶产品

在进军花卉市场的同时,丰岛集团还积极进入果蔬的生产加工市场,因为该领域也适合以产业化的形式帮助农民增收致富。为此,丰岛集团把发展果蔬加工出口作为集团的又一个发展增长点。丰岛集团不仅在新昌建立了果蔬加工车间,还把发展的目光瞄向果蔬资源更加丰富的中西部农区,开始了跨区域农业产业化合作的新探索。丰岛集团选择了湖北省宜都市作为其柑橘加工的新基地,给宜都市红花套镇等地的农民带来了增收致富的机遇。

通过订单农业、专业合作社和"统租再包"等农业产业化形式,丰岛集团先后在新昌、湖北两地建立一批柑橘产业基地,并斥巨资建立农产品加工园,彻底解决果农的"卖果难",实现果农增收致富。当前,丰岛集团已经形成了年产13万吨果蔬罐头生产能力,成为全球最大的橘子罐头生产出口企业。丰岛集团的农产品加工园消化了当地现有全部柑橘鲜果,新增12000多个就业岗位,并有效促进了当地农业结构的调整,对推动农业产业特别是农产品加工业的全面升级、带动农民增收、促进农业增效具有重要意义。

(三)动力支撑:产业化经营体制创新

丰岛集团根据不同农产品的特征和各地农户的实际情况,在农业产业化经营的实践中进行了非常有益的探索,主要有以下三种产业组织形式。

图 2 丰岛集团的果蔬系列产品

1."公司＋农户"的订单服务模式

丰岛集团在不少适宜发展杨桐、柃木、黄桃的地区,与当地政府(县、乡镇政府)和村委组织等协商共同建设生产基地——当地政府负责基础设施建设并引导农民组建合作社,组织农民进行规模化种植;公司则提供前期补助与种苗、技术,并签订稳定的产品收购协议。这种以市场订单为保障、以技术服务为支撑、以政府支持为后盾、以农户生产为基础、以利益机制为纽带的产业化经营模式,尽管需要整合与协调较多的资源与关系,但土地关系相对简单,能使更多的农户参与其中,并从中获益。按照这种模式,丰岛集团已在湖北、浙江等地发展了 8000 多亩黄桃种植基地,2.8 万亩杨桐、柃木的人工种植基地,在云南昆明、广西北海和海南分别建立了 150 亩、1000 亩和 150 亩的鲜切花设施基地。这些基地有的已成为当地农业产业发展的主导产业和带动农民增收致富的主要产业,是公司的供货稳定、质量保证、价格适中的"农产品第一生产车间"。

2."公司＋合作社＋农户(基地)"的合作经营模式

丰岛集团在产业化经营中与农户的合作关系经历了"公司＋农户"到"公司＋中介(代收户)＋农户"到"公司＋合作社＋农户(基地)"三个阶段。"公司＋农户"模式的优点是中间环节少,可以直接面对农户,其局限性是在农户量大且居住分散的情况下,交易具有不确定性,交易费用较高。"公司＋中介(经纪人)＋农户"的模式在一定程度上克服了"公司＋农户"模式的局限性,但这种模式仍然存在不足。一是他们之间不能形成利益共同体,是相互独立的利益主体。二是增加了中间环节和中介(经纪人)的代理人问题或成本。这一问题已在丰岛集团在湖北宜都的柑橘收购中有所体现。

为了解决这些问题,丰岛集团发展了把农民专业合作社与农业产业化经营相结合的新思路,通过企业扶持和政府引导,帮助中介(经纪人)或种植大户组建专业合作社,形成了"公司+合作社+农户(基地)"的产业化合作经营的新模式。丰岛集团目前已发展了浙江新昌董村杨桐专业合作社、新昌尖炕杨桐专业合作社、安徽黟县宏潭乡杨桐专业合作社、新昌雪头杨桐专业合作社、湖北宜度黄桃专业合作社、浙江东阳菊花专业合作社等7家农民专业合作社。实践证明,"公司+合作社+农户(基地)"的产业化经营模式比"公司+农户"的订单农业模式更具优越性,使合作社成为企业与农户结成共创共富利益共同体的有效纽带。

3. 土地"统租再包"的新型双层经营模式

近年来,丰岛集团通过"统租再包"的形式在浙江、云南、湖北等地的一些花卉和水果产业基地形成了专业化家庭经营与产业化合作经营相结合的新型双层经营体制,对农业产业化经营体制进行再次创新。

所谓"统租再包",是指土地的统一租赁和再次承包,即在农民自愿的基础上,由村组织统一流转农户承包的土地,然后按一定的价格和租期,统一租赁给龙头企业,龙头企业则根据产业发展或基地建设的要求,对租赁来的土地进行重新规划、整理和基础设施建设,然后将土地或大棚再次承包给农民(通常是专业大户)或合作社经营管理,但这时的承包经营者必须按照公司(企业)的生产计划和技术标准进行生产。通常,这种模式体现了六个"统一",即统一流转、统一再包、统一种植、统一标准、统一服务、统一购销。在这种模式下,公司和农户或合作社的关系更加紧密,双方可以获得共赢。公司(企业)可以根据市场需求,按规模化、专业化、标准化的要求,建立自己稳定的生产基地。农户的新家庭承包经营实际上使家庭成为了企业生产基地的一个基层单位,这种新型的经营方式将农户家庭经营、专业合作经营和企业产业化经营的优点叠加在一起,把三种经营的优势发挥得淋漓尽致,实现了农业传统经营体制向专业化家庭经营与产业化合作经营相结合的新型双层经营体制的转型。农民在这种模式下既获得土地租金,又获得劳动薪金或再承包收益,收入得到明显提高。例如,丰岛集团在浙江新昌棠村及周边地区所建的一个1000多亩的鲜切菊花出口基地,就是按这种模式打造的。公司以每亩800元的价格"统租"农民土地,然后投资建花卉大棚、灌溉等设施,培训农民,再以每亩2600元左右的价格"返租"给专业农户,组织农民进行规模化生产、标准化作业、企业化管理,最后按照定价、定时、定量、定质收购,农民年均增收达1万元。

(四)战略支撑:农业产业化基地和农产品营销市场的"双拓展"

丰岛集团在不断创新产业化经营体制、强化企业发展动力的同时,把农业产业化基地和农产品营销市场的拓展作为企业跨越式发展的两大战略支撑。具体来说,在产业化基地的拓展上,以合作制和跨区域的方式推进产业化基地建设。如丰岛集团以昆明富民县作为丰岛花卉产业的核心基地,通过土地的"统租再包"或合作参股等形式,建立和发展了核心基地3000亩、产业基地7000亩这一亚洲最大的鲜切菊花生产与出口基地。与此同时,丰岛集团还建立花卉研发中心、花卉创业园和职业技术学校,形成中国花卉产学研基地、人才基地和创业基地。

在湖北宜都县丰岛果品产业核心基地,丰岛集团通过连锁加盟、股份合作等形式建立集精品柑橘、文化体验和休闲旅游为一体的产业基地,在常规柑橘加工基础上,进行柑橘副产品开发和其他果品的加工与综合利用,充分提高丰岛食品加工设施的利用率。丰岛集团还在宜都建立了黄桃生产基地,当前正在抓技术规程的落实和标准化作业,以便尽快产生示范效应,为下一步继续扩大黄桃生产基地的规模打下基础。通过这种跨区域的产业化合作经营模式,丰岛集团在浙江、湖北、广西、河南、安徽、云南、海南等地发展了十多万亩的花卉果蔬基地,联接与带动了10万户近30万农民走上富裕之路。

丰岛集团对国内外市场的拓展是集团快速发展的又一战略支撑。在保持和巩固日本、北美的营销网络和市场份额的同时,丰岛集团还进一步开拓其他国家和地区的市场,在重点国家和地区逐步设立丰岛集团驻外办事处,充分利用国际传媒和互联网的信息平台,发展电子商务,建立丰岛营销网站。

另一方面,丰岛集团越来越重视产品在国内市场的营销,积极进入花卉拍卖市场、果品超市和专卖店,充分利用花集网这一电子商务平台开展国内市场业务。此外,集团还注重利用"丰岛"这一国家驰名商标,树立全员的品牌意识,发挥品牌在整个产业链中的统领作用,实现品牌延伸和价值提升。为此,丰岛集团不仅导入了 CIS 系统,还注重运用多种传播媒介和手段,全方位宣传丰岛产品和丰岛文化,进一步提高丰岛产品的知名度与美誉度,以创出享誉全国和全球的丰岛品牌。

三、丰岛模式的启示

顺应现代农业加速发展和新农村建设快速推进的新形势,丰岛集团的共创共富合作经营的模式也逐渐深化。一幅现代农业与美丽乡村和谐共赢的新农村建设新画卷正展现在丰岛集团及其基地的农户面前。丰岛模式带给中国农业产业化发展和新农村建设的启示可以概括为六点。

(一)拓展产业领域、产业业态

从花卉产业起家,丰岛集团将其产业领域和产业业态拓展到了果蔬食品加工业、种苗研发领域,实现了公司的跨越式发展。当前,丰岛集团正继续对其核心业务及相关产业进行再拓展,改变丰岛集团现有的果品与花卉产业业态较单一的状况,壮大丰岛品牌的系列农产品,通过进入柑橘鲜销领域,对橘皮进行综合利用,在精品果园、花卉基地基础上发展文化创意产业、休闲观光产业和现代生态养生产业等领域拓展丰岛的产业链,提升丰岛的价值链,为农业增效、农民增收、企业发展开辟更为广阔的空间。

(二)创新经营机制、管理体制

丰岛集团的每一步发展都与其对农业产业组织形式的创新分不开,它把培育现代农业经营主体与完善农业产业化合作经营机制紧密结合起来,形成了较为完善和成熟的新型农业双层经营体制。未来,丰岛集团还将进一步加大农村土地"统租再包"的力度,通过加大土地流转力度、加强农业设施投入力度、增强对新型农业经营主体尤其是农业创业主体的支持力度，吸引更多的大专院校和职业技术学校的学生到丰岛产业化基地进行创业与就业。同时，丰岛集团还积极探索专业合作与社区合作有机结合的新机制，充分利用村社区合作在土地资源配置与管理方面的优势，通过项目整合、资金支持、利益挂钩等方式，促使农村社区合作组织与农民专业合作组织相互结合，优势互补，形成社区支持、企业扶持、农民把持的新型农民合作组织。此外，丰岛集团还将完善公司制与合作制相结合的新型合作方式，创新公司的纵向治理结构与利益连接机制。

(三)强化"强龙"与"强蛇"合作共赢机制

龙头企业通常是市场上的"强龙"，但其生产基地通常在农村，甚至是跨区域的外省农村，因此，要建立稳定的生产基地，除了建立和完善纵向治理结构和利益连接机制外，企业还必须紧紧依靠地方政府和当地村社组织，因为他们不仅拥有地方政策资源，而且具有广泛的社会人脉资源等非正规制度方面的优势，是地方上的"强蛇"。基于此，在产业化经营的过程中，丰岛集团高度重视"强蛇"的优势，努力建立起"强龙"与"强蛇"的合作共赢机制。

(四)提升产品质量

质量是品牌建设的核心，是企业的生命。丰岛集团的产品大部分都是出口日本、美国的，而外商对产品、特别是罐头食品的质量要求几乎到了苛刻的地步。没有质量作保证，企业寸步难行。要拥有顾客，就要注重质量和信誉。为此，丰岛集团特别注重产品质量体系的建设。

建厂之初，丰岛集团就导入了国际先进的生产管理理念，通过了国际 ISO9000 系列认证，实施科学管理，并建立总经理负责的全面质量管理网络和质量管理责任制。在产品加工过程中，丰岛集团通过了 HACCP 认证、实施了以 HACCP 为核心的控制体系，对整个生产加工工艺流程中的关键控制点实行监控，及时纠偏。集团还通过了德国和法国的食品 IFS 等多项国际认证。

丰岛集团把农田当做第一车间，从源头上保证原料的健康与纯正，对自营的及实行订单生产的原料基地进行 HACCP 全程监控管理，在鲜切花生产中，集团还引进了基本农业标准规范 GAP 体系。有了体系和标准，还必须有一流的生产硬件设备做后盾。为此，丰岛集团从西班牙引进了国际领先的水果罐头制造生产流水线，从日本引进了先进的瓶装腌制品蔬菜罐头生产线、全自动制罐生产线、软包装罐头封装生产线。

一流的设备需要懂技术的人去操作，一流的管理体系需要懂管理的人去实施，人是质量管理的核心。在实践操作层面上，丰岛集团不断强化质量第一的价值理念，让每一位丰岛人都树立"质量人人有责"的观念。

(五)融合农业产业化经营与特色新农村建设

丰岛集团以发展新农业、培育新农民、建设新农村为己任，发挥农业产业化经营龙头企业的综合优势，把公司的农业产业化基地所在村的新农村建设融合进来，参照新昌县莒根村的生态休闲旅游示范点建设项目，将云南昆明富民县的花卉生产基地建设项目同当地的新农村建设结合起来，整合资源进行整体规划，把当地的产业化基地建设成为产业发展、环境优美、乡风文明、百姓富裕的社会主义新农村。这种由农业龙头企业主导的融合了农业产业化经营和特色新农村建设的模式为国家解决"三农"问题提供了新的路径。

(六)升华企业的社会责任感

给顾客提供优质的产品是企业的责任,也是产业发展的根本与前提。丰岛集团坚持以善心做膳食、行善事的理念,致力于建设社会责任型企业。2007 年 5 月 31 日,在"天下浙商云集"的浙商大会上,徐孝方荣膺了 2007 浙商社会责任最高奖——"社会责任大奖"。在他的倡导下,集团成立了丰岛慈善基金会,每年拨款 2000 万元作为基金,以帮助贫困大学生、孤寡老人等弱势群体。

慈善是丰岛集团回馈社会的朴实方式,修建美好家园则是集团感恩一方水土的真情流露。当前,丰岛集团计划投资 2 亿元,以巧英水库为核心,依托区域内的山、岩、湖、溪、涧、瀑、林、茶、田、地、村等资源要素,打造集特色农产品种植、农业休闲观光、户外运动休闲、健康疗养、山村度假娱乐、新型社区等功能于一体的郊野外型农业休闲旅游区及山区新农村建设示范点。

专家评议

"丰岛"是国家农业产业化重点龙头企业、全国农产品加工出口示范企业。"丰岛"的发展给我们许多启示:一是产业化合作经营是龙头企业与农民共创共富、共荣共生的有效经营模式,是中国特色农业现代化道路中的核心要素;二是要注重集成创新和系列创新,全面推进企业的产品创新、产业创新、技术创新和体制机制创新,唯有如此,才能实现企业的跨越式发展;三是只有坚持企业与农民共赢的理念和共创共富的经营机制,才能实现企业与农民的共同发展。通过"统租再包"、"公司十合作社(基地)十农户"和新型双层经营体制等产业化经营机制的创新,丰岛集团建立了新的"工农联盟",真正做到了"办一个企业、兴一个产业、富一方百姓"。

(郭红东)

湖南熙可:国内外市场并举　自主与代工共舞

　　罐头食品加工是一个传统行业。柑橘生产及桔片罐头加工属于劳动力密集型产业。柑橘鲜果采收过程需要大量劳动力,桔片罐头加工过程机械化、自动化程度不高,更需要大量劳动力,造成桔片罐头加工主产区不断转移。世界桔片罐头主要产区,20世纪70年代在西班牙,80年代转移到日本,90年代转移到我国的江浙地区,进入21世纪转移到湖南等中部地区。其中,湖南十分适合宽皮桔生产,湖南桔片罐头质量和数量居全国首位。1997年,阳国秀顺应市场变化需求,充分利用柑橘罐头产业转移的机遇,发起成立了湖南熙可食品有限公司。目前,公司已成为以加工果蔬食品为主的农业产业化国家重点龙头企业,柑橘罐头产品产量和质量位居全国前列,柑橘罐头加工技术世界领先。

图1　湖南熙可的部分代加工罐头产品

一、熙可发展历程

(一)创立时期(1997年至1999年)

　　1997年,我国一批国营罐头食品生产企业倒闭,时任湘南罐头厂副厂长的阳国秀与400多名职工顿时陷入下岗困境。阳国秀通过分析当时罐头市场的前景,多方筹措150万元启动资金,组织100多名下岗职工,成立了永州罐头厂。当时罐头厂规模不大,年产柑橘罐头2000～3000吨,产值1000～1500万元。

(二)发展时期(2000年至2005年)

　　1999年底,经过多次谈判,永州罐头厂与上海迅泰物流公司进行技术、管理和市场全面合作,成立湖南熙可食品有限公司。熙可的生产经营领域从单一的桔片罐头食品拓展到整个果蔬食品领域,销售市场也由以内销为主转为以外销为主。熙可公司从此开启了与国外公司合作,为其贴牌生产的历程。如今,湖南熙可代为贴牌生产的产品大多都是国际知名食品加工企业的,如美国的戴尔蒙、可口可乐公司、新奇士公司和 S&W 公司、德国 MIKADO 和 ISKA 公司、英国 SPC 公司、日本 HOKUTO 公司等。

图 2　湖南熙可的部分代加工产品

由于技术先进、质量过硬,短短几年之后,熙可的罐头食品年产量迅速发展到 3 万吨,年产值 2.8 亿元,产品远销美国、欧盟、日本等国家,资产也由 150 万元扩张到 2.8 亿元,熙可拥有备案果园 5 万亩,获得了美国 NFPA、英国 BSI、德国 IFS、欧盟 GAP 等认证。

(三)腾飞时期(2006 年至现在)

2006 年后,熙可进入快速发展期,企业规模进一步扩大。2006 年,位于安徽省砀山县的占地 300 亩的熙可食品(安徽)有限公司成立。2008 年,湖南熙可果业有限公司成立。熙可迅速发展成一家以果蔬食品加工为主,内销、外销兼顾的国际化、现代化农业产业化龙头企业。企业总资产达 5.9 亿元,企业员工达 5000 余人,年生产果蔬食品能力 10 万吨,产值 8 亿元,建立有机、绿色食品果园 15.8 万亩。

为了突破罐头加工技术瓶颈,熙可建立了"国家认定企业技术中心",建立了从原料、加工、包装到物流、销售、客户的一整套质量保障体系,大力开展工艺创新、产品创新、节能创新,现在,由熙可确立的水果罐头新工艺流程标准,已经得到业内普遍认可和应用。它改变了沿袭多年的糖水蜜橘罐头的生产工艺,美国专家对熙可的蜜橘罐头检验结果,桔瓣整瓣率达到 96%,比柑橘罐头生产王国西班牙的整瓣率还要高 3%。美国专家伸着大拇指说:"这是我们看到的世界顶级桔瓣罐头。"

当前湖南熙可已经成为中国最大的酸性水果出口商,其生产的柑橘类加工产品已经占据了美国 45%、英国 75%的市场份额,它甚至贴牌生产了美国最大的食品加工业公司德尔蒙(Del Monte Foods)旗下的所有柑橘类产品。

二、质量就是生命

食品市场是一个既庞大而又拥挤的地方,竞争风起云涌。这里是消费者最为敏感的区域,是质检部门关注的焦点。人们需要营养、美味、安全的食品,谁满足了人们的需求,谁就是赢家。熙可食品创立十五年来如芝麻开花节节高,靠的就是质量。

图 3 湖南熙可的部分产品展示

"质量是企业生存的基石,必须重视生产过程中的每一个细节"、"食品质量安全是企业最大的诚信"、"质量问题将失去客户的订单,没有客户的订单企业将面临破产"……这是熙可董事长阳国秀对每一个员工的谆谆教导。就这样,质量意识和企业危机意识紧紧联在一起深入每个员工的心里。熙可人深深意识到:质量管理将在激烈的市场竞争中发挥出越来越重要的作用,只有加强质量管理,以全优的产品和服务回报社会,才能立于不败之地。

成立之初,熙可就明确了产品定位,要做世界顶尖的果蔬罐头,产品要引领欧美等国际高端市场。根据这一定位,熙可始终把满足消费者的要求作为公司的目标,遵循"以人为本,顾客至上,质量第一,安全合法,卫生环保,持续改进"的质量方针,强化质量监管,不断提升质量水平。

(一)源头管理

"问渠哪得清如水,唯有源头活水来。"熙可坚持产品质量从源头抓起,完善了原料基地、原料收购、调辅料及包装材料采购程序。首先,熙可牵头组建了柑橘专业合作社,吸纳全市柑橘种植大户560多人,并在合作社社员中大力推行农业标准化生产。社员果园实现统一农业投入品采购和供应,统一生产质量安全标准、技术培训和生产记录,统一产品和基地认证认定,统一开展农产品质量安全检测和销售等"四统一"服务。其次,熙可帮助带动周边果农1万户实行农业标准化生产,累计在全市推行柑橘标准化生产10万亩。其三,熙可加强对原料收购的质量安全检测,杜绝了不合格原料尤其农残超标的原料进入。对调辅料和包装管理,公司坚决按照进口国标准,现场确认调辅料供应商及产品,并每年对调辅料品质和质量安全进行不定期检测,确保调辅料质量安全。熙可引进了标准化空罐厂,具有完善的包装管理体系。源头的"水"清了。

(二)体系保证

在体系保证上,熙可在2001年引进了先进的质量管理体系ISO9000并通过认证;2002年通过了HACCP预防性食品安全控制保证体系认证;2003年通过美国NFPA食品安全认证和英国BSI的HACCP认证;2004年通过德国IFS国际食品认证和美国犹太认证;2005年通过英国BRC全球标准食品认证;2006年通过麦当劳SA8000社会责任管理体系认证;2008年通过美国烘培协会的AIB认证;2009年通过泰国FAI食品安全标准认证;2009年熙可种植果园通过了GAP认证。

通过各种质量体系的认证,熙可培养了一批具有质量管理意识、训练有素、经得起摔打

图 4   熙可食品加工生产线

的管理团队。熙可质量管理中心，从人员配置到硬件投入，均能满足对工厂的质量运行保驾护航的需要。工厂现拥有 40 人的专职、专业的 QA、QC 队伍，他们分工合理，职责明确。每天的生产过程控制、产品质量监控都能在网上被从客户到公司董事长、从总经理再到各车间主任等人员查看。熙可公司以每天晨会、每周例会、每季度审核的形式，采用先进的质量统计技术对工厂的质量运行状态进行评估、分析，不断提升质量，确保食品安全。

(三)加工环节检测

在食品加工生产上，熙可投资 500 多万元购置了产品质量检验检测设备，安排了专门检测楼，并配备了专业检测人员，完善了各项产品质量安全管理制度，落实了管理责任，确保质量安全管理无漏洞、无盲点、无死角。在加工全流程中设置了原料、过秤、封口、金(属)检、杀菌等 5 个 CCP(关键控制)点，对农药残留、抗生物质、添加剂、重金属、微生物、理化、过敏原等进行全过程监控，确保产品质量安全。

(四)产品可追溯性

在产品质量可追溯性上，从原料至产成品全程都处于可控状态。任何一件产品来自哪块土地，哪个种植户，进口辅料来自哪个国家，哪个供应商，哪批进口的，都可以通过批次号追踪到使用的原料批次和供货、生产、质检人员。熙可的召回系统能在 2 小时内把货架和果园联系起来，产品的原料追溯到单个农民。熙可的农残控制系统使用 GPS 全球定位系统。产品可追溯性的实现，增强了产品的核心竞争力。熙可还建立健全了预警机制。从 2004 年起，熙可就设立了专职产品质量安全信息员，建立了多渠道产品质量安全信息网络，通过对产品质量安全信息进行搜集、汇总、分析，提前对产品质量安全水平作出正确判断，使产品质量问题提前消化在企业内部，保障了销售产品的质量安全。

（五）全方位电子监管

2005年10月开始，熙可率先实施电子监管，推动质量管理更上一个台阶。通过电子监管系统，公司运用现代质量管理理论和信息技术，以过程监督、项目检测、风险分析、关键控制、系统保证与符合性验证为基础，通过对产品生产过程的自动化持续监控，强化企业质量意识，提升质量管理水平，加强了产品生产全过程的质量控制，实现了产品生产和检验的远程实时监控。用众多的数据和图像说明问题，提高了管理人员意识，减少了管理难度，降低了消耗。

实行电子监管后，熙可在产品追溯方面的能力得到了客户和第三方认证组织的高度认同。2006年初，熙可的美国客户参观工厂，当得知熙可做到远程信息化监管，同时在追溯时可以进行图像影音追溯，对工厂的现代化管理模式高度赞赏。在IFS国际食品认证时，审核员对于工厂的电子监管系统在质量管理体系和追溯方面的作用给予了高度评价。这一切奠定了企业质量管理信息化的基础，提高了公司的质量管理水平。客户对熙可的认可增加了熙可在市场中的竞争力。

三、注重科技创新

罐头加工行业是典型的传统行业，技术成熟度高，工艺流程已经形成定势。熙可作为后来者，要想在行业中脱颖而出，就必须坚持走科技创新之路。多年来，熙可大力开展科技创新，将现代科技成果运用于果蔬产业，不断提高产品的科技含量，提升企业产品的核心竞争力，推动企业走上发展快车道。

（一）建立科技创新平台

为了提高企业的自主创新能力，加速产品升级换代，熙可成立了国家级"企业技术中心"，与湖南省农产品加工研究所、湖南农业大学联合组建了"湖南省柑橘工程技术研究中心"，并凭借技术中心这个平台，参与了国家"十·五"科技攻关项目"湖南省大宗农产品综合深加工技术研究"中的柑橘深加工专题"现代柑橘加工业关键技术的研究与示范"；承担了国家农业科技成果转化资金项目"柑橘出口新产品生产性示范"；与湖南省农产品加工研究所、中国农业科学院柑橘研究所、浙江大学、华中农业大学、北京汇源饮料食品集团有限公司共同承担了"十一五"国家科技支撑计划项目"柑橘罐头新工艺与橙汁新产品开发及产业化示范"。项目完成后，"柑橘加工技术研究与产业化开发"成果获得国家科技进步二等奖，"柑橘产业化综合技术研究"成果获得湖南省科技进步一等奖，推动了柑橘产业的科技进步和发展。

（二）健全科技创新机制

科技创新机制是推动科技成果向现实生产力转化，实现企业与合作方共赢的前提。在实践中，熙可建立健全了四方面机制：

1. 突出自主研发创新

熙可企业技术中心实行"开放、流动、联合、竞争"的运行机制，研发成果不但直接应用于本企业生产,还广泛应用于国际国内及行业生产。中心科研人员来自企业、高校和院所,实行动态管理,合同期满后可自定去留。在中心内部营造良好的创新环境,企业与高校、院所的科研人员之间既有联合,又有竞争互动,促使先进科技成果和技术的不断涌现。

2.积极引进消化吸收

熙可聘请科研院所、高校资深的专家作为技术指导参与企业的技术决策,以协议的形式建立企业与院所、高校间长期稳定的科研合作关系。根据国际食品加工趋势和公司实际,熙可积极引进具有前瞻性、适用性、先进性的新成果、新技术,使熙可成为全国食品加工行业科技创新的领头羊。

3.建立健全考核评价和利益分配机制

熙可建立了科学的考核评价机制,根据科技人员具体岗位、攻克的技术难关、解决技术问题、创造经济效益等多项指标,按各项指标考核情况分配利益。企业每年拿出最新科技成果产生效益的 5%～10%,作为反哺院所、高校的科研基金,促使科技创新和转化。

图 5　熙可的自动化生产线

4.建立健全人才激励机制

熙可公司不断完善奖励制度,设立了重大科研成果贡献奖。不管是企业的科技人员,还是高校、院所的科技人员,只要为企业关键技术攻关、解决生产技术难题等方面做出了突出贡献,公司就给予重奖。每年由企业、院所、院校联合组织评奖,对做出重大贡献的人员给予重奖。在工资收入方面,向参与产学研结合工作的科技人员倾斜,对做出贡献的科研人员发放特殊补贴。

熙可公司还践行"只有当员工成长时,企业才得以成长"的人才理念,大力推行"金蓝领计划",培养具有技术创新能力的高技能人才。"金蓝领计划"的实施成效非常明显,不仅提高了企业员工的积极性和归属感,促进了公司内部的科技进步和工艺革新,还提供了产品的质量,推动了新农村建设。

(三)加大科技经费投入

熙可优先保证科技创新的经费,重点安排新成果、新技术的开发引进支出。公司每年都将争取到的相关项目经费足额投入到科技创新工作中去。熙可每年按产值的3.5%提取科研经费,每年实际投入到研发中的专项资金达500万元以上,确保了科技创新工作顺利开展。熙可每年组织评奖,对做出重大贡献的课题带头人奖励10～15万元,对做出重要贡献的负责人奖励5～10万元,对做出贡献的骨干人员奖励1～3万元。

(四)营造科技创新氛围

熙可充分利用网络会议、横幅标语、黑板墙报等多种形式,大力传播熙可科技创新的主要做法及重要意义,使每一个员工都认识到:熙可要持续快速发展,必须形成"大开放、大科技、大协作"的自主创新格局,努力聚集国内外最强最优的科技创新资源,加快完善自主创新体系。为了营造崇尚科技、鼓励创新、尊重人才的良好氛围,熙可积极承(协)办了"第十一届世界柑橘学大会"、"中国柑橘加工技术及产业发展论坛"、"中国柑橘科技创新与产业发展战略论坛"、"中国柑橘学会2007年年会"等会议,提高了在业内的知名度与影响力。

(五)应用科技创新成果

开展科技创新,目的是促进科技成果尽快转化为生产力。近年来,熙可实现了一系列的产品创新、工艺创新和节能减排创新,取得了显著成效。

1. 开展工艺创新

为了做出世界上最好的桔片罐头,熙可集中技术人员,不断完善生产工艺,加强联合攻关,改进了传统的脱囊衣、杀菌等工艺,研究出了抑制白点析出等技术。由于采用新的生产工艺,熙可产品整瓣率提高到96%,比柑橘罐头生产王国西班牙还要高3%。

2. 开展产品创新

熙可经过一系列研究创新,生产出了由软包装中最好的材料——EVOH阻氧层做成的塑料杯,这种塑料杯保质期长,并且能自然降解,环保无污染,用这种塑料杯包装的柑橘罐头保质期达18个月,比传统的马口铁和玻璃瓶包装保质期分别长6个月和12个月,塑料杯包装的桔瓣罐头被省科技厅认定为高新技术产品,打通了销往国际市场的通道。

3. 开展节能创新

熙可在全国首先应用柑橘酶法脱皮、脱囊衣技术,通过改进酸碱处理与漂洗工艺,采取生产用水回用等措施,将吨耗水量由60吨降低到了35吨左右,使酸碱添加量减少了37%,大大降低了生产成本,缓解了废水处理的压力,促进了生产规模的迅速扩大。目前,由熙可确立的水果罐头新工艺流程标准,已经得到业内普遍认可和应用。

四、公司＋农户,实现双赢

熙可坚持"得原料者得天下"的理念,把果农作为企业发展的依靠。根据现代农业发展要求,大办原料基地,成功探索了企业与农民结成紧密利益共同体的"公司＋农户"农业产业化经营模式,不仅保障了企业的生产原料,而且促进了农民增收。2011 年,熙可公司 10.7 万亩柑橘基地挂果,总产柑橘 14.1 万吨,1.2 万户果农平均增收 5126 元,仅此一项,就比当地其他农民增收了 25％以上。湖南省省委书记、省人大常委会主任周强考察熙可公司原料基地后称赞:"帮农民建立起了绿色银行,熙可自身也得到了原料的战略保障,是企业、农民合作双赢的典范。"

图 6　熙可食品的原料基地

(一)基础工程:基地联农户

熙可把原料基地建设作为企业发展壮大的核心工程,依托农户不断壮大原料基地。

1. 自建果园租农户管理

2002 年以来,熙可先后投入 5300 多万元,按每亩 35～90 元的价格,在零陵区、冷水滩区、东安县、祁阳县等县区的 12 个乡镇,集中租赁山地,按照无公害化生产标准,统一规划建设了高标准果园 1.2 万亩。果园建成后,返包给 337 户果农经营管理。农民在获得租金的同时,可优先返租公司果园,还可到公司务工,获得劳务收入。在 2011 年生产旺季,熙可安排了本地 2137 名农民务工,月工资 1700 元。

2. 与农户合作建设果园

熙可与农户合作建设果园就是——农民出土地、资金,公司向农户无偿提供苗木、技术指导,签订产销合同,果园建成后作为熙可的固定基地。至 2011 年,熙可为合作果园无偿提供苗木折合资金 780 万元,建成合作果园 3.1 万亩。

3. 指导农户建设果园

为扩大原料基地范围,熙可向全省各地柑橘产区派出专业技术人员,按照标准化生产要求,指导农户建设或改造果园,免费提供生产管理技术支持,对符合质量要求的果品实行订单收购。果农们将湖南熙可提供的这种技术指导称之为"保姆式服务"。目前,熙可指导建设果园面积达 11.8 万亩。

(二)第一车间:农户果园

作为外向型食品加工企业,确保食品质量安全至关重要。熙可坚持把原料基地作为第一生产车间,把果农作为车间工人,严格按照技术标准培管果园,从原料生产环节就做到严格把关。

1. 严把种源关

熙可坚持自繁自种,投入 2800 多万元,建立了占地 350 亩的"三区两园一圃"种苗基地,即播种区、资源保护区、容器育苗区、母本园、监测园和采穗圃,储备了 50 多个母本,选育了 8 个优质新品种,累计向果农提供无病毒容器苗 300 多万株。

2. 严把技术关

熙可聘请专业技术人员,制定了《湖南熙可食品有限公司柑橘无公害栽培操作规范》、《湖南熙可食品有限公司出口柑橘原料基地示范场有机桔园栽培技术规程》等技术标准,形成了完整的技术体系。

3. 严把管理关

熙可根据生产技术规程,对果园规划、定植、土壤管理、施肥用药、水分管理、树体管理、花果管理、病虫害防治、果实采收运输保鲜等全部生产环节实行量化管理,对每一片果园、每一个农户、每一项生产过程都建立详细的记录卡,并附图像或照片建档。此外,公司还建立日常巡查监测机制,实行全程数字化管理,确保生产的每一项流程都按无公害标准化进行。

4. 严把标准关

对严格按照标准化要求生产的果农,熙可优价优先收购其产品,并给予表彰奖励;对违规操作者,熙可除拒收果品外,还收回承租权,解除对方合约。截至 2011 年,公司建立的 16.1 万亩果蔬原料基地,全部通过无公害农产品、绿色食品认证。

(三)果农:企业的编外员工

熙可在组织推动农业产业化经营中,始终把果农当做公司员工,积极充当果农"娘家人"和"保护伞",竭力为其生产生活排忧解难,赢得了果农的信赖和支持,密切了公司与果农的合作关系。

1. 资金扶持

熙可借鉴孟加拉国移民小银行贷款模式,建立了"公司＋专业合作社＋农民＋银行"四方联保、链式贷款的投入机制。熙可为需要贷款的专业合作社果农作担保,银行将贷款统一划拨到所在合作社的账户,再由合作社根据果农生产经营实际需要分发到户,果农的贷款从交售的柑橘货款中分期偿还。2007 年以来,这种方式累计为果农解决生产经营贷款 6300 万元,受益果农 8200 多户。对生产经营资金缺口大的果农,熙可除帮助争取外,还以提供肥料、农药等农资的形式为其垫付适量的资金,垫付资金从交售的柑橘货款中扣除。近年来,公司共为 3700 多户果农垫付生产经营资金 1500 多万元。

2. 承包扶助

承包公司果园的农户前五年免交租金,第六年达产后,再按每亩 100 元缴纳租金和管理费。考虑到产出效能比和管理幅度,公司给予每户果农的承包面积在30~100亩之间,适度控制规模,做到风险最低、效能最高、效益最好。

3.技术服务

熙可聘请了一大批省内外知名专家,建立了一支由16名拥有高级职称的专业技术人员组成的专家服务团,与省农产品加工研究所、省农科院、湖南农大等科研院所建立了紧密的合作关系,还定期邀请美国、日本、以色列等外国专家实地指导、培训员工,加强对果农的技术服务,并对每个基地都派驻了技术服务小组,形成了从种苗繁育、种植管理、施肥用药、采摘贮藏、保鲜运输等集成化的技术服务体系,对果农进行"点到点"的产前、产中、产后全方位技术指导服务。

湖南熙可的技术培训完全以果农为导向,注重长期效果,不仅免培训费,报销来回路费,还给学员发工资,因此吸引了许多年轻人加入,给公司积累了大批后继力量。近三年来,专家技术服务团队开办培训班26期次,培训果农8500多人次,现场指导果农5600多人次,6700多名果农通过学习培训达到了园艺中级以上技工水平。

4.人文关怀

熙可坚持以果农为本的原则,对果农的关心帮助从生产领域延伸到了生活领域。熙可董事长阳国秀每年春节的初二到十五,都坚持到果农家里慰问、走访,几年来从未间断。熙可还建立了定期走访果农制度,及时发现、解决果农生产生活中的困难。哪怕是一件小事,只要果农有求于公司,熙可都会认真对待。近年来,熙可共拿出673万元用于救济困难果农。真切的人文关怀,让果农享受到了员工待遇,增强了果农的主人翁意识。[1]

(四)农民利益:公司的长远利益

熙可推行"公司+农户"模式的重点,是绝不以牺牲农民的利益换取企业一时之利,而是通过建立制度来保障农民稳定增收。

1.以契约保障果农收入

熙可与每个承包果农签订了合同,明确了利益分配原则和办法,对果农收入作了具体规定,使果农有明确的收入预期。如在承包已挂果柑橘基地的合同中明确:果品按当时统一收购价交公司,承包人管理工资按总收入的30%提取,采果费按3%提取,生产工艺成本按实开支,扣除这三项后的利润40%用于偿还基地建设投资,30%留作生产发展资金,30%作为承包人的奖励工资。

2.组建专业合作社维护果农利益

2003年,熙可发起成立湖南熙可柑橘协会,2007年更名为湖南永州信亿发柑橘合作社,并在永州市各县区和部分乡镇建立分社37个。合作社既享受公司的优势资源,又具有独立法人资格,是果农生产销售的组织者和利益代言人。合作社向果农提供"五统一"服务,即统一技术服务、统一农资供应、统一生产贷款、统一认定认证、统一产品销售,提高了果农的组织化程度。

---

① 郑文,《湖南果秀:食品安全是企业最大的诚信》,《中国工业报》,2012年7月25日。

3.制定最低保护价收购柑橘

熙可与果农签订产销合同,按照每公斤1.0元的最低收购价收购果农的柑橘,市价高于最低收购价时,则随行就市,降低了农民的市场风险。2008年发生四川柑橘大实蝇事件后,柑橘出现滞销,为保护果农利益,公司依然按最低收购价收购了果农全部合格产品,减少果农损失6000多万元。

4.帮助果农增加其他收入

熙可支持果农在柑橘挂果前套种西瓜等经济作物,每亩还给予200元补贴,实现以园养园。零陵区邮亭圩镇对塘坪村胡玉蓉和本村两名返乡农民工承包了324亩柑橘,2011年套种西瓜120余亩,收入达20万元。

5.补偿果农的自然灾害损失

2008年初发生特大冰冻灾害,熙可受损惨重,但仍拿出193万元补偿果农的灾害损失。2012年,熙可计划对收购的果品按每公斤0.02元筹集风险基金,用于补偿果农因自然灾害造成的损失。

五、自主品牌,撬动未来

湖南熙可以产品质量、科技创新和"公司+农户"的利益联结机制赢得了公司的繁荣发展,但单纯的OEM模式也面临着许多风险和挑战,如过分依赖国外企业的订单、容易受到国际市场波动的影响、处于产业链的底端从而缺少话语权和价值增值空间等。这种以自然资源和人力资源取胜的方式容易被替代,转型已成为许多OEM模式的历史选择。

熙可大力调整自身的产品结构与产业结构,在加强国际合作的同时,加大了国内市场开拓。2009年,"果秀"品牌的推出标志着湖南熙可开始从单纯的OEM模式向自主品牌与代工大牌"两条腿"走路转型。经过"十五"、"十一五"的发展,熙可基本建立了与研发、基地、工厂、物流、市场相配套的生态产业链。今后十年,熙可将一如既往的坚持致力于中国农业产业化发展,为全球消费者提供营养、美味、安全的优质果蔬食品。

(一)战略调整

熙可原来以生产柑橘罐头为主,产品单一,加工时间短,设备利用率低,影响了企业效益的发挥。为此,公司大力调整产品结构,不断研发新产品,熙可研发的"什锦水果罐头"、"蘑菇罐头"、"甜玉米罐头"、"黄桃罐头"等新产品,顺利进入美国、德国、日本等高端市场,深受消费者喜爱。目前,公司已形成桔子、黄桃、梨、甜玉米等系列产品生产,提高了设备利用率和经济效益,生产规模也得到了迅速扩大。

熙可未来的发展目标是,以国际国内市场为引导,以科技创新为动力,以产品质量为生命,以产业链各环节协调发展为途径,实现经济效益、社会效益、生态效益平衡发展,遵循产业生态系统规律,将公司发展成为集产品研发、种苗繁育、农业基地、食品制造、食品包装、现代物流、品牌营销为一体的、全国同行业中最强的农业龙头企业和为广大股东提供持续回报的上市公司。

为实现上述目标,湖南熙可调整了自己的业务结构,力争实现自有品牌和代工大牌协调共同发展。未来,湖南熙可的主营业务仍以果蔬罐头为主,适当发展果蔬汁和果蔬鲜品;兼营原料生产、食品包装和物流运输。为此,公司将把产品研发、品牌建设和营销渠道建设作为未来发展的核心命题。

(二)自有品牌

经过近几年的发展,熙可实现了从单一的贴牌生产到产品研发、农业基地、食品制造、食品包装、现代物流、品牌营销协调发展的转变,从 100% 外销转变为外销、内销协调发展,其外销产品做世界顶级品牌的 OEM;内销产品则走自主品牌之路,其自主品牌"果秀"已成为中国果杯产品领导品牌,并成功打入美国、加拿大、欧盟等市场。

湖南熙可公司的自主品牌"果秀"虽然创立得较晚,但发展态势良好。自主品牌与代工大牌共舞的品牌格局已经基本成型。当前,"果秀"已经在全国的十几个省内市场销售,并先后获得"湖南省国际知名品牌"、"湖南省出口名牌"、"湖南省著名商标"、"中国驰名商标"等荣誉。这说明,依托代工国际品牌所建立起来的技术、管理、质量等优势,湖南熙可的自主品牌创建之路已经初见成效。

2011 年,湖南果秀共生产果蔬食品 6 万多吨,同比增长 21.7%,实现生产 6.3 亿元,增长 16.2%;……出口创汇 6000 多万美元,增长 10%;实现利润 2712 万元,增长 5%;上交税金近 2000 万元,增长 18.6%,产量产值、出口创汇均居全国食品罐头行业前 5 位,居柑橘罐头行业首位。2012 上半年,出口创汇达 2000 多万美元,同比增长 23%,保持了强劲的增长态势。[1]

六、熙可联村,回报社会

熙可董事长阳国秀常说:"企业的发展离不开社会的支持,财富来源于社会,就应当用于社会,回报社会。"熙可十分注重履行社会责任,实现了经济效益与社会效益双赢。

阳国秀十分热心公益事业,履行社会责任,注重人文关怀,她每年挤出五分之一的时间到员工和果农家中调查研究、排忧解难,每年的正月初一至十五,都要到果农家中拜年,解决果农的实际问题。

熙可成立十多年来,紧紧围绕果蔬产业化经营,推动农业产业化发展,累计出口果蔬罐头产品 47 万吨,创汇 4.8 亿美元,为农民免费赠送种苗、化肥 3000 多万元,带动 2 万户农民发展柑橘等果蔬生产,创造产值数十亿元,帮助农民增收 3 亿元,促进了社会主义新农村建设。

2007 年以来,熙可积极开展"熙可联村、共同发展"活动,实现了企业农村双赢,促进了熙可发展和农民增收。公司对接联系 56 个村,累计无偿投资 581 万元,修建砂石路 135 公里、水渠 38.6 公里、开挖整修山塘 156 口、便桥 6 座、开挖水井 28 口,大大方便了群众生产生活。

---

① 张欣瑜,《没有好原料,造不出好罐头》,中国网—新闻中心,网址:http://news. china. com. cn/rollnews/2012—06/26/content_14847412. htm,2012 年 6 月 26 日。

图 7　熙可的自主品牌"果秀"果杯

(一)产业联村

按照"规模开发,标准生产,大户带动,统收产品"的思路,熙可帮助联系村制定产业发展规划,积极组织村民连片规模开发水果、蔬菜生产,大力推行"一村一品",鼓励有能力的农户承包较大面积土地发展规模农业。农户按熙可提供的标准化生产规范生产,村企联动。在熙可的推动下,仅零陵区邮亭圩镇乐塘坪村就开发了优质柑橘原料基地 2600 多亩。

(二)科技联村

熙可在所联系的村实施了农村实用科技推广计划,坚持每个村成立一所熙可技校,每个农户培训一个技术明白人,每个种植大户印发一套标准化生产技术资料。通过推广先进的农业科学技术,做到了联系村农户能自觉接受公司的种植技术,在用药、施肥等每一个环节都严格按照技术标准组织生产,有效地控制了农残等技术指标,确保了原料质量安全。仅去年以来,熙可共为联系村提供农业实用技术 13 项,推广面积达 20 万亩,既提高了生产效益,又确保了产品质量安全。

(三)信息联村

熙可充分利用电视、电脑、电话等现代信息网络,为农户提供农产品供需、质量、种植技术等农业信息,为村企对接创造了一个便捷、高效的合作平台。去年以来,共为联系村农户提供网络信息 2187 条(次),发送手机短信 20 万条(次)。

(四)协会联村

熙可在联系村成立了以企业为主农户参与的柑橘合作社,形成了企业与农民之间"利益共享,风险共担"的利益共同体。为了解决柑橘基地资金问题,推行了公司、合作社、银行、大户"四方联保"的农业订单链式贷款操作模式,即:由果农提出申请,公司担保,柑橘合作社把关具体操作,根据不同生产季节,银行向果农发放贷款,每种植 1 亩柑橘每年可贷款300 元,主要用于柑橘基地购买肥料、农药等生产物资,五年后果农将柑橘鲜果送公司抵扣贷款。这种方式既促进了柑橘生产发展和农户增收,又为企业提供了优质柑橘原料。熙可柑橘合作社已发展订单果农 500 户,基地面积达 5 万亩。

(五)招工联村

熙可根据用工计划,按照"统一组织、培训技能、优先上岗、长期聘用"的原则,对联系村的富余劳动力转移问题统筹解决,免费对村民进行技能培训,在加工厂优先安排合适的工作岗位,与上岗人员签订较长的用工合同,保证他们技能提高、岗位稳定、收入增加。近年仅熙可罐头加工车间就从联系村招聘工人达 1500 余人。

(六)服务联村

熙可建立的专家服务团和省市专家服务团形成了从种苗繁育、种植管理、施肥用药、采摘贮藏、保鲜运输等集成化的技术服务体系。熙可在每个联系村都设立了驻村工作部,具体负责公司的联村工作,积极充当果农"娘家人"和"保护伞",解决农民技术、资金、种苗问题。公司还对每个基地都派驻了技术服务小组,对果农进行"点到点"的产前、产中、产后全方位技术指导服务。

专家评议

以柑橘为起点,以 OEM 为基础,以出口为支点,湖南熙可通过十多年艰苦卓绝的努力,已经发展成为覆盖柑橘、黄桃、梨、甜玉米、小黄瓜、蘑菇、草莓、杏、芒果、菠萝罐头、果冻及柑橘、梨、苹果 NFC(非浓缩还原汁)汁等多种产品线的农业龙头企业,在坚持为世界顶级品牌 OEM 生产产品的同时,走自主品牌之路。熙可自创的"果秀"品牌已成为中国果杯领导品牌。可以说,熙可开创了果蔬种植与加工的独特模式,其核心在于以科技创新求发展,以质量为生命,以"公司+农户"模式扩展原料基地为基础,以调整产业结构和市场营销结构为前提。通过积极推进农业产业化,促进农民增收、企业发展,熙可为中国农业现代化发展提供了可资借鉴的经验。

(徐卫华)

福州超大：构建绿色生态产业链

超大现代农业集团是内地第一家在香港证券交易所主板上市的大型综合现代农科企业。

1997年成立时，超大就明确提出了"走绿色道路，创生态文明"的经营理念，全面致力于绿色农业产业综合开发，提出了"把握绿色生命，享受健康食品"的消费口号。2000年8月，超大集团被国际有机农业运动联盟（IFOAM）吸收为正式成员，成为我国为数不多以从事规模有机果蔬种植与经营为特色的IFOAM正式成员企业。经过十几年的探索与实践，目前，超大成功地构建起一条从种子、有机肥料、生物农药供应到农产品生产与加工基地到专卖、配送、批发网络、出口创汇的完整的"绿色生态产业链"，创造出中国农业产业化领域颇具竞争力的"超大模式"。

一、超大模式的形成：思路与抉择

超大的发展历程与其领航人——董事局主席兼总裁郭浩的个人抉择有着密不可分的关系。是他，在一次次抉择中决定了超大的发展方向，也为"超大模式"奠定了基础。

（一）选择绿色生态农业

20世纪80年代改革开放初期，郭浩从经营电子产品和家用电器起家。10多年后，当时和郭浩一样跑赢市场的民营企业家如雨后春笋。但大多企业家都把赚来的钱很自然地投向了增长势头强劲的股市、楼市。郭浩却没有跟风，而是把目光投向了当时少有企业问津的长线投资项目——农业。

为什么选择农业？是什么样的原因促使一个赚得第一桶金的企业家选择农业这样一个战线长、见效慢、收益低的行业？

郭浩的第一个观点是：中国是农业大国，但远不是农业强国。如何使中国由农业大国走向农业强国？如何加快农业产业化的进程？如何实现农业增产和农民增收？如何解决未来中国若干亿人口的生存问题？如何改善21世纪中国人的生活质量？这是每一位有责任感的中国人都必须思考的问题。做一个企业家还是一个单纯的商人？成为一个有担当和发展的企业还是一个单纯赚钱的企业？或许区别就在这里。在郭浩和所有超大人眼里，农业并非人们所说的投资多、见效慢、利润薄，而是所有传统行业中的一匹"黑马"。俗话说，"民以食为天"，农业是个永恒产业，可比喻成永不落山的"红太阳"。

郭浩的另一个观点是：农业对于拥有10多亿人口的中国，蕴涵着巨大商机。随着人们生活水平不断提高、对食品安全问题的不断关注,消费者的绿色消费意识将逐步增强。绿色食品、有机食品是 21 世纪极具发展潜力的经济增长点,中国拥有极富潜力的绿色农产品消费市场。尤其是加入 WTO 之后,伴随关税的逐步降低,"贸易壁垒"拆除,以环境保护与食品安全为背景的"绿色壁垒"必将随着技术的迅速发展而变得更加严厉,成为新一轮全球农产品贸易中的障碍。许多农产品将因农残超标而"夭折"在日益拔高的"绿色壁垒"之内,绿色、有机食品的"含金量"将越来越得到体现。

上述观点和分析,在今天看来,好像是一个尽人皆知的道理。但在 10 多年前,很少有企业家能够站在这样的角度、高度看问题。就这样,郭浩从电子产业抽身,开始向绿色农业、有机农业大举进军。这一抉择,体现了一位富有社会责任心和商业远见的企业家的胆识与视野,也预示着这一即将转型的企业的新宗旨、新走向、新使命。

(二)从农业资料开发到农产品生产

投入农业,超大一开始就将整个产业建立在高起点上,始终抓住"绿色"与"有机"这两大主题。为此,郭浩将自己 10 多年的积蓄全部投入农业科研,从农业生产资料保障系统攻关入手,开始了生物有机肥的研发和农业优质品种的开发。

生物有机肥,是指选择一定的菌种,接种在某一比例的有机废弃物如鸡粪、牛粪、谷壳等中,经工业处理而得到的生物有机肥。它不仅肥力充足,且所施农作物品质优良,食之口感尤为鲜美。更重要的是,它是绿色环保肥料,是人类健康生活的方向。

当时,郭浩的观点是:这个行业潜能无限,这样的商机不是所有的人都能看出并敢于介入的。搞这样的科研,可以最大程度地用好中国的农业科学家,他们是这一产业最为宝贵的财富。谁能将这些科学家用好了,谁掌握了农业的核心技术,谁就最具有发展前景。

很快,超大的科研有了成果。超大有机肥、超大种子面世。但它们却难以推广,因为农民不买账。超大处于一个悖论式的境地:一方面,农民们对超大的有机肥、蔬菜良种疑虑重重;另一方面,超大试验田中的农产品产量大大提高,不仅病虫害减少,不仅总体成本低,更主要的是,它的卖相更好,口感更好,更受消费者欢迎。一边是不愿种的农民,一边是新品种的特色,郭浩由此矛盾状态中看到了商机。他又一次做出关乎超大未来方向的选择:超大要从事农产品生产种植。

(三)形成思路:绿色生态产业链

决定从农业资料开发转向农产品生产时的超大,还是一家名不见经传的小公司。也许谁也无法料想,10 多年间,它便发展成为产业遍布全国甚至国际的大型集团。其发展速度之快、规模之大、范围之广,无不令人咋舌,谁都说这是个"奇迹"。全中国做农业企业的人不少,为什么郭浩能够在那么短的时间获得如此的成功?

决定进入农产品生产领域之后,郭浩清醒地认识到,中国是一个农业大国,但远不是一个农业强国。在世界上,有荷兰的温室农业,有以色列的滴灌农业,有美国的现代化大田农业,这些农业都以现代科技、现代生产技术以及规模化进行大农业生产,而中国家庭联产承包责任制的农业与世界农业不可同日而语。郭浩认为,中国农业需要新思维、新观念;中国农业需要大手笔、大行动。超大现代农业的新思维、新观念便是绿色、有机;超大现代农业的大手笔、大行动便是规模化生产。这个认知令郭浩开始了有条不紊的超大现代农业的战略布局。

超大比较早的就开始重视生产基地建设,从内蒙古到广州、从上海到陕西,建立了超大的生产基地。

在选建生产基地时,良性生态系统、高抗自然灾害是超大选择基地的最基本标准,每个基地在它所处区域都是农业耕作资源的"稀缺"典范。郭浩的区域市场策略是能够向市场提供周年化稳定供应。为此,超大不仅勘查当地的土质、水源和污染问题,还会从战略上考虑基地的布局是否合理,是否能为现有基地提供补充性的、反季节性的蔬果生产。目前,超大已经形成了不同气候带、不同海拔、不同经纬度、贯穿南北的全国性基地布局。发展基地时,超大坚持"发展一片基地,留住一片耕地,改良一片土壤"的宗旨,投入大量资金进行农田基本改造和兴建基础设施,如道路、水渠、温室、大棚等。这些分布各地的生产基地,都是通过长期的土地租约,把农民的土地集合成大规模的生产基地组成的。因此,农民是各地生产基地的基本单位。超大十分重视各地农民的生产生活情况,超大在哪里发展基地,就在哪里吸收农民进入企业工作,不仅向农民支付租金,还雇佣农民作为超大员工,通过技能培训,使农民成为事实上的拿工资、拿奖金的产业工人,让农民在"家门口"实现增收致富。

通过规模化、标准化、生态化的生产安排,包括选用适宜的优质良种,使用生物有机肥,采用科学、有效的防虫技术和严格的质量监控措施,为栽培、采收、分级等各个环节制定详细的标准等等,在上述理念与各项措施的具体实施下,大大提高了各地生产基地的农业生产力,保障了产品的质量,加强了抵御市场风险的能力,超大基地生产的蔬菜,品性好、质量安全、口感佳,并能持续供应,一投放市场就大受欢迎。

"种好菜"的超大又开始考虑"卖好菜"。超大充分利用自身产品品质好、规模化供应、冷链管理的优势,绕过层层中间商,将产品直接卖到大城市的批发市场和出口商手中。超大的销售人员借助各种渠道搜集市场信息,包括价格和供需情况,并向总部反馈相关信息,总部据此制订合理的种植计划,在全国范围内调配蔬菜,实现价格最大化。超大同样注重海外市场的销售,将30%的产品出口,远高于全国蔬菜的出口比例。

当超大模式初见雏形时,走在中国农业最前列的郭浩知道,超大超速发展的时机已经来临,于是转身走进了国际资本市场。2000年12月15日,超大农业正式在香港上市。获得充足资本的超大如虎添翼。构建绿色生态产业链的超大模式逐步得到巩固,超大开始了它的快速、稳步发展过程。

"超大模式"极大地改进了中国农业固有的商业模式,在企业获得利润增长的同时,提高了农民的生活水平,保障了食品的质量和安全,有效地保护了环境,成为中国农业现代化、国际化进程的一个全新模式——"超大模式",为古老的中国农业注入了新的理念、新的战略战术、新的生机与活力。

二、"超大模式":全方位绿色生态产业链

超大的经营活动始终抓住"绿色"与"有机"两大主题,从产前、产中和产后全方位推动"绿色生态产业链",通过最佳的资源配置和各种生产要素的充分整合,通过组织化和制度

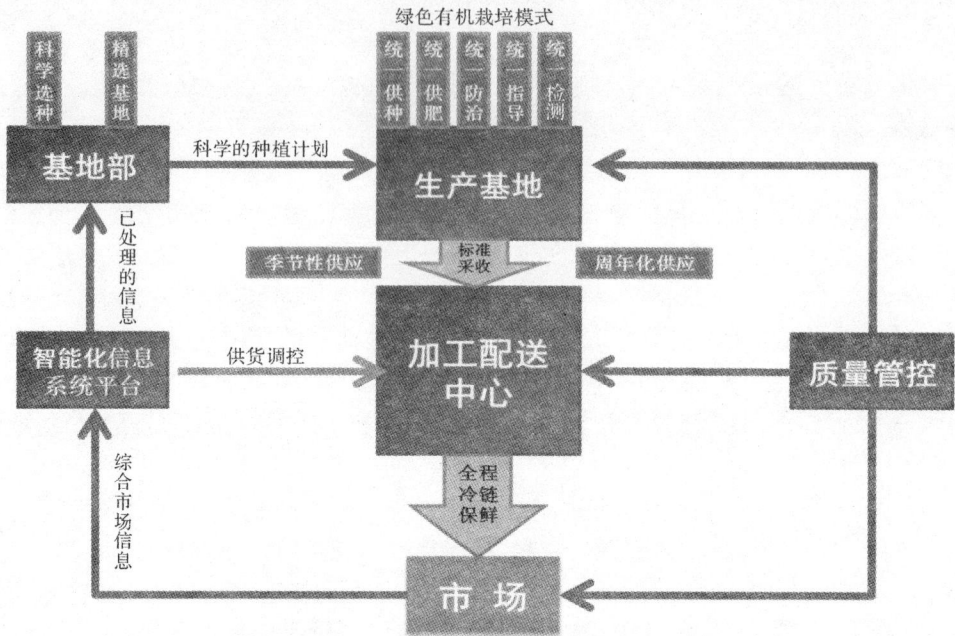

图 1　福州超大生鲜农产品供应链管理示意图

化的运营模式,通过纵向和横向的规模扩张,树立自身的竞争优势。

(一)"超大模式"内涵

所谓绿色生态产业链,是指在整个产业价值链中,促进各个环节的绿色发展,实现与自然和社会各相关群体的良性互动,达到短期利益和长期发展的统一,实现产业的可持续发展。超大的绿色生态产业链具体可总结为以 1－2－3－4－5 为特征的超大模式:

以一个标准为全程质量控制基准,两个权威认证机构作为品质保障,三个保障系统作支持,四大分销网络体系作市场启动,五个统一作为生产管理的基本点,围绕着"绿色有机生态产业链",从产前、产中和产后全方位推动"超大"品牌绿色有机果蔬产品的发展。

一个与国际接轨的企业标准是指,在遵循经济效益的基准和符合生态环境与安全的前提下,超大创造性地制定了《超大绿色有机果蔬》企业标准。这是中国内地第一家与国际有机食品接轨的企业标准。

两大权威机构认证是指,超大已有一定面积的基地分别通过了中国绿色食品发展中心(CGFDC)和国家环保局有机食品发展中心(OFDC)的两大权威机构的有关产品认证。

三大保障系统支持是指,超大的有机生产资料开发保障系统,可持续发展科技支持系统,远离污染、遍布全国各地的农产品生产供应系统这三大系统。

四大分销网络体系是指社区连锁专卖网络、单位配送网络、批发市场网络、出口外销四位一体的营销体系。

五个统一栽培模式是指按照超大独创的绿色有机栽培模式,严格执行"五个统一"栽培的模式,即:统一供种、统一供肥、统一综合防治、统一技术指导、统一质量检测,实现生产过程标准化。

(二)产前:形成战略性全国基地布局,凸显绿色优势

1.基地的科学选择和综合布局

基地是产品的"第一车间"。在前期的基地选择上,超大精选具有不可替代气候与基因资源的地区建立广泛的绿色生产基地。超大的生产体系主要由自有基地和协作基地组成,核心主体是自有基地。超大先后在福建、吉林、辽宁、内蒙古、北京、天津、河北、山东、江苏、上海、浙江、江西、广东、湖北、湖南、陕西等16个省(市、区)建立了40多个以农产品生产基地为主、相关配套完善的现代农业产业集群,总面积达50多万亩。同时,初步完成以海峡西岸、长江流域、京津冀和东北四大区域为主的科学生产力战略性布局。

为了确保产品的周年化供应,超大紧紧围绕市场需求,利用农产品产出的季节差和区位差,进行生产安排。在选建生产基地时,良性生态系统、高抗自然灾害是超大选择基地的最基本标准,每个基地在它所处区域都是农业耕作资源的"稀缺"典范。因此,超大的基地考察不仅勘查当地的土质、水源和污染问题,还会从战略上考虑基地布局的合理性,看其是否能为现有基地提供补充性的、反季节性的蔬果生产。目前,集团已形成了不同气候带、不同海拔、不同经纬度、贯穿南北的全国性基地布局。多元化的基地布局不仅支持了产品周年化稳定供应的要求,同时还有效地降低了自然灾害造成的损失。

超大绿色产业布局的考察目标中有两个主要因素:经纬度和海拔差。

(1)经纬度布局。以西兰花为例,每年的1月至4月,是超大福建、浙江等南方基地的西兰花大面积产出的时间;进入5月,超大江苏、湖北等长江流域基地的西兰花也开始了采收;5月下旬至6月,超大北京、天津、山东、吉林等北方基地的西兰花大量上市;7月至9月底,在各地的西兰花产出都结束时,正好超大河北基地的西兰花产出;从9月下旬开始,超大西兰花又顺着北京、天津、山东、吉林等北方基地,到江苏、湖北等长江流域基地,再到福建、浙江等南方基地,出现新一个轮回的产出高峰期。超大的经纬度利用,为产品获得最佳收获期和周年化供货提供了稳定的保障。同时,也利用气候优势有效节约了生产成本,使产品的有机、绿色具有天然条件。

(2)高中低海拔布局。2008年北京奥运会期间,凭借着基地布局优势,超大解决了北京奥运会近90%的蔬菜供应问题。当时,正值8月,全国各地气温都普遍较高,夏季蔬菜的产出较为困难。因超大的海拔因素布局特征,使得超大在全国拥有一些海拔较高的夏菜种植区域。比如:海拔1500米左右的陕西马栏基地、海拔1100米左右的河北坝上基地、海拔在800~1000米左右的福建永泰基地等都是超大提供夏菜的有效保障。多样化海拔的基地布局有效地延长了产品供应时间,保障了供应稳定性。

超大基地选择的战略布局,能够让企业在基地版图中充分利用各地的自然条件,利用经纬度差、海拔差等有效规避自然灾害风险,保证产品的周年化供应,实现以最少的消耗获得最大的产出。同时,即使在产品价格波动,出现此消彼涨的情况下,企业依旧能通过快速反应的物流、信息流平台进行综合调控,进行南北基地产品从有到无的互通,市场流通由低价向高价的调配,做到物尽其值。科学的布局原则,使超大基地布局尽可能在目前的条件下能够最大程度地利用土地、资源和气候,保证周年化提供丰富的绿色、有机产品。

除了海拔差、经纬度差等因了外,与消费市场的关系也是超大基地选择的重要因素。

超大最先成立的一批基地,都与市场紧密联系,或是围绕经济发达的城市集群,或是与交通便利的港口毗邻。从最初的零星分布到如今的点面结合,超大在短短的 10 年时间里,形成了遍布各种气候带、各种海拔高度的几十个基地,共 50 多万亩基地面积。每一个新基地的建立,从论证到投入生产,都严格遵循着与市场相结合的原则。海峡西岸经济区、长三角地区、珠三角地区、京津冀地区等经济发达、市场需求旺盛的区域,都是超大基地建设发展的目标地。10 年来,超大基地的发展一方面填补了地区空白;另一方面,在已经占领市场的地区进一步扩大规模,"双轮驱动"下的基地发展战略模式,给超大的生产和销售带来全新面貌。

　　2.基地的优势开发和综合整治

　　超大在全国各地发展基地,投资建设现代农业生产基地,均进行前期的综合整治。根据基地建设规划的需要,超大把那些"眉毛丘"、"斗笠丘"等多边形的田地整理平整为规格化耕地。经过整理的土地上,密布的沟渠、零碎的地块不见了,代之的是规划合理、设施配套、旱涝保收、环境优美、适应现代农业要求的标准良田。牛、犁、耙、水车等靠人力、靠天的传统耕作方式同时也成为了历史。原本管理粗放的农田,成了功能齐全的现代农业基地。基地及周边的农业基础设施也被日臻完善,形成了"农田园林化、种植区域化、品种优良化"的现代农业良好格局,"田成方、路相连、渠相通、树成行、旱能灌、涝能排、沟渠桥涵闸站配套齐全",农业生态环境得到大大改善,出现了"林间见白鹭,田里闻蛙鸣"的自然生态景象。

图 3　福州超大集团的生产基地

(三)产中:建立综合生产管理体系,实现绿色生产

　　作为国际有机运动联盟(IFOAM)的正式企业成员,超大现代农业的生产基地按照与国际有机食品要求接轨的企业标准种植。

　　1.标准化的大规模农业

　　通过长期的土地租约、土地整理与基础设施建设,超大将小块农田变成了大规模农田,将小农生产提升为规模化大生产,并通过规模化、标准化的生产安排和质量控制,大大提高了农业生产力,保障了产品的质量,加强了抵御市场风险的能力。

　　在超大,任何一个生产环节都是有严格的标准化要求的。如育苗,从育苗阶段开始,标准化就严格地执行。"高品质的蔬菜是标准化的菜,标准化的菜需要从标准化育苗开始。"这句话是超大技术员们通过实践达成的共识。在育苗的"硬件"方面,超大育苗所用的设备和材料都通过总部农资供应中心统一采购、统一发放。每个育苗温室大棚的长宽是一致的,大棚棚膜的厚度材质是一样的,蛭石、石炭是按照同一比例配置的,穴盘的规格也是全国统一的,育苗所要用到的设施和材料都在生产管理中心规定下进行标准化使用。在超大育苗大棚里看育苗员的操作,给人感觉就是精确到"苛刻"的程度:甜椒的种子埋入基质的深度精确到毫米,每亩育苗穴床播种的西兰花种子重量精确到克……这些数据都有参照指标。超大在多年的育苗实践摸索中,形成了一套专业化的标准化体系供参照,制定了"四大标准"——基质配方、人工成本、操作技术、菜苗质量。无论是老资格的技术员,还是新入职的育苗员,都必须遵守标准体系守则。哪天开始育种,浇多少量的水,保持多高大棚温度,都可以在生产手册中看得清清楚楚。

同样,在超大,任何一项操作流程都是有严格的标准要求。品种、肥料、防虫技术、耕种、质量监控措施等各个环节都制定了详细的标准。如农机操作,必须规范化操作,与普通农民的随意性耕作完全不同。拿"起垄"为例,机械化起垄要求开垄要直,百米弯曲度不超过 10 厘米,地头整齐,垄高一致;一个作业幅内垄顶高差不超过 2 厘米,垄宽一致,垄距误差小于 1 厘米。这些数字严格地规范着农机操作手的每一个动作。刚到基地的农民工,并不了解超大为什么要对简单的一个起垄工序要求得这么精确。可不久,他们发现,同样是种一亩地的结球生菜,老百姓大都只能种上四五千株,超大通过精确规划开垦却能种到 7000 株以上,不仅如此,种植出的产品长得更好,产量更高。渐渐地,超大的农民工也认识到了严格标准的必要性。

2."五个统一"的绿色有机栽培模式

超大全面推行绿色有机栽培模式,坚持做到"五个统一",即:(1)统一使用超大精心选育的果蔬良种;(2)统一使用通过中国有机食品发展中心(OFDC)和欧共体 BCS 机构双重有机加工产品认证以及已获得 ISO9001 及 ISO14000 质量认证的超大生物有机系列肥料;(3)统一使用广谱、高效无残留的生物农药;(4)在生产中由超大现代农业科技研究所的技术专家按照绿色有机栽培的标准和要求进行统一技术指导;(5)产品进入市场前由加工中心进行分级,质检中心进行统一检测。这一系列制度化、现代化的耕种管理,是当前中国绝大多数单家独户农民和小规模农业企业所无法实现的。因此,无污染的基地和与国际标准接轨的生产过程,是超大"绿色生态产业链"上重要的一环,使得超大现代农业的农产品在品质上有着无可比拟的竞争优势。

超大基地使用的品种,均为抗性强,且适应当地土壤情况和物候期的优良品种。在种植前,种子必须经过发芽实验,验证合格后才能下发基地播种、育苗,同时留存一些样品以备检验核查。严格的用种制度从源头保障了超大蔬菜品质、质量的统一和安全。

结合 GPS 技术,超大每年都会集中对基地所在地的水源、土壤进行重金属、农药残留等污染源的监测,实现对产品产地环境变化的动态跟踪。在 GPS 技术的支持下,监测数据可具体到每一个基地的每一个地块。基地在制订种植计划时,可随时查询到相关信息,更好地指导生产。同时,企业还严格监管基地生产投入的原材料。对每一批进入超大基地的有机肥,企业都必须进行污染源的检测;每一种生物农药在基地投入使用之前,都必须经过反复的田间试验,对农药成分及农药安全间隔期的可靠性进行动态分析与评估,确保产品使用的安全性;每一批次产品的生产过程、用药用肥情况、用药间隔期等,基地都要记录在案,立卷归档,以便于实行质量和责任追溯。特别在农资管理方面,超大已经形成一个农业生产资料质量安全保障供应网络,同时还构建起农资网络管理系统,由总部实时监控各个基地的用肥、用药情况,以及产品的库存情况。在超大的任何一个生产基地,每一批产品在进入加工车间前,都会附上一个相对应的"身份证",上面清晰地记录着产品品种名称、种植的具体地块、种植人、采收日期、植保负责人、质检员等一系列溯源信息;产品加工完后,还将进一步做好产品的加工情况记录及流通记录。

超大的"两表一书",即"生产情况汇总表"、"农事操作记录表"和"种植结果总结书"。"两表"将基地总体生产情况及每一个生产步骤都详细地记录下来,让总部能够根据记录数据及时调整生产布局,并以最快的速度统筹市场供应计划,同时它作为超大强化产品源头质量安全的重要依据,也成为超大质量监控体系中的重要组成部分;"一书"则由相应的基地技术人员在每一季种植结束后,对生产种植的整体情况进行全面总结,并于规定的期限内上报总部。基地生产管理中心将会同专家组对所有的"种植结果总结书"进行分析、讨论,将共性部分——优秀经验或是失败教训整理成文,向全国所有基地通报。更重要的是,这些材料还将成为超大产品种植核心资料——《种植指导书》的修改依据。

图 4　福州超大生产基地

图 5　福州超大育苗工厂

严格的质量管理使"超大"农产品具有明显的竞争优势。除生物有机肥获得双重有机认证外,白菜、甜椒、菜心、蒜苗、荷兰豆、花菜、上海青、水稻、脐橙和芦荟等 30 多种农产品,相继获得国家环保局有机食品发展中心、国家绿色食品发展中心等的"有机食品"、"绿色食品"认证,从而获得了通往国内外市场的"绿色通行证",并且在国家质检总局、农业部等组织的各种抽检中,超大产品合格率达 100%。这些生产管理体系的完善,有效保证了"绿色生态产业链"农产品质量的稳定性、可靠性。

3.产品身份认证

福州超大为每一批次蔬菜附上的产品卡被亲切地称为超大蔬菜的"身份证"。从超大的每一个备案基地到超大产品进入每一个市场,都可以很醒目地看见这张"身份证"。通过这张产品卡,消费者可以一目了然地看到包括"基地名称/加工厂名称"、"品种名称"、"种植批号"、"采收日期"、"基地备案号/注册登记号"等一系列完整的产品信息。更为重要的是,产品卡背后的产品档案中,详细地记录着该产品的四套生产信息——"种植记录表"、"使用人工记录表"、"使用物资记录表"和"采收记录表"。四份记录一一记下了每个产品从生产每一个环节的操作情况、施用的所有农资信息、接触过的所有人员信息以及接受的所有检测资料。借助这一产品卡,可完成产品的身份认证和质量追溯。

4.先进的制度条例

作为国际有机农业运动联盟(IFOAM)的成员,超大十分注重产品质量体系的标准化建设,先后制订了120多项企业质量管理标准,涵盖基地环境、农业投入品、种植栽培、加工包装、物流运输、市场准入及产品召回等各个领域。

《超大蔬菜基地植物保护管理制度》(以下简称《植保制度》)是超大植保中心通过实践经验的总结、多次整合修订而成的。这一制度的制订与实施,标志着超大的植保工作真正走上了规范化、科学化、绿色植保的道路。作为植保中心日常管理的总纲领,它对植保中心的指导理论、人员技术等方面有了统一的指导作用。《植保制度》不是一成不变,要根据每年的生产实际、一线人员的实践经验、各部门相关人员的反馈,进行日臻完善的修订。修订的结果是让各个植保环节更适应生产技术的更新进步,对植保工作的每个细节起到指导作用。

《超大绿色无公害果蔬》企业标准是与国际接轨的高规格标准制度,也是作为中国内地第一家制订与国际有机食品接轨的企业标准。该标准涵盖范围广、可操作性强,包含无公害类、绿色无公害类、亚有机类和有机类果蔬,明确提出了各个级别超大绿色有机果蔬的具体质量指标,充分考虑了无公害食品—绿色食品A级—有机食品(绿色食品AA级)在标准上的衔接性和一致性。其中,有机类果蔬的标准直接与国际有机食品标准接轨,其各项指标均达到IFOAM制订的《有机生产和加工基本标准》的要求,这为超大产品走向国际市场提供了根本保证。

5.与农民建立稳定紧密关系

农民是超大发展中的重要要素。超大从农民手中租赁耕地,聘请农民在基地务工,而农民们成为超大员工需要掌握应用新技术,按照标准化作业流程,进行精细化耕种。这些农民,是超大现代农业生产环节的主体,事关农产品的源头安全和生产过程控制。因此,超大不仅通过自身产业发展帮助、带动农民增收致富,更重视的是向在基地务工的农民们提供各种培训和实践机会,以提升农民的技能,让农民接受现代社会发展理念,不断增强参与社会竞争的能力和素质。

超大的企业发展和产业拓展创造了大批农村就业岗位,使许多农民不出乡、不离土、有事做、有钱赚,解决了许多社会问题,维护了农村社会的安定。超大发挥自身的经营优势,帮助当地农民建立合作组织,发展农业产业经济,促进当地农民增收致富,增加了当地农村社会财富积累,使当地农村有能力建设和维护社会公共设施,一定程度上繁荣了当地农村。

针对中国农民总体产业化素质水平偏低的现实情况,超大聘请农业专家,结合发展现代农业和建设新农村的要求,开展灵活多样、不同形式、以现代适用技术和实用技术为主的各种培训。让农民们参与到超大农业产业经营的各个环节,应用所学技术知识进行实践,以掌握更多的社会谋生能力。在超大,农民可以根据自身的技能特点,进行农作物栽培种植,农产品的运输配送和农产品的营销工作。农民只要愿参与、能参与,超大都会尽可能地提供平台和机会。分布广泛的超大现代农业产业基地,基本上都是当地政府重点扶持的现代农业示范基地。基地除了种植生产农产品外,在示范推广新技术、新品种和为当地农户提供植保技术服务上发挥了重要作用,许多基地及周边的农民在耳濡目染的环境下逐渐发展成为农业商人、种植大户。

(四)产后:构建"四位一体"营销体系,推动绿色消费

超大通过全程冷链保鲜和信息系统平台,逐步建立较完善的"社区连锁专卖网络、单位配送网络、批发市场网络、出口外销"四位一体的营销体系,强力渗透国内外市场。超大一方面通过全程冷链保鲜能直接对接和供应终端消费市场,减少不必要的中间环节;另一方面,能通过信息系统平台有效解决生产与市场的对接问题,有效供应最大利润市场,从而实现"绿色生态产业链"。

1. 全程冷链保鲜

蔬菜是生鲜产品,运输一直是蔬菜销售的薄弱环节。超大在"砍"去层层中间商后,不仅节省了生产成本,而且缩短了物流时间。但如何把运输损耗降到最低呢?为此,超大成立了"全程冷链"物流车队,引入全球定位系统,第一时间整装发货,第一时间将新鲜的蔬菜送达客户,从而把薄弱环节变成了企业的优势竞争力。自地头采摘环节开始,超大的农产品就开始了全程冷链保鲜。根据各地区不同的气温特点,超大农产品基本在晴天早上露水干后至中午前采摘。加工是保证生鲜果蔬新鲜度和安全性的重要环节。超大拥有涵盖农产品分拣、清洗、迅速制冷、加工和包装技术的专用农产品加工冷藏库。采摘下的农产品进入加工厂后,根据品种进行不同的加工处理后进入专业冷库冷藏。同时,超大拥有全部为进口、配备48英尺冷藏柜和GPS全球卫星导航系统的现代化运输车队及合作配送车队,能对果蔬进行高速度、大跨度的全程"冷链"供应、调配,最大限度减少果蔬产品储运时间,保持其良好的新鲜度。

规模化供应和冷链管理还使超大有能力绕过层层中间商,将产品直接卖到大城市的批发市场和出口商手中,减少农产品在运输过程中的损耗,提高分销效率,实现较高的销售价格。

2. 信息系统平台

超大构建起辐射国内外的农产品贸易信息平台,通过各种要素的合理流转与配置及在产业链上的分工与合作,基本实现"基地一体化、市场一体化、信息一体化",形成良性互动的信息流、物流和资金流。

农业生产具有数量众多、构成复杂、地域性强等特点,不同地方的蔬果价格往往因供求不平衡而出现很大差异。超大通过与中国移动合作,"量身定做"了适合企业管理需要的移动信息化平台。在福州总部建有信息处理中心,通过互联网和超大派驻各地的机构,随时掌握国内主要大中城市批发市场的价格变化、销售信息。这个信息平台贯穿于企业农业生产、农产品销售等环节中的各个流程,将产供销环节中所需的各种市场信息、参考资料,及时、准确、快捷地传达到每一个关键岗位的工作人员手机上,不受时空限制。得到这些信息后,超大可根据自身情况,及时制定生产和销售策略,从而对产供销环节进行积极引导。先进的信息技术,突破了农业生产经营固有的时间和空间的限制。如今,无论在全国的哪一个城市,超大交易员都能随时随地掌握每一个基地、每一个市场的动态。

在此基础上,配合集团完善的物流系统,把超大40多个生产基地所生产的各种蔬果进行合理的调配。例如台风季节,广州等华南城市菜价飙升,集团可从非台风基地调集各种产品,通过这种产品跨区域调配以确保企业盈利和产品销售。

　　超大基地拥有日趋完善的信息系统基础设施建设。从2001年起,超大已经开始全面实施农业信息化建设,基地发展到哪里,电视、电话、电脑就装到哪里。从最初单一的电话、传真,到现在以计算机网络技术为核心的超大电子商务平台、远程专家诊断系统、产品价格信息联播系统、视频会议系统和以移动信息化技术为核心的移动办公系统,再到即将全面推广运用的全球卫星定位系统,现代信息技术正在向超大产业全方位渗透。通过信息将知识及时、准确、有效地获取、处理、传播和应用,超大可将农业信息及时准确地传达到农民、职工手中,实现了农业生产、管理、农产品营销信息化,加速了传统农业改造、升级,大幅度提高了农业生产力及管理经营决策水平。

　　3. 消费者沟通

　　要让消费者了解超大的产品品质,首先要让承接超大产品的客户像熟悉自己的孩子一样了解超大产品的整个生产流程。这是超大保护并拓展国际市场的理念,更是加强营销服务的原动力。客户可以通过实地考察、远程实时观察等对接手段非常清楚地知道产品的标准化生产全程。近年来,在原有对接基础上,超大更加注重邀请客户参与到优化生产流程中来,此举意在完善质控管理体系的同时,让客户对超大产品有更深的认识。

　　针对每个订单,超大积极与客户进行联系沟通,邀请客户全程参与。比如与超大合作多年的日本客户,在客户定期开办的讲座上,日本农产品市场质量标准、日本消费者饮食习惯、超大产品在日本终端市场的运用、产品在日销售走势等重要信息被反馈到超大管理人员和一线工人。这种面对面直接交流的形式中,超大人更直观有效地了解到市场的需求,并能够与客户就一些问题进行讨论,形成优化生产流程的依据。

　　除主动与客户进行交流外,超大还通过"文书系统、可视系统、反馈系统"实现生产过程与市场需求的全面对接。生产环节的各项信息记录、每项流程的自我评估、责任到人的验收单据……透明化的文书管理被阶段性整理成档并向客户全面开放;根据客户建议形成的各项生产措施以规范化的文字和图片形式醒目地标识出来,让生产一线人员能够时时牢记,处处用心;针对客户的每一项疑问,都能第一时间以书面方式答复,直到客户了解、满意。通过对产品生产过程的了解和互动,消费者和客户开始接受并认同超大的绿色产业链,从而超大开始逐步拥有自己的忠实消费群。

(五)"绿色生态产业链"的技术支撑

　　拥有一个强大且不断稳健发展的自主创新平台、培育自主核心生产力,是保持超大运营长期平稳较快发展的重要支撑,也是提高企业市场竞争力和抗风险能力的重要支撑。自主创新绝不是单纯的技术概念,而是观念创新、管理创新、技术创新等一系列创新活动的总称。通过对集团资源和社会资源的充分整合,超大已经在管理、科研等领域拥有战略研究所、科技研究所、专家智囊团等一批自主创新平台。

　　目前,超大拥有在绿色有机农业技术方面占领先地位的研究机构——超大现代农业科技研究所。超大围绕"协同集成、自主创新,重点跨越"发展目标,努力提高集成创新和引进消化吸收再创新的能力,形成了以超大现代农业科技研究所为载体、集聚国内外农业科研院校资源的开放式研究体系。超大集团成立了专家智囊团,包括中国科学院院士谢联辉、福建农林大学校长郑金贵教授在内的许多权威专家。在大力引进优秀人才的同时,超大现代农业科技研究所还注重年轻后备力量的培养。目前超大成立了经国家人事部批准的博士后工作站,与中国农业大学、福建农林大学联合培养硕士、博士研究生。超大鼓励创新,努力为人才创造才有所用的机制和环境。集团根据业务发展要求,建立了以"项目"为主体的研发模式和管理机制,以"项目"应用评定效益,以效益大小评定奖金。在充分发挥自有人才作用的同时,还充分利用国内外众多科研机构的资源优势,搭建研发平台。

超大近年与国内外各大农业高校、机构间的合作深入展开:与中国农业大学、中国农业科学研究院、南京农业大学、福建农林大学等众多科研院所建立长期、稳定、双赢的战略合作伙伴关系,全面构建起以企业创新为主体,产、学、研相结合的科技成果产业化新模式,实现科研与市场需求完全对接,将研究成果源源不断地输向企业。如与中国农大合作建立的"超大作物科学研究中心"开展高效作物生产技术研究,与沈阳农业大学合作开展菜心三系育种研究,均取得了良好的成效。近年来,超大还先后主持和参与了4项国家"863计划"的课题,10多项国家和省级重大、重点科研课题和国家星火科技项目,申报专利技术10多项,出版4部专著,这些科研成果大部分已成功应用于企业生产经营实践,创造了很好的科技效益,为超大的"绿色生态产业链"提供了强有力的技术支撑。

三、成效与未来

近年来,"超大"品牌影响力迅速扩大。"超大"牌西兰花、甜玉米等一批产品先后被认定为"中国名牌农产品"及"福建名牌产品";2007年,福建省委、省政府授予超大"福建省品牌农业企业金奖"称号;2008年,超大成功入选奥运餐饮供应企业,并100%完成了奥运核心区域51大类100多个品种的蔬菜供应任务,被党中央、国务院授予"北京奥运会残奥会先进集体"荣誉称号,成为中国唯一一家受表彰的奥运食品供应企业;2012年,超大第九次入选"中国500最具价值品牌",品牌价值169.36亿元人民币,成为中国农业行业最具增值潜力的企业品牌。同时,超大还成功跻身"亚洲品牌500强"、"亚洲优秀中小企业200强",成为中国乃至亚洲农业行业颇具成长性和持续增长能力的代表企业。

下一阶段企业发展的总体战略目标是夯实绿色生态产业链,由"做大做强"向"做强做实"转变,努力实现可持续和谐发展,稳步进入国际品牌农业企业行列。

(一)整合优势资源,提升核心竞争力

坚持"走集团化道路,实现跨越式发展"的发展战略,大力整合、提升现有人才、技术等核心资源,强化产品质量安全控制体系,重点抓好基地建设和产品质量管理,夯实企业核心竞争力,使生产要素向公司优势产业集中,做强优势产业,做到集约化经营、绿色化生产、优质化发展,实现企业产业集群化发展。

(二)创新发展模式,保持稳健发展

坚持以科学发展观为指导,切实转变发展观念、创新发展模式、提高发展质量。利用现有资金优势和当前政策环境机遇,加快国内新基地开发和拓展,同时积极探索新的产业发展模式,继续尝试并推广与农户、农民专业合作社等农业群体与组织联手合作,建立多方共

赢的新的联结运营机制，继续创新并丰富公司农业产业化运营模式。同时，着力提高企业自主创新能力，加大科技投入，鼓励创新发明，提高科技对企业经济效益的贡献率，增强企业发展后劲。

（三）强化品牌运营，实现利润最大化

推进企业品牌向产品品牌转化的进程，重点培育和打造农业名牌，力争形成一批特色鲜明、质量稳定、信誉良好、市场占有率高、具有国际竞争优势的品牌农产品，以标准化促进生产，以品牌化开拓市场，实现农业增效，农民增收，实现企业利润的最大化。

（四）延伸产业链，培育新的赢利点

在不断优化产业结构，实现生鲜农产品良性发展基础上，重点抓好下游的农产品精深加工产业链构建，形成上下游业务良性对接，互为推动，不断提高产品附加值。

（五）实施国际化战略，加快国际化步伐

加快实施"走出去"的海外经营战略，从单一产品出口到多种产品供应的转变，更大范围地参与国际分工，进一步拓展海外营销网络。

专家评议

超大模式的意义，不仅仅在于，抓住了消费趋势与消费心理获得了企业的成长与广阔的未来空间；不仅仅在于，将企业理念通过各种管理模式与管理技能得到了独特的产品线与整体产业链的有效成果；不仅仅在于，审时度势、利用科技力量改变了传统农业的生产模式。超大模式的价值，在于通过发现与满足市场需求来获得企业的发展与赢利目标，在于通过每一个决策、每一个脚印塑造了企业独有的品牌价值。超大告诉我们：一个企业的使命不单单赢利在产品销售、产品价格，更需要同时构建品牌自身的独特价值。而这独特价值的形成，自然得益于超大模式的市场洞察与实干精神。可以相信，只要能够进一步夯实"绿色生态产业链"，确保产品质量，无论在国内还是国际市场上，超大都将具有更强有力的竞争力。

（胡晓云）

福建森宝：创新经营模式　探索利益共赢

根据中国肉类协会的资料，2008 年，森宝公司在 90 家企业内名列中国肉类食品行业强势企业第 44 名。森宝崛起有很多方面的原因，其中一个重要的原因在于其生产经营模式的适应性。适合的才是最好的，找到适合自己的生产经营模式是每个农业企业稳定发展的重要保障。该模式贴合森宝实际，不仅有效地解决了产前、产中和产后分割问题，克服了企业存在的重经济效益、轻社会效益的倾向。更重要的是，该模式在培养新型农民、促进农民增收等方面发挥了积极作用。

一、发展历程

(一)第一阶段(1998—2003 年)：快速发展，一、二产业并进

创始人林庆麟立足于闽西得天独厚的自然优势和闽西人民丰富的畜禽养殖经验，于 1998 年创办森宝公司，开始白羽肉鸡的养殖、加工。随着饲养活鸡效益的示范、规模的扩大和对周围农户的带动，森宝白羽肉鸡的养殖、肉品加工销售逐渐形成了一定规模和知名度。1999 年，公司扩大规模，建立年 500 万只鸡苗的孵化场及年屠宰 600 万只肉鸡屠宰厂，2000 年，设立第一个肉鸡养殖场和第一个种鸡场。期间，公司聘请了专业营销策划人员为打响企业品牌出谋划策。至 2001 年，公司产品受到德克士、肯德基等洋快餐企业的青睐，成为德克士、肯德基等洋快餐的供应商。同年，"森宝牌"大胸肉(去皮单冻)、琵琶腿等产品被认定为"2001 年中国农业博览会名牌产品"。2003 年，公司孵化能力提升至 2000 万鸡苗。

(二)第二阶段(2004—2010 年)：平稳发展，进入生猪产业，公司规模和效益平稳增长

2007 年，收购龙岩宝顺 18 万吨饲料生产厂，拥有自己的饲料厂；2008 年，屠宰厂年屠宰加工能力增至 1800 万羽肉鸡；另一方面，进入生猪产业链。2005 年，公司为促进当地生猪资源优势转化为经济优势，投资成立福建森华实业有限公司，建成年屠宰生猪 200 万头的加工厂及现代农业生态养殖示范园，进行生猪产业链的生产经营。此外，公司进军房地产行业，进行商住房开发，为企业带来新的经济增长点。

(三)第三阶段(2011—2012 年)：成功上市，肉鸡产业链与生猪产业链分离，肉鸡产业规模扩大

2011 年 1 月 11 日，森宝食品集团于香港联交所主板成功上市。至此，森宝肉鸡产业链

与森华生猪产业链分离,森华实业独立经营。森宝食品成功上市意味着公司多年的经营得到社会的认可,上市募集资金全部用于肉鸡产业链的延伸。目前,公司形成了年加工 3600 万羽白羽肉鸡的生产规模,第二产业日益向纵深发展。

森宝创业之初,公司小、业务少,仅靠公司养殖基地及在市场上零星收购农户散养的白羽肉鸡进行试加工。产品投放市场后,由于其工艺先进、加工规格精准、产品逐步多样化,渐渐受到消费者青睐,因此得以与西式快餐肯德基、麦当劳、德克士等逐渐建立起合作关系,创造了"森宝"品牌效应。为了适应市场需求和提高企业竞争力,公司不断扩展肉鸡产业链,延伸肉鸡产品上下游产业,提升产品附加值。目前,公司已形成饲料加工、种鸡繁殖、肉鸡养殖、肉鸡屠宰、肉制品深加工、产品销售(即"养加销一条龙、贸工农一体化")的完整产业链。随着企业额不断发展,公司生产的产品前景持续看好,年产值逐年增加,仅靠公司养殖基地自养已无法满足市场所需,所以,公司采取了发动农户以基地形式集约化、规模化养殖的生产经营方式,以此保证生产原料来源。在此过程中,公司+基地+协会+农户"的产业化经营模式得以确立。

二、"公司＋基地＋协会＋农户"模式结构

森宝公司开始仅靠公司养殖基地及在市场上零星收购农户散养的白羽肉鸡进行试加工,为了保证原鸡收购质量以及减少市场供应波动,率先在龙岩地区成立了"龙岩市肉鸡产业协会",并且通过订单协议、资金协议等方式把广大个体养鸡户紧密组织起来,形成"公司＋基地＋协会＋农户"的产业化经营模式。

经过近十年的发展,森宝公司、产业协会以及广大养鸡户已成为在生产上相互联系、相互促进,在经营管理上又相互独立的有机组成部分。森宝实际上已成为一个包括科研、养殖、加工、销售等整个肉鸡产业链的社会化协作体系。目前,森宝有遍及新罗、漳平、永定、上杭等县区市的 6000 多户农户养鸡场,其生产量占公司肉鸡生产总量的 2/3。

(一)公司

在此模式中,森宝公司是农业生产社会化协作体系的核心部分,在整个产业链中占居主导地位,组建基地、引导农户成立养殖协会、为农户提供生产资料回收成品。目前,森宝拥有日加工肉鸡 12 万羽的加工厂、年产 18 万吨的饲料厂、年出栏 500 万羽的 5 个肉鸡饲养基地、年存栏 20 多万套种鸡的 3 个种鸡场和 1 个孵化厂,为公司自养及协议农户提供全方位服务。

(二)基地

第二个重要组成部分是基地。在森宝模式中,基地的概念包含两种,既包括自有养殖场基地,也包括集中养殖农户的养殖基地,一般以村为单位组成基地村。自有基地是企业自己的肉鸡养殖场,公司目前拥有年出栏 500 万羽的 5 个肉鸡饲养示范场,年产出原料鸡占公司肉鸡生产总量的 1/3。在森宝模式中,因为其养殖户普遍规模不大、分布相对集中的特点,森宝将密集分布养殖农户的村庄形成养殖基地村,统一进行管理。公司剩余 2/3 肉鸡原

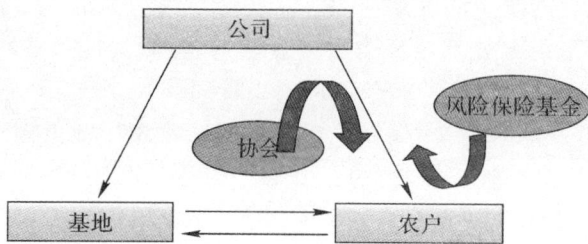

图1 森宝公司产业组织形式示意图

料则来自养殖基地村的养殖农户。

(三)协会

第三个重要组成部分是龙岩市肉鸡产业协会。该协会成立于2003年,与其他普通协会不同,该肉鸡协会组织更紧密,是一种以技术信息交流为纽带,推动农业产业化经营,利益分享和风险共担的新型农民经济合作组织。协会主要工作包括农户养殖技术培训、疫病防治、信息沟通,以及研究解决产业化发展中出现的新问题,确保肉鸡产业有序运行。协会由公司倡议成立,农户以自愿入会为原则,会员每只雏鸡交纳0.05元会费,公司按2∶1比例配套资金。协会上联森宝下联广大养殖户,为企业和农户架起互动双赢的桥梁。协会的加入更有利于协调农户和企业的力量。协会作为第三方非营利组织形式存在,为企业和农户提供一个交流协调的平台,旨在保证企业和农户合作时的平等关系。协会还有提供法律方面的咨询与服务的功能,提高农户的法律意识和素养。

(四)养殖户

第四个重要组成部分是养殖户。养殖户是模式中不可或缺的一环。整个模式链条中的养殖过程基本上全部由农户承担,森宝公司提供鸡苗与其他生产资料,将养殖过程交于农户,肉鸡成品后再统一回收。2003年成立龙岩市肉鸡产业协会以来,森宝公司以该模式发展至今辐射带动6000多户肉鸡养殖农户,稳固保障公司生产原料来源。在此模式中,公司与养鸡农户本着公司农户双赢,适当向农户倾斜的原则,签订高进高出的《肉鸡饲养协议书》。同时,为了消除养鸡农户"能不能赚钱,有没有风险"的担忧,公司采取了与农户签订合同契约、制定成品毛鸡保护价收购、无偿提供技术服务等一系列措施。该模式不仅可使签约农户借助森宝龙头企业获得信贷、技术、生产原材料、信息和其他服务,还能显著降低销售中的价格风险,有效增加农户收入。

作为龙头企业,森宝公司在订单农业的基础上,与其他农产品加工企业在带动农产品方面,主要在三个方面创新:一是通过农业生产社会化协作体系,森宝公司紧密依靠自己的基地获得稳定的发展。一方面,自有基地的肉鸡饲养示范场既保障了一部分产品来源,又能从事以肉鸡为主的新饲料、新技术的试验、示范和推广工作,能最迅速地将企业科研成果进行实际化操作并向养殖户进行推广。另一方面,养殖基地村的概念也将分散的小的养殖户组织起来,归为统一基地管理。二是由于是已经形成一个集种苗、养殖、技术服务以及加工和销售等环节于一体的社会化协作体系,其肉鸡养殖协会就不再是单纯的市场中介组织,该协会还是一个管理和协调机构,能够为农户提供风险基金的保险支持,同时还要对广大订单农户进行全程技术指导和培训,实地帮助养殖户解决各种养殖问题。第三,有了协会的存在,模式中公司与养殖户之间力量不均衡问题得到有效解决。协会作为第三方既不代表企业的利益,也不代表农户的利益,旨在保证企业和农户合作时的平等关系。若出现农户在生产经营过程中无话语权、自主意志得不到体现,农户与公司的权责严重不对等、条约显失公平等问题时,协会便可干涉并提供一个平等的谈判平台,有效地保证农户的合法权益。

所以,在森宝的农业生产社会化协作模式下,森宝公司同农户的协作关系就涵盖了产前种苗培育,产中技术指导、饲料疫苗及其他生产资料供应,到产后的成鸡收购、加工和销售的整个肉鸡产业链。公司与农户之间不再是单纯的市场交易关系,而是通过协会和基地,形成多方的良性互动关系。

三、森宝模式下的良性互动措施

(一)实行高进高出,保护价收购

公司在企业与农户的利益联结与利益分配问题上,将农户利益置于首位,农户安心养殖管理,企业承担和化解市场风险,两者之间始终坚持互惠互利的原则,企业以带动农民增收为己任,积极支持农民走生态养殖业脱贫致富之路。森宝按农户的饲养收益平均每羽肉鸡利润1.2元左右测算,实行保护价收购,以保障农民的利益。《肉鸡饲养协议》是维系公司和农户双方养殖关系的基石,几年来,尽管养殖成绩上下波动,鸡肉产品市场跌宕起伏,特别是2005年国内外"禽流感疫情"影响,导致公司鸡肉产品价跌货滞,每吨产品平均价格下降1000多元。但森宝公司在自身经济效益蒙受严重损失的情况下,依然恪守协议,不压级压价,保证及时按级收购毛鸡支付货款,保证了农户的利益。

(二)"五统一"实现双保障

森宝公司自建饲料加工厂、种鸡孵化场等,与农户签订合同契约,制定了统一供应鸡苗、统一供应饲料、统一供应药品器械、统一提供技术服务和统一成品毛鸡保护价收购的"五统一"系列保障措施。一方面保障农民利益,让农民朋友吃上"定心丸",另一方面也保障原料鸡的产品质量。为保证饲料、兽药等投入品无公害,公司实行严格的供方评审制度,任何投入品都须经严格评审后列入公司供方合格名单,所有原料投入品也只能从名单中的供应商采购。在控制药物残留方面,公司杜绝禁用药品,控制限用药品的使用,所有兽药须从公司供应科供应。为防止有的养殖农户贪图便宜乱用药,公司对农户直接按进货价供应,由公司补贴运杂费、仓储折旧费等。

(三)提供封闭贷款,承担全部利息

资金问题是一直制约农户生产、发展的重要问题。鉴于饲料成本占总成本的70%以上的行业特殊性,为解决经济困难养殖户的生产问题,公司在金融部门支持下,主动提供贷款

担保,实行了"饲料封闭贷款"政策。农户正式与森宝公司签订养殖协议开始养鸡后,银行给予该农户每只鸡 9 元的饲料贷款,这笔贷款由森宝公司提供担保,农户不直接拿现金,但可按额度提饲料,饲料贷款在农户回收毛鸡的结算款中归还。森宝公司还承担了贷款的全部利息,"饲料封闭贷款"从根本上解决了农户生产资金问题,而承担全部利息的政策,更体现了增加养殖利润,促进农民增收的农业产业化重点龙头企业龙头作用。据统计,仅 2002 年至 2006 年,公司为农户承担贷款利息达 389.68 万元。

(四)建立风险基金,规避养殖风险

龙岩市肉鸡产业协会成立风险基金,起到风险准备金体系的作用。农户和企业在每一个正常收入的自然年都按一定的比例提取准备金,以预防不可抗的自然灾害带来的损失。当自然灾害发生时,森宝公司从该准备金中拿出一部分用于补贴农户的损失,基金由农户会员按进鸡苗数 0.06 元/羽标准缴纳,公司按 0.1 元/羽标准给予配套扶持。当会员在肉鸡饲养过程中发生重大疫情或遇到其他各项原因,出现较大亏损时,风险基金按一定的比例额度给予资金补偿支持,保证农户的最低收益以及贷款的最低偿还额,有效减少风险变化对农民利益的损失。这也一定程度上增强了银行发放农户小额贷款的信心。风险准备金体系建立后,不仅养殖户抗风险能力显得更强,整个森宝模式也变得更稳定。

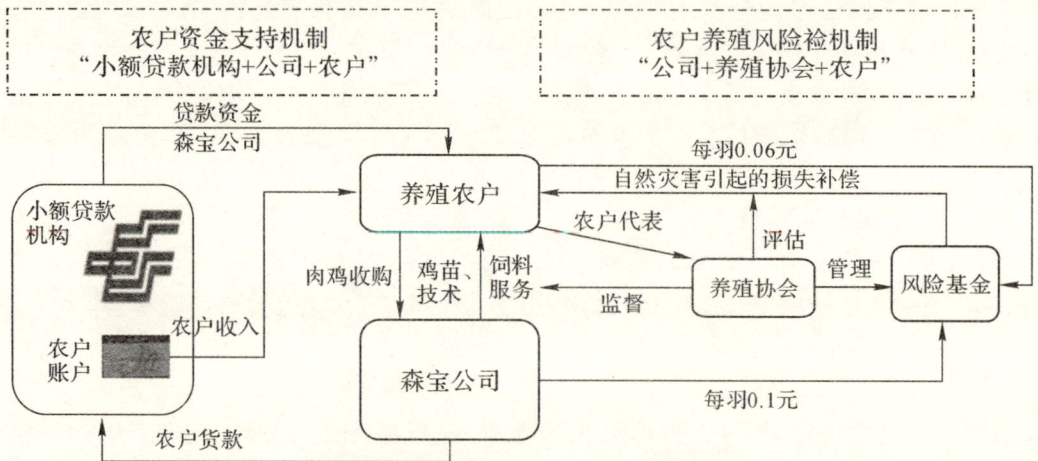

图 2   森宝公司与农户的利益联结机制

(五)技术服务带动农户

在公司直控的养殖基地,推行 GAP 良好农业操作规范养殖生产模式;对占总量 70% 多的农户养殖场,则成立技术服务部无偿为农户服务,并且想方设法提高养殖户的科技素质,实现科技扶贫的目的。只有把农民的脱贫致富转移到依靠科技进步和提高劳动者素质的轨道上来,才能使养殖户建立起自身造血功能,走稳定脱贫的道路。首先,从加入肉鸡养殖开始,公司即对养殖户进行包括鸡舍选址、修建鸡舍、设备安装、养殖、防疫等技术培训;其次,举办多种形式的技术培训班,为农户传授养鸡真经和现场指导,同时启动养殖示范户,采用一帮一、手拉手结对子活动,发放科技简报,开展科技下乡入户等形式,努力提高农民

的科技文化素质和吸纳、选用新技术、新知识的能力；而且，公司技术人员深入养殖户主动提供上门服务，分片到区，责任到人，只要农户需要，无论白天黑夜，技术员随叫随到，无偿提供全过程、周到的技术服务。

四、产业链构成

企业开创之初，森宝采取的是自有养殖场养殖、零散收购和加工模式，公司主要负责肉鸡的加工环节，没有和外界形成广泛的生产协作联系。后来，规模扩大，逐步将养殖环节交与农户，在加工业基础上，形成了具有鸡苗孵化、养殖技术推广和培训、产品加工和销售，以及市场风险共担的产业综合体，其职能范围包括产前、产中和产后的整个产业链。这种新型的农业生产社会化协作关系在很大程度上促进了农业综合生产能力的提高，是家庭经营和社会化大生产协调的结果。

森宝将公司、基地、协会以及订单农户共同构成一个有机整体，形成"公司＋基地＋协会＋农户"的农业生产社会化协作模式，建设了从种苗到加工到销售的产业链。

首先，森宝是这个产业链的组织者，主要负责前端种苗研发和后端加工销售，将中间的养殖过程大部分交与农户，通过建立一整套完备的肉鸡饲养风险扶持补助措施，完善肉鸡养殖疾病防疫体系，配备具有较高素质的专业技术人员队伍，加强整个肉鸡产业链的管理，提高料肉比产出，调高肉鸡回收价格，使得农民踊跃加入肉鸡养殖协议户，饲养队伍不断扩大，保障原料的供应。

其次，将集中养殖户的村庄变为养殖基地村，能更高效地进行管理。企业自身的基地则在保障一部分原料供应的同时，能成为养殖技术、饲料的试验场和示范场，便于企业灵活应对原料市场波动。养殖户主要承担肉鸡的养殖环节，不要操心原料和市场，能专心养殖技术提升和养殖量的扩大。协会在产业链的过程中并没有承担哪个环节，但它是农户和公司间的纽带和润滑剂，从技术指导到规避风险都离不开它的作用。森宝在产业链上的创新在于其循环产业链条，从饲料源头到销售终端体现了产业链的完整性，最大程度利用资源节约成本。并且在产业链延伸的过程中，企业始终围绕"白羽肉鸡"这一核心产品，积极观察和研究市场，保持企业的市场竞争力，形成"企业围着市场走，农户跟着龙头干"的生产链。

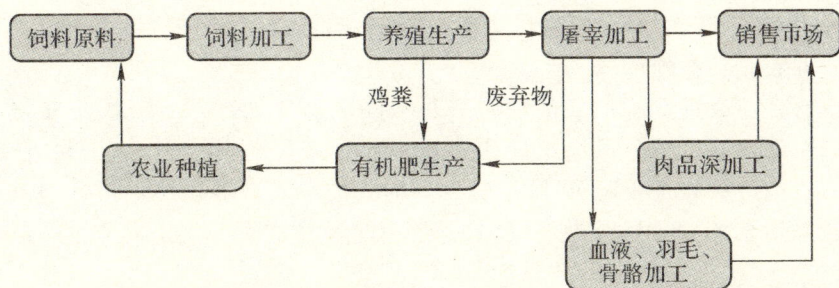

图 2　森宝公司产业链

五、森宝模式的比较优势

农业生产的社会化协作是当今世界经济发展的必然趋势，也是现代农业生产的一个发展方向。目前，中国农业已经存在着多种社会化协作的农业经营模式，而森宝模式具有其独特的适用性优势。

(一)专业协会模式或合作社模式

大部分农业专业协会或合作社的职能只是针对农业生产的某一环节，或只提供技术服务，或只提供销售加工。比如，专业协会只提供技术服务和专业交流，类似一个技术服务的公益组织。合作社主要负责产品销售和统一收购，但不管之前的生产养殖。其职能并不覆盖整个产业链，所以，属于"水平型"的农业生产社会化协作关系。当然也有部分协会或合作社开始涉及从种苗到养殖到销售加工的全产业链，但实施过程中依然存在种种困难。

(二)"公司＋农户"模式

"公司＋农户"模式与专业协会或合作社不同，公司（企业）属于农产品产后加工部门，而农民属于产中经营者，所以，"公司＋农户"模式是一种跨产业链性质的"垂直型"生产社会化协作模式。这种模式将产销环节有机地结合起来，实际上也是协调农民分散经营与社会化大生产矛盾的有效方法。

上世纪90年代末开始，我国形成了一种农业产业化主导模式——"公司（或农业龙头企业）＋农户"模式。在当时的历史条件下，"公司＋农户"的模式解决了农户与市场的对接问题，对于促进农业和农业企业发展都起到了积极的推动作用。从表面上看，这种模式具有广泛的适应性，农户经营的不确定性因素相对减少，能有效地调动农民生产优质农产品的积极性，能较好地保护企业和农户的利益。但是，随着农业产业化水平的提高，这种模式的局限性日益凸现。在这种模式下，农户和公司结成的是一种松散型的买卖关系，而不是利益共同体。两者之间缺少互相联系的媒介，常导致产品需求信息难以直接沟通，交易过程较难有效组织，合作时好时坏，违约行为屡见不鲜（如价格上涨时，农户可能就会另卖他人）等问题。另一方面，这种模式的监督、协调和履约成本昂贵，农户千万家企业只有一个，如果实施更强有力的对接，企业成本很高。在市场经济环境下，绝大多数公司只管以自己的收购标准和农户产生联系，缺少对农民生产过程的重视，会引发产品品质问题，也存在公司以大欺小，侵蚀农民利益的情况。

当然，也有企业改进此种模式的缺陷获得成功的。比如广东的温氏集团，以专业化农户为生产基础，由旗下二级公司组织现代农业产业生产经营，把农户生产纳入现代农业产业链经营中，鸡苗产权归企业所有，利用契约等形式委托农户养殖缔结成利益共生体，通过创建"一体化养殖公司"形式，实现一体化经营。此种模式可称为升级版的"企业＋农户"模式。

(三)"公司＋协会(合作社)＋农户"模式

针对"公司＋农户"模式存在的问题，逐渐发展出"公司＋协会＋农户"或"公司＋合作社＋农户"的模式。部分龙头企业组织或倡导、或者农户自发组织成立协会(合作社),协会(合作社)负责与农户进行产品交易、信息沟通,并代表公司与农户签订合同、从事质量监管等。少数企业为了保证货源稳定,通过协会帮农民预垫生产周转金,形成了最新流行的"公司＋协会＋农户"模式。无论是协会还是合作社,这种模式的实质在于农户通过组建合作组织,以团体的形式参与农业产业化经营,从而达到实现自身利益、提高谈判地位、增强市场影响力的目的。

在这种模式下,合作组织主要起市场中介作用,公司基本不与农户发生直接联系。"公司＋合作组织＋农户"模式较"公司＋农户"模式更具有优势。前者克服了后者纯市场性的不足,合作组织代表公司与农户签订最低保护价,如果市场价低于保护价,就按保护价收购,如果市场价高于保护价,则按市场价收购,从而较大程度上保护了农民利益。"公司＋合作组织＋农户"模式解决了农户和市场对接的问题,这是一种相对稳定的合作关系,也被称之为准市场契约型社会化协作关系。它反映的是农业生产社会化协作关系的中级发展阶段,属于半松散型模式。该模式虽然通过协会将产、销两大环节有机结合起来,但同上述"公司＋农户"模式一样,公司与农户在产前、产中环节上还是没有内在联系,大多数合作组织也不直接参与农户的具体经营管理过程。无论是"公司＋协会＋农户"模式,还是"公司＋合作社＋农户"模式,存在着一个共同的不足之处,即都局限于优化农产品产后市场交易环节,而具体生产过程的关联性较小,更谈不上产前的协作关系。在这种情况下,公司关注的往往只是经济效益,而很少关注到社会效益和农民的自我发展问题。

(四)"公司＋基地＋农户"模式

"公司＋基地＋农户"的经营模式不同于"公司＋农户"模式。"公司＋农户"一般是保持农民土地使用权不变,由公司提供种子、农资、技术服务,让农民种养植,公司保价包销农产品,其最高境界是订单农业。而"公司＋基地＋农户"模式是让农民把土地使用权以租赁、入股等形式转让给公司,由公司连片开发建成基地,农民既可取得租金、分红,又可"应聘"到基地打工,领取工资,其最高境界是规模农业。二者均在一定程度上解决了农民无钱投入经营的问题,促进了农业新技术、新产品的推广,农业增效和农民增收等问题。"公司＋基地＋农户"模式中的农民更像是农业工业化生产中的产业工人,靠土地和劳务与公司发生联系,一定程度上丧失了自主性。但"公司＋基地＋农户"对于大型农业企业,特别是对生产标准要求高、规模化程度高的企业而言是相对具有优势的模式。它更有利于打破分散型家庭农业,实现规模型的集约农业,有利于减少政府和农民个人的投入(负担),增强了农业基础设施建设、防御建设、防御自然灾害的能力等等。

如上述,每种模式都有其不同的适应性,都在一定程度上解决了家庭经营的小农户、大市场的问题,解决了生产过程中产前、产中和产后环节分割的问题。但如何在农户利益和企业利润中维持平衡,实现共赢,需要根据各农业企业不同的行业特点和各地区域不同的农村情况进行决策。但是,无论哪种模式,利用龙头企业带动千家万户农民发展的整体思路是可取的。龙头企业是市场竞争中大浪淘沙的结果,它意味着科学化生产、意味着市场化操作、意味着市场份额、意味着品牌、意味着标准、最终意味着效益。

六、成效与启迪

十余年来,森宝公司坚持走"公司＋基地＋协会＋农户"的"订单农业"模式,实施科技创新与基地建设并举,有效应用科技项目,向农户适当倾斜利益等措施,不但给森宝公司带来了显著的经济效益和发展动力,也给广大养殖农户带来了增收致富的重要渠道,获得了经济效益与社会效益双丰收。至 2011 年,森宝公司带动白羽肉鸡养殖农户 6000 多户,每户农户每年获利 3 万多元;直接招收员工 1400 多人,带动农户养鸡场养殖及管理人员近万人就地就业,并带动了各地农户鸡场的养鸡、运输、服务等其他相关产业人员就业;拉动了建筑、建材、电力、交通运输、物资供应、商贸服务等相关产业的发展,鸡舍建设需要大量的水泥、砂石、油毛毡、彩条布、五金交电等物资,养鸡生产常年需要运输鸡苗、饲料、毛鸡和鸡肉产品,并带动相关的商贸服务产业;为养殖农户提供信贷和技术支持,在一定程度上降低了政府在信贷支持、稳定物价、农业投入补贴、政府研究等公共项目上的支出。森宝公司的快速崛起,不仅有力地促进了闽西老区养殖业的可持续快速发展,增加了大量的劳动力就业,帮助农民实现增产增收,而且对闽西革命老区农村经济和社会发展起到了推动作用。

比较目前国内各种农业生产社会化协作模式可见,森宝公司的"公司＋基地＋协会＋农户"的农业生产社会化协作模式,在解决了产前、产中和产后分割问题的同时,还形成了公司、农民和协会"三赢"的利益共同体,同时,在培养新型农民,促进农民增收以及扶助农村贫困户等方面,都具有独特的重要作用和社会意义,具有一定的借鉴作用。

专家评议

无论何种生产经营模式,合适的便是最好的。选择合适的生产经营与社会协作模式,需要科学、理性的分析思维与战略眼光。森宝公司在深刻分析了自身优势、区域农户特征、农业生产有效模式的前提下,选择了能够获得最有效的产业链互动关系,获得公司、协会、农户三方共赢甚至拉动相关产业多赢的"公司＋基地＋协会＋农户"生产经营模式。事实说明,森宝成功了,借此模式,让协作各方获得了较高的经济价值与社会效益。值得强调的是,保证农户利益、协作链中各组成部分的通力合作、各司其职是实现"公司＋基地＋协会＋农户"这一优势模式的重要基础。

（胡晓云）

湛江国联：寻机实现战略转型
创造"国虾"新高度

上世纪 90 年代末，湛江的对虾养殖业得到了迅猛发展，从事对虾养殖的农户多达十余万家以上，水产养殖业成为湛江农业的重要支柱。出生于湛江市南三镇一个小渔村的李忠，从小就耳濡目染对虾养殖功夫，并了解到虾农养虾"增产不增收"的个中原因，便于 1994 年创立了湛江市国通水产有限公司，开创了空运活对虾等高档海产品的经营新模式，将湛江对虾打入北京、天津等市场。这一模式和举措，为湛江对虾产业的迅速发展做出了示范效应和巨大贡献。2001 年初，凭借多年的水产经营经验，李忠看到了经济全球化和中国加入 WTO 的大好机遇，与好友陈汉一起创办了湛江国联水产开发有限公司（以下简称"湛江国联"），开启了湛江国联与众不同的发展历程。

一、发展历程

（一）赶超先进阶段：2001—2004 年间

2001—2004 年，国联以中国加入 WTO 为契机，确立了"发展加工出口，带动对虾养殖"的发展理念，先后通过了广东检验检疫电子大通关试点企业、湛江市农业龙头企业、广东省高新技术企业等各种资格认定，水产品出口额由 2001 年的 62 万美元迅速增长到 2004 年的 9107 万美元。

2004 年，美国对泰国、中国、巴西、越南、厄瓜多尔、印度等 6 国的输美虾产品提出了反倾销诉讼。美国商务部指定湛江国联等四家虾类出口企业为强制调查对象。2004 年 12 月 1 日，美国商务部裁定国联公司税率为 0.0676%（税率低于 0.2% 即视为零关税），中国水产企业平均税率为 55.23%、未应诉水产企业税率为 112.81%。

在本次反倾销诉讼事件中，湛江国联积极应对挑战、果敢应诉，最终赢得了"零关税"的伟大胜利，为中国水产界写下辉煌的一页。

（二）产业化发展阶段：2005—2009 年间

2005—2009 年，湛江国联制定了产业链全面发展、打造全球化中国水产领军企业的发展战略，企业的对虾种苗、饲料、养殖、加工等产业环节得到了全面发展。

2005 年，湛江国联通过了广东省农业龙头企业、农业产业化国家重点龙头企业、全国农产品加工业示范企业的认定，子公司湛江国联水产种苗科技有限公司成立，国联组建了湛

图 1   湛江国联的产品展示

江市水产品深加工工程技术研究开发中心。

2006 年,国联加工厂通过 ACC 之 BAP 标准认证,成为湛江市首个出口创汇超 1 亿美元企业,被评为全国农产品加工业出口示范企业,子公司湛江国联饲料有限公司成立。

2007 年,湛江国联的对虾种苗场、养殖场、加工厂通过了 ACC 之 BAP"三星"认证,子公司"广东国美水产食品有限公司"成立,南美白虾加工项目及国联饲料厂、对虾良种繁育场与养殖示范基地等相继建成投产,国联水产科研中心落成。湛江国联被评为全国质量工作先进集体、中国重信用守合同企业、全国商务系统先进企业。

2007 年 6 月 28 日,美国 FDA 以"中国输美水产品多次被检出含潜在危害性的残留物质"为由,宣布对从中国进口的鲶鱼、巴沙鱼、虾、鲮鱼和鳗鱼 5 种养殖水产品实施自动扣检措施。在美国卫生与人类服务部考察团和美国 FDA 检查团两次苛刻考查后,宣布解除对湛江国联的对虾产品的自动扣检禁令。湛江国联水产成为唯一免受水产输美限制的中国企业,为全面解除中国输美水产品自动查验措施迈出了关键一步。

2008 年,湛江国联组建了广东省水产品加工工程技术研究开发中心,国联对虾种苗场通过了广东省省级对虾良种场资格认定,检测中心通过中国合格评定国家认可实验室认证。

2009 年,金融危机蔓延全球,湛江国联及时调整经营策略,开辟了活虾直通供港市场,成为国内首家活虾直通供港企业。同时,湛江国联取得了 ISO14001 环境管理体系认证,通过了国家对虾加工技术研发分中心和省级企业技术中心认定,国联罗非鱼种苗繁育与养殖示范基地建成投产。

(三)资本化运营阶段:2010 年以后

2008 年 4 月 12 日,湛江国联水产开发股份有限公司创立大会在深圳召开。4 月 21 日,湛江国联水产开发股份有限公司(湛江国联股份)经批准正式成立。

2010 年 7 月 8 日,湛江国联在深圳创业板挂牌上市,迈进了资本运营的快速发展轨道,成为中国虾业中首家上市企业,也开创了湛江民营企业上市的先河。当年,湛江国联股份全年水产品出口创汇 14616 亿美元,国联虾苗销售量 23 亿尾,饲料销量 16382 吨,被评为中国食品行业最具成长性企业、全国农业产业化十强龙头企业，"国联（GUOLIAN）"商标被评为中国驰名商标。

2011年，湛江国联股份的水产品出口创汇14974亿美元，国联虾苗销售量27亿尾，饲料销量24900吨，罗非鱼种苗销量2820万尾；国联属下多个养殖场通过供港活鱼养殖场注册，成为活鱼直通供港注册企业。

表1　湛江国联股份近年经营情况

年份	销售收入 （单位：亿元）	出口额 （单位：万美元）	资产总额 （单位：亿元）	资产负债率 （%）
2008年	8.98	11354	8.47	55.68
2009年	10.12	13306	9.61	51.33
2010年	11.09	14616	20.29	19.27
2011年	13.31	14974	20.41	18.69

二、"无缝"供应链管理

通过十余年的发展，湛江国联已构筑起种苗、饲料、养殖、加工及销售纵向一体化的产业链，其对虾出口一直位居国内同行的首位，年出口创汇超亿美元，其中，湛江国联出口美国市场的对虾占据了中国对虾出口美国市场总额的近半壁江山。

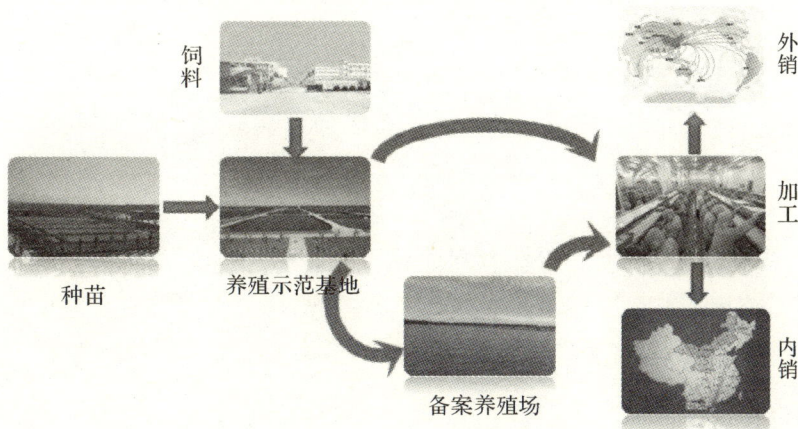

图2　湛江国联的一体化产业链

湛江国联的董事长李忠始终保持着当年创业的激情，提出了"打造中国对虾第一品牌"的口号，立志成为最具国际竞争力的中国水产标杆企业。

十数年后，湛江国联拥有了让国内外众多客户放心下单的资本。究其原因，就在于湛江国联开创了从池塘中活蹦乱跳的虾苗到餐桌上味道鲜美的虾肉、从健康养殖到安全加工再到保鲜运输的"无缝"供应链管理体系。

(一)"无缝"养殖管理

湛江国联的南三基地是国内首个获得全球 BAP 认证的对虾育苗场。场里采用无公害健康养殖模式:放苗前养殖用水要经过过滤、消毒处理并进行微藻等生物饵料培育;放苗后投喂符合国际标准和特殊环保配方的"国联饲料";全程使用益生菌(包括芽孢杆菌、光合细菌和乳酸菌等)调节、稳定水质。养殖废水经沉淀、过滤、生物降解、消毒达标后排放,从而保障对虾养殖业的可持续发展。

亲虾种苗抵达南三基地后,育苗车间即开始培育虾苗,期间历经水处理、病毒检测、幼体投放、育苗、标粗等步骤,还要配以运转良好的供气、供热和饵料系统。经过层层严格把控培育而成的虾苗有个响亮的名字——"国联 1 号"。这种虾苗品种纯正、适应性强、生长快、产量高,养殖成功率达 80% 以上。李国通副总曾充满自信地说:"我的目标和理想不是出苗最多,而是确保每条虾苗都由最精选的种虾产出。我们这样做是为了使整个行业有保障,因为很多农户买我们的虾苗回去养殖。如果我们没有这种定位,这条种苗很快就会被淘汰,也会把行业环境搞得很混乱。"

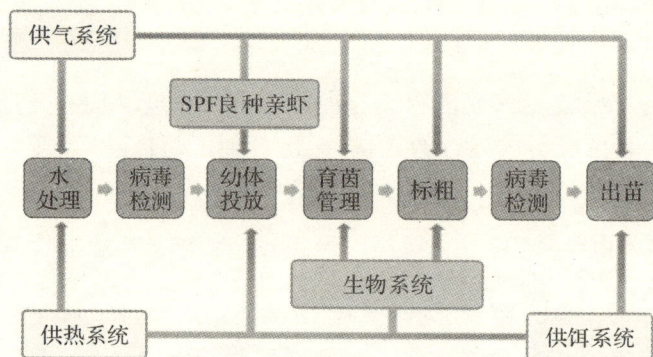

图 3　虾苗培育流程图

* SPF(Specific Pathogen Free)无特定病原,保证动物没有携带特定的病原。

* 标粗是指把 0.8~1 厘米左右的虾苗放在小型池塘中培育到体长 3 厘米大规格虾苗的过程。

出苗后的虾苗被投放到养殖池塘中继续喂养,直至虾体大小达到标准规格后才可捕捞进入加工环节。养殖期间,还要及时检验水质、饲料、土壤等环境以及药物残留情况。

(二)"无缝"加工管理

湛江国联共有四个生产加工部门,分别为生产一部(外销产品加工)、生产二部(内销产品加工)、海洋食品深加工生产部(虾肠、虾丸等食品加工)和米面事业部(为通用磨坊代工其系列冷冻食品)。以生产一部为例,湛江国联的"无缝"加工管理主要体现在保鲜工艺、生产部门架构、车间分工和管理模式等方面。

1.保鲜工艺

虾属于生鲜易腐产品,从池塘打捞上来后要采取保鲜措施,在加工、运输过程中对温度控制也有严格的要求。保鲜措施分为两个阶段:(1)原料保鲜:将打捞出的虾置于泡沫箱

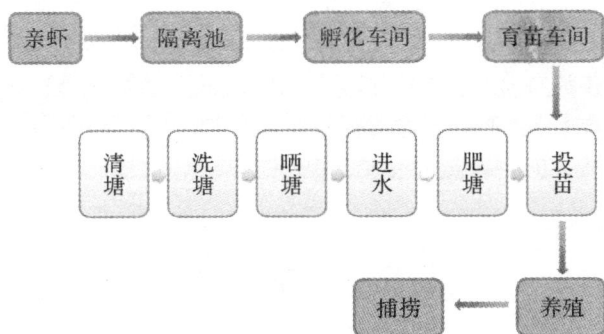

图4 对虾养殖流程图

中,分层加入干冰,保持虾体温度在零上 4~5℃左右;(2)加工、产品库存与运输过程中保持
零下 18℃,使保质期最长可达两年。

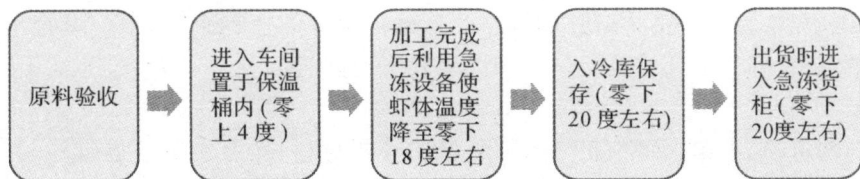

图5 对虾生产加工流程及保鲜工艺

2.生产部门架构及管理模式

生产部门的事务由经理和副经理统筹管理,每个车间还有车间主任和副主任,其下设
立班组长岗位。班组长作为基层领导直接带领工人完成生产任务,在监督指导工人的同
时,还要抽查质量检查员和统计员的工作。

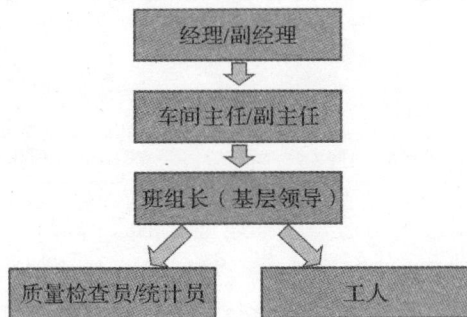

图6 生产部门的组织结构

仍以生产一部为例,一部共有五个车间和一个冷库中心。这五个车间职责各不相同,
分工清晰明确。三车间主要负责给虾去头;五车间负责生产块冻产品,同时做材料分选,也
就是根据虾体大小进行分类;六车间以生产单冻虾为主;七车间以熟虾为主;八车间负责以
面包虾为主的深加工产品;而给虾体去壳这种基础性工作是几个车间都要完成的。冷库中
心是贮存原料和成品的地方。

湛江国联生产部门所使用的生产加工车间整洁有序、分工明确、管理规范、标准统一。所有进入车间的人都要经过严格的消毒程序,每人一套连帽工衣,一只口罩,一双长筒胶鞋。双手洗净后还要在消毒水中浸泡一阵,如果要接触产品则必须配戴手套。

湛江国联的生产线实行 24 小时不间断生产,所以工人需要两班倒。管理人员则采取现场巡查与视频监控相结合的手段进行生产管理与指导。

(三)"无缝"原料采购管理

湛江国联的采购体系由原料采购和其他采购两部分组成,其中,原料采购业务(采购种苗、饲料和成虾等原料)由国通公司经营,国联副总经理李国通全权负责。原料采购基本有以下内容:

1. 种苗

2005 年以前,湛江国联使用的是自主培养的虾苗,但虾苗抗病能力不强,生长速度也较慢。2005 年后,湛江国联开始从美国 SIS 公司采购亲虾种苗。这种亲虾所繁殖的虾苗生长快、抗病力强、规格整齐。整个亲虾的挑选及运输都由专人全程跟踪,由此繁育出的虾苗一部分用于销售,一部分培育成成虾供给湛江国联生产部门。

2. 饲料

主要采购鱼粉、豆粕、面粉、花生麸和菜籽粕等原材料,除鱼粉属于进口外,其他原料皆来自国内供应商供货。

3. 成虾

除自产自销部分外,湛江国联主要从广西、海南、广东等省的备案养殖场收购成虾,甚至还在世界范围内采购成虾,包括印度、泰国、印尼、厄瓜多尔、墨西哥等国。

表 2   原料虾采购情况表

项目	2009 年度		2008 年度		2007 年度	
	金额	比例	金额	比例	金额	比例
国内采购	63,817.75	89.00%	68,286.98	90.98%	48,826.79	97.19%
国外采购	7,889.11	11.00%	6,770.93	9.02%	1,411.07	2.81%
合　计	71,706.86	100.00%	75,057.91	100.00%	50,237.86	100.00%

统管原料采购业务的副总李国通这样描述国联的采购流程:"供应商提供样品给我们,国联检验合格后将样品封存起来,货到工厂后我们进行抽检,检验货品是否与样品的规格一致,如果有异样,该怎么办我们会根据条款条例和规章制度来办事。"

(四)"无缝"库存与配送

收来的成虾在未经加工前一般要送到冷库中心或在车间的保温桶内低温储存,保证虾体温度在零上 4~5℃以下;车间加工完的产品在运输前也要在冷库中心贮存,这时要求的温度在零下 20℃左右。工厂出货时要将产品放入急冻货柜(零下 20℃左右),然后装车运走。

湛江国联 90%的物流配送外包给第三方完成,自己负责剩下的 10%物流。产品装柜出厂后，采取门对门运输的方式，期间不再打开冷柜。比如一批货要发往北京，先陆运至湛江港，然后海运至天津港，最后转陆运到达北京，这期间不会中途开柜卸货。

外销产品一般是先有订单再组织生产，生产完即刻运走，库存压力小，而内销产品一般要先生产出来，然后再分拨销售，库存压力较大。

湛江国联用于内销市场的库存总量达 5000 吨，北京分公司目前的库存能力为 200 吨。因此，湛江国联计划在天津建设 2000 吨存储量的库存中心，以覆盖华北市场，并将采取合作或合资的方式，在湛江、济南、天津、山西、沈阳、郑州等城市重点建设冷链物流体系。

三、"2211"电子监管系统

湛江国联"无缝"供应链管理的实现，离不开其创建的电子监管系统。2003 年，湛江国联首开行业先河，建立了"2211 定时监控系统"。该系统在各个车间（从虾苗养殖到加工运输）、库房安装了 208 个高清摄像头，监控中心可以实现摄像头 360 度旋转监控，视频画面可放大到清晰显示员工制服的编码，监控范围包括种苗繁育、对虾养殖、原料接收、产品生产、洗消通道、内外包装、综合检测、装柜出货等产业链各个环节。系统保证了产品从种苗、饲料、养殖到水产品生产加工、包装和运输等全过程即时电子监控。同时，生产部 24 小时值班，若发现有不符合生产规范的情况发生，即利用声控、通知单、对讲机、电话等多种方式通知现场品控人员，及时纠正，实现过程监管。目前，该系统可保存一个月的 DVD 格式监控记录，若发现产品出现质量问题，可通过产品包装上的生产批号，追踪溯源，查出是哪个虾塘的虾、哪个班组生产的、哪里出柜的等有效监控记录，实现产品追溯制度。

以此为基础，湛江国联同时在国内率先推行检验检疫"2211"电子化监管系统，由于相关方都可通过互联网实时看到监控画面，而数据中心保存的全程质量数据记录可实现所有产品的质量追溯，因此，大大简化了湛江国联水产的通关手续，使得原本的通关时间由七天缩短到两个小时左右。这种电子化监管模式严格把控产品质量问题，使湛江国联的外销之路得以畅通无阻，并成为破除贸易壁垒的利器。

正当湛江国联呈现一派欣欣向荣之时，2003 年 12 月 31 日，李忠收到了一纸诉状。美国南部虾业联盟向美国商务部正式提出了对中国、越南、印度、泰国、巴西和厄瓜多尔六国对虾进口的反倾销申诉。美国商务部指定湛江国联水产、汕头红园等四家虾类出口企业为中国强制调查对象。消息传出，李忠等感到了前所未有的压力。如果一旦裁定关税过高，湛江国联的外销之路或许将就此中断。

作为被强制调查的对象，如果湛江国联应诉成功，将获得单独的关税税率。而未被指定的公司将接受四家强制调查企业的平均税率。积极应诉成为湛江国联扭转此次危机的唯一途径。长达一年的应诉过程中，"2211 电子监控系统"录像成为重要的谈判证据，为湛江国联在应诉中赢得了主动。

2004 年 11 月，美国商务部和国际贸易委员会裁定中国企业反倾销税率平均为112.81%，湛江国联水产被单独裁定为 0.0676%（关税低于 0.2%，可视为零关税），成为全球输美冻虾仅有的两家、"零关税"企业之一（中国仅有一家）。

网络中心主管刘海生在谈到"2211 电子监管系统"时显得特别自信："只要经过我们授

"2211"模式系统业务示意图

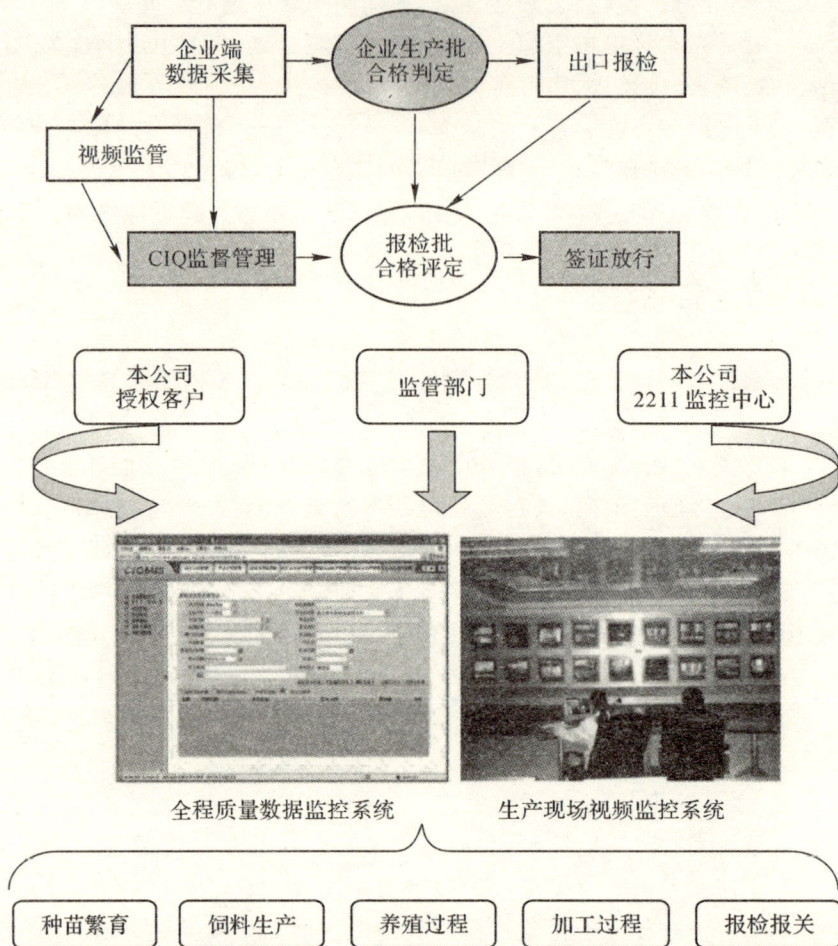

图7　"2211"电子监管系统及运营效果图

权,你在世界任何地方登陆互联网,都可以通过我们的电子监控系统观看实时录像,查看相关数据。如果你是客户,我们可以根据你订购的产品类别,把相应的产品生产线(视频)授权给你,你不用来我们公司,坐在自己办公室或家里就可以看到产品的整个加工过程。"

四、"捆绑"经营策略

"捆绑经营"策略是国联产业化发展的有效模式。该模式以公司与养殖户共建大规模出口原料养殖备案基地为基础,以优质种苗和饲料供应、养殖示范、技术服务等为保证,以加工出口为支撑,将公司与养殖户联结成紧密的利益体。

(一)"捆绑经营"的基本流程与内容

1.共建出口原料养殖备案基地

湛江国联年对虾加工原料总量在4万吨以上,为保证原料的稳定供应和质量安全,湛江国联与养殖户共建出口原料养殖备案基地。在基地建设过程中,国联首先与养殖户、养殖场、村委会、联合社等签署联合备案养殖场协议书确立订单合同关系,并做好如下扶持、服务及管理等工作:

(1)扶持养殖场建设办公室、饲料房、药品房,配备文件柜、药品架等相应的设施。

(2)成立养殖备案部,协助养殖场建立《质量管理体系文件》、《养殖技术操作规程》,并做好《饲料出、入库台账》、《药品出、入库台账》、《出境加工用水产养殖场日常监管手册》,及每口塘的《养殖生产记录》(池塘信息、苗种信息、饲料信息、水质情况等)、《用药处方笺》等,并协助管理好相关的档案资料。

(3)扶持养殖场检验检疫备案办证、水质检测等费用。

(4)通过养殖示范基地的养殖模式、养殖技术、管理措施和养殖效益全方面示范,推广标准化养殖模式,对备案养殖场从池塘到种质,到养殖技术、生产管理技术和产品质量标准均进行统一的规范。

(5)对养殖户进行健康、高效养殖技术培训,派遣骨干技术员服务小组长期蹲点各养殖场,为养殖户提供现场技术指导。

目前,湛江国联已与养殖户共建出口原料养殖备案基地68000亩。其中,对虾养殖基地45000亩,罗非鱼养殖基地23000亩。

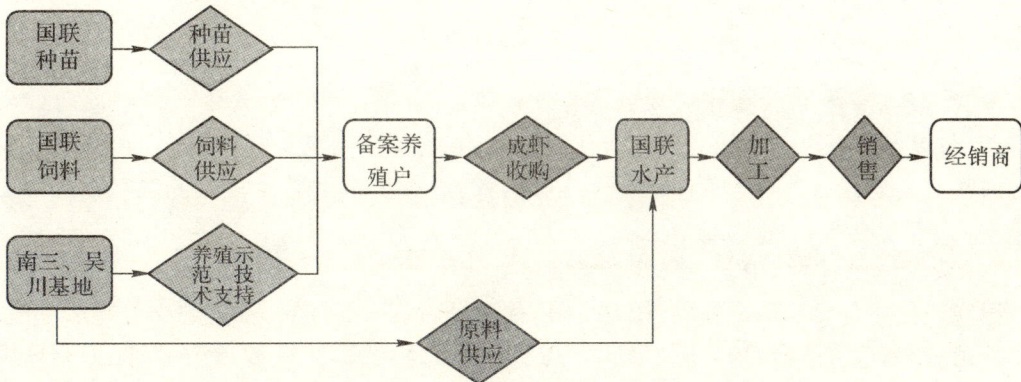

图8　"捆绑经营"产业模式流程图

2.实行"捆绑经营"

基于对虾种苗、饲料、养殖、加工及销售各环节的完整产业链,国联为备案养殖农户提供优质种苗和饲料供应、养殖示范及技术支持(包括养殖模式、水质调控、科学投喂、投入品控制、疫病预防、用药、质量管理、培训等)、成虾回收等一站式服务。

目前,国联主要与部分养殖规模较大的备案养殖户实行捆绑经营。随着种苗及饲料规模的不断扩大、品牌影响力的不断提升,捆绑经营模式将在国联养殖备案户中大面积推广。

养殖户选择	• 养殖环境检查； • 养殖水域重金属等项目检测； • 与养殖户共建备案养殖场。
供应种苗、饲料	• 为养殖户供应"国联号"种苗； • 跟踪种苗客户养殖情况，为饲料销售提供支持； • 为养殖户供应"国联饲料"
养殖	• 农户标准化养殖；养殖过程中，本公司为其提供养殖示范及技术支持，包括养殖模式、水质调控、科学投喂、投入品控制、疫病预防、用药、质量管理、培训等 • 收集对虾生长情况，将成虾规格、产量等信息反馈至原料采购部，为成虾回收提供支持
回收	• 本公司对每批收购原料进行捕前药残及重金属等项目检测； • 根据信息反馈及检测结果回收捆绑经营备案养殖户成虾。

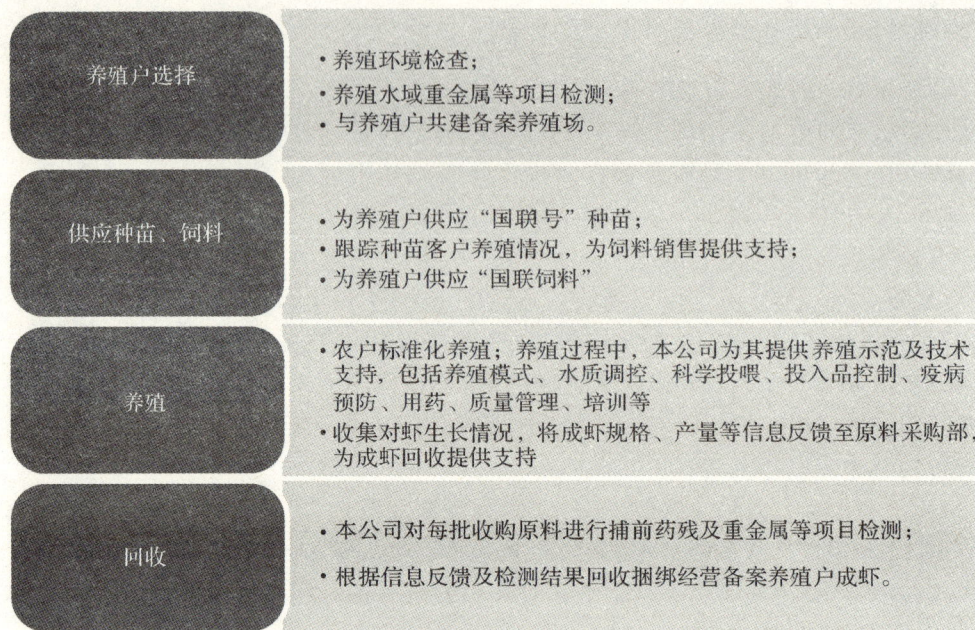

图 9　"捆绑经营"产业模式的具体内容

(二)"捆绑经营"的作用

国联的"捆绑经营"模式是在完整的种苗、饲料、养殖、加工及销售产业链基础上进行的。

1. 稳定企业的加工原料供应

国联为备案养殖农户提供优质种苗和饲料供应、养殖示范及技术支持成虾回收等一站式服务，与养殖户形成了长期的良好合作关系，并在与捆绑经营养殖户签订的合同中，明确约定国联对其成虾拥有同等条件下的优先收购权，进一步确保了国联加工生产原料的稳定供应。

2. 促进养殖户增收，带动原料质量的提升

国联通过为备案养殖户提供"国联1号"优质种苗及国联饲料，推广健康养殖示范模式，提供养殖示范、病害防治、培训等服务，降低了养殖成本，提高了养殖单产，保证了原料质量安全，促进了养殖户增收，降低了企业加工出口的风险，进一步提升了企业的国际竞争能力。

通过种苗、饲料的直接供应和养殖示范、病害防治、培训等服务，减少中间流通环节成本，让利于养殖户并降低养殖系统风险，从而保证加工原料的质量安全和稳定供应，保障消费者的食品质量安全。

表 3　近年国联公司带动就业和农户增收情况

项　目	2008 年	2009 年	2010 年	2011 年	合　计
年均就业人数(人)	3062	3151	3450	2817	
对虾加工量(吨/年)	29713	29600	32450	32480	124243
原料收购额(万元)	67407	61379	69768	77455	276009
带动对虾养殖面积(亩)	41500	52453	56500	38140	
带动养殖户(户)	4300	4530	4680	4530	
养殖户增收总额(万元)	3105	3372	4560	3994	15031

五、"回归"战略转型

作为国内领先的对虾出口供应商,国联外销业务到 2007 年已经高达企业总收入的99.26％。美国是国联最重要的外销市场,但是,近几年美国市场的需求开始放缓,而来自东南亚等国的竞争对手向美国输出对虾的增势强劲,加剧了美国对虾进口市场的竞争态势。在此形势下,国联董事长李忠开始谋划战略转型,回归中国本土市场,放弃过去单纯依赖国外市场,简单加工出口的老路,力图转型成为国内外市场并重的综合性水产品食品集团。

然而,国内市场尚处于培育和完善之中,有待于国联渐进的了解和渗入,绝非一时之功,而渠道始终是国联回归国内市场不可逾越的关卡。

(一)内销渠道建设

早在金融危机之前的 2007 年,李忠就将目光投向了国内市场,国联外销与内销双向驱动的经营模式也由此拉开帷幕。初期,湛江国联推向国内市场的产品与外销市场的产品并无差异,主要是各类对虾冻品,主要包括虾仁、生带头虾、熟带头虾、面包虾等初加工产品。

1. 渠道试水

虽然内销的产品与外销无异,但在生产的组织和物流配送上,内销与外销差异甚大。外销产品一般是先有订单再组织生产,生产完成后立刻装车运至湛江港,然后发往国外港口,库存压力小。内销产品除了根据订单组织生产、发货外,还要根据国内市场的行情和趋势,机动响应,做好一定的库存和备货,而且产品在运输过程中全程需要冷库,温度必须要保证在零下 18℃度以下。从湛江封柜发货后,直到北京的冷库才能装卸,采取门对门运输,期间不得打开冷柜。

为了顺利转型国内市场,国联选择了大流通、大批发这一渠道模式。在该模式下,国联在国内每一个区域指定一个主要代理商,然后由代理商负责各市场的开发和销售,国联在各地的分公司主要起到服务和支撑代理商的作用。大流通、大批发这一渠道模式使国联的产品最终流向了农村市场、集贸市场、食堂等终端,迅速扩大市场。

然而,这种模式也暗含着隐患。其一,通常来说,一个代理商会代理数种水产品,在没有专门的协议和特殊的优惠条件下,代理商不会花费大量的精力推广国联品牌;其二,目前国内对虾行业尚不规范,集中度低,同质化严重。市面上的对虾产品普遍没有品牌,产品识别度低。在这种局面下,价格战成为主要的竞争手段。而价格战在农贸市场等渠道尤为明显,因为只有这样,这些渠道才有利润;其三,国内市场的对虾冻品为了调低价格,通常用加厚冰衣等手段来降低成本,这使得国内市场上平均一份冻虾的含水量在30%～60%左右。

湛江国联面临两难选择:坚持外销产品的质量标准,但成本和价格很高;降低质量标准,与竞争对手打价格战。董事长李忠认为,湛江国联水产如果要采取加厚冰衣等办法降低成本,就等于放弃了自己严格的产品标准,这个做法一旦展开,能否在价格战中取胜尚不可知,但外销虾的品质和国联的产品信誉势必受到减损。因此,国联决定严守质量的底线。然而,2007全年,湛江国联产品的内销收入总额只有1100万元,与外销的销售总额相去甚远。

2.渠道突破

2007年,北京华堂商场的采购总监到国联参观。国联对虾的生产流程和质量控制体系给他留下了深刻的印象,他便决定与国联合作,由华堂北京亚运村店进行试销。当时,湛江国联仍通过代理商把产品卖给华堂,同时从公司派驻两人到华堂协助和服务商场内的销售。试销第一周,亚运村店取得了可观的销售额。

上述事件让国联看到了国内城市市场的销售前景,也让国联开始有意识地关注国内市场。通过调研发现,以北京市场为例,每年对虾类产品(包括冻虾和冰鲜虾在内)的市场销售总额在13亿元左右,消费潜力很大。但该市场却非常分散,竞争无序而激烈。大的商超通常都由商贸公司供货,小的商超则由个人或小公司承包供货。通常,商超中的对虾产品直接从厂家进货,是没有标志和外包装的"裸卖"。这种销售模式致使消费者对各厂家的产品、品牌、品质等因素缺乏基本认知,国联因此失去了显性的优势,但消费者已经喜欢、习惯了"裸卖"模式。湛江国联决定提高"裸虾"品质,向商超派促销员以提高国联的知名度,争取在华堂商场占据更大的市场份额。

品质、沟通、渠道力量三项并举的效果迅速凸显。从2010年9月份开始,湛江国联突破了原来6个供货商的格局,形成了在华堂北京各店,无论是散装对虾、包装对虾、还是华堂自有品牌(国联水产负责贴牌生产,同时打上华堂和国联的标志)对虾,都由国联水产一家供货的新局面。2010年,国联在华堂各北京店的销售额累计达1000余万元。

与此同时,湛江国联也突破了北京华联、沃尔玛、家乐福等商超,逐步提升各种不同定位的商超渠道的销售份额,价格功效日益凸显。2011年,60%的华联对虾类产品由湛江国联供货。

3.渠道扩张

商超渠道的突破给湛江国联的总体销售渠道模式带来了新变化,也让他们看到了直面终端的重要性和紧迫性。直面终端可以让消费者更直接有力地感受到国联的品牌价值。权衡利弊,湛江国联决定双管齐下,加大自有渠道的建设,提高直营的比例和力度。同时,继续通过经销商和代理商的服务,进入商超、餐饮等渠道。

2009年开始,湛江国联逐渐加大了对餐饮渠道的重视,直接与餐饮品牌联合。例如,北京地区的海底捞、新辣道、金钱豹等商家都选择国联作为供应商(由国联直接供货,绕过经销商)。其中,海底捞的鲜虾、虾滑等产品都选择国联的对虾作为原料,由国联直接批量发送到海底捞的冷库。湛江国联还是新辣道唯一的食品类战略合作伙伴。湛江国联还直接与金钱豹总部签约,负责向金钱豹的全国连锁店供货。到目前为止,仅北京市场就有60多家餐饮机构选择国联作为对虾产品的供应商。2009年,来自餐饮渠道的收入占湛江国联整个内销收入的30%,共计1000多万元。值得注意的是,金钱豹在北京地区一年为国联产生的收入有600万～700万元,北京华堂也大致如此。

表4　国联内销及北京地区渠道情况

年份	国内销售总额(元)	北京地区所占份额	北京地区各渠道销售比例
2007	1100 万	100%	批发渠道100%
2008	2300 万	80%	N/A
2009	1 亿	30%	超市40%、餐厅30%、批发30%

　　为了提高终端响应能力和需求管理能力,湛江国联决定重点建设冷链物流体系,计划在天津建设2000吨存储量的冷库,以此覆盖和支持华北市场。随着未来渠道的进一步深化和内销市场的发展,则有可能采取合作或合资的方式,在北京、济南、沈阳、郑州等重点城市建立物流中心。

(二)内销产品差异化

　　随着商超渠道的打开,湛江国联针对商超渠道采取了一系列差异化措施:对产品进行重新包装,并增加了小包装产品在超市中的陈列比例;为改善店面形象,在超市中设置销售车进行促销,并聘请促销员在商超中进行促销;在全国水产市场开设15家店面进行直销,增加超市中电视广告的宣传。

　　做差异化产品,必须有被消费者接受的独特卖点。除了上述用包装和促销等举措提供初加工产品的差异化之外,湛江国联还有意识地为终端消费者提供一些深加工的差异化产品,"水煮汉虾"和"国联有礼"就是一种尝试。

　　"水煮汉虾"是湛江国联一款针对餐饮渠道并希望推向超市的产品。产品包装内附有虾品和烹饪配料,即煮即吃。餐饮机构购买该产品后只需要简单烹调,就可销售成品。湛江国联认为,很多家庭消费者不知如何烹饪对虾(如何做最好吃,如何做更方便),而"水煮汉虾"为他们提供了一种选择。

　　"国联有礼"则是国联经过两年多的构想与试验推出的一款以高端消费者群体为主的礼盒产品,内含生蝴蝶虾、椰丝面包虾、生虾仁和熟凤尾虾各一袋,售价300多元。作为礼品,"国联有礼"主要面向企业单位的团购,在北京地区主要通过店面、手机短信等方式促销,销售的时期则以节假日为主。2011年春节,该产品在北京地区共销售了2000余份。北京地区的销售负责人认为,"从目前的购买情况看,回头客主要考虑的是国联虾是中国质量最好的虾,有这种概念的他才会买。"

(三)内销试水海洋食品

　　推行三年的内销战略使湛江国联的渠道模式、产品形式、组织架构等方面都发生了改变。李忠和他的团队不仅思考:"双汇、雨润可以把一头猪做到上百亿的产业,我们为什么不能?只有推出具有普及性的大众食品,一只虾才能做成大产业。"2010 年,湛江国联创业十年之际,李忠和他的团队开始运筹新的战略。

2010 年 5 月,湛江国联筹建并成立了"海洋食品事业部",在尝试了 30 多种产品之后,最终选择以"虾肠"作为突破口。国联认为,"虾肠"不仅可以保持对虾的新鲜味道,还可以从根本上改变对虾的形态和功能,成为一款具有普及性(常温真空包装的、即食性的)的大众食品。对此,海洋食品事业部负责人解释说:"火腿肠这个概念不用培养,双汇、雨润等企业已经把它做成熟了。虽然我们在原材料的属性上不同,但'肠'这个概念我们不用培养。只要我们做得好吃,即使贵一点应该也是有市场的。这些基本上得到了专业人士的认同。"

与肉类肠相比,"虾肠"对产品稳定性和保质性的要求更高,其制造、储存和销售过程必须锁定营养成分,且保证不发生发酵、病变等问题。湛江国联针对这个难题进行了技术突破。与肉类肠相比,"虾肠"的成本和价格更高,制约了产品的普及性和消费者认可度。"虾肠"中虾肉含量达到 60%,对虾本身含水量较高,按照目前的制出率,每 4 公斤的对虾才可以制成 1 公斤的"虾肠"。考虑到卖场、经销商费用和利润等因素,1 公斤"虾肠"售价需在 350 元、360 元左右才能达到预期。而市面上 1 公斤的对虾售价在 100~200 元左右。

2011 年 1 月,经过前期的研发和试制,小批量的"虾肠"已开始投放到湛江的部分商超。产品规格有一支装、四只装和八支装组成。以四支装、100 克的"虾肠"为例,其促销价在 9.9 元。第一天促销,一个超市共销售了 500 元。如果能照这个速度发展下去,一个单品一年可在一家大的店里(例如沃尔玛)销售 20 万元左右。

"虾肠"属常温食品,保质期较长,在仓储和运输上不像冻虾一样需要严格的冷冻条件,有利于市场的扩张。但目前消费者对"虾肠"的认知度较低,需要对消费者进行培育。因此,在市场扩张方面,海洋产品事业部先从国内一线市场(省会城市、副省级城市和非常发达的地级市)的 KA(重点商超)入手,再向二三线市场扩展,实现渠道下沉。在渠道选择上,海洋产品事业部和经销商共同开发商超客户,经销商与商超谈判产品进场与条码并先行垫支相关费用,湛江国联则采取先款后货的结算方式按订单向经销商发货,由经销商负责仓储并向终端派货。这种渠道开拓模式不仅可节省谈判进场的周期和成本,还可以减少国联的资金占用和仓库使用。

六、资本运营

2010 年,国联实现了上市经营,并同时确立了"构建起对虾、罗非鱼两条最完整产业链,平衡发展国内、国外两个市场,在东南亚建立国联生产基地,在欧美设立国联营销中心"的发展战略。经过一年多的努力,湛江国联的发展战略正在逐步推进。

(一)海外营销终端并购

国联海外营销终端并购项目于 2011 年 12 月 19 日获国家发改委批准,于 2012 年 1 月

31 日完成股权及资产交割手续。"桑尼威"是一家在美国水产业界具有一定影响力的公司,从事水产批发行业已经 28 年,在美国拥有大量的客户群。该项目通过收购美国"桑尼威"海鲜公司 100％股权,整合湛江国联的企业品牌、水产品加工技术、产能、国内营销网络优势,以及美国"桑尼威"海鲜公司在美国市场的营销网络和信息资源优势,以美国"桑尼威"海鲜公司作为桥头堡、信息中心和国际采购中心,达到国联水产自主品牌进入美国终端消费市场、采购更多国际优质水产品以满足国内消费市场的目的,进一步完善产品和市场布局,提升综合实力、国际竞争力和持续发展能力。

(二)开拓内销市场

湛江国联投资 8000 多万元建设内销网络项目,以上海、北京为中心,构建起一个能辐射全国 28 个主要省市、面向中高端市场的国内水产品销售网络系统,以快速占领国内对虾消费终端渠道,实现公司水产加工业务由外销向内销的快速转型。2011 年,湛江国联内销市场全年销售收入 1.7 亿元。

(三)发展深加工食品

发展深加工食品是国联实施产品结构调整策略的重要举措,也是提升企业产品附加值、进行低值产品高效利用的主要途径。2010 年 10 月 10 日,国联海洋食品深加工项目正式试产,已开发出常温虾肉肠、虾肉丸、低温肠类等系列产品,预计到 2015 年,将形成年产量 9000 吨、产值 6 亿元的产业规模。

(四)构建完整虾产业链

国联上市募投项目"水产加工副产品综合利用"计划以国联和湛江地区丰富的虾头、虾壳为原料,开发氨糖、壳聚糖、蛋白质以及功能食品、保健食品、医药和卫生用品、生化新材料等高附加值产品,实现资源的高效利用,在提升企业整体经营效益的同时,构建起企业更加完整的对虾产业链,实现企业发展模式从传统的"原料—加工—废弃物"单向模式向"原料—加工—废弃物综合利用"循环模式的转变。

(五)建立国外原料生产基地

针对国内需求不断增长、养殖资源有限的实际情况,湛江国联计划在马来西亚建立国外对虾生产基地,以解决国内原料生产的季节性与加工出口的常年性矛盾。湛江国联马来西亚对虾原料生产基地建设项目得到马来西亚总理、农业部长、登嘉楼州政府及马来西亚东部走廊经济发展局的大力支持,马来西亚农业部已经立项支持该项目计划。

(六)实施对虾种苗扩张计划

国内虾苗市场,相当长的时间内将呈现竞争更加激烈、大场越做越大、小场被兼并或者挂靠大场的趋势。2010 年,国联启动了种苗扩张计划,发展虾苗场 17 家,遍布广东、广西和海南等主要对虾养殖产区,并计划向浙江、福建等重要省份扩张。

(七)发展罗非鱼加工产业

罗非鱼加工项目是国联实施对虾、罗非鱼两条完整产业链发展战略的重要举措。投资13000万元、年产13000吨冻罗非鱼片的罗非鱼加工项目,将于2012年第二季度建成投产。

专家评议

纵观湛江国联短短十余年的发展历程,从农业品牌发展的角度而言,明显呈现出两个阶段。在第一个阶段(创建至2007年前),湛江国联重点在于通过控制产品质量与成本打开国际市场,为此,湛江国联开创了以"无缝"供应链管理、"2211"电子监控体系、"捆绑"经营为特色的企业经营管理模式。一路走来,湛江国联虽有丰厚的回报,但始终停留在产品加工层次。在第二个阶段(2007年之后),湛江国联意识到国际市场风险及其国内市场潜力,"回归"中国本土市场,以内销与外销"双驱动"实现战略转型。为此,湛江国联开展内销渠道建设,对产品进行差异化改造,从"对虾"产品扩展到海洋产品,并建设企业品牌,提升企业在水产品生态链中的地位。第一阶段稳固了产品质量和国际营销渠道。第二阶段以双渠道营销为特征,开拓了国内不同层级的市场,通过渠道建设、差异化战略等为企业未来的市场前景打开了一条更稳固、更有潜力的大门,值得借鉴。

(徐卫华)

吉林德翔牧业:心系三农　链式发展

自 1992 年初创至今,德翔牧业从仅有一台沈阳 50 拖拉机的个体运输户开始,经过不断的努力与拼搏,坚定不移地走"公司＋协会＋农户"的农业产业化发展道路,不断调整经营思路、深化发展模式、完善产业链条、积聚实力,实现了由小到大、由弱到强的历史性跨越,成为农业产业化国家重点龙头企业。

一、德翔牧业发展历程

德翔牧业发展主要经历了两个阶段:

(一)第一阶段,自 1992 年成立个体运输户至 2007 年成立吉林德翔牧业有限公司

历时 15 年的单体发展阶段。德翔牧业的前身是成立于 1992 年运输工具仅有一台沈阳 50 拖拉机的德惠市德翔个体运输户,经过王世强董事长的不断努力与拼搏,2003 年成立了吉林德翔粮油购销有限公司,初始注册资本人民币 100 万元,主营粮食收购和销售业务,本市及周边地区农业种植户是粮食收购的主要来源,收购的粮食也主要销往本市及周边地区的粮食加工企业。

(二)第二阶段,自 2007 年至今

这是德翔牧业迅速多元化、全产业链扩张的重要阶段。在此期间,德翔牧业由一个小小的单体公司突变成为具有 8 家子公司的集团公司。2010 年 12 月,德翔牧业成立吉林德翔物流有限公司,注册资本金 5100 万元,主要从事粮食收购、储存、初加工、物流、销售等业务。2010 年 7 月,成立吉林德翔投资有限公司,注册资金 2000 万元,主要是投资农牧产业领域。2011 年 1 月,德翔牧业成立吉林德翔农机有限公司,注册资本 1000 万元,主要经营农业机械销售。2011 年 12 月,德翔牧业成立吉林德祥农牧专业合作社,注资资本金 2000 万元,主要作为德翔与农民合作连接的桥梁与纽带,主要是与农民共同合作,互用资源,取长补短,大力发展种植业、养殖业、加工业和物流业,并不断拉长产业链条,来带动企业和农民互利共赢,共同增收。2012 年 3 月,德翔牧业收购九台疆宁肉业有限公司,使其成为德翔牧业的全资子公司,主要从事肉鸡收购、肉鸡屠宰加工、鸡肉产品销售等业务。2012 年 4 月,德翔牧业出资控股吉林辽丰禽业有限公司,使其成为德翔牧业的控股子公司,主要从事肉鸡收购、肉鸡屠宰加工、鸡肉产品销售等业务。

拥有 8 家子公司的德翔牧业公司所从事的核心业务主要有两项。一是包括粮食收购、

储存、加工和销售在内的粮食现代物流业；二是充分利用丰富的肉鸡资源，不断发展完善的肉鸡一条龙产业。第二发展阶段是德翔牧业扩充业务、完善产业链的重要阶段，也是德翔奠定发展、提升基础的关键时期。

二、德翔牧业发展模式

德翔牧业自 1992 年初创，2003 年正式成立以来，经过多年的发展，尤其是近五年来坚定不移地走"公司＋协会＋农户"的农业产业化发展道路，实现了由小到大、由弱到强的历史性跨越。对传统的"公司＋农户"的养殖模式进行了深化，创造性地建立了具有丰富内涵、独具特色的"德翔模式"。

(一)德翔模式背景

吉林省德惠市及其周边地区都是农牧业大县(市)，粮食资源和牧业资源(主要是肉鸡养殖业)非常丰富。全市有耕地 21.4 万公顷，盛产玉米、水稻、大豆、高粱等，是国家重点商品粮基地。大棚蔬菜、畜禽养殖、特色农业及林果业的发展颇具规模。先后被国家命名为粮食生产先进市、菜篮子工程先进市、中国松花江大米之乡和中国肉鸡之乡。德惠市还是国家"高优高"农业示范区。这些都为深层次农牧开发提供了源源不竭的优质原料。

上世纪 90 年代，德翔公司创始人王世强与吉林德大有限公司(吉林省松辽禽业联营公司与泰国正大集团合资兴建，国家级农业产业化龙头企业)开始建立业务来往，后来逐步成为吉林德大有限公司的主要粮食供应商。在与德大公司的合作过程中，德翔董事长王世强和他的团队更多地体会到了贸工农一体化、产加销一条龙、"公司＋农户"企业模式的精髓、实质和潜力，深深地感到要想在德惠及其周边取得较大发展，就应该立足粮食和牧业两大产业，充分挖掘和利用本地丰富的粮食资源和牧业资源，坚定不移地走农牧产业化发展之路。

结合德惠市及其周边地区的实际情况以及王世强强烈的农业、农村、农民情节，德翔牧业以"扎根农村、艰苦奋斗、创新为魂、富民为本"为经营理念，以工业的经营理念谋划农业，围绕肉鸡一条龙，现代粮食仓储物流两大业务项目，投资建立或整合相关产业环节(粮食种植、粮食物流、种鸡饲养、鸡雏孵化、饲料生产加工、肉鸡放养屠宰、品牌肉鸡加工销售、鸡血生物等)，建立全产业链的竞争优势，通过建立物流公司、饲料公司、农牧专业合作社、屠宰加工厂等有效实施纵向一体化经营，通过"公司＋农户"形式把农户纳入产业链的饲养环节，从而实现农业生产的标准化、规模化、集约化、商品化。团结和带领家乡农民增收致富，以期改变农业地区的落后面貌，带动当地农业现代化和产业化的快速发展。

(二)德翔模式内涵

德翔模式核心就是以心系当地百姓的大爱，依托和整合各方资源，发挥自身产业链、技术、品牌、成本、品控等全方位、系统化的竞争优势，通过实施农户与公司平衡的利益联接机制、统一管控、流程运作、科学管理的多元举措，纵向拉长，横向拉宽产业链，与农户、员工、社会、股东、供应商协作共赢，坚定不移地走农牧产业化发展之路。

表 1　德翔模式与其他生产模式比较

项目	公司+农户+基地	工业自动化模式	德翔模式
模式主要内容	公司与农户合办养殖场共同养殖	公司自办现代化大规模养殖场	公司将雏鸡交给农户代养,然后公司统一销售,利润与农户分成
农户养殖积极性	高	农工养殖责任心难以管理,养殖效率依赖于自动化水平	高
疫病防治	不存在整体爆发疫情的风险,但单个基地规模较大时爆发疫情会导致较大损失	存在畜禽整体毁损风险,具有"规模扩大的同时风险累加"的扩张瓶颈	单个农户养殖量5000只左右,不存在大规模爆发疫情的风险
产品质量	在合作养殖场内易于质量控制	养殖在公司管理下完成,易于实施统一供料、供种及饲养管理,易于控制质量	统一配送鸡雏、饲料、兽药和采取防疫措施,能够控制产品质量
资金投入	需合建养殖场,投入较大	养殖场工业自动化设备投入较大,建设成本及维护成本较高	农户自行投入鸡舍和劳动,公司无需投入鸡舍建设和支付人工成本,投入较低
成本控制	具有一定的成本优势	在不发生疫情的情况下具有成本优势	公司产业链涵盖饲料加工、父母代种鸡育种、商品代鸡雏孵化等,具有一定的成本优势
规模扩张	与农户合作建设养殖场,以及养殖场规模的灵活性有效缓解了资金瓶颈	面临持续获取大面积土地的瓶颈,规模扩张需要一次性投入的资金占用量较大,疫情风险制约规模扩张	受土地限制程度较小,资金投入较小
带动农户致富	带动能力较强,但带动的户数有限	带动能力有限,在一定程度上挤压了农户的生存空间	带动能力较强,带动的户数较多

(三)德翔模式解读

1.依托资源,发挥优势,科学长远的战略规划

经过 2001 年区域性重大疾病,2003 年突如其来的"非典",2004 年在全国十几个省区散发并持续的"禽流感",全国养禽业在短时间内急剧起伏震荡。饲养理念逐步趋向成熟,开始理性思考并积极寻求科学发展。经过 2006 年,特别是近三年来触目惊心的蛋禽食品安全问题,加上工业企业经济危机,全社会成本上涨,养殖业成为一个价值投资的洼地,吸引大量资本涌入。未来的 10 年,行业通过规范整合,将逐步形成日趋成熟的稳定格局。

(1)战略目标:循环经济领导品牌

基于此,德翔牧业五年前就率先提出依托东北三省和内蒙古的土地资源、农牧业资源,以品牌为驱动,以肉鸡产业链优化发展为核心,以粮食现代物流为基础和依托,以每

一环节放粗,整个链条拉长为主要任务,不断创新商业模式,积极整合多元资源,打造系统合力,着力建设一个战略、一个品牌、一套模式、一套制度,制定和实施统一的组织体系、流程体系、制度体系、标准体系、指标体系,实现"绿色种植—绿色养殖—回收—深加工—品牌终端",从土地到餐桌的农业产业链循环经济,致力于打造国家级农业产业链循环经济领导品牌。

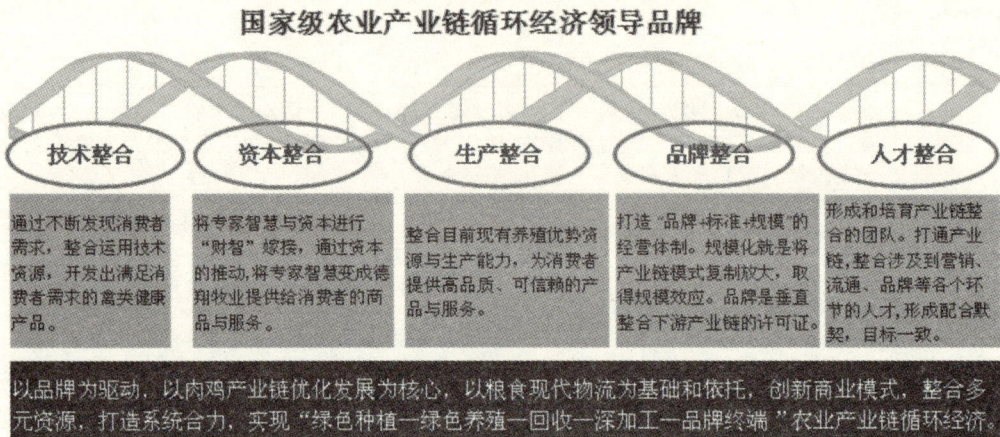

图1　吉林德翔牧业战略规划

具体业务战略:

①实施科技推动。大力推行畜禽高产养殖技术和畜禽防疫技术,科学配方技术和环境治理技术;办好畜牧业现代养殖示范园区、畜产品加工示范区、农科教结合示范区,真正成为肉鸡养殖科技教育、技术培训和技术推广基地。

②推进结构调整。稳步加快肉鸡饲养量,充分发挥现有养殖优势,同时延伸产业链条,提高产品深加工能力,增加加工深度,加大加工品在总产品中的比重。

③致力于品牌打造。自我国农业步入新的发展阶段以来,畜牧业也已进入销售时代,并快速向营销时代转变。公司增长模式将从单纯追求数量,转变为数量与质量并重的新阶段。通过提高养殖水平,努力加强畜禽疫病防治,大力提高产品卫生质量;通过建立完备的质量标准和质量检验监测体系,加快无公害畜产品认定和产品认证工作,开发名、特、优新产品及加工产品;通过改进包装、精深加工、加大新闻媒体宣传,尽快创出有较高市场知名度的无公害名优畜禽品牌。

④壮大现代粮食物流。粮食是德惠及德惠周边地区的主要资源,德惠区位比较优越、交通非常便捷,德翔公司利用这些得天独厚的资源,将企业打造成东北乃至全国最大的陆路粮食集散地,将德惠打造成全国重要的粮食物流节点城市,将德惠及德惠周边地区巨大的粮食资源挖掘好、利用好,为保障国家粮食安全、节约粮食资源、降低物流成本做出巨大贡献。

(2)发展目标:走进千家万户

基于以上规划,提出到2016年公司发展目标:

肉鸡产业链项目计划养量突破10亿只。逐步拉伸产业链条,在简单分割的基础上实现精细加工处理,聘请资深策划专家进行品牌策划和规划,利用先进的饲养技术,使安全、绿色、营养的德翔鸡走进千家万户的餐桌。

德翔现代粮食仓储物流项目计划在未来三年之内将占地面积扩大到 100 万平方米,铁路专用线延长到 4000 米,年吞吐粮食能力达到 500 万吨,建成全国最大的陆路现代粮食仓储物流基地,将德惠打造成全国重要的粮食物流节点城市。

2.从土地到餐桌的完整产业链发展思路

结合德翔牧业的发展战略和目标,以及德惠及其周边地区的实际情况,德翔牧业选定了两个核心业务:一是充分利用电子商务和物流手段对粮食进行收购、储存、加工和销售,做好粮食现代物流业。二是充分利用丰富的肉鸡资源,做好肉鸡一条龙产业。

德翔牧业肉鸡产业链的发展思路,是在纵向上不断拉长,逐渐地增加环节,在横向上不断拉宽,把每一个环节逐渐地放大,最终形成一个完整的产业链条,达到循环经济的目标。

现有的肉鸡产业链条主要有八个环节:一是父母代种鸡饲养;二是商品代鸡雏孵化;三是饲料加工;四是肉鸡放养;五是肉鸡回收;六是肉鸡屠宰;七是肉鸡加工;八是鸡肉销售。

拓展产业链的思路是在上游增加四个环节:祖代种鸡饲养;曾祖代种鸡饲养;实现对饲料主要原料玉米和大豆的种植控制,要和农民形成紧密的利益联接方式,为农民提供良种、提供良肥、提供良药、提供技术及其他服务,并签订回收粮食合同,还要进行农田基础设施建设,让农民生产出更多的优质粮食;禽药和疫苗生产。同时,在下游须增加六个环节:鸡肉深加工;鸡骨深加工;鸡内脏深加工;鸡血深加工;鸡毛深加工;鸡粪深加工。最终形成一个完整的循环,达到来之于土地、还原于土地的目标。

3.协作共赢、利益联接、统一管控、流程运作、科学管理的运营机制

(1)多方共赢的"公司＋农户"协作模式。"共赢"是公司与农户"协作养殖"模式的核心。德翔牧业一方面帮助农户克服小农业生产者在资金、技术、市场议价能力等方面的局限性,另一方面通过 pk 激励机制,充分调动农户的积极性和责任心,提高了养殖效率,加快了公司扩张速度,迅速实现了共赢。

(2)农户与公司平衡的利益联接机制。德翔牧业"精诚合作、和谐为魂"的经营思想以及"开放创新、共赢共生"的经营机制打造利益共同体,实现"德翔模式"共赢共生机制,促进集团的持续快速发展。德翔牧业自成立时即树立了"尊重农民劳动"的理念,积极承担增加农民收入、保护农民利益的社会责任。具体做法:

建立合作协议规定。双方权利和义务通过协议加以确定,公司在与农户的养殖合作协议中约定保底销售价格,农户通过协议对自己的产量、价格、利润"一年早知道",公司承担原材料和最终产品的市场风险,农民只承担生产风险。

保价收购。公司遇到肉鸡市场价格低于保底价的极端情况时,均严格履行了协议约定内容,对农户交售给公司的肉鸡,公司实行保护价收购,并连续多年来保持不变,确保了农户的利益,树立公司良好诚信形象,赢得了农户的信任。

为养户提供贷款担保。给合作养户积极争取银行贷款,既对银行承担贷款风险担保,让银行没有后顾之忧,又对养户进行监督、服务和管理,确保养户专款专用,实现资金效益

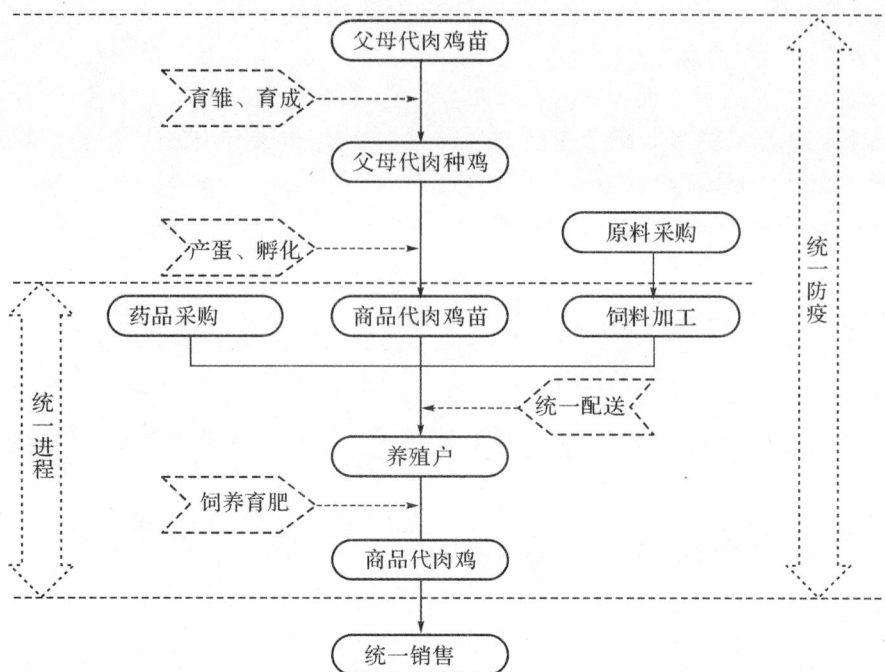

图 2　德翔业务模式

最大化。利用这样的模式既为养户化解了资金不足的难题,又为银行规避了贷款风险,创新了当地银行支持三农贷款的新模式,将银行落实国家支持三农的精神和政策落到了实处,收到了银行满意农户高兴的良好效果。

让利农户。公司通过统一管控、采购和销售,降低鸡雏、饲料、兽药等生产要素成本,提高毛鸡销售价格,提高鸡雏的出栏率,扩大了养殖利润空间,并将其让利给农户,确保农户获得收益,与公司合作的农户95%以上都实现了较好收益,形成了良好的示范和带动效益。

公司补贴。因北方养殖业受季节影响较大,特别是冬季农户养鸡成本高,为保证其收入稳定和生产均衡,公司对农户实行特殊补贴。

赊欠经营。公司在农户养殖初期,无息提供赊欠服务,帮助农民饲养肉鸡,待农户盈利后,再逐批扣回。

严选合作农户。合作农户必须是当地农户,租鸡舍的不合作,规模过大的不投放,小区的不合作(鸡舍密度大),雇人养的不投放,连续赔两批的不合作,危舍的不合作,年龄大的不合作。通过几年的运行,已经沉淀了一批懂技术、会管理、讲诚信的优质农户,为公司长远发展奠定了基础。

专注农业一体化经营。德翔牧业自创立以来,坚持以经营农业产业为发展目标,以养殖业为主导产业,以产业链一体化为经营战略,这是"公司+农户"模式在德翔牧业得以稳定发展的关键要素。

德翔牧业这种共赢共生的利益机制让产业链上所有的利益相关者共同分享产业链增值所带来的好处,同时公司一次次渡过养殖业疫病危机,创造了"人和"的条件。在疫病危机来临时,德翔牧业在各级政府的支持下,合作养殖户、员工、供应商都给予了企业巨大的支持和理解,帮助企业渡过危机。与此同时,德翔在危机中进一步维护合作养殖农户和员工利益,做到了农户不受损失、员工工资要保证。

(3)分散养殖、统一管控的放养方式。"分散养殖"是指公司为了降低防疫风险采取的与农户合作代养的养殖模式,德翔公司与2000多个农户合作,农户自建鸡舍并管理肉鸡养殖育肥过程。单个农户每个批次养殖规模在5000只左右,一个批次从投放鸡雏到出栏时间约为45天。"分散养殖"从物理上切断了疫情大规模发生和传播的渠道,降低了疫情风险;调动了农民的积极性,提高了生产效率,减少了公司的投入。2010年7月,坐落在德惠市某乡镇的一座批出栏60万只的规模化肉鸡养殖场发生了疫情,由于疫情比较严重,导致全场肉鸡强行全部出栏,造成了巨大损失。当时德翔公司在该乡镇也投放了十几万只鸡雏,由于德翔公司采用分散养殖的模式,就没有遭受到这样疫情的影响,公司和养户的利润都比较好,由此可以看出,分散养殖的模式可以大大降低防疫风险。

"统一管控"指公司通过统一管理的方式实现标准化、科学化、规模化经营。具体做法是六统一:统一采购、统一供料、统一供种、统一防疫、统一流程、统一销售。结合公司战略规划,制定短期内销售策略。

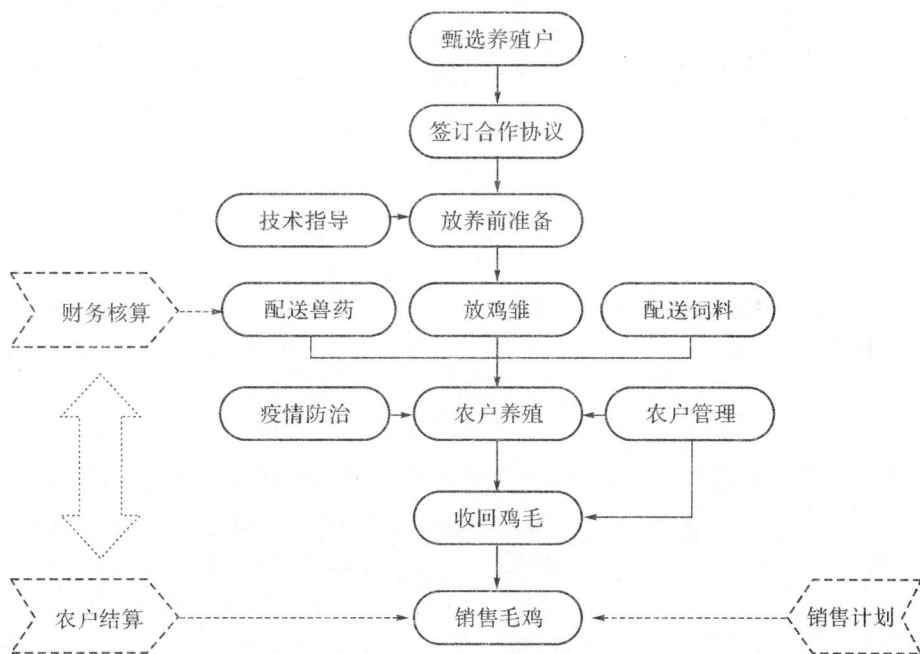

图3　放养和销售流程

(4)分阶段、流程化的运作过程。公司将肉鸡养殖分为"育雏—育成—产蛋—孵化—出厂—农户养殖—出栏销售"七个阶段,各阶段都严密管控,尤其是鸡苗在农户代养阶段,公司将养殖地域分成9个区来管理,每个区对所辖范围内农户进行常态化巡查,跟踪监控,确保出栏肉鸡的品质。

养殖户申请进雏计划

公司放养部技术员、经理考察审批

公司放养部总经理审批

公司放养部做计划排雏

放养经理、技术员安排、指导养殖户工作及做出饲料、药品疫苗计划

饲料厂按计划生产饲料，药品库按计划准备药品疫苗提供给养殖户

孵化场按计划入孵、孵化、出雏

养殖户做进雏准备工作

孵化场做苗、清点数量、付雏由雏车送到养殖户鸡舍

养殖户进雏、育雏

公司放养部提供技术服务及生产指导

养殖户按公司要求饲养程序饲养

出栏

放养技术员、经理清点出栏鸡数、净重，统计用料、药品疫苗量，做出栏报表报财务

冲洗消毒

财务根据报表给养殖户算账、付款

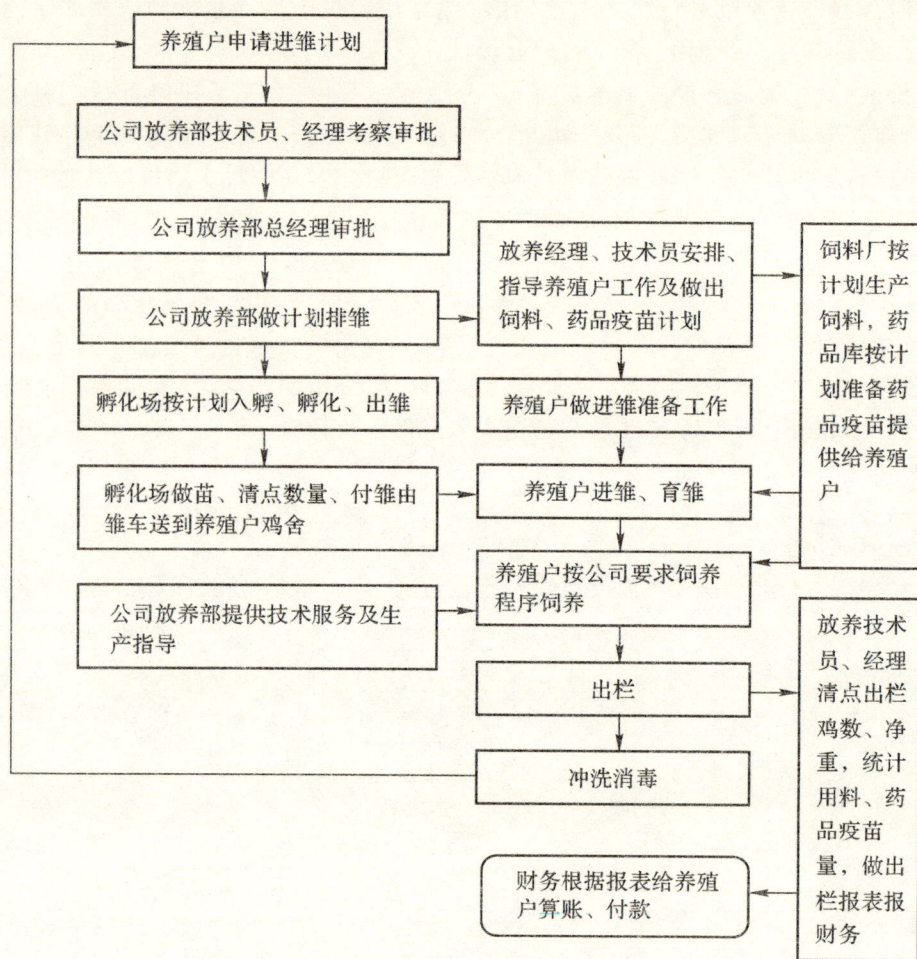

图 4 肉鸡养殖流程图

(5)建立德翔特色的内部管控。德翔的内部管理充分吸收了现代企业管理理念,借鉴了众多成功企业的管理经验,凝练出了德翔自己的管理体系,确保了"德翔模式"的成效。

①管理制度化、流程化、规范化。德翔公司坚持以责任制为基础的规章制度,主要包括:责任制度、分配激励制度、竞争 pk 制度、工作制度、财务管控制度等,这些制度规定了公司每个成员在自己的岗位上所应承担的任务、责任以及相应的权利,从领导到基层,专人专岗,专人专责,有了良好的生产秩序,同时实现了从推到拉的转变,企业人才资源得到了充分发挥,极大地推动了各项业务的发展。

②技术创新常态化、战略化。德翔公司把技术创新和提升科技水平放在战略高度,技术改造和技术创新是企业调整产品结构、促进产业升级、淘汰落后产能、开拓市场、提高经济效益、推动企业快速发展的必要手段。德翔公司加强对技术改造项目规划和实施的管理,针对企业在产业、产品、规模、技术和工艺等方面的薄弱环节,集中企业的人力、财力和物力,及时、准确提出技术改造项目并组织实施;加强企业技术创新管理,加快建立以企业为主体、以市场为导向的技术创新机制和创新体系,切实提高企业自主创新能力,增强核心

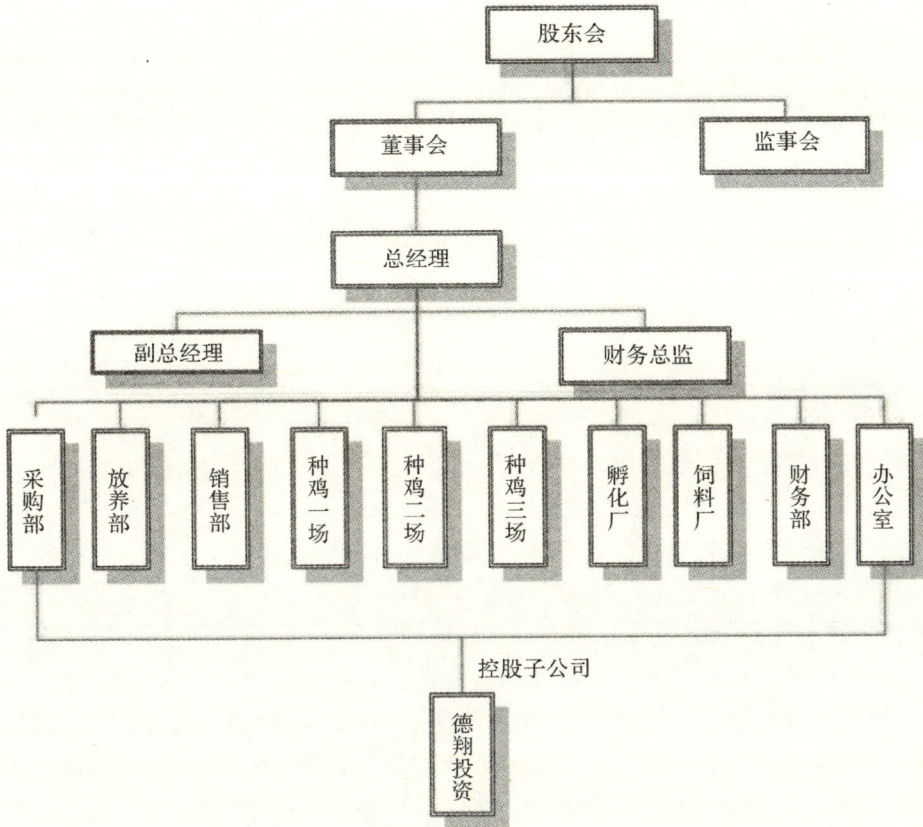

图 5　德翔牧业组织架构图

竞争力。

　　③管理手段信息化、电子化。德翔公司注重提高对工业化与信息化融合发展的认识,把应用先进信息化管理纳入企业核心竞争力建设的工作中去。加快企业信息化建设和管理的步伐,支持企业在产品设计开发、物资采购、生产制造、市场营销等环节,采用现代信息技术手段和企业资源计划等计算机管理系统,全面提升公司的运营效率和管理水平;加快发展电子商务,积极构建德翔公司的信息门户和电子商务平台,促进业务流程和组织结构的重组与优化,实现资源优化配置和高效利用,加快推进德翔公司的管理制度由传统经验型向现代科学型转变。

　　④企业文化大众化、行动化。德翔公司适应发展趋势,结合行业和企业实际,打造核心文化,通过具有共同价值取向的企业文化来吸引和凝聚员工,让员工在潜移默化中主动接受企业、认同企业、维护企业。用德翔公司的精神教育和激励广大员工,塑造良好的企业形象,以得到社会各界对本企业的关注、重视、信任和支持,在养户中树立起诚信守诺的形象,从而赢得市场;注重文化礼仪建设,规范员工的言行,确保企业内部团结协作,使企业各项工作协调有序进行;通过企业文化、员工和社会三者有机结合,创建和谐企业。德翔公司事事做到以人为本,尊重人的感情,在企业中创造一种团结友爱、相互信任的和谐气氛,使德翔公司的企业文化成为企业管理的一个重要组成部分和企业发展壮大的重要支撑。

⑤安全生产管理人性化、责任化。安全出效益,德翔公司坚持严格落实安全生产主体责任,建立健全企业安全生产预警机制,按照国家相关规定的要求,完善各种应急处置和救援预案;结合企业行业特点和企业生产实际,以仓储运输、生产过程、作业现场、产品质量、原材料及能源消耗等环节为重点,制定和建立完善的生产管理制度和安全操作规范,确保不留空白、不留死角,切实做到各类人员都有规可依、有章可循;坚持以人为本,努力改善安全生产条件,加强员工安全生产教育培训,严格持证上岗制度;认真排查和整改各类事故隐患,防止重特大事故发生;要按照有关法律法规的规定,主动对新建、改建、扩建工程进行安全评价,采取有效措施,确保安全生产设施与主体工程同时设计、同时施工、同时投入生产和使用。

(四)德翔模式的成效

德翔牧业10年发展积累了成功经验,在自身发展壮大的同时,积极承担社会责任,兴了一方产业,富了一方百姓,所带动的农民通过养鸡致富了,地方经济也有了明显的发展和提升,产生了良好的经济效益和社会效益,同时形成了自身的优势。

1.德翔牧业实现了跨越式发展

吉林德翔牧业注册资本金由起初的百万元增加到了5000万元,公司总资产达到6.5亿元;业务由最初的个体运输发展到了涉及粮食收购、储存、初加工、物流、销售、种鸡饲养、饲料生产、鸡雏孵化、肉鸡放养、肉鸡回收、肉鸡屠宰、肉鸡加工、鸡肉销售等环节;员工数由最初的5人发展到867人。2011年肉鸡一条龙项目放养肉鸡2400万只,年销售收入达到6亿元,利润达到4000多万元,计划利用五年左右的时间,将这个项目做成一个区域性的产业,年肉鸡放养规模达到10亿只,放养区域拓展到辽宁、吉林、黑龙江和内蒙古四省区,产业链实现全封闭。2012年现代粮食仓储物流项目年粮食吞吐能力100万吨,年可实现销售收入24亿元,年可实现利润1亿元,年吞吐粮食能力达到500万吨,建成全国最大的陆路现代粮食仓储物流基地,将德惠打造成全国重要的粮食物流节点城市。

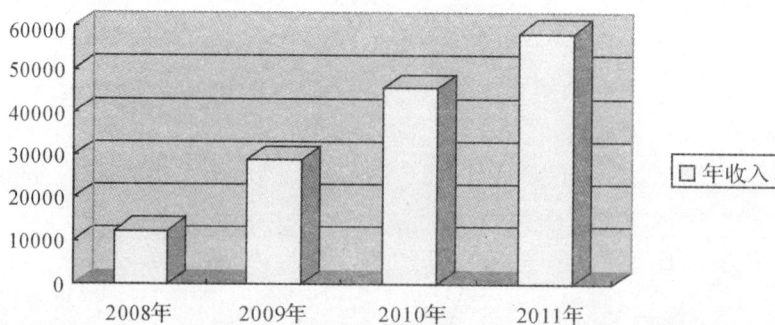

图6 近四年收入柱状图(单位:万元)

2.带动农民致富和产业发展

吉林德翔牧业有限公司在自身发展壮大的过程中坚持农民、政府和企业三方共赢理念,积极履行社会责任。一是带动农民致富。德翔牧业通过"合作共赢"的方式带领周边农民养鸡致富。2011年带动本地及周边6个县市2000多户农民养殖肉鸡,养殖户全年实现

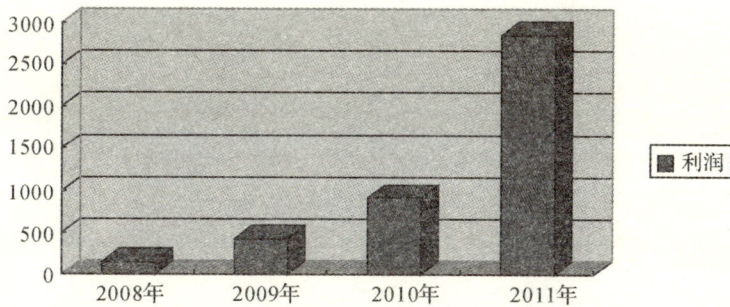

图 7　近四年利润柱状图(单位:万元)

收入 1 亿多元,计划 2012 年放养肉鸡达到 3600 万只,预计年销售收入可达到 9 亿元,利润可达到 7200 万元,可带动本地及周边 8~10 个县市 3000 多户农民养殖肉鸡,养殖户全年可实现收入 1.5 亿元。二是拉动就业人数不断增加。由 90 年代拉动 1000 人就业,到 2011 年直接和间接转移农村剩余劳动力 4 万多人(公司直接就业 1000 人,养殖户 1 万人,配套及服务行业 5000 人,粮食物流 2.5 万人),加大安置农村剩余劳动力的同时,小概念上减少了大城市人口的集中。三是带动了相关产业的发展。如:德翔在建的物流园区,总投资 150000 万元,占地面积达 100 万平方米,项目建成后共产生 4 个物流园区,分别是:粮食现代物流区、生产资料物流区、煤炭物流区、建材物流区。随着国民经济持续快速发展,我国物流也呈现出快速增长的势头。国民经济发展对物流的依赖程度越来越高。总之要把德惠及周边地区的粮食资源利用好、挖掘好,充分利用银行、担保公司和投资公司的资源,为本地老百姓多增加收入,为本地政府多增加税收,让德惠财政更加富裕,让德惠人生活得更加美好。

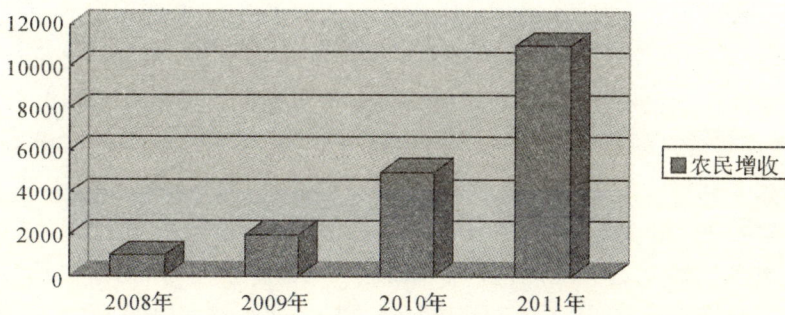

图 8　近四年农民增收柱状图(单位:万元)

表 2　近四年企业员工平均年收入情况统计表

年份	2008 年	2009 年	2010 年	2011 年
平均年收入(元)	12000	18000	21600	26400

3. 形成了全方位、系统化的竞争优势

"德翔模式"在实践中不断摸索和积累,形成了特色鲜明的竞争优势。

(1)"物理隔离"和"防疫技术"相结合的疫病防控技术优势。公司主要通过"防疫技术"

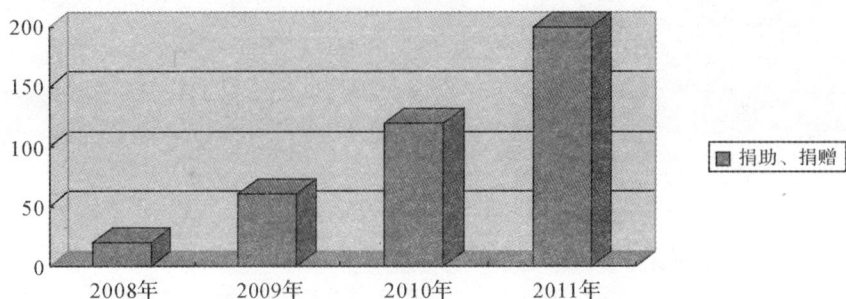

图 9　近四年促进当地社会发展的捐助、捐赠等统计表(单位:万元)

和"物理隔离"相结合的方式,将疫病发生和传播风险降到最低。"防疫技术"指公司通过统一育种、孵化、药品和饲料配送,在各环节采取防疫技术;"物理隔离"指公司通过委托农户代养,实现了养殖场地的高度分散,防止疫情发生和传播。肉鸡养殖"防疫难"严重制约了行业大规模化程度。事实证明,国内养殖企业仅依靠"防疫技术"难以防范防疫风险。因此,将"物理隔离"和"防疫技术"相结合是现实选择。"德翔模式"对"物理隔离"的内涵进行了深化,能有效切断公司分散养殖场之间的疫情传播途径。公司还与河南牧翔药业、美国辉瑞公司等上游兽药企业合作,它们根据鸡病的发病规律派人到公司进行现场诊断,对症治疗。因此,公司在迅速扩张肉鸡养殖规模的同时,始终将疫病风险控制在较低水平。

(2)农户信赖的品牌优势。公司养殖规模的扩张依赖于周边农户合作的积极性。公司多年来在周边农村树立了"尊重农民劳动,保护农民利益,扶植农民致富"的外部形象,随着公司养殖的年轮式扩张,公司良好口碑的影响也逐渐扩散。公司非常重视农户的切身利益,在保证农户利益和公司长远发展中寻求平衡,采取保价收购代养毛鸡,超过保价部分收益与农户五五分成的模式,真正实现让利给农户,让广大农户共同分享公司发展壮大的成果,与公司合作的农户中95%都实现了盈利。通过几年的运行,公司已经沉淀了一批懂技术、会管理、讲诚信的优质农户,为公司长远发展奠定了基础。

(3)产业链完善的系统优势。公司产业链从上游的父代种鸡孵化、饲养到商品代肉鸡屠宰、加工、销售及饲料的加工,形成了肉鸡行业完整的中部产业链结构,各环节紧密相扣,增强了公司应对各种外部风险的能力,下一步公司将产业链继续拉长延伸至饲料原料种植、加工,祖代种鸡的孵化、饲养,鸡肉产品深加工,鸡血深加工等,形成肉鸡行业更加完成的产业链结构。降低成本的同时,规避其他环节波动带来的影响,实现产业的稳定发展。

(4)"德翔模式"下的成本优势。通过"德翔模式"实现"规模经营",有力地降低了养殖成本。"德翔模式"通过统一育种、孵化、防疫、饲料和药品配送、销售以及农户分散养殖的经营模式,控制了疫病发生和传播风险,充分调动了养殖户的责任心,提高了养殖效率,降低了养殖成本。另外,公司饲料配方引入武汉大学胡勋起博士研制开发的全新配方,使用该配方,使饲料和鸡肉的转化率达到了1.6,大幅降低了饲料成本。公司凭借成本优势,在历次肉鸡价格大幅波动的情况下始终保持良好的盈利水平。

(5)严格系统的品控优势。公司对肉鸡养殖全过程等实施统一管理,公司"统一管理"的内容包括:统一采购、统一供料、统一供种、统一防疫、统一供药、统一销售。通过统一管理,公司将影响产品质量的所有环节全部纳入管理范围,从而保证了产品质量,解决了困扰毛鸡产品的"抗生素"滥用问题。公司与养殖户签订保底价收购协议,超过保底价部分与养殖户五五分成,最大程度地保护了养殖户的利益,降低了养殖户滥用抗生素的动机。在食品安全日益被重视的背景下,公司质量控制优势更加突出。

(6)资源丰盛、交通便利的区位优势。德翔公司地处我国著名的"肉鸡之乡"吉林省德惠市,自上世纪 90 年代德大公司在当地推广肉鸡养殖以来,当地已形成了较为完善的肉鸡产业集群,尤其是以德惠市为中心的周边县市大多数农户都具有肉鸡养殖的经验,公司加农户的养殖模式在当地具有深厚的群众基础。同时公司所在地域是我国主要玉米产区之一,玉米产量高,饲料原料供应充足,且品质较好。此外,德惠市位于东北三省中心地带,距哈尔滨 150 公里、长春 80 公里、沈阳 350 公里,公司销售半径可覆盖东北三省三大省会城市。德惠地区地域平坦、开阔,具有便利的立体交通条件,大大降低了物流成本。

三、德翔模式的启示

吉林德翔牧业公司的发展过程是一个经验不断累积、知识不断汇集、人才不断拢聚、诚信不断积累、名誉不断维系、伙伴不断增多、资金不断融汇、关系不断加强、修为不断提升、业务不断拓展的过程,同时也是经验、知识、人才、诚信、名誉、资金、胸怀、素质、修为不断释放的过程。在德翔牧业发展壮大的艰辛历程中,凭借执著与奋进,探索总结出了一些弥足珍贵的发展经验。

(一)文化凝聚

德翔牧业坚持以厚重文化凝聚企业精魂,始终致力于打造独具特色的德翔文化。在广泛溯源,借鉴吸收优秀企业先进文化的基础上,坚持实事求是和突破创新的原则,有所选择地借鉴、吸收、改进、创新,逐步建立、调整、充实和完善具有德翔特色的企业文化,在打造特色文化的过程中,让每一名员工都入心入脑,并落实在行动上,让企业在发展壮大的过程中,越来越有凝聚力、越来越有战斗力、越来越有亲和力、越来越有精气神。

(二)人才强企

德翔牧业坚持招贤纳士,唯才是用,始终坚持"人才强企"战略,以优厚的待遇不断吸引聚集高端适用型人才,除了有专职的高级管理人才和技术人才提供管理和技术上的支持之外,还聘请了高级律师担任法律顾问、注册会计师提供财务咨询,国学专家建设企业文化,政治精英给予外协指导,德翔牧业运用管理机制充分挖掘这些高层次人才资源的潜能,给予人才极致发挥能力的广阔舞台。

(三)团队锻造

德翔公司管理团队认为企业要想不断发展壮大、经久不衰、永葆青春,其中一个核心支撑就是企业的主要领导人要有统摄人心的能力,能够凝聚统领一个战无不胜的团队。德翔牧业在团队锻造中始终坚持做到以下几点:一是忽略职位,平等待人。二是借鉴盲人摸象之理,让公司全体员工都认识到每个人的思维、想法都有其局限性,要懂得、学会并且以实际行动来体现理解和宽容。三是借鉴掩耳盗铃之理,让全体员工都认识到每个人都有弱点,告诫员工不可耍小聪明。四是借鉴见贤思齐、见不贤而内自省之理,看到别人的长处不要嫉妒而要向他学习,看到别人的短处不要评头品足,而要反省自己是否也是如此。五是有利共分、有福同享。六是借鉴尺有所短、寸有所长之理,知人善任,任人唯才,充分挖掘每一个人的优势和长处。七是以平等、尊重立身治企,作为企业文化的重要组成部分,要求每一位员工都要学会尊重他人,平等互爱,彼此尊重,相处才能长久,企业才能和谐。

(四)资源整合

德翔牧业在发展过程中始终坚持整合融合的理念,通过对当地农牧资源、人才资源、金融资源、产业链上下游资源的整合,迅速实现了发展壮大。在农牧资源整合的过程中,既促进了当地经济快速发展,又使企业获利很多。人才是企业的根本,没有人才作支撑企业就不会持续长远,就不会逐渐壮大。资金是企业运营的血液,企业的运转一刻也离不开资金的支撑,公司充分挖掘利用多年积累的融资资源,较好地解决了企业发展壮大过程中资金的瓶颈问题,既有对个人进行的私募资金,又有对银行不同种类的贷款,这些年利用企业的信用和名誉尽可能最大限度地多贷款、多融资,为企业的发展提供了有力的资金支撑,为企业的不断提升和迅速扩张做出了巨大贡献。

(五)诚信尊重

德翔牧业在发展过程中,对内非常注重尊重每一名员工,自始至终关心关注员工的成长和发展,在企业发展的同时让员工共享企业发展成果;对外用心践行诚信理念,注重在采购、生产、销售、服务等各个环节诚信经营,尊重和保护农民利益,以实际行动在内外部客户和百姓中塑造了良好口碑。

专家评议

吉林德翔牧业有限公司始终立足于服务"三农"、发展"三农"、奉献"三农"的理念,始终坚持强化龙头(企业自身)、带动龙身(千家万户)、理顺龙尾(产品回收)的龙型经济发展思路,不断地增加固定资产投资、扩大生产规模、完善经营管理,使企业逐步形成良性循环、持续发展、不断上升的良好态势,从小到大,由弱到强,迅速成长,蓬勃发展。德翔牧业依靠自身实践得出了宝贵经验,贯彻"互利共赢、共谋发展"的方针,探索出了独具特色的先进模式,带动周边农民致富增收,在发展中形成了公司、养鸡协会、农户三者间鱼水般的利益共同体,把人善良和淳朴的天性通过德翔这个载体挖掘出来、体现出来、流淌出来,在发展过程中使公司和农户珠联璧合,互利共赢,创造了可观的经济和社会效益。

(楼晓东)

北京"大北农":构建三大核心竞争力 创造三维立体共赢模式

一、科技先行,创造三维立体共赢模式

(一)独辟蹊径,创造科技力量

1993 年 12 月 28 日,中关村的天气十分寒冷。就在这寒冷的天气里,靠两个人、2 万元和租用的两间平房筹办的"大北农"却诞生了。这两个吃螃蟹的人中的一个,就是一直以来作为"大北农"灵魂人物的邵根伙博士。

作为一个知识分子,不去高校研究所、政府部门、事业部门工作,却办起了小的几乎不成样子的企业,在当时乃至今天,都属非主流行为。但是,在邵根伙的心中,有一团火,这团火就是他的雄心壮志:作为学农的知识分子,一定要通过申办企业,报国兴农,寻求共同发展的道路。

具有同样的愿景,而路径可以千差万别。企业运行,需要选择众多的模式:管理模式、商业模式、经营模式等等。

一般而言,上世纪 90 年代大多数的中国农业企业大多选择的是以下路径:选定生产的产品类型、积聚资本、上生产线,产出产品进入市场以获得第一桶金,完成原始积累。粗放的管理、粗放的产品品质、粗放的经营,但因为市场正处于饥饿状态,他们也能够在懵懂中获得求生、发展的机会。

而邵根伙和他的伙伴们,与一般的农民企业家不同。他们是学农的知识分子,因此,他们在企业发展的问题上,有更多的理性思考和模式选择意识。从差异化战略而言,"大北农"诞生伊始,创始人的知识背景就决定了它将拥有差异化的选择、差异化的路径、差异化的战略。

"大北农"没有选择常规的道路。他们没有去着急筹措资本、建造厂房、上生产线。他们科技先行,试图以科技创新奠定企业发展基础。新生的大北农首先组建了一个阵容强大、专业段位高的专家委员会。该专家委员会由著名的动物营养专家杨胜教授为主任,张子仪、杜伦等十四名知名专家、学者为成员。就是这个专业团队,用了大半年的努力,研制出了自主专利产品"大北农"牌"511"乳猪料。该项成果投放市场后,打破了外资企业多年来对中国乳猪料市场的垄断,达到了国际先进水平。该成果同时得到了《农民日报》、《科技日报》、《中国畜牧水产消息报》、《经济日报》等国家级专业媒体的特别报道,在国内外产生

了重大影响,"大北农"因为"511"牌乳猪料而一炮打响,成为行业的高科技尖端企业。

　　根据哈佛大学教授约翰逊(Mark Johnson)、克里斯坦森(Clayton Christensen)和SAP公司CEO孔翰宁(Henning Kagermann)共同撰写的《商业模式创新白皮书》可见,任何一个商业模式都是一个由客户价值主张、企业资源和能力、盈利方式构成的三维立体模式。他们将"客户价值主张"理解为在一个既定价格上企业向其客户或消费者提供服务或产品时所需完成的任务,将"资源和生产过程"强调为支持客户价值主张和盈利模式的具体经营模式,将"盈利公式"理解为企业用以为股东实现经济价值的过程。

　　"大北农"撇开常规路径,组建专家委员会研制自主专利产品的举措意味着,"大北农"为了实现"报国兴农"的愿景,选择了利用高科技力量支持企业满足客户价值、利用企业的知识资源为客户服务、利用知识产生专利产品为企业盈利的三维立体共赢的商业模式。

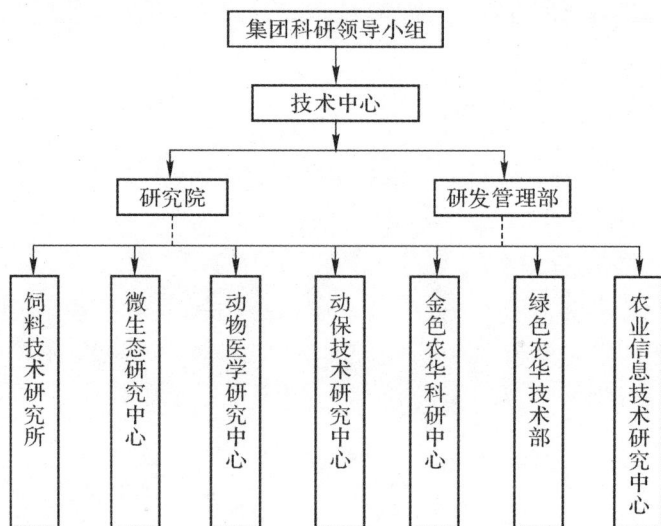

图1　"大北农"集团科研组织体系

　　这种模式,不仅适合于"大北农"的资源结构现状,更适合于自主品牌创造与核心竞争力的养成。

(二)投资科技,弘扬科技力量

　　知识的力量成为养成"大北农"核心竞争力的有力武器。但知识的力量如果只掌握在团队少数人手里,就不可能借助人力资源的能量,产生更强大的力量。深刻认识到知识的力量的"大北农",将高科技的开发与占有,科研人员的人力资本力量视为企业的、国家的核心竞争力,并采取了一系列措施,在发展公益事业的同时,塑造了企业的核心价值。

　　1995年,"大北农"设立了"大北农奖学金",向农业院校学生发放助学金。2005年5月,"大北农奖学金"更名为"大北农励志助学金",范围面向全国所有农业高校,发放院校由最初的5所农业高等院校发展到现在的80余所,发放金额增至每年200万元,"大北农奖/助学金"累计发放金额近1500万元,已达20000余名学生受益。

　　1998年12月,"大北农"宣布举资1000万元设立"农业科研奖励基金"(现"大北农"

农业科技奖),每届拿出100~120万元人民币,无偿奖励在农业科研领域做出贡献的科研人员。作为国家科技奖励的补充,"大北农科技奖"更侧重考察项目的创新性、重大性和产业化潜力,对项目的成熟度有所放宽。"大北农科技奖"在国家科技部社会力量设立科学技术奖登记证书的编号为"国科奖社证字第0149号"。"大北农科技奖"每两年一届,第七届"大北农科技奖"申报工作已启动。前六届"大北农科技奖"共收到申报项目1578项,共有155位专家获得奖励,发放奖金总额累计人民币556万元。获奖专家既有德高望重的老教授老专家,也有才思敏捷、朝气蓬勃的青年学者,其中有4位专家在获得大北农科技奖后被增选为中国工程院院士;有些专家在获得大北农科技奖后,又申报并获得了国家科学技术奖,其中有3位获得"国家科技进步奖一等奖",12位获得"国家科技进步奖二等奖",1位获得"国家技术发明奖二等奖","大北农科技奖"的前瞻性和社会效应得到了很好的体现。设立"大北农科技奖"是大北农集团热衷于公益事业的一贯表现,它不仅仅是对我国农业重大科技成果的表彰,更是对其推广价值、产业化前景的认可与肯定。通过奖励,营造鼓励创新的环境,促进科技成果向现实生产力转化,加速报国兴农和可持续发展战略的实施。

1999年3月,成立"大北农"农业科技研究院,为企业的持续高效发展提供了坚实的科技与人才支撑。1999年6月,集团与《农民日报》合作创办《农民日报·现代农业周刊》、出资主办中国农民大学、成立中国农软信息网(现农博网)。2003年9月,"大北农发展学院"成立。至2003年初,"大北农"在全国15所农业院校开设"大北农班";2004年,中国农民大学与中国农科院进行联合办学,成立了新的理事会和校务会;2005年4月,中国农民大学将办学重心转向农民科技创业培训,开始实施"百万农村科技创业人才培训工程"。同时,"大北农"与山东潍坊畜牧学院等单位联合发起成立"中国农民职业教育联合体",截至2006年年底,联合体成员已超过60家。2006年10月,"大北农"集团获准建立中关村科技园区海淀园博士后工作站分站。2010年10月,集团与英国诺丁汉大学签署战略合作意向协议,2010年12月,集团获批设立"大北农集团院士专家工作站"。

2011年12月,集团与中国农大签署战略合作协议,邵根伙博士个人捐款5000万元。

同时,大北农集团在全国各地的下属公司根据所在地区的特点采取多种形式多种举措,积极参与支援科技下乡活动。大北农工作人员、技术人员为当地农户咨询各种种、养殖难题,并带去很有价值的产品信息和知识,向农户送发《知识创新农业》报刊。在这些活动中,充分体现了大北农集团"报国兴农、争创第一、共同发展"的理念和精神,同时,为农民传输了重要的科技知识。

一个学习型的企业组织,就这样通过公益活动、科技活动、学习活动形成,且通过各种实用方式,加强员工培训,不断提高员工的文化认同度、提升工作能力,提高团队的综合能力,形成了企业超乎寻常的科技力量。

(三)科技发力,成就企业力量

"大北农"独辟蹊径创造科技力量,利用奖励与办学获得了科技力的传播弘扬,不仅在行业与市场树立起高科技企业形象,更因为其独特的专利产品和国际顶端科技赢得了市场与合作者的青睐。与此同时,"大北农"及时提出了"优势互补、共创名牌"的企业扩张战略,利用科技力量,在全国广泛展开企业合作,合资设立了"宁夏大北农"、"柳州大北农"、"新乡大北农"等企业,并于1995年9月的中国饲料工业协会"第八届全国饲料工业研讨会"上,首次将"大北农发展模式"进行公布和探讨,在饲料行业中树立起以科技整合资源,以科技创造力量的科学商业模式。随之而来的企业进一步的规模扩张,就是利用了这一模式。继而,1996年2月,"大北农"在怀柔兼并雁南饲料厂,建立怀柔生产基地,奠定了集团的饲料产业生产基础;1996年3月,托管"江西泰和大北农";1996年7月,"科高大北农"成立;1997年9月,"科丰大北农"成立;1998年,全国饲料分公司和科技推广网络建成;2001年9月,集团在怀柔雁栖开发区征地198亩,开始建设集示范、生产、科研、培训为一体的大北农科技园;2006年7月,大北农(美国)公司成立。2007年,西安大北农公司、福州大北农公司、三明大北农公司、辽宁大北农科技园、安徽大北农科技园、山西大北农公司相继成立或投产。

就这样,借助科技力量和多产业延伸,打造农业产业化企业的愿景,"大北农"在迅速崛起的过程中,及时实现企业扩张战略,成为了国内规模最大的以预混料为核心的饲料企业。2000年,"大北农"就已成为中国饲料工业协会副会长单位,预混料产销量连续十一年位于全国第一,也是国内领先的乳猪料、保育料、母猪料等高档高端饲料企业,并荣获"年度中国饲料行业最具竞争力企业"称号。为适应规模化养猪的快速发展,"大北农"饲料产业自主研发推出贝贝乳、宝宝壮等新产品,以高品质引领行业,深受广大养殖企业的好评。2003年初,成立韶山动物药品厂,使"大北农"的动保事业正式进入新的里程碑。"大北农"动物保健产业以开发尖端、优质、高效的动物保健产品为主导方向,先后与国内外众多高校、科研单位和知名企业建立广泛的合作关系,致力于化学药品、中药制剂和生物制品的研究与开发。目前,已形成集研发、生产、销售和服务为一体的大型动物保健科技产业体系。2005年6月10日,多抗霉素可湿性粉剂(宝抗)荣获国家科技部等五部委联合颁发的"国家重点新产品"证书;2005年至2006年,北京、福州、韶山三个动保企业通过国家农业部GMP认证。2012年2月,集团申报的国家科技攻关项目"仔猪健康养殖营养饲料调控技术及应用"荣获2011年度国家科技进步奖二等奖。

"大北农"全资企业"北京金色农华种业科技有限公司"是中国种子协会副会长单位,是国内少数同时经营水稻和玉米种子的企业之一。其经营的水稻种子销售收入位列全国种业企业第二,并荣获"中国名牌"产品。2002年10月,"金色农华"的科研课题便被列入国家"863"计划,成为全国唯一一个承担"863"计划农作物育种重大专项的民营种业企业。目前,"金色农华"培育的水稻新品种"天优华占"、玉米新品种"农华101"生产性状表现突出,成为了行业领先的品种。2009年4月,金色农华被北京市知识产权局评为2009年北京市专利示范单位,2010年12月,金色农华"高产多抗玉米新品种农华101"荣获2010重大农业科技产业化进步奖。

2004年4月,大北农植物基因专家委员会成立。以"绿色农华"为代表的植保产业着力于生物农药的研发、生产、销售与服务。承担了三个火炬计划项目(国家火炬计划项目、国家火炬计划重点项目、北京市火炬计划项目)、三个试点项目(全国知识产权试点单位、北京市专利试点单位、中关村国家自主创新示范区百家创新型企业试点单位),由于技术交易方面的突出成绩和公司卓越的技术创新能力,2010年5月,北京绿色农华被北京市科委评为"北京市科技研究开发机构"。2011年12月,"绿色农华"荣获中国农民最喜爱的农药品牌。

2011年3月，"大北农"的微生态事业部正式成立，成为从饲用微生物技术中心到集研发、生产、销售于一体的独立单位。2004年，"大北农"微生态产业形成。致力于为中国饲料、养殖业提供更为安全的饲用生物技术产品及解决方案，倡导让"环境更和谐、动物更健康、食品更安全、生命更有价值"的理念。微生态产业发展迅速，广泛开展科研项目开发与合作，先后承担了国家各部委及北京市重大科技项目30项，申请并获得国家发明专利15项，国家重点新产品1个，北京市自主创新产品3个。

"大北农"种猪产业在集团中属于新兴产业，将通过引进、合资、合作、自主培育等多种方式，培育具有自主知识产权的大北农种猪。未来十年，种猪产业将实现年出栏父母代种猪100万头，年总出栏400万头的战略目标，志在成为国内最大的种猪企业。

2006年10月，"大北农"集团被国家发改委、科技部、财政部、海关总署、税务总局联合认定为"国家企业（集团）技术中心"。2008年1月，集团被科学技术部、国务院国资委、中华全国总工会确定为第二批创新型试点企业。2009年5月，在印度举行的"2009年世界信息峰会大奖"全球专家评选中，中国农业门户网站农博网（www.aweb.com.cn）荣获2009年世界信息峰会大奖。2009年7月，集团在国内100家具有行业影响力的农业企业专利申请数据统计中，专利申请数量、授权数量均位居行业首位。2009年11月，集团被科技部、国务院国资委、中华全国总工会等三部委评定为"国家创新型企业"。2010年3月，集团"生物饲料工程国家重点实验室"获批，成为行业首家拥有国家重点实验室的企业。历年来，集团董事长邵根伙博士也荣获改革开放三十年推动饲料工业发展"十大经济人物"、海淀区十大杰出人才贡献奖、当选"2010中国饲料企业十大领军人物"、"中关村十大优秀企业家"、"引领北京饲料行业发展突出贡献人物"等殊荣。

二、强化文化与服务力量，成就共同发展理想

作为一家高科技、高成长型企业，18年来，"大北农"以科技力量先行，且不断培育和强化三大核心竞争力中的其他两个竞争力：企业文化和推广服务，形成了科技创新、企业文化与推广服务三大支柱，成就共同发展的理想。

（一）塑造愿景，创造人才集聚环境

知识就是力量，但知识分子都具有特立独行的特性。他们各有各的才智，但也各有各的个性。他们最尊崇的是自由与个性，最不屑的，是控制与统一。这种个性自由与划一管理之间会产生强烈的冲突。在国际企业管理历史上，不乏因个性与管理的冲突而致使一个企业或团队分崩离析的悲剧。"大北农"就是一个知识分子成堆的地方。企业的创始人是知识分子，企业的专家核心团队是知识分子，企业各分公司的管理人员与核心专家均是知识分子。

那么，以怎样的管理模式、怎样的管理力量才能聚沙成塔，让一盘散沙变成众志成城？因为，一盘散沙没有凝聚力量，无法点化江山；只有聚沙成塔才能众志成城，抗击任何风雨。

塑造愿景，是"大北农"人力资源管理中的科学模式。

1993年成立"大北农"这个小公司时，两个创始人便写下了企业的愿景：以"报国兴农"

为使命。在上世纪 90 年代的中国,打开了国门看到了外面精彩世界的知识分子,了解到了我们农业和国际现代农业的巨大差距,作为一个农业大国却无法实现农业强国。以邵根伙为核心的学农知识分子,一腔热血,构建了以农报效祖国的伟大愿景。

就是这一愿景,使众多的专家学者从善如流,汇聚到了"大北农"旗下。在 18 年间,"大北农"以"报国兴农"的愿景和使命感,引发了人才集聚潮流。多个专家委员会便在此愿景和使命的基础上得以成立。从这个意义上,是"报国兴农"的愿景成就了"大北农"的企业核心竞争战略——人才战略。当本来如散兵游勇般的专家集聚到"大北农"旗下,所有的人都发生了翻天覆地的变化,他们不再怀才不遇,不再怨天尤人,他们共同立下誓愿,创造出了众多的科技新篇章。

随着企业现状、人才环境的变化,"大北农"的愿景也在不断地充实、提升,为"大北农"的员工们提供向上的阶梯。

近年来,"大北农"在新的形势下提出了更新的企业愿景:创建世界一流的农业科技企业,创建国际一流的综合性农业高科技企业。

从"报国兴农"的知识分子的报国情怀,到"创建世界一流"的新的愿景,这之间,"大北农"的愿景有了重大突破。这个突破,意味着"大北农"的愿景已从当初简单的知识分子用所学报国的学子心态上升到了宏大的、波澜壮阔的国际视野;意味着"大北农"从更高的层面去理解"报国兴农"的意义,将自己的成长和理想融入了国际竞争、国际视野。进入今天的"大北农"集团的官方网站,我们可以看到漂浮在首页的旗帜广告:"融入时代潮流,融入国际竞争,融入国家崛起"。从单纯的"报国兴农"壮志与理想,到今日"创建世界一流"的气魄,这个过程,是所有的有为知识分子都渴望参与的,是所有的具有报国情怀的人们所热切期待加入的。

事实证明,"大北农"的愿景获得了众多人才的青睐,也获得了企业自身的加速发展。

2012 年,"大北农"还获得了北京高校毕业生就业百佳用人单位。

在今天,"大北农"这样描绘自己的发展蓝图:

巩固和加强已形成的饲料预混料和水稻种子方面的竞争优势,充分利用在动物保健产品和植物保护产品业务领域已确立的业务基础,形成以饲料和种子产业为核心,以动物保健产品和植物保护产品为两翼的完整业务格局。以企业文化统领发展,以人才建设为源动力,进一步加强科技创新、营销网络和企业文化三个核心竞争力的建设,将"大北农"建设成为国际一流的综合性农业高科技企业。

围绕上述发展战略,进一步加强技术研发实力,大力促进公司各产业研发创新体系建设,建立并完善公司科研创新、科研管理和知识产权保护体系。到 2012 年,形成一批服务于产业并具有显著竞争优势的自主知识产权,为公司各阶段跨越式发展提供强劲的支持。在饲料技术方面,积极开展饲料安全与快速检测技术应用研究,从事原料成分和高效预混饲料生产技术研究。在产品开发方面,本公司重点研发饲料微生态、教槽料、哺乳母猪料等新一代高端产品。

在种子技术研发方面,通过资源创新、品种收集、基础研究等加强育种资源建设,大力推进亲本公共组配体系建设,创建品种后熟体系,建设人工隔离早期繁制种、品种鉴定、比较试验品种试验体系,强化科研管理,提高科研效率和科研的市场针对性。

为确保集团在快速发展过程中,生产、供销和销售等各环节协调发展,加强对分子公司的管控能力,坚持"集中管理,有效授权"的原则,统一配置和优化公司及下属各企业的人、财、物资源,发挥集团采购优势,做好重要原材料的集中采购工作。未来三年,公司将突出信息化建设在加强企业经营管理方面的运用,以成功运行的"大北农客户服务网"和ERP信息系统为基础,通过电子商务和信息化网络平台,加强公司内部信息交流、信息管理、营运控制,利用信息化全面整合企业价值链及其与上下游之间的关系,直接改变和农户之间的关系,创造差异性的产品、服务和网络竞争力,使内部经营管理系统更加标准化、流程化、简单化,在保障效率的前提下,大规模地降低企业整体运行成本,实现低成本的竞争。

对于市场推广体系方面,"大北农"需要一大批具有相关专业技术背景、学农爱农并且愿意深入科教兴农第一线的有激情、有梦想的年轻人;对于技术研发体系方面,大北农将大力引进专业研发方面的硕士、博士及博士后等高技术人才;在生产营运方面,未来几年大北农将在全国范围内大规模投资建厂,急需具有一线生产工作经验、熟悉生产流程的生产营运人才的加盟;而在综合管理方面,人力资源、行政管理、财务管理等专业人士也是大北农需要的人才。

我们可以相信,"大北农"一以贯之的现实且高远的企业发展愿景,一定能够吸纳更多的有识之士、有才之士。

(二)文化结盟,支撑基业长青

每个企业都有自己的企业文化,而只有文化企业才能支撑基业常青。"大北农"除了有高远的企业愿景之外,更将文化作为人才结盟、共同发展支撑基业长青的重要战略。

在图2中,我们可以看到大北农集团的文化图景。在这个完满的、自成一体的企业宇宙中,体现了企业愿景的文化实现。"大北农的事业是我们大家的事业":强调大北农的企业精神是全员无老板的集体精神而非个人的财富诉求;"报国兴农、争创第一、共同发展":是企业的核心愿景,是大北农所有人的共同理想;"人是企业发展的唯一资源":体现了大北农对员工的人性化理解和人本主义精神。

"大北农"文化经过18年的积累,形成了一整套完整的、独特的文化体系,以时代观、农业观、企业观、工作观、成就观等构成。

1.时代观

融入时代潮流、融入全球竞争、融入国家崛起。强调21世纪是充满机遇和挑战的全新时代,在这个时代,网络经济迅猛发展,生物技术日新月异,全球一体化进程加快;中国快速崛起,正由"制造型国家"向"创新型国家"跃进;"大北农"总部地处中国科技硅谷、国家自主创新示范区——中关村。天时地利,这是干大事业、也能干成大事业的时代。客观、乐观地理解和发展这个时代对于一个企业发展的宏观、微观环境。

2.农业观

最富潜力、值得奋斗。在"大北农"的文化理解中,农业是立国之本,也是强国之路;是最大、也是最富潜力的行业;21世纪农业的内涵已由传统食物农业扩展成食物农业、医药农业、能源农业、生态农业、金融农业等范畴;农业科技是推动现代农业发展的源动力;奉献农

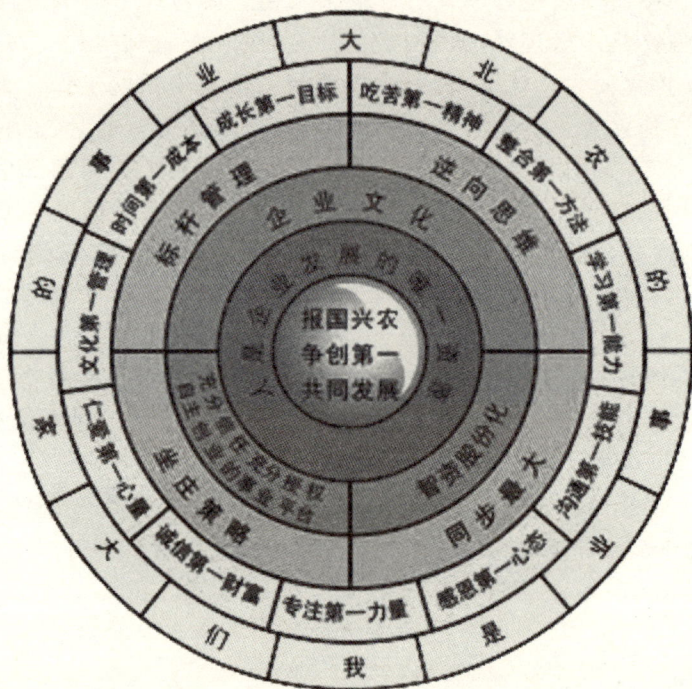

图 2　大北农集团的文化图景

业、服务农业是来自农村、学习农业的知识分子责无旁贷的时代责任;21 世纪是生物技术的世纪,农业是生物技术主要的体现产业。在一个以农为核心的企业中,如何看待农业是非常关键的文化判断和文化视野,可产生鼓励员工努力工作的至高能量。

3.企业观

奉献社会,强大国家。在大北农文化中,企是企图,业是事业,企业是一个团队遵循共同的价值观,为共同目标而奋斗的经济组织;公是大家,司是责任,公司就是要为客户、员工、行业、社会、国家承担责任;利润是利益别人,润泽自己;是公司为客户创造价值的回报,也是更好地为客户服务的基础。

4.企业文化

是企业为实现自己的使命、愿景,全体员工共同遵循的价值观总称。是企业的灵魂,是指导企业发展的行动纲领。企业文化由统帅、理念识别、制度识别与形象识别构成。

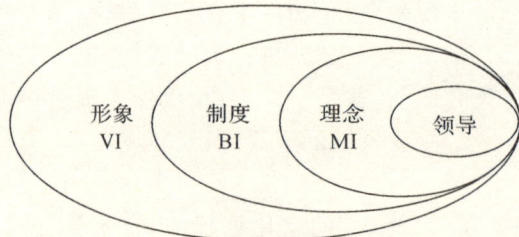

图 3　企业文化四个层面

　　而图4则形象地说明了"大北农文化"对企业文化的理解:价值观的统一。所有的员工都必须具有共同的价值观,形成一种价值结盟,才能成就企业的今天与未来。

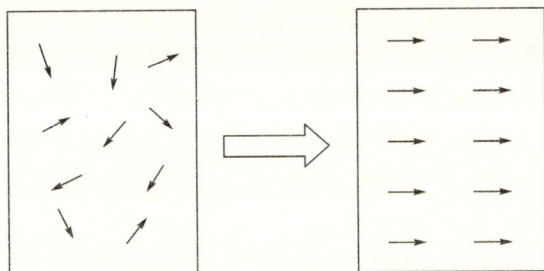

图4　价值观的统一

5.工作观

　　融入企业,追求卓越。在大北农文化中,工作是一种学习,工作是一种成长,工作是一种修炼;融入企业、认同文化是工作成功的前提;追求卓越是每个员工的工作目标和理想。

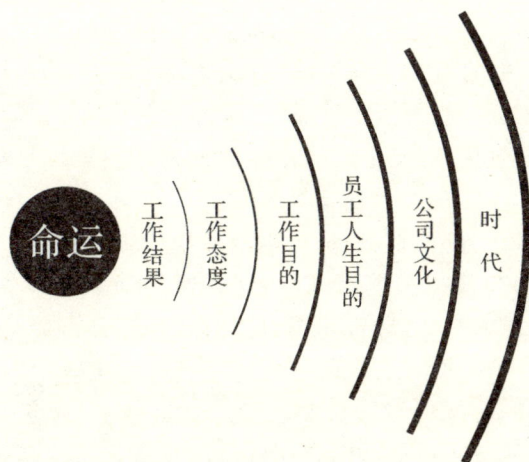

图5　员工生涯规划图

6.成功观

　　创造财富,润泽社会。在大北农的文化中,成功的大小等于为社会创造财富的多少;而财富包括心灵财富、精神财富和物质财富;成功=物质欲望的降低程度×为社会贡献愿望的大小×行动能力;其中,行动能力包括三项:愿景描述能力、资源整合能力和人才培养能力。

　　就这样,通过十几年努力经营,大北农集团已形成一套立意高远、内涵丰富的企业文化。利用早期形成的"产业报国、争创第一、共同发展"的核心理念,有力地推动了企业的发展。随着企业的发展向更高层次推进,大北农集团又基于企业文化的基础,进一步强化企业文化的宣传和落实工作,拓展企业文化的内涵,并将企业文化融入到为养殖户和种植户提供优质的服务当中,不断提高企业的经济效益和社会效益。作为大北农及大北农人的行动纲领,企业文化的每一句话都具有重要的指导意义及产生深刻的影响。优秀的企业文化、持续的创新能力和独具特色的推广服务网络使大北农集团表现出了良好的增长势头。集团近三年的营业收入复合增长率达到 25%；凭借公司高科技、高品质及高盈利的产品定位，多年来公司的综合毛利率水平一直保持在 20% 以上，明显高于行业同类企业；近三年的利润总额复合增长率达到 23%。2011 年度，集团共实现营业总收入 78.35 亿元，同比增长 49.30%，实现净利润 5.04 亿元，同比增长 61.86%。成为饲料和种子行业中成长最快、最具赢利能力的公司之一。

（三）共同发展，同步跨进新生活

在大北农集团的领导眼里，"企业无'人'则'止'，人是大北农发展的唯一资源。"正是对"人"的充分尊重和肯定的企业管理理念，成为大北农集团的发展密码。从科研到生产，从销售到服务，从管理到执行，从教育到学习，"大北农"在不同岗位凝聚了相应的专业英才，并与广大事业伙伴形成互动，构建了一个良好的企业生态。

但是，要想企业长青，要想文化长远，只是空喊口号，在利益分配机制等方面没有协调、配合，则企业中人只有共同的义务和责任，没有"同富贵、共患难"的财富共享机制，则会对企业的凝聚力产生重大的影响，甚至，集聚起来的人才也会因得不到尊重、得不到满足而分崩离析。从这个意义上，财富共享机制的形成和完善，是大北农集团发展至今的真正的密码。

2000 年 3 月，新世纪刚开始，大北农就在邵根伙博士的率领下做了一件非常有意义的事。集团倡导"强化顾客与员工意识、淡化老板与老总意识"，全集团开展"无总、无经理"称谓活动。所有人之间，只以名字称谓，而员工称谓邵根伙不是称他老板或老总，而是称他为"邵博士"，之后，在所有的新闻报道中，我们都可看到"邵博士"这个称谓。这个称谓，体现了知识阶梯但没有老板、没有员工，体现了没有人之贵贱高低的差异的人本主义理念，也给所有的员工表明，企业是大家的，大北农的事业就是大家的事业。

在共同致富、完善共同发展的激励机制设计上，"大北农"除了在日常工作中实施按工作绩效奖励员工之外，更通过企业与外围合作机构的财富共同体等形式创造新的联盟。

在这过程中，企业发展的几个关键步骤说明了大北农财富共享、同步跨越新生活的理念和机制：

2007 年，"大北农"进行股份制改造，优化公司治理结构；2010 年 4 月 9 日，集团在深交所成功上市（股票简称"大北农"，股票代码"002385"），一举成为中国农业行业融资数额最大、市值最高的农牧企业之一。

根据饲料产品的特点，大北农集团建立了覆盖全国重点养殖区域的市场推广服务网络，拥有 4000 多名推广服务人员，建立了覆盖全国 500 多个县级服务站、10000 个村镇级的推广服务网络。依托相辅相成的子公司和经销商两大体系，在全国首创"县级服务站"市场推广服务模式，建立起"始于县，止于户"的全国科普推广网络，其中包括县级服务站，经规范合理的管理，形成了公司与合作伙伴双赢的局面，有效地推动了饲料产品的销售。

强调以技术和服务为市场推广的主要手段，通过形式多样的技术推广会、技术培训等，对经销商、养殖户进行持续的培训、指导和服务，极大地提升了各关联企业与人员的就业能力，也间接获得了产品的影响力和竞争力。

通过中国农民大学、农博网、《知识创新农业报》等学校机构与传播媒体,进行科技知识的服务和传递,让员工、合作商、农民等拥有获得财富的技术与专业知识。

中国农民大学作为重要的社会办学力量,正在着力去填补创业型农民培训工作的缺口。学校目前致力于与地方政府或其他教育机构合作,选拔农村中的创业型农民进行系统培训,旨在推动他们成为中国现代农业发展的主力军。立足农业、面向社会、强强联合,实施农民创业培训,以社会、市场、农民的需要为导向,以能力培养为中心,以创新的思想和方法,主动适应形式需要,开展多层次、多渠道、多形式的农民创业培训工作,努力培养出具有创新精神和创造能力的农村实用型人才,推动农村产业结构调整,促进农村经济持续、稳定、健康、快速的发展。

农博网作为中国最大的农业门户网站,坚持以"服务农业、E化农业"为己任,综合利用网络资讯、手机短信、电子期刊等媒介立体传播农业信息和科技知识;经过10年的品牌打造,现已发展成为国内客户量最大、信息最丰富、访问量最高的农业门户网站,日访问量突破100万。目前,农博网正积极发展农产品电子商务业务,利用互联网的便捷,加速农民致富的进程。

《知识创新农业报》是大北农集团向农民朋友义务传递养殖技术和养殖理念的另一种途径,报纸面向全国农民朋友免费订阅,月发行量达80万份以上,大部分报纸通过技术服务推广主任亲自送到养殖户家中。报纸所涵盖的内容,不仅为农民朋友打开了一扇了解大北农的窗口,更为他们开启了一条通往致富的道路。

2012年,在"同一个事业同一个梦想"的事业伙伴标杆大型颁奖会上,100名行业标杆得到奖励,这100名标杆来自全国各地,与集团合作5年以上,不仅是当地的养殖带头人,更是全国的养殖标杆。大北农集团的财富共同体、创业创富联盟形成了相当的号召力和凝聚力。

(四)布局未来,引领农民共同发展

2012年,大北农提出建设"大北农事业财富共同体"的全新理念,即"以大北农为中心,以事业伙伴为核心,以客户为重心"的创业创富联盟,希望通过共同的愿景,感召更多的同行者,融入到报国兴农的队伍中来,与大北农携手前进,共同发展。

近年来,中国农业呈现大发展的态势,为农民朋友带来了前所未有的机遇。大北农为了让事业伙伴把握行业发展机遇,着力为事业伙伴打造一个包含品牌、技术、人才、资金、信息等全方位的支撑服务平台。大北农事业财富共同体的建设必将进一步深化事业伙伴与大北农之间的合作关系,推动产业化发展的同时也将"报国兴农"的大北农事业推向一个新的高度。

专家评议

以"报国兴农"为使命与愿景,"大北农"形成了全体员工的使命共同体;以"创建世界级农业科技企业"为目标,搭建充分信任、充分授权的创业平台,"大北农"与相关专家、企业、机构形成了事业共同体;以"共同发展"为道路,通过股权激励凝聚核心人才,"大北农"与员工形成了利益共同体;以"融入大时代"的企业文化为感召,"大北农"形成了价值共同体。

　　大北农的超速发展告诉我们：科技就是力量，文化成就理想，而事业共同体、价值共同体、财富共同体的理念，成就了大北农的大家园，也成就了大北农报国兴农，为农民发展铁肩担道义的知识分子情怀。

　　"大北农"模式，是利用高科技、企业文化、服务社会的三大核心力量形成的三维立体共赢的商业模式，是强调"使命、事业、利益、价值"共同体的企业与社会互动的发展模式。其三维立体共赢的商业模式利用高科技力量支持企业满足客户价值，利用企业的知识资源为客户服务、为农民服务，利用知识产生专利产品为企业盈利，形成了三方共赢的关系模式。其企业与社会互动发展模式利用相关者共同的愿景、目标、核心价值、利益等形成了多方共赢的凝聚力、向心力、战斗力和社会反哺力，形成了一个农业龙头企业的产业化、规模化、社会化力量。科技就是力量，文化就是竞争力，满足社会需求就是企业的价值，大北农集团发展模式值得借鉴。

（胡晓云）

福建华祥苑:基于文脉的品牌塑造

　　中国是茶的故乡,茶文化历史源远流长、博大精深。中国茶叶、茶文化享誉世界,被誉为"绿色金子"。如何将"叶子"变为"金子",华祥苑有它独特的方法。

　　华祥苑的发展历程,是一个普通茶企探寻自身发展之道、从默默无闻的小企成长为农业产业化国家重点龙头企业的过程。在这期间,文化战略是其战略核心。十几年时间里,华祥苑通过一步一步地深入挖掘茶与文化的深层次关系、宣传茶文化与儒家文化等多重文化的精神内涵,在传播文化的同时实现了自身品牌的发展和商业板块的扩张。

一、以文化为发展核心

　　2001 年,一位虔诚的肖氏传人走出了茶乡安溪,带着将地道纯正安溪茶叶传播到世界的梦想,承袭祖业,立足厦门,广纳贤才,开始了铁观音规模化生产和经营的漫漫征程。这位肖氏传人就是肖文华,是他创立了华祥苑。成立之初,华祥苑只是福建安溪的一个普通的茶叶企业,埋没在成千上万家茶企之中,并不起眼。彼时茶叶市场竞争激烈:立顿品牌自1992 年进入中国市场五年后即获得茶包销售额第一、市场占有率第一的成绩;中国本土茶企各地遍布,竞争烽烟四起。肖文华作为安溪铁观音的非物质文化遗产传承人,一直苦苦思考如何发展华祥苑,如何让企业突出重围。他渐渐发现,中国茶企与国外大品牌相比,品牌小实力弱,难以在技术和产量方面超越对手,但有一点却是对手所没有的,那就是中国茶所蕴涵的文化内涵。他意识到,这才是中国茶的核心价值。

　　肖文华的观点是"有文化的企业才是有灵魂的企业",这个"文化"在肖文华看来不仅仅单纯包含企业文化,还包括产品背后更深远广阔的文化内涵。中国茶的文化追溯到上古神农氏,绵延积淀了千年。悠久的历史,加上中华几千年文明的浸染熏陶,使得茶与文化之间有着奇妙的关系。因此,在中国文化里,茶不仅仅是一种物质产品,更是一种具有象征意义的精神文化产品,也是一个承载着中国传统宗教、哲学和美学等文化印记的概念符号。茶,既有民俗文化之魂,亦带怡情养性之道,是消费者从物质享受提升精神内涵的介质。充分利用这一点,是茶叶企业占据品牌制高点的关键,也是品牌走向高端市场的价值赋予。为此,华祥苑历经多方探索,力图通过文化实现品牌崛起的梦想。如,挖掘并建立企业自身文化;率先提升茶店形象,展现中国茶文化特色;将功夫茶具与茶完美结合,探索传统文化的多维载体;建立起茶技学校与茶艺表演队,利用茶艺表演宣扬茶文化;组织茶文化巡展,直接与消费者接触等等。在一次次的探索和实践中,华祥苑逐步实现了品牌扩张,通过文化崛起创造品牌,形成独特的华祥苑模式。

二、以品牌塑造为策略

(一)事件营销,增强品牌知名度,树立品牌形象

在华祥苑的发展历程中,事件营销这一手段也经历了从试探性使用到炉火纯青的过程。事件营销是以"借势造势"的手法,通过策划、组织和利用具有新闻价值、社会影响、扩散效应的人物或事件,吸引媒体、社会团体和消费者大众的兴趣与关注,以提高品牌知名度、美誉度、影响力,树立良好品牌形象的热点营销方式。通过联姻国宾馆、国际组织、名人及赞助重要赛事等来吸引大众目光,华祥苑获得了媒体的主动关注,实现了传播方式的良性循环。这些手段为华祥苑品牌赢得了媒体的聚焦和报道,不断创造使品牌进入传播体系的可能与机会,增加了华祥苑品牌的知名度和影响力,树立起"华祥苑中国茶"的品牌形象,潜移默化地影响着消费者。

1.联谊钓鱼台国宾馆,成为"国宾茶"

2002年,华祥苑茶业股份有限公司成立的第二年。当时,凭借高规格的有机茶园、独具一格的韵味和上乘品质,华祥苑与钓鱼台国宾馆正式合作,为其提供铁观音产品。从此,华祥苑茗茶以"国宾茶"形象走进公众视野。多年来,华祥苑茶一直作为中国茶的代表成为国家外事接待中的重要礼品,成为钓鱼台国宾馆的指定用茶,其3号茶园被隆重授予钓鱼台铁观音茶生产基地称号。这一举措并不在于事件本身,其意义在于,华祥苑通过此举获得了与国宾馆的攀附位置,并延伸为等同位置,成为人们认知中的国宾茶代表。可以说,利用这一事件,华祥苑获得了中国茶的至高定位。

2.与国际组织合作,从国际到国内

2006年,联合国"丝绸之路"投资论坛召开,华祥苑百福铁观音作为中国礼茶的代表受邀参加展示,借此投资论坛,此举不仅开创了华祥苑与国际经济组织和企业的交流与合作,而且将"中华茶文化使者"这一形象定位传播给与会的国际友人。

2007年,根据联合国南南合作示范基地相关要求,华祥苑创建了无污染、标准化、生态化的茶园产业模式。经联合国南南合作组织考察,专家组一致认为华祥苑所承担的有机茶开发项目符合南南合作项目示范要求。华祥苑基地因此成为"联合国南南合作示范基地——有机茶开发项目示范单位"。2011年,华祥苑挺进欧洲奢侈品腹地,与安溪的另外四家茶企在法国成立了欧洲营销中心。

与联合国相关组织的合作,使华祥苑站在了国际舞台的前沿,奠定了其品牌在国际上的知名度和影响力,同时也对其在国内市场的拓展、品牌形象提升提供了具有强大说服力的背书。

3.借势名人,提升品牌

2008年,华祥苑特制了"英伦风尚"作为中国顶级茶叶礼赠英国皇室安德鲁王子。2009年,"儒系礼茶"受到英国前首相普雷斯特先生的高度称赞。系列名人赠礼活动,赋予了华祥苑品牌的"中国茶文化代表"的身份与世界顶级形象之间的匹配关系。通过赠予和品鉴,华祥苑茗茶与名士、名牌、名组织结缘,并经由他们走向了世界各国市场,逐步建立并加深

了华祥苑"中国茶文化代表"的国际印象。

4.借势世博，全面出去

2010年，华祥苑成为上海世博会特许商品生产商和零售商，成为国内茶叶行业唯一一家获此殊荣的铁观音茶业企业。在此期间，华祥苑通过精心策划开展了广泛的媒体报道，并以此为契机开始第一次全国性的文化巡展——"世博茶 中国行"华祥苑文化巡展。

(二)举办茶文化节，提升业界影响力

华祥苑定期举办茶文化节，并且将其作为公司的盛大节日。虽然当今各地茶业节庆层出不穷，但作为单个企业举办的茶文化节并不多见。华祥苑的茶文化节并不是关上家门自娱自乐的文化活动，而是面向社会开放的多形式的文化活动。"华祥苑茶文化节"目前已举办六届，每届都策划出不同的侧重主题，并通过多种形式实现这一主题。如2010年第六届文化节的海西"紫砂壶大师、书画名家"艺术展，其活动形式丰富多彩，有茶王赛、中华各种茶艺大表演、茶知识竞赛、中华名家书画笔会、文化晚会、新产品发布会等。2007年，华祥苑在厦门喜来登酒店举办了"华祥苑第三届茶文化节暨奥运与铁观音专题研讨会"，除各类活动外，各行业代表还在专题研讨会上就"生产、技术、人才、资源、营销、文化"六大要素深入探讨了铁观音产业发展的机遇、挑战和发展前景。通过茶文化节，华祥苑不仅获得了媒体的曝光率，同时在业界广结人脉，扩大了华祥苑的品牌影响力。

(三)文化巡展推动品牌走向全国

除了事件营销和文化节活动外，华祥苑多次组织茶文化巡展，实施"走出去"战略。以茶文化为核心、以产品为载体，华祥苑策划出形式多样的活动，一方面弘扬茶文化，另一方面为品牌吸引媒体关注。更为重要的是，这些活动是直接面向消费者的，通过与消费者直接接触，为品牌赢得了广泛的群众基础。

1."世博茶 中国行"华祥苑中国茶文化巡展

"世博茶 中国行"中国茶文化巡展，是华祥苑在国内举行的以世博和茶为主题的全国性展演，活动首开现代茶业推广先河，被外界誉为茶文化推广的"新长征"。2010年7月18日，活动在上海东方明珠广场举行了首发启动仪式。

文化巡展活动的参与人员由高级制茶师、资深茶叶学者、茶艺表演队、媒体新闻组、策划组、市场组等构成。每一个城市的每一次活动都经过前期部署、活动宣传开展、后续媒体跟进等阶段，活动由3位高级制茶师及两位资深茶叶学者组成团队，随着华祥苑"世博茶·中国行"的专车，现场传播安溪铁观音传统制茶工艺，宣传华祥苑世博茶的理念，由南至北，联动华祥苑全国上百家加盟商和专卖店，推进世博茶文化体验之旅。

文化巡展活动中，高级制茶师现场制茶、茶叶学者介绍茶知识及茶文化、茶艺表演队进行了茶艺表演，同时还有品茶体验、挑茶比赛、茶知识抢答等群众现场活动，以及颇具地域特色的福建民俗和文艺表演。在整个活动过程中，茶叶消费者和普通民众参与其中，能够亲见、了解铁观音的传统制茶工艺，从而对其品质有更深刻的体验，理解每一小杯醇香的铁观音背后的文化内涵。活动突出中国特色的茶文化元素，是对铁观音传统制茶工艺的一次全国性传播，在参与的消费者心智中为华祥苑赢得了一席之地。

图 1　市民观看制茶师现场制茶

　　活动的每一站,都是一次事件营销和体验营销的结合。一方面,当时正值世博热潮,"世博茶 中国行"中国茶文化巡展所到之处,每个地方媒体都对活动给予了极大的热情,加之前期部署和新闻组的宣传工作,基本上每到一地都会成为当时当地的新闻热点。另一方面,这也是一次针对茶叶消费者和普通民众的品牌体验活动。通过世博茶宣传活动,消费者在潜移默化中接受了华祥苑品牌。活动在市民中赢得了良好的效果,品茶爱好者对茶文化有了更深的领悟,很多普通市民开始关注茶叶、茶文化,并记住华祥苑。64 岁的上饶市民孙先生说:"喝了大半辈子的福建铁观音,终于能在江西自己家里亲眼见到铁观音的制作过程,终于圆了自己作为喝茶人的梦想。"

图 2　市民品茶现场

　　华祥苑成立专门活动小组,联动华祥苑全国上百家加盟商和专卖店,利用其在当地的资源开展活动。这种操作模式,保障了活动主题和活动内容的统一性,又能利用专卖店的当地优势节省成本，并通过活动将加盟商联动起来，促进了加盟商对品牌的向心力。

整个巡展活动由铁观音起源地——安溪出发，在厦门正式启动，首站放在上海世博，然后覆盖全国，跨越福建、江西、江苏、上海、山西……直至北京，途经全国十余个重点省市，行程近万里，受众近百万，成为中国茶行业历史上受众人数最多、规模最大以及路程最远的茶文化体验推广活动之一，是我国茶行业首创的、规模巨大的巡展性、体验性营销。

2.2011 东方茶文化全球巡回展

"2011 东方茶文化全球巡回展"是华祥苑继"世博茶 中国行"活动之后的又一场茶文化大戏。2011 年 8 月 6 日，华祥苑正式签约国际巨星李冰冰作为形象代言人，同时全面启动"2011 东方茶文化全球巡回展"，该巡回展在厦门启动，2011 年下半年在北京、沈阳、太原、郑州、上海、成都、深圳等国内七大城市进行了巡演。比较以往的巡展，此次"2011 东方茶文化全球巡回展"更侧重巡演，利用演绎的方式宣传文化、提升品牌；范围更广，从国内到国外；形式更深入，充分利用了如紫砂壶、茶艺、书法等多种文化形式，更注重于还原、展示儒家文化背景下的中华茶文明；更注重提升品牌内涵，从群众性近距离宣传巡展到公关性媒体宣传，更全面、更完备、更深入地向全球展示东方茶文化的魅力。

图 3　华祥苑代言人李冰冰现场讲解和演示铁观音制作工艺

巡演中不单单只是表现茶文化，更包括以茶为圆心的其他传统文化。整个巡回展以茶为载体传播儒家思想，并呈现了中国书画、紫砂、陶瓷等综合艺术，让人更具象、更多面地了解了东方茶文化。每场活动基本上分别以紫砂壶篇、书画篇、礼乐篇、传承篇和集大成篇等五大篇章进行艺术演绎和体现。活动通过对茶叶几千年历史脉落的梳理——从 2500 年前"仁义礼知信"的光辉思想到"以茶利礼仁，以茶可行道"的凭茶修身用道；从茶马古道到丝绸之路上的驼铃——历史地展示了儒家文化背景下的茶生活、茶艺术。活动还展现了茶与各种文化艺术之间的紧密关联，如宜兴陶瓷行业协会通过茶壶展示阐述了紫砂壶与茶文化之间交融共生的关系；福建美术家协会对书画艺术中的茶元素进行了演绎；中国孔子基金会学术委员则就儒家文化与茶道的关系作主题演讲。让参与者感受到茶文化与其他文化间的碰撞与交融。

2011 年 12 月 16 日,在国内巡展结束、国外巡展行进到达澳大利亚时,澳大利亚中华经贸文化交流促进会与福建省文化厅、福建省对外贸易经济合作厅主办了"中国茶文化产业博览会"。华祥苑利用此次机会完成了澳洲站的巡演。在国外巡展中,针对当地人对中国茶了解不太深入的现状,活动除了采用国内站的固定展出和演出模式外,还以符合当地人接受习惯的方式,配合开展了各种不同茶类的品茗活动,让华侨及国外茶叶爱好者从茶叶的种植、生产、加工,以及茶文化的历史、现状等方面对中国茶有了更为深刻的理解。

(四)借力其他传统文化载体

华祥苑认为,作为中国传统文化的一部分,茶文化与中国其他传统文化的表现形式是共生共融,且不可分割的。因此,华祥苑在全球范围传播东方茶文化时,也注重传播中国各种传统文化艺术。在持续性的巡回活动中,华祥苑明确提炼东方茶文化的主题,创新地以"顶级茗茶＋中国孔学＋书画鉴赏＋陶瓷艺术"的模式对东方茶文化的内涵与外延进行全方位展示。在东方茶文化全球巡回展中,福建省美术家协会与华祥苑共同演绎茶书法艺术;宜兴陶瓷行业协会派出了多位顶极紫砂壶大师现场作壶,让各地的观众近距离见证中国茶文化中的另一奇葩——紫砂壶的诞生。大师们对茶与壶的关系进行了深刻的解读,使观众更深刻体会到东方茶文化的内涵。中国孔子基金会全程参与了东方茶文化巡回展,它与华祥苑一道,在全国各地向人们阐释儒家思想背景下的茶道文化。茶企与学术文化机构的强强联手、共同演绎,让大众亲身体会一片小小茶叶所承载的厚重人文底蕴。

华祥苑不仅在文化巡展活动中实现了与其他传统文化载体的合作展示,在其他活动中也开始体现,例如"华祥苑"杯茶字书法全国创作大赛。大赛参赛对象为青少年群体,旨在通过对茶字的书写,融合国学、茶学、茶艺等文化因子,激发青少年的创作热情,弘扬中国传统文化。经过前期的分站赛,共有 60 名选手进入到决赛的角逐。获得冠军的作品被融入到设计大师陈幼坚后期的设计作品中,应用于华祥苑的信阳毛尖产品。

图 4　华祥苑杯"茶"字书法全国创作大赛厦门站现场

(五)基于文化的品牌符号和品牌体验

华祥苑用文化赋予并提升品牌附加价值,将文化内涵植入到企业及品牌中,建构起一整套表达华祥苑文化主张的符号体系和表征体系。

1.基于文化的产品包装

华祥苑在旗下产品的包装设计中努力体现文化元素,例如在2008年推出奥运特别产品中,将天坛等古建筑元素融入其中;在2010年世博特别产品中,将京剧脸谱等传统文化要素融入包装,层出不穷的新产品越来越多地直接从视觉上体现中国传统文化元素。2010年,华祥苑与华人设计教父陈幼坚联手打造"天子"信阳毛尖,并推出"君子"信阳红。陈幼坚将自己的艺术思想、对东方文化的理解倾注到了"天子"产品的设计中,"天子"一推出,就因其设计诠释了中华茶的艺术神韵而受到业内外的高度赞誉。

图5　华祥苑部分产品的包装

2.基于文化的门店打造

2001年成立之初,华祥苑就注重门店形象的改造,率先升级茶店形象,曾引导整个福建茶叶企业门店的改革热。当时,华祥苑门店摆脱过去茶业店只卖茶叶的简陋传统,引进包厢品饮等概念,此举在当时使同行竞相效仿,带动了整个茶行业的形象提升。

华祥苑的门店打造原则是不仅仅为客户提供高品质的茶叶产品,更提供儒雅的茶文化享受。因此,将文化融入店铺设计是华祥苑门店设计的首要一环。在华祥苑专卖店中,消费者能感受一桌一椅散发出的古朴庄重,从细节处领略儒家文化和中国茶文化的水乳交融。专卖店还设有独特VIP客户专属包厢,更使店铺成为客户独立于家庭和办公室之外的"第三会客厅"。

3.建立文化会所,打造自身媒体场

华祥苑在倡导传统茶文化的同时,也注重演绎现代生活理念。它上承儒家礼乐传统,独创性地发掘出"现代儒士茶道精神",并将该精神一以贯之。建设"儒士馆"是其成果之一。儒士馆的定位是结合儒家文化与茶道精神的高端品茗会所。儒士会所要成为名流雅士聚集品茗会友的场所,成为各方文化交流的极佳平台。例如,2011年12月23日至25日,上海合作组织成员国国家协调员、外交部主管司局长磋商会议在厦门举行双边会晤,中外嘉宾在华祥苑儒士馆品茗茶、观茶艺,体验中国茶文化。这是华祥苑通过"儒士馆"推广茶文化的一次实验。目前,华祥苑在全国共有三家"儒士馆",未来将有更多布局。通过"儒

图 6　华祥苑门店的包厢内景

士馆"打造自身媒体场,并将其创造性提炼的"儒士精神"融入其中,华祥苑逐步形成了自己
的茶文化符号。

图 7　华祥苑儒士馆外景

三、以茶文脉演绎品牌文化

(一)茶文化的传承与升华

茶文化是茶艺与精神的结合,并通过茶艺表现精神。茶文化不是华祥苑的独创。在华
祥苑利用文化打造品牌的过程中,茶文脉一直是贯穿其中的主要力量。前期,华祥苑从小
处入手,宣传的是以铁观音文化为代表的闽茶文化;企业实力得到一定发展之后,宣传重点
逐渐提升为囊括各大茶类的中国茶文化,进而提出的东方茶文化。伴随着企业发展,华祥
苑提倡的茶文化外延不断拓展、茶文脉内涵不断深化。

(二)儒家文化与茶文化的结合

华祥苑认为茶文化与儒家文化密不可分，不同于其他茶叶"禅茶一味"、茶"道"合一的理念，华祥苑更倾向于将茶文化与儒家文化相结合，并在宣传过程中逐步体现这一思想。儒家的茶道，一言以蔽之：以茶明其志，以茶利礼仁，以茶可行道，这是一个由内而外的修身用道过程，其根源即儒家的"修身、齐家、治国、平天下"。儒家茶人从"净雅清和"的茶性中发现人格上的映照。华祥苑认为，饮茶可自省，从自身做起，明其志；可审物，利于礼仁；最终要达到的目的是利民、利万物、利天下。

(三)其他传统文化的烘托价值

除了茶文化与儒家文化，华祥苑还将茶作为中国传统生活方式的一部分，认为其与中国传统文化的其他表现形式是共生共融、不可分割的关系。因此，华祥苑在全球范围传播东方茶文化的同时，也传播着孔子文化、陶瓷文化、书画文化、音乐、舞蹈等文化艺术形式。其他传统文化的多维介入使华祥苑打出的文化牌的底蕴更深厚，在具体展示时给体验者带来了更具象、更深广的感受和体验，使活动内容更具有文化底蕴、文脉渊源，也更好地烘托了华祥苑品牌。

(四)儒士茶文化与儒士精神

考察华祥苑的发展脉络，我们不难发现，华祥苑在发展中逐渐建立起双向维度：横向的商业维度与纵向的文化维度。这两个维度互相维系，随着公司发展而形成螺旋式上升结构。这意味着，华祥苑商业版图扩张的背后伴随着文化的崛起。这不仅与中国当前的茶文化大环境相契合，更发展出了自己的儒士茶文化和儒士精神。

发展之初，华祥苑面临众多企业都曾面临的问题：是等赚了钱后再建文化，还是从一开始就将文化作为核心，将文化与战略管理等实现紧密连接、同步向前？肖文华敏锐地意识到这个问题，并结合华祥苑实际，选择了后者。因此，商业与文化成为华祥苑发展的两翼。没有文化支撑、体制支撑的商业扩张，终将沦为被取代者。华祥苑自始至终都意识到文化与体制的重要性，将文化与商业并轨前进，在逐年探索中，发掘并形成了独有的现代儒士茶道精神。

华祥苑"儒士精神"主要是将儒家思想与茶道文化相结合，并将其作为华祥苑的品牌精神。华祥苑认为，儒家的价值观在于关爱生命，倡导健康；儒家的精神追求从某种意义上说就是追求精神和谐，追求自身与社会的和谐。因此，华祥苑立志做儒士、做好茶、做德企，成为立信、立业、立德的现代社会风范企业，主动承担和践行"儒士精神秉承者"的使命，用心塑造以"中国儒士精神"为核心的茶文化品牌。

儒士馆的诞生是华祥苑的"儒士精神"的外在表现。它是对儒家文化的继承与发扬，对儒士日常品茗生活有了一个全面的阐释。同时，也是对于茶企回归传统所做的一次有价值的尝试。华祥苑儒士馆，把儒家思想的"仁"融入了茶道文化，给予了茶道文化更多的发展可能。从某种意义上说，儒士馆的诞生，是中国茶业文化走向深化、走向国际文化品牌的一个重要的里程碑。

四、品牌文化的支撑力量

文化若没有产品作为支撑,一切都只是空中楼阁。华祥苑深谙这一道理。在利用文化塑造品牌的同时,华祥苑加强自身其他方面的建设,确保产品质量,切实为品牌提供坚实的基础和支撑力量。

(一)加强质量管理,确保产品安全

质量是企业的生命,产品质量的好坏直接影响企业产品的销售情况以及企业的信誉和效益。华祥苑以"质量第一、信誉至上"为企业宗旨,建立了严格的产品质量监控体系。

为确保茶叶产品质量,华祥苑基地全部采用生态种植模式,确保每一茶苗都生长在绿色生态环境之中。为从源头控制茶叶质量,引入中国农垦经济发展中心的农产品质量可追溯系统,真正做到"生产有记录、信息可查询、流向可跟踪、责任可追究、产品可召回"的茶叶质量可追溯。另外,华祥苑还通过绿色食品认证、有机茶认证、GAP 认证。为使公司的质量管理体系进一步与国际先进的管理体系有机连接,华祥苑依据 ISO22000:2005 标准,对原有的 ISO9001:2000 版质量体系进行了转换,并按照食品安全生产控制体系 HACCP 进行规范操作,确保公司产品的品质及卫生质量。为进一步提升茶叶质量安全水平,华祥苑购置安捷伦 7890 气相色谱仪、原子吸收分光光度计等贵重仪器用于检测茶叶中的农药残留及重金属残留,并配置专业的检测人员对公司每一批茶样进行检测,检测合格后,方可入库。

通过多渠道、多措施的产业化实施,华祥苑有效促进了地方农业产业结构调整和产业化进程,走出一条科技扶贫、产业扶贫的新路。通过建设铁观音茶庄园及张天福有机茶示范基地的示范带头作用,华祥苑提高了当地茶农对有机茶的认识,加强了与茶农与茶叶合作社之间的联系,强化了"订单"生产模式,促进农民增效增收。通过建立茶叶质量可追溯体系、有效提升茶叶产品质量安全水平,华祥苑促进了当地茶产业的可持续发展。

(二)提高人员素质、规范企业管理

市场的竞争是人才的竞争,是人的创造力的竞争,选人、用人、育人、留人是企业人力资源开发利用的重要内容。华祥苑与福建农林大学、安徽农业大学等多家科研院所开展了校企合作,斥资 1000 多万元捐建"福建农林大学华祥苑茶生物学研究院大楼"。此外,其设立的华祥苑生态基地已成为茶生物科研项目的实验区与人才实践基地。校企合作的开展为专业性人才的培养和吸纳奠定了坚实的基础。

另一方面,公司设有专门的培训师资队伍,对每一个新入职员工进行培训。通过培训,不仅提高了员工的知识水平,还提高了员工的创新能力、工作热情、合作精神、工作满意度和成就感,从而提高员工队伍的整体素质,增强企业竞争力。

(三)深化茶叶产品加工,延长茶产业链

在传承传统制茶工艺的同时,华祥苑积极与茶叶相关院所开展的茶产品深度研发、茶产业技术创新及其专业技术人员培养等相关工作,从而搭建茶生物研究平台、提升茶基地

源头的科研水平、推进茶叶深加工技术创新。随着茶叶深度开发利用的科学技术不断完善和发展,科学技术推广体系的日趋健全,以及茶叶在饮品、食品、保健品等领域的推广应用,华祥苑不仅可延长茶产业链,进行茶叶深加工,提高产品的附加值,还可以促进产品的特色化、优质化和多样化。

目前,华祥苑已成功开发出多种品类不同、口感不同、用途不同的袋泡茶包、速溶茶粉等快捷茶产品以及种类繁多的茶食品,并迅速进入快速消费品领域,以满足不同层次消费者的需求。

(四)开拓产品销售渠道,提高产品市场占有率

华祥苑以直营和连锁加盟为主要销售渠道,实行统一管理、统一采购、统一物流配送,确保产销率达到95%以上。华祥苑以"绿色、健康、和谐、发展"为目标,抓住自身品牌优势,努力开拓市场。在依托现有销售网络和销售队伍的基础上,华祥苑积极吸引现有茶叶销售商加盟,并招聘部分毕业生、下岗职工,通过培训、以老带新,发展销售力量,以适应公司发展的需求。目前,华祥苑公司营销网络覆盖了北京、上海、福建、河南、广东、辽宁等全国30个省、市、自治区的180多个城市。在全国范围内,华祥苑拥有500多家独具特色的直营店和加盟店。

就这样,华祥苑用茶文化及其茶文脉创造了品牌特色,并采用定位明确、丰富有效的品牌传播策略与方法,使品牌与古老的茶文脉、广阔的消费市场形成了有价值的联结,在短时间里形成了品牌文化、打响了品牌知名度、获得了独特的品牌影响力。在优良的产品品质基础上,华祥苑用文化营销创造了更高的价值。

专家评议

采用文脉营销或文脉品牌塑造模式,是一种通过利用文化及文脉基础创造品牌的无形价值与市场影响力的有效模式。应用这一模式需要有三大前提:其一,必须基于优良的产品品质、通路管理等坚实的基础上;其二,在利用时必须真正理解文脉及其文化内涵对于一个品牌的价值;其三,在利用时必须能够善用并充分展示文脉及其文化核心要素,才能达到目的。华祥苑产品品质、通路建设、文脉品牌塑造三者同时抓,以前两者为基础,以后者为市场认知的切入点,三者相辅相成,提升了产品价值、提炼了企业文化、提供了品牌价值。值得众多茶企学习。

（刘　进）

九三粮油：战略制胜的中国油脂业标兵

一、成长背景

作为我国最早对外开放的产业，大豆产业是"入世"后遭遇冲击最严重的行业。国际四大粮商凭借强大的品牌、雄厚的资本和先进的管理，以建厂、合资等方式，陆续进入中国的大豆业。九三粮油正是在这一背景下成长起来的。

2001年，随着中国加入WTO，大豆进口关税以及配额限制相继取消，国外大豆涌入中国。2003年8月至2004年8月，美国大豆上市前后，在被视为国际大豆贸易定价基准的美国芝加哥期货交易所（CBOT），大豆期货价格发生剧烈波动，大豆的价格从220美元/吨暴涨至391美元/吨；中国签署采购合同后不久，大豆价格则跌至266美元/吨。这一波动导致大量中国大豆加工企业因无力支付高价大豆或巨额亏损，或陷入危机，国内压榨企业70%停产，造成了中国的"大豆危机"。与此同时，国际粮商趁机收购兼并中国大豆加工企业。2005年，中国成为世界上最大的大豆进口国。

跨国粮食巨头依靠雄厚资本控制产业链，掌握行业的定价权。其控制范围涵盖了种子、化肥、农药、农场信贷、收购、加工、牲畜饲料、牲畜生产与屠宰以及销售等各个环节，控制了农业生产资料和粮食经销系统，高价售卖生产资料，低价收购粮食，形成"低价原料、高价食品"的利润模式。

与此同时，大豆在我国不仅是主要的食用油原料，同时也是主要的畜业饲料原料。跨国粮商通过垄断国内粮油行业，向上下游渗透，上游控制种植业和物流收储，下游垄断粮油市场和饲料养殖。国际粮油巨头的进入，不仅冲击了中国粮油企业，更形成对中国粮油产业链的影响和制约。

作为我国唯一未被国际四大粮商控制和外资染指的中国食用油脂企业，九三粮油依靠机制创新、科学管理、适机性扩张、合理化布局等举措，在激烈的市场竞争中胜出，一路高歌猛进。战略之于九三粮油而言，不仅成为企业前行的路标，更成为九三粮油成功制胜的法宝。

二、模式与成就

近年来，面对激烈的国内外市场竞争，九三粮油以"振兴大豆，产业报国"为己任，实施分阶段发展的战略。

　　九三粮油的成功之处就在于准确把握市场形势，形成符合企业自身的发展战略，九三粮油的核心竞争力也体现为依据企业现状，形成符合九三粮油不同发展阶段的发展战略。九三集团的"战略引领"发展模式，创造了企业发展的奇迹，也为我国农业产业化龙头企业提供了可资参考的样板。

　　九三粮油在发展的不同阶段，体现了不同的战略重心，如图 1 所示。

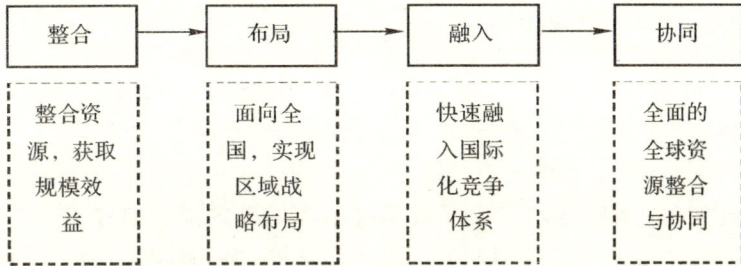

```
┌─────────┐      ┌─────────┐      ┌─────────┐      ┌─────────┐
│  整合   │ ──→  │  布局   │ ──→  │  融入   │ ──→  │  协同   │
└─────────┘      └─────────┘      └─────────┘      └─────────┘

┌ ─ ─ ─ ─ ┐      ┌ ─ ─ ─ ─ ┐      ┌ ─ ─ ─ ─ ┐      ┌ ─ ─ ─ ─ ┐
  整合资            面向全            快速融            全面的
  源，获取          国，实现          入国际            全球资
  规模效            区域战            化竞争            源整合
  益                略布局            体系              与协同
└ ─ ─ ─ ─ ┘      └ ─ ─ ─ ─ ┘      └ ─ ─ ─ ─ ┘      └ ─ ─ ─ ─ ┘
```

图 1　九三集团"战略引领"模式图示

　　在企业发展的初期，以整合资源、以规模效益取胜为战略重心；在成功地以规模效益占领一定地位后，则以全国的区域布局为战略重心；布局全国后则以快速融入国际化竞争为战略重心；在国际竞争中，进一步以集团更广泛的资源的全球协同为战略重心。

　　如今，就九三粮油在行业中的地位来看，在中国 160 多家大豆压榨企业中，九三粮油与益海嘉里、中粮集团等同为国内大豆压榨行业的重点企业，在中国食用植物油领域占有重要位置，在世界同行业也有一席之地。

　　在同行业中的排名。2011 年，九三粮油在全国食用植物油加工企业 50 强中，排名第三，仅次于益海嘉里和中粮集团。从 2005 年起，集团四次入围中国企业 500 强，2010 年位列第 393 位，在入围的 4 家食用植物油加工企业中，排名第三，仅次于中粮和中纺；2011 年，只有 1 家食用植物油加工企业进入中国企业 500 强，九三粮油因母公司北大荒集团参评而未能参评，但与 500 强企业营业收入相对照，九三粮油位次相当于第 370 位，仅次于排在第 41 位的中粮集团。另外，在 2010 年、2011 年黑龙江企业 100 强排名中，九三粮油始终排在前 10 位，2011 年排名第 8 位，较 2010 年第 10 位前移了两位。

　　加工能力水平。九三粮油的大豆加工能力 2012 年将达到 900 万吨，仅次于益海嘉里和中粮集团。

　　市场占有率。九三粮油的散装食用油全国市场占有率 10%，而益海嘉里为 18%，中粮集团为 12%；九三粮油的小包装食用油市场占有率 3%，而益海嘉里 59%（其中金龙鱼33%），中粮集团 24%（其中福临门 16%）；九三粮油的主产品豆粕全国市场占有率 11%，益海嘉里 14%，中粮集团 10.6%，中纺集团 5.47%。

　　品牌价值。"九三"品牌在"世界品牌实验室"发布的中国 500 最具价值品牌排行榜中的排名及品牌价值连年上升，2009 年第 420 位，品牌价值 14.27 亿元；2010 年第 370 位，品牌价值 20.24 亿元；2011 年第 365 位，品牌价值 26.41 亿元。仅排在"福临门""金龙鱼"和"鲁花"之后。

三、战略历程

九三粮油发展历程中,先后经历了战略整合、战略突围、战略跨越和战略协同四个阶段。

(一)第一阶段:整合——实现规模效益,走出九三垦区

1998—2002 年,按照"先上规模,后上精深,以规模降成本抢市场,以精深加工提档次增效益"的发展思路,九三粮油实现了"走出九三分局,走出垦区"的目标。

先上规模,后上精深:要在市场上站稳,首先要有一定的规模。规模是在市场上站稳脚跟的基础,要发展还要靠精深加工的产品,通过精深加工产品提高企业的档次和效益。五年间,九三粮油的加工能力增长 28 倍,收入增长 3.8 倍,利润增长 83 倍。

战略背景:1998 年,以总经理田仁礼为首的九三粮油开始了新的创业。当时,黑龙江省内油脂企业众多,但大多规模小、技术落后、经营成本居高不下。集团领导果断决定扩产改造,精炼车间主要设备全部引进世界最先进的瑞典阿法拉伐公司的产品,扩产改造生产线投产后,工厂大豆加工能力提高到 40 万吨,大大降低了吨豆加工成本,规模效益凸显,为企业在市场上站稳脚跟奠定了基础。

2001 年,黑龙江省农垦宝泉岭糖厂和赵光糖厂破产,大量资产闲置。经过争取,农垦总局批准九三粮油收购宝泉岭糖厂、赵光糖厂,实施"糖改油"工程。集团还以 3000 万元人民币的价格收购原中外合资的哈尔滨艾森油脂有限公司并重组。同期在哈尔滨高新技术产业开发区建设了精深产品加工基地——惠康食品公司。

自 2001 年,九三粮油走出了农垦九三分局,走出了黑龙江垦区。两年间,集团的加工能力由 40 万吨提高到了 200 万吨;加工大豆 63.4 万吨,销售收入突破了 8 亿元,利润超过 2000 万元。

(二)第二阶段:突围——实现全国布局,占领区位优势

2003—2007 年,在实现了"走出九三、走出垦区"的战略目标后,按照"以加工为载体,贸易为平台,资本运营做保障,发挥三个优势,实现六个结合,争取实现企业国际化"的战略方针,九三粮油实施"走出黑龙江,走向沿海"的发展战略。

战略背景:随着企业发展和经营能力的增强,九三粮油逐渐占据了黑龙江油脂业的主导地位,不仅拉动省内油脂业向纵深发展,也为丰富居民生活、推动黑龙江省畜牧业发展做出了独特的贡献。同时,九三粮油的快速成长与崛起,引起了竞争对手的关注和警惕。

自中国加入世贸组织以来,世界大豆主产国为了避开中国对进口大豆的技术壁垒,逐渐从向中国倾销大豆原料转变为在中国合作办厂,以此瓜分中国的大豆市场。外国资本通过对中国大豆企业的参股或以技术合作的方式,在中国沿海地区建成了多个大型大豆加工企业。

面对外资不断进入和市场布局,九三粮油人认识到,中国入世以后,进口大豆势不可挡,构造九三油脂集团的优势是一个决定前途和命运的大问题。经过调研,选择距进口大

豆沿海港口较近的地方建设油脂厂，最理想的位置是大连、天津和广西防城港，大连具有原料来源优势和内外贸优势，天津具有京津唐的市场优势和港口优势，广西防城港有港口和背靠云贵川畜牧市场的优势。2004 年 12 月九三粮油大连公司开工投产，2005 年 8 月天津公司竣工投产，2007 年 10 月广西防城港惠禹公司投产。天津、大连和广西防城港三个工厂建成后，构成了集团天津、大连、广西和黑龙江四位一体、互为联动的市场板块，从战略上打破了跨国公司对市场垄断的局面。

到 2007 年，九三集团的加工能力达到 650 万吨，比 1998 年增长 16 倍；收入达到 78.33 亿元，增长 39 倍；利润达到 1.27 亿元，增长 509 倍，实现了"走出黑龙江，走向沿海"的战略目标。

(三)第三阶段：跨越——谋取优势资源，融入国际舞台

2008—2011 年，九三粮油在总结前期发展经验的基础上，提出了"坚持以加工为载体，贸易为平台，资本运营做保障，抢抓机遇，发挥四个优势，实现六个结合，加快企业国际化进程"的发展战略，集团在巴西、香港、美国和马来西亚设立了公司，香港公司主要承担转口贸易和融资业务，美国芝加哥公司主要承担采购和融资业务，巴西圣保罗公司主要承担采购和投资业务，马来西亚吉隆坡公司主要承担棕榈园开发和棕榈油采购任务。九三粮油开启了走出国门，融入世界的大幕。

到 2011 年，九三粮油进出口贸易额达 26 亿美元，比 2003 年增长 930 倍。进口量达到了 490 万吨大豆，比 2005 年增长 3.5 倍。

战略背景：由于国家对大豆进口贸易采用审批制度，制度中要求大豆贸易环节要有一家境外公司作为供货商。而目前世界大宗粮食贸易几乎都被 4 家跨国公司所垄断，通过他们进口大豆要加价 5～7 美分/蒲式耳。按九三粮油每年进口 400 万吨大豆计算，若通过跨国公司进口大豆，每年要多花费 880 万美金。在香港建立分公司，则可以节省此费用；同时，在全球国际金融中心之一的香港设立分公司，进一步推动企业开拓国际市场，实现全球范围资源的优化配置，推进九三粮油参与到更广领域、更高层次上的国际竞争与合作，对提高九三粮油对外开放的层次和水平，增强九三粮油的国际竞争力，提高九三粮油的国际影响力，意义重大而深远。

作为全球第一大豆主产国，美国大豆的种植、生长、收获、压榨、出口等影响着国际大豆市场的供需格局，决定着国际市场大豆价格走势。芝加哥是全球大豆定价中心，是油脂市场信息汇聚地，也是国际粮商聚集的场所。在美国芝加哥成立境外子公司，能及时掌握美国及南美大豆市场信息，为九三粮油的经营决策提供全面、及时、高质量的信息支持。同时，美国公司的设立，对实现企业境外套期保值，提高企业抗风险能力等意义重大。

近年来，棕榈油在国内食用油市场上的销量越来越大，控制棕榈资源就显得尤为重要。九三粮油在全球棕榈油主产区的马来西亚设立分公司，意在为九三粮油在南亚地区寻找合作伙伴、进口棕榈油以及建立棕榈种植基地，以实现企业对棕榈油资源的掌控，保证企业的稳定发展。

(四)第四阶段：协同——工贸资本并举，全球协同竞争

2012 年以来，九三粮油继续坚持以加工为载体，贸易为平台，资本运营做保障，利用国

际汇率与利率两个市场,实施体制与机制两个创新,充分发挥布局、规模、资源、资金四个优势,实现加工与贸易、内陆与沿海、现货与期货、进口与出口、自营与外包、初加工与深加工的六个结合;工贸并举,争取尽可能短的时间,把九三粮油建设成为一个有规模、有效益、有影响的国际化企业集团。

2012 年加工和经营大豆 645 万吨,实现销售收入 321 亿元,利润 1.3 亿元,税金 8.8 亿元。2013 年计划加工和经营大豆 850 万吨,实现销售收入 400 亿元,利润 2.2 亿元,税金 10 亿元。2014 年争取加工和经营大豆 1000 万吨,实现销售收入 500 亿元,利润 3 亿元,税金 12 亿元。

四、创新举措

(一)"六统一"管理模式

坚持"六统一"管理模式,保证企业稳定发展。以"统而不死,放而不乱"为原则,坚持"六统一"管理模式,在操作中以"统中有分,统分结合;财务系统垂直管理;资金管理评级授信,凭信授权"为指针,各相关部门相互制衡,保证了企业稳定发展。

"六统一"包括:原料统购、产品统销、资金统配、财务统管、价格统定、市场统分。

1. 原料统购

在原料统购的框架下,定价、定质、收购三权分立,资金拨付、结算独立运行。经营部负责定收购指导价,生产技术部负责制定原料收购标准,投融资部负责收购资金拨付,原料公司是收购价格和质量标准的执行主体。

2. 产品统销

产品销售五统一。区域统一划分,以工厂为核心;市场统一招商,工厂参与评定;价格统一制定,工厂有权销售;合同统一洽谈,工厂负责执行;风险统一管控,工厂负责预警。

3. 资金统配

按照融资渠道比价确定融资计划;进行金融产品分析,确定运营方案。依据经营计划、采购计划、财务预算测算需求总量,设定授信规模、设计融资结构、编制授信计划。

4. 财务统管

财务垂直管理六统一:机构统设、人员统配、绩效统评、薪酬统分、制度统定、信息共享;管理会计自成体系。

5. 价格统定

集团设有市场风险管理委员会,根据市场趋势,期货价格,确定季、月、旬定价原则和销售节奏、套期保值原则。经营部门根据市场预测、期货价格、子公司建议、市场监察信息设立期间指导价格。销售公司根据期货市场走势、现货市场需求、区域竞争对手竞品价格、工厂建议价格、客户终端邀约价格,确定产品区域市场价格。区域价格管理采用信息化管理系统,实时监控事后考核。

6. 市场统分

销售总公司根据市场容量和物流条件统一划分市场区域,目前全国销售市场共划分十六个销售大区，各市场区划均以工厂为核心，在工厂辐射区域内，只要价格卖得比销售公司的高，工厂有权自主销售。

(二)创新原料收购模式

创新原料收购模式，保证企业原料供应农民增收。2008年以来，结合产区实际情况，九三粮油尝试运行了一种全新原料收购模式——延期点价收购模式。所谓延期点价就是：在大豆收获期前夕，农民与集团签订"延期点价收购"协议，协议仅规定豆农交粮数量和质量，不约定价格；新豆上市，农民按约将大豆送到企业；企业免费为豆农提供储存场地和苫垫材，企业每天根据大豆及其产品期、现货，内、外盘市场变化，竞争对手收购价格情况，适时发布收购价格；豆农关注企业收购价格，自主选择自己满意的价格与企业结算货款。农民把大豆先送进油厂，并在之后的数月里根据行情走势随时和企业结算，企业在此期间承担了极大的市场风险，为了规避这种风险，集团充分利用期货与现货、内盘与外盘、期货与期权等不同市场、不同市场工具，随时处置并消化市场上出现的风险。同时，还不断地为农户提供市场信息，帮助农民把握市场机遇。

从2008年开始至今延期点价模式已经实施了4个年头，九三粮油通过延期点价模式，既保证了收购供应，又向农民让度了利润，增加了农民收入，企业通过延期点价模式增加原料收购吸引力度，通过期货市场弥补了让度给农民的利润，实现了"双赢"。

(三)创新销售定价模式

创新销售定价模式，规避市场风险，与客户建立长期稳定的购销关系。随着集团加工规模的不断扩大，原料和产品的价格波动在很大程度上决定着企业的生死。为了将"向规模要固定成本，向流量要流通成本，向速度要财务成本"这一指导思想落到实处，集团研发了"基差"这一产品销售定价模式。所谓基差定价模式，就是企业确定一个基差，买家根据合同规定的时间在期货市场上进行买入操作，基差＋买入期货价格，就是买家的最终购买价格。与一口价相比，买家避免了因价格激烈波动而使得库存产品损益的风险；企业不再追求赌涨赌跌的风险利润，实现了建立在成本基础上的稳定经营利润；通过与下游贸易商和饲料厂基差定价，集团建立了长期稳定的购销关系；实现了远期销售，提前占领了市场份额。

五、实施成效

(一)经济效益跃升

到2011年，集团销售收入达到264亿元，比1998年增长125倍；利润达到1.28亿元，比1998年增长511.6倍。14年来共实现利润9.17亿元。

(二)拉动基地建设

在进口大豆的严重冲击下，国产大豆种植举步维艰，特别是近几年大豆种植比较效益

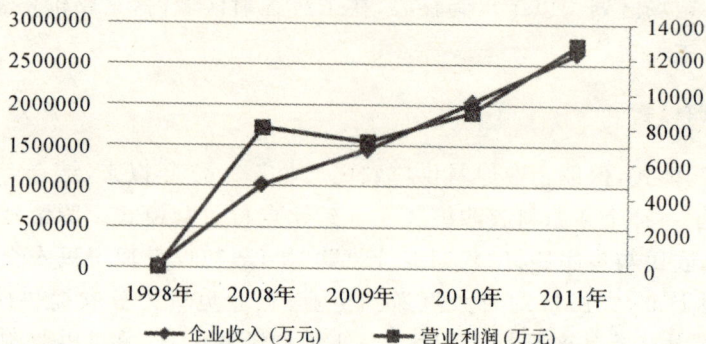

图 2　1998—2001 年九三集团企业收入与利润

明显低于玉米和水稻,大豆种植面积不断萎缩。九三粮油充分利用省内四个初加工工厂,积极收购农民生产的大豆,2011 年九三粮油拉动了 950 万亩种植基地,使农民增收 1 亿元。黑龙江北部地区由于积温等自然条件限制,只适合种植大豆,农业结构调整难度大。九三粮油坚持收购加工黑龙江非转基因大豆,保证了黑龙江北部地区农作物的正常轮作。

(三)保证食品安全

九三粮油积极倡导食品安全,在国产非转基因大豆成本没有优势的情况下,仍然坚持以国产非转基因大豆为原料生产健康安全的非转基因产品。目前,九三粮油在传统的非转基因大豆油的基础上,又引进日本的先进生产线生产安全健康的非转基因的豆腐、豆奶等餐桌食品。不但极大地丰富了消费者的餐桌,也确保了食品的健康安全。

九三粮油还不断向政府相关部门呼吁建立非转基因保护区,以保证黑龙江省的非转基因资源不被污染,为子孙万代留一份安全的净土,为大豆的故乡保留发展的基础。

(四)保证市场供给

2003 年"非典"期间,九三粮油各地工厂都按照政府要求满负荷生产,保证市场供应,配以限价销售稳定市场。从 2008 年起,九三粮油积极支持国务院发改委的食用油限价令,付出巨大代价执行政令,为维护市场秩序,稳定社会秩序做出贡献。

专家评议

九三粮油工业集团是一个非典型性的国企典型,身处国家管制相对严格的粮油行业,获取中央政府支持相对有限,产品单一,竞争对手不是财大气粗的央企,就是全产业链通吃的外资粮油巨头。面对不同时期的企业条件与竞争环境,九三始终抓住了企业发展的关键点,无论是整合资源、区域突围,还是融入国际舞台以及全球协同竞争,均先行找到同期行业发展的命门,以此确立战略重心,形成发展路径,制订创新措施。可以说,对九三粮油而言,成功的战略是其多年来致胜法宝,如同下棋一样,注定多考虑了几步的方能笑至最后。九三粮油的借鉴意义在于,战略高度决定企业能走多远,成功的战略实施方可为企业赢得未来。

(程定军)

北京旗舰:顺应市场变化 成就社会需求型企业

一、跳出农村局限,直接面对大市场

　　农民创业,大多有其局限,或者小农小户,或者只靠土地资源实现种养殖谋求利益。但旗舰集团的创始人王衍生不同。1969 年出生在山东的年轻人王衍生,文化不高、别无他技,但有一身蒸馒头的好技术。而北京城,是个馒头消费的大市场。于是,1993 年,他拖家带口北漂,一文不名闯京城,直接让自己和小家游进了京城大市场。

　　凭借蒸馒头技术闯市场的王衍生,以北漂行动验证了青年人的无畏。但他并不了解北京市场的风险。一进北京,王衍生便遇到了生存难题:用他做馒头的手艺打工,本来就只能勉强养活妻儿,不明不白遭到老板炒鱿鱼,好不容易有了工作又遇食堂大火,陌生的异乡、残酷的现实瞬间烧毁了他所有的从农村到城市创业的梦想。他重新一文不名,重新流离失所,重新与妻儿一起栖身在简陋、破败的违章窝棚里。面对窘境,王衍生明白了一个真理:市场竞争残酷 ,必须想办法在市场中生存下来,生存才是硬道理。为了生存在异乡,王衍生开始了他的求索行动:

　　以劳动置换的原始而古朴的方式,王衍生售卖了自己的蒸馒头手艺,换来借鸡下蛋的机会。白天,他在公家食堂里不拿工钱为食堂干活;晚上,用劳动置换,获得为自己蒸馒头的变相报酬。市场需求与日复一日的劳作,使王衍生慢慢度过了早期的原始积累时期,有了生存的机会,也有了开张属于自己的馒头店、饮料厂的资本。三年后,他拥有了自己的馒头店、饮料厂,并成为远近闻名的"馒头王"。

　　从跳出农村直接面对大市场,从为人打工到创建企业,王衍生走过了一个农民从小农经济的农业生产、到为别人的企业打工成为农民工、到自己创建企业成为企业领头人的过程。这个过程,正是中国农业产业化的初始。在王衍生尝试通过产业转移达到生存、发展在北京的目的的实践过程中,恰恰也是中国农业产业化在山东潍坊被发明、被实践的时期。

　　看起来是一个农民从农村跳到城市的个人行为,但这一个人行为,却承载了中国农民产业转型的一个时代;看起来是一个农民只身进入城市求生存,事实上,是农民跳出农门,寻找大市场、寻求大发展的市场经济转型;看起来是建立一个小店小厂,可在当时,凭借这一小厂,完成了从小摊小贩到企业化运作的现代转型过程。

二、洞察市场需求,链接产业链

虽说有了小店小厂,但要让它在市场大潮中生存和发展,并非易事。如果缺乏对市场的把握,企业的生存和发展依然存在危机。北京是个馒头消费大市场,但如何让消费者吃自己生产的馒头? 这需要解决一个重要问题:馒头的品质保障。

就在这时,一个千载难逢的市场机会出现,小厂可借此通过延伸产业链解决产品的品质保障,也可通过产业链延伸发展产业基础。1955 年在我国计划经济形态下出现的粮票,由于 1992 年开始确立的市场经济目标,正在逐步被取消。1995 年,全国两会召开,代表委员们第一次就餐不再需要缴纳粮票。当年 5 月 10 日,北京市政府正式宣布,从这一天起,取消粮票。随着北京市取消粮票,计划经济向市场经济转型,意味着大家都可以进入粮食市场从事交易活动,而与王衍生的蒸馒头生意最接近的面粉交易,也可能成为市场中最具有利润的交易活动之一。

顺应时事变化,洞察市场需求,延伸产业链,王衍生的小厂在蒸馒头的同时也做起面粉生意,并演绎了面粉销售"日进斗金"的商业神话。当时这小企业的管理层,并不一定懂得迈克尔·波特的"五力"模型,但探索出了农业企业在初级市场体系中如何利用产业链上溯获得更高的品质信任、获得更大利益的路径;并在洞察市场先机,发现并满足消费需求的过程中,通过产业链的上溯和下延,以蒸馒头为核心,形成了原料控制与渠道网络的产业延伸与行业壁垒。1995—1998 年四年间,通过产业链的延伸与经营,小厂获得了资本的早期积累、建起了一个生意潜力无限的销售网络,为日后的发展打下了坚实的原料与渠道基础。从此,"买粮就找王衍生"成为当时北京行业里的口头禅。

1998 年,拥有了资本、渠道与诚信软实力的王衍生,水到渠成,注册了以自己的名字命名的商贸公司,组建了自己的运输车队,正式注册挂牌销售面粉。从单纯销售馒头延伸到销售面粉,不仅满足了企业自身原材料的成本控制与品质控制,更重要的是链接了北京各面粉厂与消费市场,在企业与市场之间架起了销售渠道。北京各大面粉厂听说王衍生的商贸公司能卖面粉,便纷纷聘请他为自己厂家的面粉产品的销售代理。衍生商贸公司成为当时北京市面粉的总经销商。至此,王衍生的小企业不仅因为他的销售执照、销售网络成为各大面粉厂的座上宾,更因他拥有北京市的面粉产品而成为众多面粉经销商的生意来源。继"馒头王"之后,王衍生成为了"面粉王"。

自此,王衍生的企业不仅可利用馒头这一产品满足部分北京消费者的需求,更因其链接了面粉厂与面粉经销商,形成了面粉销售的畅通渠道,成为当时北京区域市场的馒头消费市场、面粉经销市场的社会需求满足型企业。

三、摒弃小农意识,转型现代管理

在上世纪 90 年代之后的中国市场经济舞台上,中国的农民企业家成为具有特色的一个群体,并为中国经济的发展和开拓做出了浓墨重彩的贡献。他们一般都具有中国农民的特质:勤劳、勇敢、顽强的生存能力,自主、自强、自发的创新能力。但上世纪 90 年代之前的中国农民,大多没有深厚的专业文化基础与知识技术,只掌握极少的现代管理技术,其创建的企业,大多也是家族企业。

王衍生的企业也不例外。以王衍生的名字命名的商贸企业里,员工大多是他的家里人或亲戚。企业基本上处于自然经营状态,没有现代财务管理人员与制度体系,更不用说用现代的人力资源管理体系、生产流程管理体系等形成立体、规范的现代管理。因此,一系列问题随之出现。

企业财务状况混乱,企业经营实况无法实时了解与监控;王衍生的家人将企业视为家庭工厂,不信任外来员工的企业忠诚度,经常干涉企业决策,企业中出现了父母指令管企业的传统的人情管理尴尬局面;企业有市场、有渠道但无工厂、无品牌,无现代经营的核心价值体系。农业企业的发展必须借鉴现代管理,才能获得企业资源的合理配置、人才的价值共识、创造符合社会需求的企业核心价值。

这一次,在传统和现代之间、在人情与科学之间、在小农意识与现代管理之间,王衍生毅然决然地选择了后者,并力排种种阻力,实施了大刀阔斧的企业现代性转型:

针对财务管理混乱局面,聘请专业财务人员,实现现代财务管理,逐步形成了财务管理方式的提升与现代化转型。

针对家庭管理的传统落后状况,聘请专业管理助理人员,实施公司制人力资源与经营管理,逐步实现了公司制度化管理。

针对无品牌、为他人做嫁衣的企业经营现状,于 2001 年注册了以面粉加工销售为主业的北京粮海食品有限公司,并选择"旗舰"作为产品商标,将"粮海"作为"旗舰"的产品品牌载体,意为在粮食的海洋里遨游的指挥舰,表述了企业誓作行业领头羊,在激烈的竞争中勇往直前的志向。此举使得旗舰建起了自己的面粉厂,获得了北京市第一家民营企业面粉生产许可证,有了第一份与国营面粉厂合作生产的"旗舰"牌面粉的 OEM 订单,市场份额和面粉销售量创下了新的历史纪录,而"旗舰"商标的问世,结束了企业自 1998 年注册以来有市场、无品牌,替别人养孩子的尴尬局面。

更进一步,"旗舰"牌面粉的产品因其有了一定的品牌保障,相继走进了各大超市,走进千家万户,赢得了消费者的信任,创造了企业在北京面粉市场三分天下有其一的市场占有率。而后,企业相继注册了"衍生"、"延寿"、"稻香湖"、"金山泉水"、"绿朗"等 10 个品牌,建立了"一主多次"的商标集群战略,形成了具有一定规模的品牌集群。并有策略地使用主次品牌,在主打"旗舰"商标的同时,有选择地使用"延寿"、"稻香湖"、"金山泉水"等商标,商标集群与"旗舰食品集团"、"粮海食品"、"创意农业"共同构成了一个在北京地区叫得响、影响较大的品牌群像。

图 1 "旗舰"商标

图 2　"旗舰"旗帜下的品牌集群

四、控制源头品质，夯实产业基础

企业发展到一定的规模，发展的选择必然会一次次地摆在企业家的面前。在经历了生存选择、发展选择、管理的现代化选择之后，更进一步的选择又摆在王衍生的面前。

作为农业企业，控制源头品质、夯实产业基础是保证产品品质、满足消费市场的战略性的产业链延伸。那么，如何进行更具竞争力和核心价值的产业链延伸？王衍生进一步剖析了旗舰做产品代理的最大问题，旗舰对上游企业的依赖度依然太高，甚至扼住了企业命脉，一旦风云变幻，上游企业取消代理权，旗舰便会无生存与发展之本。

2004 年，为了发展公司的主业，旗舰在苏家坨定址新厂，扩大了自主生产能力。这意味着，"旗舰"不仅销售其他企业生产的面粉产品，有着自己独特的销售网络与销售渠道，同时也具有了自己掌控面粉生产过程、控制面粉品质的技术与经营管理能力；这意味着，"旗舰"在面粉的原料选择、生产过程控制、加工质量等方面为产品品质提供了更强有力的自主性保障。2005 年，北京旗舰食品有限公司在苏家坨厂区正式成立。

新的产业体系、新的发展战略下，需要有新的举措。为了夯实产业基础，扩大产业延伸力量，旗舰集团先后打出了三张以农为主业的农业王牌：以"米袋子"、"菜篮子"、"放心主食"为主的食品工业基础框架，为农业产业化发展奠定下坚实基础。

1."米袋子"工程

依托在山东黄河入海口寿光、菏泽，内蒙包头小麦主产区的 21000 亩种植基地的优质小麦供应，通过 OEM 方式加工面粉，形成每年 45000 吨的面粉销售能力。依托在黑龙江延寿 19000 亩的优质水稻种植基地的水稻和北京稻香湖区水稻加工大米，形成每年 80000 吨的大米销售能力。同时，集团总部建起了大米加工车间 2 个，仓储库房 5000 平方米，并形成了完整的物流配送系统，形成了完备的米面产业链条。"米袋子"工程实施后，"旗舰"生产出了"中华粉一号"面粉，延寿、稻香湖有机米等近百种粮食制品。

2．"菜篮子"工程

旗舰集团着力打造千亩蔬菜种植基地，建设日光温室 380 栋，面积 160000 平方米，连栋温室 10 栋，面积 110000 平方米，合计蔬菜种植面积 270000 平方米。基地种植实施有机化管理，并逐渐达到都市农业的水准。同时，水果种植也达到一定规模。在第七届世界草莓大会暨第七届中国草莓艺术节期间，旗舰集团的环五环公司的"红颜草莓"一举夺得了擂台赛大奖——长城杯。"菜篮子"工程让"旗舰"不仅具有一定的有机蔬菜和果品的种植、生产及品质保障能力，并受到了消费者的普遍认可。

3．"放心主食"工程

采用老肥肥浆连续深层发酵技术和醒蒸一体化专利技术，利用太阳能清洁能源，进行标准化、封闭化、工业化的馒头生产，日加工高品质馒头 10 万个。其生产环境、加工工艺、产品质量均优于国家标准，被媒体称为"阳光馒头"，被政府及行业誉为主食工程的样板。

这三大工程，使得集团的三大主业成为企业农业产业化格局中具有代表性的工程，集团的其他经营项目均服从、服务于三大主业展开。企业因这三大工程而体现了以农为中心的立业战略，并在北京农口获得了独特的行业地位。

五、创造循环经济，实践生态发展

循环经济模式，也被称为物质闭环流动型经济模式，指的是在人、自然资源和科学技术三大系统内，在资源投入、企业生产、产品消费及其废弃的全过程中，将传统的依赖资源消耗的线形增长的经济模式，转变为依靠生态型资源循环发展的经济模式。在这种经济模式中，人们模仿大自然的整体、协同、循环和自适应功能去规划、组织和管理生产、消费、流通、还原和调控生产经营活动，融合自生、共生和竞争经济为一体，形成高效的资源代谢过程与能力、完整的系统耦合结构的网络型、进化型复合生态经济模式。循环经济以资源的高效、循环利用为宗旨，以"减量化、再利用、废物资源化"为原则，实现低污染或无污染的生产经营活动，以达到保护环境，实现社会、经济与环境的可持续发展。

"旗舰"的循环经济模式实践，源于王衍生的一次顿悟。

企业搬迁至苏家坨新址时，其主营业务是粮食，而所有的产品包装用的是当时市场上普遍使用的塑料编织袋。没有新意和个性的包装让王衍生犯了嘀咕："没有新意，该换个新模样了。"就在王衍生苦思冥想，想通过某一契机改变产品的老旧包装时，他看到了新厂附近河沟里长着的遍地蒲草。

这蒲草，是一种广泛生长于中国南北方的野生蔬菜，新鲜时其假茎白嫩部分（即蒲某）和地下匍匐茎尖端的幼嫩部分（即草芽）可以食用，并且清爽可口；老熟的匍匐茎和短缩茎可以煮食或作饲料；雄花花粉俗称"蒲黄"，具有药用和滋补功能，蒲草也是一种可以广泛应用于工艺品编织的原料。但在当时的苏家坨，因是一片新工业园区，浑身是宝的蒲草不仅没有被开发利用，而是一件耗力耗财的麻烦事。每年一到秋天，蒲草枯萎，成为火灾隐患，清除干枯的蒲草，成了当地的一件大事、烦心事。面对着极目蔓延的蒲草，王衍生灵机一动：用蒲草做成编织物，包装大米、面粉，岂不是两全其美？废物利用，废物更生，同时，又能解决农产品包装的非生态、低廉、无个性现象。

　　就因为这一朴素的推理，王衍生竟利用了循环经济的原理，旗舰集团的草编产业也就自然而然地应运而生。用本来要废弃的蒲草编的米桶古朴雅致、野趣盎然，其材质与品质的生态化、健康化、美观化，衬托出内中的贡米晶莹剔透、清香诱人。等米吃完了，这漂亮环保的蒲草小桶还可以用来盛放东西，体现家庭里古朴、田野的原生旗帜，最不济，也可以当做垃圾桶使用。2012年8月，在全国休闲农业创意精品大赛华北东北赛区，旗舰的草编包装获得"包装创意金奖"。

　　旗舰集团的草编创意及其草编产业构想与实践，因其循环经济的价值也被当时的当地政府慧眼识珠。王衍生原本想凭一己之力，在新址用5年时间采取滚雪球式发展的方式实现目标。滚雪球式的发展方式，是我国企业家常用的企业经营或产业发展方式。这种方式的好处，是稳扎稳打，企业不断利用积聚的资本与资源进行再生发展；这种方式的局限，是企业或产业发展很难在短时间里通过资本及其他资源的整合，获得高速发展的可能。旗舰集团的机遇在于，当地政府在考察了旗舰集团草编产业的农业创意产业项目这一循环经济模式之后，义无反顾地支持了旗舰，市乡企局甚至将节省的办公经费全部投入了草编项目，并支持旗舰得到了商业银行无抵押无担保诚信贷款，协助旗舰驶入了产业跨越式发展、向精品农业迈进的快车道。

　　就这样，通过政府支持、企业经营创新，旗舰在几年之间建立了5个编织培训基地，海淀区3个，昌平区2个，免费培训当地农民学习草编手艺，3年共培训了2万多人次。这2万多人次学会了草编技术之后，不仅获得了就业机会，同时也为旗舰的草编家居生活品提供了强大的劳动力资源。

　　抓住了循环经济的根本特征，旗舰集团进一步因地制宜，深化循环经济发展内容，拓宽循环经济应用渠道。多年来，旗舰集团不仅利用农业废弃物玉米皮、蒲草、荆条做原料经营手工编织，编织的圆篓、篮、筐等成为健康、原生态的农产品包装物料，减少了废弃物对自然的污染，提高了产品附加值，重复使用节约能效，带动农民就业增收；同时，集团还建立了沼气工程，将种植基地的秸秆、蔬菜剩余物进行粉碎发酵，废渣当有机肥料继续用于蔬菜种植，沼气作为清洁能源为生产生活服务，一个以农菜剩余物为资源的循环经济产业形成。

　　发展势头强劲的旗舰草编产业同时也催生了当地的旅游业。渐渐地，北京与外地的游客来此游览蒲草草编生态园，参观草编工程，体验编织乐趣，工业园区成了工业旅游园地，产生了工业旅游新产业。

　　从第一产业的农产品基地源头，到第二产业的生产加工，到第三产业的运输销售服务、草编创意农业、旅游业，旗舰集团通过对循环经济模式的发现与实践，形成了生态化企业发展产业链。这一产业链的形成，不仅仅是通过产业跨越获得财富与利润新空间，更重要的是，旗舰集团因此控制了产品源头的安全，达到了品质管理的自主性、销售网络的通达，更实现了资源经济、实体经济、价格经济到符号经济、创意经济、价值经济、生态经济的突破，改变了传统的企业经营、发展、增长方式，提升了知识、创意基础上的循环经济价值。

图 3　草编的有机米产品包装，古朴雅致

图 4　草编家居生活品，质朴、生态、美观

图 5　草编的水果篮与干果盘，设计独特、材质环保

六、发展不忘反哺，播撒赤子之心

2005 年的某一天，已经注册了"旗舰"商标、成立了自己的多家公司的王衍生，与他的老搭档李太华路过圆明园。这里，有着他当年闯荡北京城流离失所时搭窝棚苟且安生的那片树林子。王衍生带着李太华在林子里转了又转，回顾过去窘迫求生时的状态，感慨万千。他说，他永远记得那个冰冷的 1993 年。他被粮店赶出时，曾不顾尊严，请求粮店领导："让我快过年时再走吧！现在走了，老乡会问我，你怎么 9 月份就回来啦？离过年还早呢！"可是，那粮店领导还是没有被他的请求所动。正如李太华所言，受过苦的人会有难得的平等谦和的气度。王衍生话语随和朴实，但"大巧若拙"，"他吃过很多苦，聪明睿智，也是个大气的人。"这个吃过苦而大气的人，发展不忘感恩反哺，领着他的"旗舰"企业团队，一路播撒着赤子之心，表达着赤子情怀。

（一）不裁员不减薪，弘扬向善文化

2008 年 11 月，全球性的经济危机伤及国内企业，多少也对旗舰产生了危机前兆与威胁。当时，有些企业出现了裁员潮，甚至，有的学者已经在论证、研究企业在经济危机状态下的裁员、降薪方式了。而就在此时，王衍生却对他的公司员工承诺："旗舰集团不裁员、不减薪。"曾经被用人单位赶出来的员工王衍生，没有媳妇熬成婆，将员工视为企业主人，临危之际，并不是想着将员工遣散了之。旗舰的财务数据可见，2011 年，旗舰员工的平均月收入为 3900 元。旗舰与农民工建立了稳定的劳动关系。据不完全统计，企业自兴办农业产业以来，共为 40～50 岁农民、农村残疾人、下岗人员提供就业岗位近 1000 人次，并与愿意长期工作的农民工建立了稳定的劳动关系，为员工上保险，提供基本福利保障，享受企业文化，维护他们的合法权益，他们有了归属感。

在人力资源管理的相关要求中，我们可以看到如下条款：

基本要求：诚信、正直的道德品质，勤劳、敬业的奉献精神，谦逊、严谨的个人作风，公平、负责的处事态度，热情、团结的工作习惯，上进、执著的进取心态，博学、思考的进步能力；人才方针：以发展事业凝聚人，以创业精神培养人，以严格培训提高人，以创新机制塑造人，以奉献精神感化人，以和谐团队吸引人，以工作业绩考评人，以人性关怀感动人；人才标准：适合岗位需要的员工就是合格员工，超过本岗位绩效的员工就是人才，具有不断创新精神的员工就是优秀人才；用人理念：贡献、忠诚、勤奋；归属任用原则：有德者扬其善，有能者用其长，有才者得其任，唯贤而用之，用则不避亲。

上善若水，从善如流，乐与善为伍，并非因老弱病残而遗弃，并非因企业利益而斩将弃子。旗舰的不裁员文化，也许起源于王衍生的身世及心理根源，但推己及人的不裁员文化，在市场经济的竞争环境中，创造了中国文化的新的解读。

（二）呼吁安全生产，为民生请命

旗舰集团生产的产品全部是老百姓一日三餐的必需品。为此，旗舰确立了"以良心做食品，以责任保安全"的理念。面粉、大米、主食、蔬菜的生产、种植条件均通过认证机构的

核查验收，做到持证生产，严格把控原料进厂、生产环境、关键工艺点、出厂检验等环节，做到不合格产品不入库、不出厂，确保出库产品百分百合格。

旗舰集团一直坚持生产、提供"良心馒头"产品。良心馒头，指的是不添加增白剂等有害食品添加剂的馒头产品。上世纪 80 年代之前，国人吃食的馒头是不含增白剂的粗面馒头，卖相不好但品质原生、安全。上世纪 80 年代末，市场经济环境下，增白剂被引进我国生产环节，在产品的外在色相改善、产品销售上起过重要作用。做馒头时用的面粉增白剂，主要用来漂白面粉，同时加快面粉的后熟。但早已有科学依据证明，在面粉中使用增白剂对人体有害，破坏了面粉的营养。长期以来，王衍生呼吁不在面粉中添加增白剂，并且在自己生产产品时身体力行，所生产的馒头、面粉在 2002 年就不添加增白剂了，成为众口称颂的"良心馒头"和"良心面粉"。

2002 年时的北京老百姓，对粮食、食品安全问题的敏感度不高。为了呼吁和推广不添加增白剂的"良心馒头"和"良心面粉"，王衍生放弃了作为一个企业家十分关注的利润问题，费尽心力，传播新观念。当时北京所有的面粉厂几乎都加增白剂，因为不增加增白剂，馒头的卖相不好，黑而粗，与细而白相比较，销售效果很差。于是，王衍生蒸了两锅馒头，一锅加了增白剂，一锅不加增白剂，并利用他的消费者心理洞察，将不加增白剂的馒头加了一角钱，比加过的贵。有个老太太问他：你这个发黑馒头还贵一角啊？王衍生回答：这是没加化工增白剂的馒头啊，你闻闻，这个馒头多香啊，有小麦的麦香味，而加了增白剂的没有这个自然的香味啊。边说边掰开馒头示范、解释不加增白剂的好处。结果，一筐馒头 40 斤一下子卖了大半。这种现身说法的传播中，蕴涵着王衍生对民生安危的赤子般的关切之心。

王衍生的长期呼吁和表率行为得到了国家卫生部的支持，2011 年 3 月 1 日，卫生部等多部门联合发出公告，自 2011 年 5 月 1 日起，禁止生产、在面粉中添加食品添加剂过氧化苯甲酰、过氧化钙。食品安全问题是关乎民生的头等大事，王衍生以企业家的身份提出呐喊，强调安全、良心生产，并对有关部门的政策法规实施提出了有效建议，去除了馒头生产的安全隐患，体现了企业家的社会责任感。

（三）反哺"三农"，实施和谐共建工程

王衍生常说："我是农民的儿子，到什么时候我也不能忘了农民。"旗舰集团将企业的发展与当地农村经济发展捆绑在一起，并制定了"四为四不"的服务方针。即坚定为农民服务、为老年人服务、为残疾人服务、为社会服务的方向不改变，做到服务方向不动摇、服务措施不虚假、服务热情不降低、服务项目不减少。在上述方针指引下，旗舰利用企业的种植、养殖、粮食加工、手工编织、后勤服务、物业管理等综合产业平台，直接向农民提供就业岗位，先后建立农民实用人才培训基地 6 个，福利企业 1 个，建成社区慈善超市 10 个，为果农服务的果酱加工车间 1 个，光彩惠农项目 1 个。单是通过光彩惠农行动，实施"一村一品"强村富民工程，旗舰就与有租赁关系的 7 个村建立稳定的帮扶关系，使这些村的 900 多户从中受益。

旗舰集团免费培训当地农民草编手艺，3 年共培训了 1 万多人次。农民学会了草编手艺以后，做一个草编 10 块钱，一天编 3 个，一个月便可挣 1000 块钱。免费培训草编人员的消息被北京市公安局强制戒毒所的管理者从电视上看到新闻了，他们也主动联系旗舰集

团,希望让戒毒人员接受草编培训。现在,一个戒毒所就有700多人参与草编产品编织。苏家坨村民说:"以前农闲时没有事情做,大家打打牌,日子就过去了,现在做编织,没有时间吵架了。"反哺农民,实施和谐共建工程等举措,不仅改善了"4050"三无(无文化、无技能、无资本)农民工的就业水平,更有力地促进了农村经济的发展和地方和谐。

专家评议

旗舰集团的成长发展基于一个宗旨:成为社会需求型企业,通过满足社会需求获得自身的发展。从跳出农村局限寻找大市场到形成社会需求的循环产业链,从传统小农经营到建立现代管理体系,从非标准化的产品生产到控制源头品质夯实产业基础,从传统工商业经济到创造循环经济实践生态发展,从着眼于个人脱贫到践行反哺大众,旗舰集团在发展过程中一步步发现、实践着科学的、能够获得超额价值的企业经营模式——循环经济产业链经营发展模式,让自己成为社会需求型企业。

可以说,旗舰集团的今天是往昔科学选择的结果,它基于旗舰人对市场需求与趋势的深刻洞察,基于其能够发现产业链延伸与经济发展特征的价值规律,基于其能够将自身各种资源理解为与市场对接、满足市场需求的重要元素,基于其决策并实践了科学的、生态的、可持续发展的循环经济产业链经营发展模式,基于其成为社会需求型企业的宏大愿景。旗舰的明天将会因为今日的选择更辉煌,旗舰的战略选择与发展轨迹值得中国的企业家、中国农业企业学习。

当然,旗舰集团未来的发展还有很多的事情需要去做,特别重要的是,如何真正在消费者心目中创造出一个坚实的、强大的、可信赖的、具有更强劲的消费推动力的品牌群体,是当务之急。

(胡晓云)

陕西石羊:建构一体化模式 书写西北新范本

陕西石羊集团涉农产业主要有三大板块,即油脂产业、农牧产业和金融产业。在创始人魏存成带领下,石羊以密切关联的、服务于现代农牧业发展的产业模块构筑全产业链,形成一个有机整体,利用已有的资源积淀和市场基础,不断变革创新,迅速形成核心竞争力,成功地成为关中平原乃至西北地区成千上万养殖户的"领头羊"。石羊集团的发展,可以说是二十年来西北地区农业企业面向广袤消费市场,合纵连横,整合资源,互利共赢的范本。

石羊在发展中面对的一个基本背景是:养殖户缺资金、缺规模、缺科技,面临疫病威胁、市场不稳定及价格波动等多重风险,生产效率低、队伍素质低、承受风险能力低,缺乏大企业的支持和引导,因此,农户对规模化养殖普遍顾虑较大;而在产业链连结上,在陕西乃至整个西北地区,缺乏基础的种猪扩繁能力,缺乏肉鸡屠宰经验和销售渠道,导致产业链断点多,产业活力不足。

在充满内忧外患的商业环境下,石羊选择合纵连横的一体化发展模式,以合强扶弱、互利共赢的理念和策略,强化西北农业养殖产业链中的薄弱环节,快速构建起了相对完善、管理有效的全产业链,如图 1 所示。

在贯通油脂、饲料、养殖、养殖配套、屠宰加工和金融等产业的一体化过程中,一方面,石羊集团与外部的国内外优秀企业建立密切关系,强强合作,解决自身的短板,稳固和强化技术、资金、管理能力和市场营销能力,提升自身的产业链管理能力。另一方面,石羊集团积极服务产业链中的利益相关者,与风险承受能力弱的大量养殖户建立稳定的合作关系,在投融资、技术、管理、营销、风险承受等方面,消除他们的不足。在具体做法上,石羊通过给养殖户提供种猪、种鸡及饲料供应、技术服务、保价收购合同、提供 30% 的投资补贴、小额信贷和担保等金融手段,有效缓解了农户的资金约束,把广大养殖户安全纳入养殖产业链。这一模式最终提升了产业链各环节利益主体收益的稳定性,实现了产业发展均衡、运营流畅、效率提高、价值提升、风险降低、互利共赢的目的。

一、稳步推进的一体化发展之路

在进入农副产品加工业之前,石羊集团的创始人魏存成已经在创业之路上奔走了 6 年。1986 年,二十多岁的魏存成从部队复员后,回到家乡蒲城县东陈镇,与几位战友自筹资金,办起了东陈镇第一家预制厂,开始了艰辛的创业之旅。随后,魏存成先后创办了纸箱厂、造纸厂、加油站等。

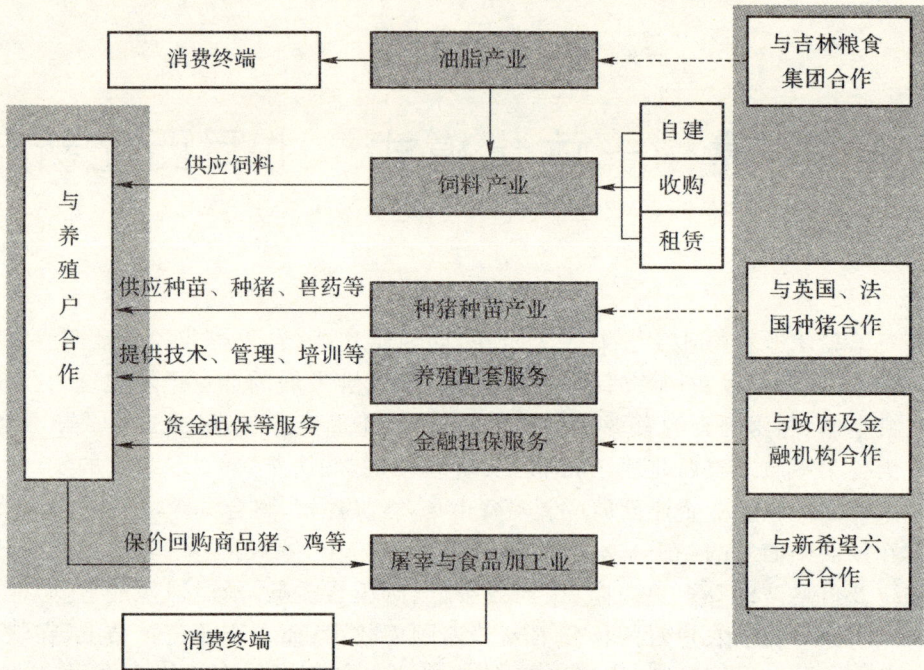

图1　石羊模式图示

(一)初涉油脂加工

1992 年,魏存成做出重要的转型决策,决定成立蒲城东陈油脂厂,以榨制豆油和出售豆粕为主营业务,将前景更为广阔的农副产品加工行业作为企业未来的主要发展方向。1992年 7 月 1 日,东陈油脂厂日处理 25 吨油脂生产线投产,标志着石羊集团创业的新纪元。此后,作为石羊集团主导产业之一的油脂产业不断获得突破性发展。1995 年 12 月,日处理100 吨油脂加工生产线投产。2001 年 12 月,集团投资 1.23 亿元兴建的年处理大豆 36 万吨的西安邦淇油脂公司一次性试车成功,填补了西部地区无大型油厂的空白。目前石羊集团年加工各类油料 100 多万吨,生产各类食用油 22 万吨,油脂产能从 1992 年的 25T/D 到今天的 2500T/D(3 条生产线),20 年间增长了 100 倍。公司旗下"邦淇"、"好邦"、"海葵"等系列品牌食用油畅销全国 20 多个省、市、自治区。在陕西市场上,公司的大豆油产品占 70%的份额,菜籽油产品占 40%的份额,棉籽油占 80%的份额。

(二)进军饲料产业

在进入油脂加工领域后,如何有效利用大量的油脂副产品,进一步掌控产业链,成为石羊必须考虑的问题。油脂副产品中,70%是豆粕、棉粕和菜粕,而这些正是鸡、猪、牛饲料的主要原料。基于此,石羊决定进军饲料产业。

1993 年 7 月,石羊公司投产了第一条年产 3 万吨的饲料生产线,这也是石羊对产业链延伸的第一次尝试。1995 年前后,石羊占领了陕西市场主导地位后,开始迈向全国市场。1997 年,石羊迈出了跨区域产业整合的第一步,在山西稷山县创办了自己的第一家子公司,并于当年投产。此后,石羊公司先后在山西、甘肃,陕西蒲城、临潼、杨凌等地建立了26家子(分)公司。其农牧产业拥有百余种饲料产品,成为西部饲料第一品牌。

在饲料产业迅速成长期间,为了解决规模扩张的速度问题及管理难点,石羊还自创了颇具特色的"租赁"及"合资＋租赁"模式。"租赁"模式并不罕见,"合资＋租赁"模式则极富创新性,即,石羊与被收购企业的创始股东合资成立新企业,石羊占60％,被收购企业占40％;由合资的新企业租赁被收购企业的资产,石羊负责日常经营活动。此举大大降低了并购的难度和成本,在这一模式的支撑下,石羊在饲料行业开始放开步子,大举并购。1997年,石羊收购了宝鸡的一家国有饲料企业。1999年又兼并了兴平富力德饲料公司。当年11月,石羊成立饲料发展有限公司,正式确立了饲料产业在集团内的重要地位。饲料产能快速扩张。2000年又收购了陕西西乡饲料厂。以往自建工厂,从建设到投产,至少需要半年时间,但收购方式可以将筹备期缩短到1个月,大大加快了石羊饲料产业的扩张步伐。到2005年,石羊已经拥有饲料厂15家,其中6家是收购的。在"合资＋租赁"模式下,石羊降低了资产负担,保持了轻资产运营。而合资方在盘活固定资产的同时,通过股权参与分享了经营收益的成长,从而更具动力,降低固定的租金收益部分,共同推动合资企业成长。今天,石羊公司饲料产业已拥有加工厂13家,年加工能力120万吨,子公司分布在陕西、山西、甘肃等多个省、市、自治区,公司的饲料销量由1994年的2万吨增长到60万吨,20年间增长了30倍。

2001年,石羊集团成立陕西石羊进出口有限责任公司,成为西北地区唯一一家专业的饲料原料进口贸易商。年贸易额达3亿元,连续多年销售量保持在5万吨以上。进出口公司的成立,更是加强了集团内部产业之间的互补优势,为企业进一步扩张创造了良好的条件,为石羊今后逐步参与国际竞争奠定了基础。

(三)渗透养殖、屠宰加工

为了更快地实现产业链扩张,石羊集团在进入油脂和饲料行业后,又将触角伸到畜牧养殖行业。2003年开始,石羊开始渗入种猪养殖环节。石羊的第一步是从解决源头问题开始,即大力发展种猪。由生猪开始突入养殖业的石羊,从2007年起进一步拓展,瞄上了肉鸡,目标是打通石羊鸡饲料产业链。如今,石羊集团养殖产业已拥有7个养殖场,其中标准化种猪祖代场3个、父母代场3个、商品猪场1个。每年可向社会提供各类种猪4万头,优良商品猪50万头,带动规模养殖户2000余户,为农民创造利润3亿元。石羊集团食品产业有3个肉鸡加工厂,年宰杀肉鸡4000万只,带动周边规模养殖户10000多户,每户年增收10万元。2012年,即将投产的西北地区规模最大、自动化程度最高的蒲城肉鸡屠宰食品厂,年可屠宰肉鸡3000万只,创造产值8.6亿元,提供就业岗位1200个,并带动周边6000规模养殖户致富。未来,石羊集团将在饲料原料、兽药、种苗、专业化服务、物流、金融担保及标准化养殖等各个节点上全面突破,计划在蒲城地区投资1亿元建设30万套父母代种鸡场,健全肉鸡产业链,完善产业布局,为养殖户提供"八统一"的专业化服务,为市场提供可追溯的健康好邦肉食产品,全力打造国内全产业链农牧旗舰企业。

几年间,核心产业链的有效整合,使石羊集团的核心竞争优势得到进一步强化,也对企业所在地的农牧业发展起到了很大的促进作用。进入畜牧养殖业不仅进一步推动了石羊在饲料行业的发展,更为养殖户提供了优质、放心的种苗资源,提高了企业价值链上的竞争力,同时也有效化解了经营风险。

(四)进入金融担保

进入 21 世纪,石羊集团在原有的农牧产业和油脂产业的基础上,再次审时度势,进军金融产业。以"服务三农"为宗旨,为农业企业和农户提供资金支持,解决资金少、融资难问题,通过市场运作改善农村地区金融服务,促进农村经济发展。

二、合纵连横的互利共赢之路

一个人能走多远,取决于与谁同行;一个企业发展成什么样的企业,取决于和什么样的企业合作。可以看到,石羊集团用了 20 年时间来实现全产业链的构建。石羊全产业链的打造和管理模式,并不是封闭的自给自足,而是通过合纵连横,充分利用外部优势资源,发挥资源的杠杆效应,实现产业链各相关方(包括政府、农户、企业、金融机构等)的共赢。这种杠杆模式降低了企业自身的资源与资本投入,在提高资产回报率的同时,实现了以单个企业力量难以完成的目标。可以说,心态开放、合作共赢的经营价值理念是石羊从西北省区众多农业企业中脱颖而出的关键。

(一)油脂加工合作

步入油脂产业后,石羊首当其冲面临的是油脂业的主要原料——大豆的价格风险。众所周知,大豆的成本占到油脂原料总成本的 70%,在产业发展中其供应价格至关重要。随着石羊产能的扩张,原料进口所需的资金越来越多,保持进货渠道的畅通和控制进口价格风险越来越重要。而在这个问题上,石羊很长时间都没摸着门户。2004 年,石羊还曾尝试以期货方式对冲大豆期货的价格波动,结果损失惨重。跌了跟斗,石羊公司确立了油脂业务"额度管理,均衡购销"的经营原则,不赌大豆市场价格波动,不谋取大豆投机收益,专注于加工环节利润,降低存货风险。存货周期一般控制在 10 天以内。这显然是一种保守的经营策略。

与此同时,石羊也在寻求新的拓展路径,引入了吉林粮食集团。吉林粮食集团是国内大豆进口方面三甲之一,具有多年从事大豆贸易,包括期货交易的经验,是大豆价格把握方面的专家。于是,石羊与吉粮集团达成战略合作,实现采购信息共享,由吉粮集团大豆事业部为石羊提供大豆采购价格咨询。为了稳定与吉粮集团的合作,获取吉粮的大豆进口渠道和价格决策的紧密支持,2007 年 4 月,石羊集团还对其旗下最大的油脂厂——西安邦淇制油科技有限公司增资,由吉粮集团参股邦淇油脂公司,把吉粮发展为自己紧密的利益相关者,合作共赢。其成效立竿见影,石羊集团在大豆采购方面的短板得以解决,平抑了大豆对油脂经营的负面影响。

(二)养殖与屠宰加工合作

在畜牧养殖领域,石羊集团意识到,除了饲料,种猪品质同样重要。优良的种猪不仅肉质好、产量高,还有更强的免疫力。经过半年多的调研,石羊的目光锁定了英国PIC。这是世界上最好的种猪提供商之一,拥有100多年的历史。2004年,双方达成合作协议,引进适合中国需求的优质种猪,并在其技术指导下进行扩繁。由石羊投资1200万元,建设孙镇种猪扩繁场。2005年石羊集团畜牧公司孙镇PIC种猪扩繁场引进建场来的第一批种猪,标志着集团畜牧产业发展的一个新的开端。如今,石羊已拥有7个这样的种猪厂,成为陕西最大的种猪扩繁基地。这些扩繁基地都建设在远离人居区的地方,有严格的隔离防护和消毒措施。外人进入需要隔离三天,并经过无数道消毒程序,饲养员一般为农业专业的大学生,举家长期居住在养殖基地,参观者只能通过监视器观察基地内情况。2011年7月,畜牧公司引进法系原种猪550头,此次引种,对改良陕西种猪品系做出了很大贡献。

在肉鸡产业链打造中,石羊发现,不仅需要提供优良鸡苗的企业,需要大量的养殖户,需要具有较强屠宰加工能力的大型企业,更需要稳定的市场销售渠道,如果这一系列环节不通畅,肉鸡养殖的发展壮大无从谈起。陕西虽是传统的农业大省,但由于地处内陆,农业产业化程度低于东部地区,以养鸡为例,尽管每年有150万吨的肉鸡需求,但农户养殖的存栏量只有100万只。而且主要以农户放养、散养为主,没有肉鸡规模化养殖的习惯,也没有大型肉鸡屠宰场和食品加工企业。所以,尽管陕西省内肉鸡需求很高,却只能大量依靠外省调入。

基于此,石羊集团积极搭建合作平台,引入合作伙伴,强强联合,消除了养殖业发展的系列制约因素。2007年9月,石羊联合六和集团与山西大象禽业有限公司达成合资合作协议。后者是一家下辖饲料公司、种禽公司、食品公司及绿色蛋品加工企业,可以解决陕西种鸡问题。2007年,石羊联合农业领域的领军企业——新希望集团和六和集团,共同成立石羊控股的食品公司,实现了饲料供应、养殖技术、屠宰技术、管理能力和市场营销渠道的贯通一体化。2008年5月,三强联手的食品公司,正式动工了年屠宰肉鸡1500万只的工厂,2009年2月投产,成为西北地区最大的肉鸡屠宰企业。

(三)金融担保合作

如果要吸引更多农户从事养殖,还要有效地解决养殖户资金瓶颈的约束。石羊意识到,这仅靠一己之力难以实现,合作仍是上上之策。基于此,石羊集团开始了金融领域的合作之路。2009年4月,在陕西省政府的支持下,由陕西石羊农牧有限公司和澄城县国投公司共同出资1000万元,成立了西北地区第一家养殖担保公司——澄石养殖担保有限公司。计划以担保方式,借助银行渠道为养殖户提供5000万~10000万元的资金支持,改变陕西省畜牧业养殖相对滞后的现状,解决养殖户缺少资金和融资难的问题,促进澄城县及周边的畜牧业向标准化、规模化发展,拉动农民养殖致富工程和推进新农村建设,保障畜牧食品安全。公司以合同方式优先为所担保的养殖户提供合格的种猪苗、饲料、兽药等生产资料,回购其养殖产品,并对养殖户提供全程的养殖技术指导和服务。

此后,石羊集团继续与政府、金融企业合作,为陕西乃至西北地区的农牧产业发展提供强大的金融支持。2009年7月,石羊集团与陕西省农业厅、咸阳市渭城区政府分别出资800万元、800万元和500万元,共同成立养殖扶持基金。首期启动"陕西渭城肉鸡养殖基地建设项目"。凡经过基金委员会审核达标的养殖户从事肉鸡养殖或扩产,可获得投资额30%

的补助。2010年3月,石羊集团与南海矿业共同组建的富平惠民小额贷款有限责任公司正式开业,这是经陕西省人民政府金融办批准成立的富平县第一家小额贷款公司,公司致力于为富平县中小企业、个体工商户和"三农"提供资金支持。以"小额、流动、分散"为经营原则,坚持通过市场运作改善农村地区金融服务,促进农业、农户和农村经济发展。2012年3月,集团和陕西省农业厅共同出资2.1亿,成立陕西省农业产业化融资担保有限公司,为农业龙头企业成长壮大提供有效的金融支持。

三、扬长避短的共同发展之路

长期以来,养殖环节一直是中国畜牧产业链上最薄弱的环节。无论是生猪还是肉鸡,一旦涉及养殖,单靠企业的力量无法大规模发展,必须把分散的养殖户聚集起来,纳入麾下。

在石羊精心谋划打造的"油脂—饲料—养殖—肉制品加工"的这个全产业链条中,养殖无疑是需要极力加强的短板。如何有效地发挥企业在资金、人才、技术等方面的优势,与农户在劳动力、养殖场地上的优势相结合,走出一条共同发展之路,成为石羊打造产业链、提升竞争力必须面对的又一个课题。石羊认为,只有将农户的利益与企业的利益高度契合,只有将农户的发展与企业的发展紧密捆绑,才能谋求企业更大的发展。

(一)骨干带动扶持

石羊集团首先采用了从内部入手的办法,通过内部员工建立养殖场,尤其是技术人员和一些中层干部。一方面,他们本身就是农业领域的技术专家,不需要再进行特别的技术培训,已经积累了一些资本,同时也在寻找更大的发展空间;另一方面,在石羊多年的工作经验,使他们对集团本身的制度等方面的保障更有信心。

2005年开始,石羊展开了对饲料业务子公司产权多元化和私有化的尝试,引入子公司管理层、员工入股,建立新的利益共同体。对于有意创业的员工,石羊鼓励他们主动充当"吃螃蟹"的人,甚至借钱给他们来建立自己的养殖场,员工的第一批养殖场,减少了监控成本,还为其他农户起到了示范效应。

(二)利益与服务保障

面对农户,最重要的是打消他们的顾虑,让他们的收益"看得见"。石羊采取了与养殖户签订保价协议的办法,约定:养殖户按照石羊提供的商品猪养殖方案,在养殖的不同阶段购买规定数量的石羊的饲料产品。如果商品猪市场价格下跌,石羊负责按约定价格收购;如果商品猪的市场价格超过养殖户与石羊约定的保价收购价,养殖户可出售给其他收购者。这意味着,无论饲料价格或肉价如何波动,都保证让农户赚到钱。对于肉鸡的养殖,也以类似方式圆满解决。而且,石羊还规定,100公里以内,免除肉鸡养殖户的运费。这些举措无疑都大大提高了农户的养殖热情。

无论是生猪还是肉鸡,在养殖过程中,石羊服务部专家和饲料公司技术员还都会提供从建场指导到防疫、饲养的技术扶持。由此,借助种猪场、饲料产品和技术服务,以及保价收购,石羊把养殖户安全纳入养殖产业链。消除了薄弱环节,疏通了养殖产业链,拓展了石羊饲料的市场需求和产品竞争力。这些生猪和肉鸡,最终再经由石羊之手,迅速进入肯德基、麦当劳等终端。

(三)资金担保扶持

为了吸引更多农户从事养殖,企业还需要有效地解决养殖户的资金困难。在农业领域,农户＋公司模式已相对成熟,石羊又开创出一个新组合:银行＋农户＋公司。即由农业企业充当农户小额贷款的担保人,以帮助农户获取银行的小额贷款。

以往,尽管各级政府都在倡导要大力发展农村金融、增加农民小额贷款的投放,但实际中,由于农户的可抵押资产少、抗风险能力弱,因此,农业小额贷款的信用风险确实远高于企业贷款,银行从自身资本安全的角度考虑,总是尽力回避涉农贷款。

石羊的担保发挥了意想不到的结果。首先,龙头企业与农户之间已建立长期合作关系,对农户的信誉度有深入的了解,出面担保,可以降低银行对农户的资信审核难度;其次,由于农户的养殖产品由石羊承诺收购,农民的市场风险大幅降低;最后,尽管市场风险依然存在,但由农户不科学养殖和无规划生产所导致的风险被大大降低,整个产业链的无序经营风险被有效控制。农业企业的风险水平进一步降低,从而提高了涉农贷款的资信水平。于是,就有了2009年以来石羊集团的多项涉及金融的大动作。

(四)种苗供给扶持

种猪和鸡苗的供给保证了肉食源头的安全,但生产过程的控制同样重要。实际上,养殖户所面临的风险中,比价格波动更可怕的是疫病传播,农户们广泛流传的一句话"家财万贯,带毛的不算",反映的就是养殖环节的高度不确定性风险。这种风险在科学的养殖管理下可以被大大降低。石羊成立了专家服务团队,从建场环节就对农户进行科学指导,并免费为养殖户提供药敏试验。此外,所有的饲料销售人员也都具备一定的养殖技术,他们的一项重要任务就是给农户提供日常的技术支持。实际上,集团对饲料销售人员的考核并不是以简单销量来计算的,而是以他所服务的养殖户是否赚到钱来考核的,在上述考核激励下,销售人员与养殖户不再是买卖关系,而成为利益共同体,销售人员会主动为养殖户提供各种养殖防疫技术支持。

除了以集团内部的专家和技术资源为养殖户提供服务外,石羊也在发动外部资源增强服务能力。如2004年11月,下属新乡饲料公司就与郑州大亚兽药厂和郑州当地养殖协会合作,举办养猪座谈会,解答养殖户的技术问题,并传授科学用药的知识。2006年8月石羊集团又在兰州与当地兽药厂合作举办养殖研讨会。通过与当地兽药企业的合作,实现了石羊、兽药企业、养殖户的三方共赢。

四、变革创新的永续发展之路

对于竞争空前激烈的农牧产业市场,石羊集团董事长魏存成有着清醒的认识,在目前国内农牧市场中,作为一家民营公司,要想实现永续经营,长期发展,必须具有独到的经营理念和符合市场经济规律的运作模式。

在成长过程中,石羊集团十分重视管理、人才和文化,不断加强企业内部管理,增强企业软实力。在一次又一次改革创新中,石羊集团实现着一次又一次推进和提升。

(一)产权制度改革

在上世纪 90 年代初期,石羊遇到了困扰过所有民营企业家的制度性瓶颈:戴着集体性质的"红帽子"严重地制约了陕西石羊的快速发展。企业权责不明,产权关系模糊,这使得这家刚刚发展起来的乡镇企业面临着艰难的抉择。1994 年起,石羊集团开始进行产权制度改革,两年后石羊集团成为具有独立法人资格的有限责任公司。1999 年,陕西石羊再次进行了股份制改造。2000 年,又对内部法人股进行了分割分配,比较彻底地明晰了企业产权关系。

这一番制度变革,给石羊集团带来新的活力,为石羊集团在更高层面的扩张清除了障碍。集团销售收入由 1998 年的 1.86 亿元猛增到 2011 年的 20 亿元。1998 年,石羊集团由蒲城县东陈镇迁往县城,2000 年迁往西安高新区,化身为一家现代化的股份制企业。随后通过收购兼并、合资合作等形式,不断扩大企业经营规模。

(二)全方位质量管理

从创业初期的单一产业,到今天集研发、生产、销售、服务为一体的主业突出、多业并举的大型企业集团,石羊集团二十年一贯秉承"提供绿色产品,共创美好生活"的企业宗旨,始终坚持"用户满意才算合格"的经营理念,始终把最好的产品、更高的质量和贴心的服务奉献给广大用户。

石羊集团在企业内部推行全方位质量管理,通过了 Haccp 认证,历经了"TQC"(全面质量控制)、"GMPS"(最佳生产工艺)和"ISO9002"(国际质量标准化管理体系模式)等一系列重大变革,不断完善质量保证体系,坚持实行质量一票否决,坚持"不合格原料不进厂,不合格产品不出厂"的质量原则。2005 年引入先进的 6S 管理经验,并将此管理模式推广到全集团,极大地提高了集团整体系统能力,企业焕发出新的勃勃生机。2009 年引进食品安全体系,完善了农业产业化链条。

(三)人力资源开发

人力资源开发是石羊集团长远发展的战略资源。20 多年来,石羊集团用于各类培训的总费用超过 1000 多万元。2001 年与西北大学合办石羊 EMBA 班。2010 年石羊集团高校"石羊班"全面启动,目前已在中国人民大学、山西农业大学、杨凌职院、酒泉职院等开办了 4个石羊班,并与西北农林科技大学、河南工业大学等高校建立了人才培养和实践基地。到目前为至,石羊集团已拥有各类专业技术人才 600 多名,其中博士 5 名,硕士 20 余名,已建立起了一支高素质的管理、研发队伍。

此外,石羊集团依靠雄厚的科技人才队伍,把"科技创新"作为推动企业持续发展的原动力,积极研制开发新产品,提高产品的科技含量,以高科技制胜,完成了其由项目型企业向品牌型企业的顺利过渡,成为国内农牧市场中一支生力军。

(四)领头羊战略:领跑未来

勇当领头羊,勇于创新,敢走前人没有走过的路;勇于拼搏,勇于超越,为团队发展挑战自我,是石羊集团的企业精神。

随着企业发展的加速和新形势的变化,石羊模式不断完善,石羊集团中远期目标也更加清晰。以农牧产业链为基础,向消费者提供从原种、饲料、养殖、屠宰、终端销售一体化的可追溯产品,成为中国领先的综合性农业企业,到 2017 年,力争实现石羊集团年销售收入达到 200 亿元,利税 10 亿元,跻身全国同行十强。旗下的油脂产业企业规模成为西北第一的油脂加工企业,"邦淇"牌食用油成为陕西省食用油第一品牌,管理水平达到国内同行一流企业标准;农牧产业达到西北区域整体规模第一、品牌第一、产业链最全、系统能力最强、管理一流、效益最好的农牧公司;金融产业坚持以农业为主线,做大规模,做强管理,做高信誉,力争成为陕西担保行业的领头羊,把金融产业做大做强。

专家评议

长期以来,中国油脂业与饲料养殖业的东西部发展一直呈现不均衡状态,在社会经济发展、消费需求不断上升的背景下,西北地区的市场空地急需企业补缺,陕西石羊集团正是那个成功的补缺者。因而,石羊的成功,首先是中国市场经济发展不均衡环境下的成功。而石羊之所以从西北众多的农业龙头企业中脱颖而出,关键词只有两个:合作与共赢,即以开放的姿态接纳市场领先者,在学习与合作中逐步成长壮大;以共赢的心态助力弱势养殖合作群体,在发展中凝聚稳定的合作队伍。可以说,是企业的胸怀与心态,成就了石羊集团产业一体化发展的蓝图。这是石羊的亮点,也是诸多农业企业最值得关注的地方。

(程定军)

30 个中国农业产业化重点龙头企业品牌群像

新希望

温氏

福娃

中粮

正邦

中澳

鑫缘

雨润

双汇

好想你

民丰薯业

高原之宝

雪龙牛肉

乌江榨菜

金乡华光

老干妈

煌上煌

舜华

六味斋

丰岛

熙可

超大

森宝

国联水产

德翔

大北农

华祥苑

九三

旗舰

石羊

参 考 文 献

[1] ［美］西奥多·W.舒尔茨著.改造传统农业[F].梁小民译.北京:商务印书馆,2010.

[2] 胡晓云等著.中国农产品的品牌化——中国体征与中国方略[F].北京:中国农业出版社,2007.

[3] 程鸿飞,买天.把大公司做成大家的公司:访正邦集团总裁林印孙[N].《农民日报》2012年6月12日,第8版.

[4] 郑力翔.农产品质量全程跟踪与溯源技术研究及应用[J].《中国集体经济》,2011年第2期.

[5] 金海水,张瑶.我国农产品质量快速溯源系统研究[J].《中国流通经济》,2010年第2期.

[6] 庄一敏.农资连锁经营网络构建模式初探[J].《广东合作经济》,2007年第2期.

[7] 郭浩.靠核心竞争力开拓市场.《求是》,2010年第1期.

[8] 郭浩.抓住三个核心推进农业产业化进程——"超大模式"理论与实践探索.《农产品市场周刊》,2004年第36期.

[9] 郭浩.构建绿色生态产业链的超大模式.《农产品市场周刊》,2004年第36期.

[10] 中华人民共和国国务院.国务院关于支持农业产业化龙头企业发展的意见.国发〔2012〕10号,2012年3月6日.

[11] 郑佳林,连燕华.农户小额贷款模式发展与金融创新——基于福建森宝公司的调研案例.《中国科技投资》,2011年第9期.

[12] 黄志宏,"鸿源米业":值得推广的"公司＋协会＋基地＋农户"模式.《中国农村经济》,2006年第6期.

[13] 徐宁.关于农业产业化利益联结机制的思考.《甘肃农业》,2003年第11期.

[14] 史幼波.涪陵榨菜:沿长江征服世界.《发展导报》,2007年7月20日.

[15] 万志鹏.涪陵榨菜与名牌战略.《名牌战略》,1999年第2期.

[16] 庞芳兰.发达国家马铃薯种薯产业的发展及其启示.《世界农业》,2008年第3期.

[17] 李红梅.美国马铃薯产业为何能做大做强.《北京农业》,2007年7月中旬刊.

[18] 国际马铃薯年官方网站,http://www.potato2008.org/en/world/asia.html.

[19] 金珠.中国寄望薯类作物,特别是马铃薯和甘薯种植以保证满足这个世界上人口最多国家的粮食供应.《中国日报》英文版,2010年6月11日.

[20] 郑风田等.准公共品服务、政府角色定位与中国农业产业簇群的成长——山东省金乡县大蒜个案分析.《中国农村观察》,2006年第5期.

[21] 邹雪芹.金乡大蒜.《中国商检》,1995年第8期.

［22］邹爱兵.论企业社会力.《福建论坛（经济社会版）》,2000 年第 7 期.

［23］徐洪义等.中澳集团——京城鸭子市场十有其三.《德州日报》,2007 年 4 月 17 日.

［24］山东省金融学会课题组.农业产业化企业主导新农村建设及金融问题研究:中澳模式.《金融发展研究》,2010 年第 2 期.

［25］胡星海等.中国禽业探路者——省人大代表张洪波和他的"中澳模式".《山东统一战线》,2010 年第 9 期.

［26］胡晓云等.品牌传播智慧——20 个农产品品牌典范的专业解读.中国农业出版社,2011 年 1 月.

［27］陈旭方.双汇品牌发展研究.厦门大学硕士论文,2006.

［28］陈振烨.双汇:如何向信息化要利润?.《经理人》,2007 年第 6 期.

［29］李杜.双汇集团竞争策略研究.中南大学硕士论文,2011.

［30］郭霓."六味斋"老字号企业品牌管理模式探讨［D］.山西大学硕士毕业论文,2011.

［31］程军波.温氏集团何以成功.《中国禽业导刊》,2008 年第 7 期.

［32］史金善等.广东省温氏集团的综合竞争力初探.《陕西农业科学》,2011 年第 1 期.

［33］胡浩民等.多元联动的科技创新范式与农村经济社会发展——以温氏集团为例.《广东农业科学》,2010 年第 12 期.

［34］郑华平.广东温氏集团"公司＋农户"农业产业化模式实证研究.《广东农业科学》,2008 年第 7 期.

［35］陈雁鸿.温氏集团"公司＋农户"经营模式的调查与思考.《高等农业教育》,2001 年第 12 期（总 126 期）.

［36］牛刚.合作经营的一种新形式——温氏集团实证研究.《西北农林科技大学学报》(社会科学版),2001 年 11 月.

［37］陆步平.一只鸭子打天下——记"煌上煌烤禽连锁店"的发展历程.《山西农业·畜牧兽医》,2008 年第 6 期.

［38］李静颖.煌上煌:终端渠道企业向上打通产业链.《第一财经日报》,2009 年 8 月 12 日.

［39］杨晓琳."老干妈"品牌建设的思考.《中国新技术新产品》,2009 年第 6 期.

［40］余明阳.品牌力的构成,《品牌》,2001 年第 8 期.

［41］中国管理模式杰出奖理事会.解码中国管理模式 2.机械工业出版社,2010 年 6 月.

［42］各企业提供的企业总结材料.

［43］各企业门户网站.

后　记

　　在付梓之前，最后看一遍书稿，长舒了一口气。总算在春天开学之前，完成了课题计划。

　　本书成果源自农业部2012年农业产业化项目。得到委托后，课题组成员便在农业部产业化办公室的领导下，对入选本书的30个企业进行了深入的调查研究工作。从冬至春到夏，先是文献研究，后是30个企业的资料搜集与分析，为了更深入地了解企业发展现状，课题组成员们冒着酷暑，走访了多个企业。然后，讨论、伏案写作、仔细修订，直至形成了今天这本厚实的书稿。

　　我首先要感谢的，是以农业部副部长陈晓华先生、农业部农业产业化办公室常务副主任黄连贵先生为代表的各位领导，是他们，给予了课题组充分的信任和专业的指导，让课题组明了课题的重要性和应用价值。他们并通过各种有效方式，为课题成员与企业沟通铺平了道路。

　　其次，我要感谢的是浙江大学中国农村发展研究院院长黄祖辉教授、浙江省农办原副主任顾益康教授、惠农基金投委会主席尉士武先生、浙江大学中国农村发展研究院郭红东教授、农民日报浙江站站长蒋文龙先生，是他们的指点和支持，让课题组更加明确了课题调研的思路与专业方向。

　　再次，我要感谢的，是入选本书的30个企业的课题合作代表。每一位企业代表都有繁忙的工作，但是，这些企业代表都能够意识到课题的价值，尽量抽时间整理企业材料，为课题组提供各种调研所需信息。在去年8月中旬北京的中期成果沟通会上，许多企业代表冒着酷暑奔赴北京，畅所欲言、坦诚相见，保证了课题按时完成，也为课题水平打下了坚实的基础。

　　我必须要感谢的，自然是辛苦的课题组成员，他们是：李闯、杨小竹、楼晓东、徐卫华、程定军、魏春丽、刘进、徐钰梨、朱宜量、许雪斌、余耀锋。课题调研时间短、任务重，又恰逢暑天。他们毫不犹豫地放弃了假期，全力投入到这场规模化的调研活动中去，在调研中深入了解典型企业的发展历史与现状，并借助自己的专业能力提炼调研成果、解析企业模式、形成扎实的文本。庄庆超先生负责书稿的最终稿校对，仔细认真，一并感谢了。

　　本书的完成，也得益于课题研究伙伴——北京惠农资本管理有限公司。这是一个专注于投资现代农业和龙头企业的股权投资机构，这是一群致力于以资本力量和金融服务推动农业产业化发展的实践者。正是他们的加入，拓宽了课题研究视角、丰富了模式研究的内涵、强化了对农业商业模式的认知；正是这种合作，使课题有了"接地气"的感觉。我也希望我们的合作研究能够推动我国农业投资实践和农村金融服务。

　　本书的出版,还得到了浙江大学出版社的支持。编辑李海燕是我的老友,她的支持为我减轻了许多压力。

　　我相信,当本书出版并被购买阅读时,它会发出独特的光芒。因为,在本书中,集聚了上述各种人群发出的光束。在这里,集聚着信念的光芒、模式的光芒、历史的光芒、思辨的光芒、专业的光芒。当信念、模式、经验、专业与思辨在一个点上被汇聚,它必将显示出独特的社会价值和应用可能。

浙江大学　胡晓云

2013 年 3 月 18 日